비즈니스 이메일 영어표현사전

비즈니스 이메일 영어표현사전 *New Edition*

지은이 케빈 경
펴낸이 정규도
펴낸곳 (주)다락원

초판 1쇄 발행 2009년 5월 12일
개정1판 1쇄 발행 2014년 1월 10일
개정2판 1쇄 발행 2024년 7월 18일

편집 김민주, 허윤영
디자인 유어텍스트, 이현해

다락원 경기도 파주시 문발로 211
내용문의 (02)736-2031 (내선 524)
구입문의 (02)736-2031 (내선 250~252)
Fax (02)732-2037
출판등록 1977년 9월 16일 제406-2008-000007호

ISBN 978-89-277-0179-8 13740
http://www.darakwon.co.kr

DICTIONARY of Business Email

New Edition

비즈니스 이메일 영어표현사전

Expressions

케빈 경 지음

DARAKWON

저자의 말

66

이 책의 핵심은 단연 영어 표현입니다.
이메일을 쓰려고 컴퓨터 앞에 앉아 깜빡이는 커서만 바라보며
망연자실할 때는 이 책을 펴고 필요한 구와 문장을 찾아보세요.

99

요즘은 복잡한 서류 작업 대신 이메일 한 통으로 문의와 제안, 의견 전달과 결정, 협의와 협상 등 모든 업무가 이루어집니다. 이메일은 비즈니스 커뮤니케이션에서 가장 필수적인 수단이 되었고, 글로벌 비즈니스 시대에서 많은 분들에게 영어로 쓰는 이메일은 업무의 중요한 부분을 차지하게 되었습니다.

모던(modern) 이메일은 예전에 비즈니스에서 쓰던 딱딱한 서신(business letter)보다는 문자나 메신저에 더 가깝습니다. 상대방에게 전해지는 데 며칠이 걸리는 서신과는 달리, 이메일은 순식간에 전달됩니다. 게다가 날이 갈수록 PC보다 스마트폰으로 이메일을 보는 경우가 잦아지고 있습니다. 이메일에 쓰는 표현들 자체도 더욱 친근한 어조와 대화체로 진화하고 있고, 동료나 친한 비즈니스 파트너와 주고받는 이메일에서는 작성 방식마저 문자 메시지를 쓸 때와 별 차이가 없는 경우가 많습니다.

그래도 여전히 비즈니스 이메일은 공식 서신으로 간주해야 합니다. 모든 면에서 간편해졌다고 해서 이메일이라는 매체의 의미조차 가벼워진 것이 아니기 때문이죠. 따라서 캐주얼한 어조로 쓸 것이냐 제대로 격식을 갖춰 쓸 것이냐 등은 상황과 용무, 수신자와의 관계와 같은 요소들을 전부 고려해 전략적으로 판단해야 합니다.

그렇다면 비즈니스 이메일을 잘 쓰려면 어떻게 해야 할까요? 그 질문에 대한 답을 이 책에 녹였습니다. 영어 이메일에 대한 기본 상식을 포함해, 비즈니스 상황별·주제별 필수 표현들을 망라했습니다. 다행인 것은 한국어도 그렇지만 영어에서도 이메일에서 자주 쓰는 간결하고도 명확한 표현의 가짓수가 한정되어 있다는 점입니다. 모델 표현들 안에서 꼭 알아야 할 문장 패턴은 볼드로 처리하고, 사용 빈도나 어조도 한눈에 보이게 표시하는

등, 독자분들에게 가장 실용적인 레퍼런스북(reference book)이 되도록 많은 노력을 기울였습니다.

『비즈니스 이메일 영어표현사전』이 수년간 많은 분들에게 사랑을 받으며 스테디셀러로 자리잡고 두 번째 개정판까지 나오게 되니 저자로서 감사할 따름입니다. 강의나 컨설팅 때 만나는 독자분들이 실제 업무에서 책이 큰 도움이 됐다고 할 때마다 정말 보람을 많이 느낍니다.

이번 New Edition에서는 대대적인 리모델링을 진행했습니다. 전 버전에 비해 원하는 표현을 더욱 쉽게 찾을 수 있도록 목차를 재구성하고, 영어 표현을 우리말 해석보다 먼저 제시하고, 세밀한 INDEX를 포함했습니다. 독자가 더 편하고 쉽게 사용할 수 있고, 현대의 동향에 충실한 레퍼런스북으로서 기능을 다 할 수 있도록 영어 표현을 추가하거나 수정하고, 우리말 해석도 더 자연스럽고 실제 현장 감각에 맞게 꼼꼼히 다시 손보았습니다.

이 책의 핵심은 단연 영어 표현입니다. 이메일을 쓰려고 컴퓨터 앞에 앉아 깜빡이는 커서만 바라보며 망연자실할 때는 이 책을 펴고 필요한 표현을 찾아보세요. 어렵지 않게 답이 나올 거라고 확신합니다. 독자 여러분이 효과적인 비즈니스 영어 이메일을 쓰는 데 이 책이 가장 큰 보탬이 될 것이라고 감히 자신합니다.

레퍼런스북인 이 책은 아주 유용한 영어 교재이기도 합니다. 시간이 날 때마다 문장들을 읽고 써보며, 마음에 드는 문장은 따로 노트에 필사해보세요. 패턴을 이용해서 나만의 문장을 만들어보면 더욱 좋고요.

이번 개정판에 귀중한 조언을 아끼지 않고 시간을 투자해주신 다락원 편집부에 이 자리를 빌려 감사의 말씀을 드립니다.

이 책을 구입하신 여러분, happy writing!

Kevin Kyung 케빈 경

이 책의 특징과 장점

1 모든 비즈니스 상황에 쓸 수 있는 방대한 표현 수록

『비즈니스 이메일 영어표현사전』은 사전이라는 이름에 걸맞게 타의 추종을 불허하는 방대한 표현을 수록하고 있습니다. 총 21개의 유닛, 323개의 비즈니스 상황으로 구성되어 있으며, 하나의 상황에서 쓸 수 있는 거의 모든 표현을 포함하고 있습니다. 특정 업무 분야에 치우치지 않고 모든 업무 분야를 아우르는 예문을 담고 있어, 필요한 표현은 무엇이든 이 책에서 찾아 쓸 수 있습니다.

2 비즈니스 이메일 모델 표현을 패턴 형식으로 제공

비즈니스 이메일에 자주 쓰는 영어 표현은 한정되어 있습니다. 이 책은 비즈니스 상황별로 필요한 영어 표현을 패턴 형식으로 제공합니다. 각 영어 문장에서 굵은 글씨로 처리된 패턴에 필요한 단어만 채워 넣으면 이메일에 바로 사용할 수 있습니다.

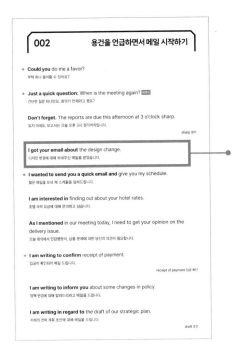

I got your email about the design change.
→ **I got your email about** the upcoming conference.
→ **I got your email about** the new changes in policy.
→ **I got your email about** the error in the billing.

3 주제와 관련된 다양한 표현 제공

이메일은 문장들을 논리적으로 이어 쓰는 한 편의 글입니다. 이 책에서는 주제와 직접적인 연관성이 없더라도 앞뒤로 자연스럽게 연결해서 쓸 수 있는 다양한 문장을 함께 제시하여 누구나 매끄러운 이메일 한 편을 완성할 수 있습니다.

4 중요 표현과 비격식/격식 표현 표시

비즈니스 상황별로 가장 자주 쓰이는 중요 표현 앞에는 ★ 표시가 되어 있습니다. 또한 예문을 비격식적인(informal) 표현부터 격식을 갖춘(formal) 표현 순서로 나열했습니다. 특별히 비격식적인 표현은 비격식 으로, 격식을 갖춘 표현은 격식 으로 표시하여 상황에 맞게 골라 쓸 수 있습니다.

5 비즈니스 상황별 전략과 Sample 제공

한 유닛은 3~8개의 분류로 세분됩니다. 총 103개의 분류에 대한 중요 Key Point가 제공되는데, 여기에는 비즈니스 영어 전문가인 저자의 디테일한 노하우도 담겨 있습니다. 또한 Sample 이메일을 통해 완벽한 한 편의 이메일이 어떻게 구성되는지 한눈에 볼 수 있으며, 도입−본문−맺음말에 필요한 요소도 확인할 수 있습니다.

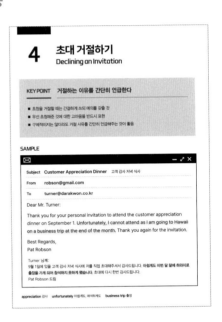

6 궁금했던 점을 콕 집어서 알려주는 Tips & More

많은 사람들이 정확히 모르는 비즈니스 용어, 상식, 콩글리시, 혼동되는 표현 등을 구체적으로 집어서 설명해주는 Tips & More 코너가 곳곳에 있습니다. 주어진 비즈니스 상황과 연관된 표현 모음을 제공하는 경우도 있어, 이메일 작성 시에 유용하게 참고할 수 있습니다.

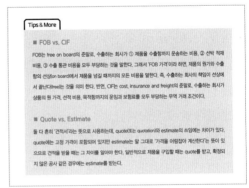

7 글쓰기를 위한 기초 상식과 꼭 필요한 어휘 수록

권두의 〈꼭 알아야 할 영어 이메일 기본 상식〉에는 비즈니스 이메일을 영어로 작성할 때 반드시 알아야 할 가장 중요한 사항들이 정리되어 있습니다. 또한 권말의 Appendix에서는 영어 글쓰기를 위한 기초 상식과 분야별 전문 용어 및 필수 표현을 습득할 수 있습니다.

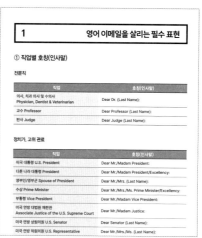

8 필요한 내용을 빠르고 쉽게 찾는 인덱스

『비즈니스 이메일 영어표현사전』 New Edition의 권말에는 필요한 내용을 키워드로 빠르고 쉽게 찾을 수 있는 인덱스가 수록되어 있습니다. QR코드를 통해 모바일 기기로 디지털 인덱스도 이용할 수 있어, 파일 내 키워드 검색을 통해 더욱 빠르고 편리하게 필요한 내용을 찾을 수 있습니다. 디지털 인덱스는 다락원 홈페이지를 통해 PC에서도 다운받을 수 있습니다.

CONTENTS | 목차

Unit 04 약속

Unit 05 주문

Unit 06   항의 및 독촉

Unit 07   정보 요청

Unit 08   정보 및 자료 제공

Unit 18　　　　　　　　　　출장

Unit 19　　이직·전근 및 입사·퇴사

Unit 20　　　　　　　　　　축하

꼭 알아야 할
영어 이메일
기본 상식

Dictionary of Business Email Expressions

1 비즈니스 영어 이메일의 핵심 10
10 Key Points to Business English Emails

POINT 1　　　**3단 구성 지키기**

이메일은 햄버거다

영어권에서 모든 구두와 필기로 된 의사소통, 즉 커뮤니케이션 수단은 공통적인 세 가지 요소가 조화를 이루어 전달됩니다. 아래의 그림에서도 나타나듯이 이 세 요소는 마치 햄버거와 같은 구조를 이룹니다.

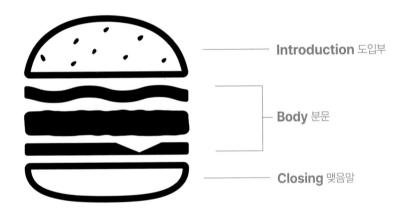

이메일도 마찬가지입니다. 도입부(introduction), 본문(body), 맺음말(closing)이라는 형식 안에서 받는 사람, 주제 및 상황을 고려하면서 용건을 씁니다. 그림처럼 핵심 내용인 body가 흩어지지 않게 introduction과 closing이 body를 잘 잡고 있는 역할을 하는 셈이죠.

다음에 나오는 이메일의 기본 구조에서 도입부, 본문, 맺음말의 3단 구성과 그 밖의 구성 요소를 확인하세요.

한눈에 보는 이메일의 기본 구성

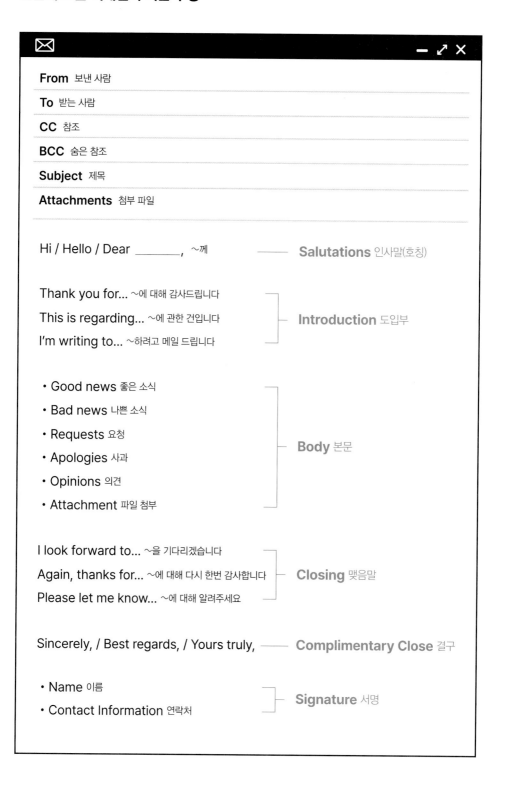

From 보낸 사람

To 받는 사람

CC 참조

BCC 숨은 참조

Subject 제목

Attachments 첨부 파일

Hi / Hello / Dear _____, ~께 —— **Salutations** 인사말(호칭)

Thank you for... ~에 대해 감사드립니다

This is regarding... ~에 관한 건입니다 — **Introduction** 도입부

I'm writing to... ~하려고 메일 드립니다

- Good news 좋은 소식
- Bad news 나쁜 소식
- Requests 요청
- Apologies 사과 — **Body** 본문
- Opinions 의견
- Attachment 파일 첨부

I look forward to... ~을 기다리겠습니다

Again, thanks for... ~에 대해 다시 한번 감사합니다 — **Closing** 맺음말

Please let me know... ~에 대해 알려주세요

Sincerely, / Best regards, / Yours truly, —— **Complimentary Close** 결구

- Name 이름
- Contact Information 연락처 — **Signature** 서명

제목이 곧 용건

이메일 제목은 뉴스 기사의 헤드라인이다

일상생활에서 이메일은 수많은 정보 중 일부입니다. 개인 메일, 업무 메일, 스팸 메일 등 온갖 메일이 하루에도 수없이 메일함에 도착합니다. 메일함의 주인은 아침에 뉴스 기사 목록을 보듯이 메일함을 쓱 훑어봅니다. 컴퓨터 화면에는 벌써 여러 개의 창이 열려 있습니다. 이때 여러분이 보내는 메일 제목이 뉴스 기사의 헤드라인처럼 눈에 띄어야 합니다.

제목은 받는 사람이 대강이라도 내용을 짐작할 수 있도록 쓰세요. 구체적일수록 좋습니다. 제목을 작성할 때마다 자신이 기자라고 생각하고, 내용을 한눈에 보여주는 헤드라인처럼 뚜렷하고 간결한 이메일 제목을 써보세요.

눈에 띄는 제목을 써라

메일 제목은 수신자가 쉽게 파악할 수 있도록 주제를 제시해야 합니다. 너무 짧은 제목은 이해가 쉽게 되지 않을 수도 있으니 필요한 만큼의 길이로 적습니다. 하지만 단어가 10개 이상이면 너무 길어져 화면에서 다 보이지 않을 수 있습니다. 모바일 기기에서는 더 그렇죠. 따라서 완벽한 문장보다는 구(phrase)로 작성하고, 불필요한 관사는 생략하는 것이 좋습니다.

✉ 받은메일함 | 안 읽은 메일 13통	— ↗ ✕
My ideas for SQ Mall project SQ 몰에 관한 아이디어	
Monday staff meeting minutes 월요일 직원 회의록	
Update: X9 model development 최신 정보: X9 모델 개발	

간결하고 명확하게

더 간결한 것에 더 많은 성의가 보인다

영어권 저자들이 중시하는 모토가 있습니다.

It's not what you leave in but what you leave out.
무엇을 넣느냐가 아니라 무엇을 빼느냐가 문제이다.

어떤 의사소통 수단에서든 마찬가지지만, 메일을 작성할 때는 '효율'이 특히 중요합니다. 어떤 내용을 추가해야 되는지가 중요한 것이 아니고 무엇을 생략해야 되는지가 더 중요합니다. 하나의 메일에는 구구절절 여러 내용을 담기보다는 한 가지 목적만을 위한 내용만 쓰는 것이 좋습니다.

상대방의 시간에 대한 배려가 중요하다

간결하고 명확하게 작성된 메일은 바쁜 업무에 시달리는 상대방을 배려하는 것입니다. 생각나는 대로 타이핑한 메일은 내용 전달이 잘될 리가 없습니다. 메일의 목적, 용건이 불확실해져 받는 사람이 뜻을 찾아 헤매야 한다면 이는 좋은 일이 아니지요.

혼동하기 쉬운 메일 내용으로 많은 자원과 시간이 낭비된다는 조사 결과가 있습니다. 명확한 내용 확인을 위해 불필요하게 여러 차례 메일이 오가거나, 오해나 착오로 인해 상대방의 엉뚱한 반응을 부추겨서 프로젝트나 주문이 지연되는 등, 돈으로 따지기는 어렵지만 비즈니스에 생각보다 많은 피해를 줄 수 있습니다. 그만큼 간결하고 뚜렷한 메시지가 중요합니다.

단도직입적인 접근이 필요하다

한국 문화에서는 상대방의 기분을 거스르지 않으려고 우회적으로 말을 돌리는 경향이 있지만, 영어 이메일에서는 대부분의 경우 단도직입적인 접근이 필요합니다. 지나치게 솔직해야 된다는 것은 아니지만 어조나 표현을 신중하면서도 직접적으로 선택해서 상대방이 오해나 혼동 없이 내용을 파악할 수 있어야 한다는 것입니다.

이를 위해 보통 이메일 첫 문단에서 목적과 용건을 뚜렷하게 제시하는 것이 좋습니다. 짧은 메일에서는 첫 문장이 이 역할을 합니다.

본문은 글머리 기호(bullet point)로 정리

이메일을 쓰다 보면 장황하게 설명하는 것보다 짧은 몇 문장으로 정리하는 것이 더 효율적으로 의사를 전달하는 경우가 많습니다. 또한 주문서에서처럼 여러 항목을 나열해야 하는 경우도 있습니다. 이럴 때 자주 쓰이는 것이 글머리 기호입니다. 글머리 기호는 내가 전달하고자 하는 내용을 상대방에게 시각적으로 잘 보여주기 때문에 전체 내용과 개별적 요소에 대해 빨리 파악할 수 있도록 해줍니다. 길게 설명한 내용을 다시 한번 명확하게 짚어줄 때도 좋습니다.

글머리 기호 사용의 장점은 다음과 같습니다.

- 구조를 시각적으로 잘 드러낸다.
- 전체 내용과 개별적 요소에 대한 파악이 더욱 쉬워진다.
- 더 간결하게 메일을 작성할 수 있다.
- 융통성이 있다.

수신자의 이메일 시스템이 내 것과 다를 수 있다는 것을 감안해 특수기호보다는 가장 보편적인 대시(–)를 사용하는 것이 좋습니다.

화면에서 벗어나지 않는다

가장 효율적이고 적절한 이메일의 양은 노트북이나 PC 스크린을 벗어나지 않을 만큼입니다. 이는 상대방이 마우스로 스크롤(scroll)을 내려서 보지 않아도 되는 양을 말합니다. 이메일 초안을 작성한 후 불필요한 내용을 서슴없이 잘라내세요. 이제는 스마트폰으로도 이메일을 확인하는 시대이기에 간결함이 더욱 더 요구되지요. 이미 언급한 바와 같이 메일 하나에 한 주제만 쓰는 것도 좋은 방법입니다.

긴 문장은 자른다

영어를 잘하는 사람일수록 영어 문장을 더 길게 쓴다는 생각은 오해입니다. 간결하고 뚜렷한 문장이 작성자의 의도를 파악하는 데 더 도움이 됩니다.

✖ 긴 문장

Due to severe weather conditions, the shipment that was slated to leave Oakland port will be delayed and, thus, will impact the overall schedule in terms of meeting the deadline for the interior work.

악천후로 인하여, 오클랜드 항구를 떠나기로 예정되어 있던 선적이 지연되었고, 이로 인해 내부 공사에 관한 마감 기한을 맞추는 면에서 전체 스케줄에 영향을 미칠 것입니다.

◯ 짧은 문장

Severe weather conditions will delay the shipment from Oakland port. Thus, this will impact the interior work completion deadline.

악천후로 오클랜드 항구에서 출발하는 선적이 지연될 것입니다. 그래서 내부 공사 마감 기한에 영향을 미칠 것입니다.

긴 구(phrase)는 짧게 바꾼다

현 비즈니스 환경에서도 여전히 격식을 갖춘 구들을 메일에서 많이 볼 수 있습니다. 하지만 받는 사람의 내용 파악을 돕기 위해 될 수 있으면 더 간결한 현대식 단어나 구로 교체하는 것이 좋습니다. 몇 가지만 소개합니다.

항상	at all times	→	always
신속하게	at an early date	→	soon
만약	in the event that	→	if
의견 일치	consensus of opinion	→	consensus
곧	in the near future	→	soon
반복하다	repeat again	→	repeat

내부적인 이메일은 한 줄도 가능하다

내부적인 이메일 교환은 아주 간단하게 이루어질 수도 있습니다. 질문을 한 줄로 하면, 상대방도 역시 한 줄로 답변할 수 있습니다. 예를 들어 발신자가 Where is today's meeting at?(오늘 회의 장소가 어디죠?)라고 물으면, 수신자는 답장(reply) 기능으로 It will be in conference room 2.(2번 회의실이에요.)라고 답변할 수 있겠죠. 물론 양쪽 다 이메일의 배경에 익숙하고 서로 잘 알고 지내는 사이여야 하지요.

이와 달리 외부와의 이메일 교환은 대부분 어느 정도의 형식이 필요합니다. 한 줄짜리 이메일은 무성의하게 보일 수도 있고, 보통 더 상세한 정보가 요구될 테니까요.

도입부는 친절하게, 맺음말은 긍정적으로

도입부(introduction)는 친절할수록 좋다

영어권에서 하루에도 몇 번이나 반복해서 하는 말이 Please와 Thank you입니다. 일상 대화에서 사용하는 말이 메일에서도 그대로 사용되므로 대부분의 메일은 이 표현들을 포함합니다.

예를 들어, 상대방이 메일을 보내왔을 때 이쪽에서 보내는 답장 메일의 서두에서 아무런 감정도 나타내지 않는 수신 확인 표현을 사용하는 경우가 많지요.

I'm in receipt of your email. 이메일을 받았습니다.

하지만 이런 표현을 정중하면서도 더 친절하게 바꿀 수 있습니다.

Thank you for your email. 메일 주셔서 감사합니다.

내가 보내는 답변 내용이 상대방에게 좋은 소식이든 나쁜 소식이든 도입부에서는 받은 메일에 대한 감사를 표현하는 것이 좋습니다.

맺음말(closing)은 긍정적인 표현으로 쓴다

맺음말은 긍정적이고 미래 지향적인 것이 좋습니다. 이메일의 내용이 좋든 나쁘든, 감사나 사과를 담고 있든, 무엇을 요청하는 것이든, 향후 관계를 고려해서 긍정적으로 마무리합니다. 가령 수신자와 더 이상 거래를 하지 않거나 관계를 유지하고 싶지 않다 하더라도 말입니다.

다음 예문들은 각각 다른 배경과 내용에 관련된 맺음말이지만, 모두 다 긍정적이고 미래 지향적인 뉘앙스가 담겨 있습니다. 자주 사용되는 표현들이니 잘 기억해두고 상황에 맞게 사용해보세요.

We look forward to hearing from you.

답변을 기다리겠습니다.

If you have any questions, I'd be glad to answer them.

질문 사항이 있으시면 기꺼이 답변을 드리겠습니다.

I hope that we have adequately addressed your concerns.

우려하신 것에 대해 저희의 대응이 적절했기를 바랍니다.

I can't wait to see you.

빨리 뵙고 싶네요.

Good luck on your future endeavors.

앞으로의 노력에 행운을 빕니다.

Thank you for the order, and I hope to hear from you again soon.

주문에 감사드리며 곧 다시 연락 주시기를 기대합니다.

Let me know if I can return the favor in some way.

제가 어떻게든 보답할 수 있으면 알려주세요.

메일 하나에 한 주제만

한 주제에 집중한다

메일을 작성하다 보면 관련된 다른 주제가 머리에 떠오를 수 있습니다. 하지만 이때 다른 주제를 쓰는 건 좋지 않습니다. 비즈니스 이메일은 업무를 위해 쓰는 것인 만큼, 바쁘고 과다한 정보에 시달리는 사람들에게 여러 주제를 한꺼번에 제시하면 원하는 결과를 얻기가 그만큼 힘듭니다.

불가피하게 여러 주제의 메일을 보내야 한다면 주제마다 별도의 메일을 보내는 것이 효과적입니다. 받는 사람의 입장에서는 쉽게 답변할 수 있는 메일에 우선 간단한 문장을 몇 개 써서 신속하게 회신하면 되고, 답변을 하기에 좀 더 긴 시간이 필요한 메일은 나중에 따로 회신을 하면 되니까요. 한 메일에 다수의 주제가 포함되면 전체 메일에 대한 상대방의 회신이 모든 주제에 대한 답변을 할 수 있을 때까지 지연되겠지요. 쇼핑몰에서 배송 날짜가 각각 다른 여러 상품을 일괄로 주문하는 것과 같은 맥락입니다.

✗ 여러 주제가 한 메일에 포함된 나쁜 예

> There are a few things I need to check with you. First, who is the best person to ask about the Radcliff project? I don't have the files. Also, when can you give me your comments on Jack's new proposal? Finally, would you mind if I changed our departure date to Japan? I might have to see a client on Tuesday.
>
> 몇 가지에 대해 확인 부탁드릴 것이 있습니다. 첫째, Radcliff 프로젝트에 관해 누구와 얘기하면 되나요? 저에게는 그 파일이 없습니다. 그리고 Jack의 신규 제안에 대한 의견을 언제 받을 수 있을까요? 마지막으로, 일본으로 가는 출국 날짜를 변경해도 될까요? 고객 한 분을 화요일에 뵈어야 할 수도 있어서요.

○ 주제별로 나누어 메일을 보내는 좋은 예

> 이메일 1
>
> I don't have the files on the Radcliff project. Who's the best person to talk to about it?
>
> Radcliff 프로젝트 파일이 저에게 없습니다. 그것에 대해 누구와 얘기하는 것이 가장 좋을까요?

When do you think I can get your comments on Jack's new proposal?

Jack의 신규 제안에 관한 의견을 언제쯤 받아볼 수 있을까요?

I might have to see a client on Tuesday, so would you mind if I changed our departure date to Japan?

고객 한 분을 화요일에 뵈어야 할 수도 있으니, 일본으로 가는 출국 날짜를 변경해도 될까요?

문단을 효율적으로 활용하기

메일을 쓰기 전에 구조(organization)를 먼저 생각한다

이메일 작성 시간을 단축하고 불필요한 말을 줄이기 위해, 메일을 쓰게 된 배경과 메일을 받을 수신자를 고려해 아웃라인(outline)을 먼저 만들고, 전체적인 흐름을 계획하는 것이 중요합니다. 이때 받는 사람이 원하는 정보가 무엇인가에 대해 생각을 정리하며, 문단 배열 순서도 신중히 생각해 보는 것이 좋습니다.

어떤 메일이든지 문단의 순서는 논리적이며 주어진 목적을 달성하기에 가장 효율적이어야 합니다. 즉, 받는 사람이 목적을 쉽게 파악하고 보낸 사람이 의도하는 행동을 취할 마음이 생겨야겠지요. 통상적으로 메일의 용건은 첫 문장에 명확히 제시되는 것이 가장 효과적입니다.

내용을 소화하기 쉽게 나눈다

과거에 비즈니스 레터(편지)를 쓸 때는 시간이 오래 걸렸고 답장을 받는 시간도 오래 걸렸습니다. 이제는 몇 분 안에 쓴 메일을 몇 초 만에 상대방이 볼 수 있습니다. 덕분에 우리는 책상에 앉아 생각나는 대로 손가락을 키보드 위에서 움직인 다음 별생각 없이 '보내기' 버튼을 누를 때가 많습니다. 글을 깊이 생각하고 쓰지 못하는 것이지요.

상대방에게 명확히 전달하기 위한 글을 작성할 때는 작성자 스스로 메일의 작가 겸 편집자가 되어야 합니다. 우선 초안을 작성한 후, 문장이나 문단을 신중하게 재배치하고 의도한 주제에서 벗어난 불필요한 요소들을 제거하는 편집 과정을 거쳐야 합니다.

누구든 너무 긴 문단을 보면 왠지 내용이 어렵게 느껴질 수 있습니다. 그러니 받는 사람에게 숨실 틈을 주기 위해 긴 문단을 잘게 나누어 보세요. 관련된 문장들을 모아서 읽기 쉽도록 2~5개 정도의 문장으로 그룹화하는 겁니다. 문단이 너무 길면 그다지 읽고 싶지 않은 건 누구나 마찬가지니까요. 이와 더불어 받는 사람이 덜 지루하도록 문장 길이에도 변화를 주어 가며 작성하는 것이 좋습니다.

문단의 첫 문장을 주제 문장으로 쓴다

메일이 하나의 큰 주제를 제시한다면, 각 문단에는 하나의 아이디어, 테마(theme) 또는 토픽(topic)을 다루는 세부적인 논제가 담겨 있습니다. 그리고 꼭 형식적으로 생각할 필요는 없지만, 개요가 담긴 주제 문장(topic sentence)을 문단의 첫 문장으로 작성하면 받는 사람이 메일 내용을 쉽게 파악하는 데 많은 도움이 됩니다.

특별히 긴 메일에는 섹션 제목(heading)을 쓴다

메일이 길어질 때 더 명확하게 내용을 전달할 수 있는 방법이 몇 가지 있습니다. 하나는 관련된 문단들을 모은 다음 더 세밀한 섹션(section)들로 나누는 것입니다. 이렇게 나눈 섹션 앞에 섹션 제목(heading)을 표시합니다. 지금 여러분이 읽고 있는 섹션도 그런 식으로 되어 있지요.

파일 첨부를 적극 활용한다

수신자가 메일을 열어보았을 때 창에서 전체 내용이 한눈에 들어오거나 커서를 살짝만 움직이면 맺음말이 보이도록 하는 것이 좋습니다. 너무 긴 메일을 보면 수신자 입장에서 한숨이 나올 수 있습니다. 이런 경우 별도로 MS Word 같은 문서 작성 프로그램에서 메모 형식으로 작성한 다음, 파일 형태로 첨부하는 것이 좋습니다.

쉽고 구어체적인 표현을 사용하기

대화하듯 쓴다

비즈니스 커뮤니케이션에서는 지적인 단어나 구조를 사용해야 된다고 생각하는 경우가 많습니다. 물론 처음 연락하는 사람들끼리는 흔히 격식을 갖춘 표현을 쓰지만, 일상적인 비즈니스 상황에서는 친근감과 인간미 있는 자연스러운 어조를 사용하는 것이 좋습니다. 그래서 미국이나 캐나다에서는 평상시 전화나 직접 만나서 대화할 때 사용하는 구어체적인 표현들을 메일에도 적용합니다. 물론, 비즈니스 이메일은 어디까지나 업무용인 만큼 dude나 man 같은 은어는 피해야겠죠.

You, I와 We

회화체로 작성할 때 가장 유용하게 사용할 수 있는 두 단어는 you와 I입니다. 두 단어 모두 직접 대화하는 것같이 편안하고 자연스럽게 느껴지며 친근감을 줍니다. 학회 에세이나 논문에서는 이런 표현이 부적절하지만, 딱딱하지 않고 친근함이 요구되는 요즘의 비즈니스 커뮤니케이션에서는 필수입니다.

> ✘ As per our discussion, please find my attached ideas.
> 우리의 논의에 따라, 첨부된 제 의견을 보십시오.

> ⭕ As we discussed, I'm attaching my ideas.
> 우리가 논의한 대로, 제 의견을 첨부합니다.

그러면 이메일 작성자 쪽을 언급할 때 we는 언제 쓸까요? 회사를 대표해서 메일을 쓸 때 I와 we 중 어떤 단어가 더 적절한지 고려하게 됩니다. 전반적으로 I는 조금 더 개인적인 친근함을 표현할 때 쓰기에 적합하고, we는 회사 전체의 입장을 표명할 때 주로 사용하는 편이지만, 실제로는 큰 차이가 없다고 봐도 무방합니다.

시대에 뒤떨어진 표현은 피한다

몇 년 전까지만 하더라도 지극히 격식을 갖춘 구식 표현을 많이 사용했으나 근래에는 간단하고 구어체적인 표현을 사용합니다. 예를 들어, 예전에는 영어권 사람들 대다수가 비즈니스처럼 중대한 상황에서는 It is with great pleasure that we present our proposal. 같은 표현이 필요하다고 생각했습니다. 하지만 이제는 I'm pleased to attach our proposal.이나 Thank you for requesting a proposal. 같은 간결한 표현을 사용합니다.

컴퓨터는 물론 타자기도 없던 옛날에는 영어권에서나 한국에서나, 비즈니스 레터가 얼마나 화려한 단어로 이루어져 있는지, 얼마나 멋진 필기체로 쓰여졌는지를 보고 편지의 작성자를 평가했을 것입니다. 그러나 이메일의 시대인 지금은 얼마나 간결하고 명확하게 메시지를 전달하는지가 관건입니다. 그래서인지 조사에 따르면 영어권 기업에서는 기술적인 능력보다 커뮤니케이션 능력을 더 중요시한다고 합니다.

쉬운 단어가 더 명확할 때가 많다

gratifying을 영한 사전에서 찾아보면 '만족을 주는, 유쾌한, 즐거운, 기분 좋은' 등으로 정의되어 있습니다. 하지만 The presentation was gratifying.보다는 I enjoyed the presentation.이 작성자의 느낌을 더욱 쉽게 전할 수 있을 뿐만 아니라 친근감을 줍니다.

전문 용어(buzz word and jargon)는 피한다

execution(집행)이나 best practice(업무 처리 모범 기준) 같은 특정 분야에서만 쓰는 전문 용어는 될 수 있는 한 피하는 것이 좋습니다. 같은 분야의 전문가들 사이 또는 팀 내에서 사용하는 용어가 있더라도 외부인에게는 쉽고 일상적인 단어를 쓸 것을 권장합니다.

받는 사람과 메일의 목적을 고려한다

메일을 작성하기 위해 컴퓨터 앞에 앉을 때마다 고려해야 할 두 가지는 '받는 사람'과 '메일의 목적'입니다. 대상이 누구인지에 따라 어조와 표현이 조금씩 달라야 하며, 그 위에 특정 목적을 얹으면 또 달라집니다. 좋은 소식과 나쁜 소식을 전달하는 어조 역시 다를 것이며, 정보를 전달할 때와 설득할 때의 표현도 다를 것입니다.

권위적이지 않고 정중하게

일상적이고 호의적인 답변은 간단히 한다

일상적이고 호의적인 답변은 이메일 창에서 답장 버튼을 클릭한 다음 간단히 Okay.(알겠습니다.)나 Will do.(그렇게 하겠습니다.) 또는 Good idea.(좋은 생각입니다.) 등으로 매듭지을 수 있습니다. 그러나 일상적이지 않은 메일에서는 계획적인 구조가 요구되며 신중한 표현과 어조가 필요합니다.

어조를 신중하게 고려한다

상사에게든 부하 직원에게든, 또는 거래처 직원에게든 어느 상황에서도 어조는 정중한 편이 좋습니다. 필요한 경우 이쪽의 입장을 강경하게 밝힐 수는 있지만 비판적이거나 빈정대는 표현은 삼가야 하지요.

메일은 표정, 제스처, 음조가 없다

특정 안건으로 통화를 하거나 직접 만나서 논의를 한다면 표정, 제스처나 음조 등으로 상대방의 기분이나 의도 등 많은 것을 파악할 수 있습니다. 그러나 메일은 오직 하얀 1차원의 공간 위에 글자만 올리는 것이니 더욱 정중한 어조와 표현으로 신중하게 작성해야 합니다.

must와 have to는 명령적인 느낌을 준다

서로 다른 두 언어에서 완벽하게 동일한 표현을 찾기는 힘들지요. 사고방식이나 문화적 차이의 벽을 쉽게 극복하기가 힘드니까요.

많은 변화가 이루어지고 있긴 하지만, 한국에서는 구두로나 서면상으로 비즈니스 커뮤니케이션을 할 때 아직도 갑과 을 중심으로 '~하셔야 합니다'라는 표현을 쓰기 쉽습니다. 그런데 '~하셔야 합니다'를 영어로 번역하면 you have to나 you must가 되는데, 영어에서는 명령적인 느낌을 주는 표현들입니다. 비즈니스에서 have to나 must같은 명령적인 어조는 피하는 것이 원칙입니다.

Please나 Could you 같은 세련된 표현을 써라

갑과 을, 상사와 부하 직원, 선배와 후배 등의 관계를 떠나서, 상대방에게 원하는 것이 있으면 어떤 식으로든 설득하는 것이 우선일 것입니다. please를 '부디'로 번역할 수도 있지만 영어권에서 이 단어는 이미 너무나도 일상화되어서 실제로는 '~을 바라다'에 가깝습니다. 경영진이 직원들에게 보내는 메시지에서도 please를 찾아볼 수 있고, 친구 사이에서도 사용합니다.

✗ | have to 사용 | You have to turn in your report by this afternoon.
오늘 오후까지 보고서를 제출해야 합니다.

O | Please 사용 | Please turn in your report by this afternoon.
오늘 오후까지 보고서를 제출하기 바랍니다.

Could you를 사용할 수도 있습니다.

O | Could you 사용 | Could you turn in your report by this afternoon?
오늘 오후까지 보고서를 제출해주겠어요?

상대방의 이익을 강조한다

권위적이고 명령하는 듯한 표현을 피하는 방법 중 하나는 상대방의 이익을 강조하는 동시에 조건을 다는 겁니다.

✗ | must 사용 | You must send us the payment before we can ship your order.
주문하신 제품을 발송하기 전에 결제를 해주셔야 합니다.

O | 이익 강조 | If you send us the payment, we can ship your order immediately.
결제를 해주시면, 주문하신 제품을 즉시 발송해드릴 수 있습니다.

자기만의 이메일 표현 모으기

개인 표현 사전을 만든다

전화 통화를 하든, 만나서 대화를 하든, 메일이나 메신저, 혹은 휴대폰 문자로 메시지를 주고받든, 우리는 각자 자주 사용하는 표현들이 있기 마련입니다. 내가 자주 쓰는 한국어 표현들은 따로 적어놓을 필요가 없겠지만, 100% 익숙하지 않은 영어는 여러 상황에서 자주 사용하는 표현들을 별도로 모아 놓으면 좋습니다. 일종의 개인 표현 사전인 셈이지요.

예를 들어, 일상적인 첫인사에서 Thank you for your email regarding...으로 대부분의 메일을 시작할 수도 있고, 아니면 Regarding your email on...으로도 할 수 있는 것처럼 개인마다 각자의 취향이 있을 것입니다. 이 책은 패턴 형식으로 정리된 표현들을 수록했으며, 상황과 주제별 기본 표현을 중심으로 문장을 소개합니다. 하나의 기본 패턴으로 상황에 맞는 단어를 바꿔 쓰면 여러 가지의 표현이 가능한 것이지요. 상황이나 주제별로 관련 표현들을 접하고 검토한 후 노트나 앱에 마음에 드는 표현들을 수시로 정리해서 옆에 두면 도움이 될 것입니다.

패턴(pattern)을 파악한다

이렇게 패턴으로 된 구를 모아두면 메일에서뿐만 아니라 일대일 대화에서도 큰 도움이 될 수 있습니다. 만약 I don't think going out is such a good idea.라는 문장을 봤다면 "밖에 나가는 건 별로 좋은 생각 같지 않아요."라고 일단 정리합니다. 여기서 기본 패턴은 I don't think ~ is such a good idea.이니까 "John에게 전화를 거는 건 별로 좋은 생각 같지 않아요."라고 말하고 싶으면 I don't think calling John is such a good idea.라고 다시 정리할 수 있습니다. going out이 calling John으로 바뀌는 거죠.

받는 사람을 배려하기

상대방이 누구인지 생각해본다

앞서 어떤 의사소통 수단에서든지 첫째로 고려해야 할 것은 메시지를 받는 사람이라고 했습니다. 영어권에서 커뮤니케이션을 생각할 때는 Know your audience.라는 격언이 빠지지 않습니다. 메일에 쓸 내용은 비슷하더라도 메일을 받는 사람은 상황에 따라 달라집니다. 상사일 수도 있고, VIP 고객일 수도 있고, 때론 친구일 수도 있습니다. 그러니 받는 사람에 따라 메일의 길이, 구조, 어조 및 표현이 달라질 수밖에 없죠.

상대방이 해당 분야를 잘 아는지 고려한다

만약 메일 작성자가 전자 분야에서 활동하는 사람이고 받는 사람도 같은 분야의 전문가라면 그 분야의 역사, 배경에 대해 언급할 필요가 없고 전문 용어를 서슴없이 활용하겠죠. 그러나 상대방이 그 분야에 대해 문외한이라면 많은 설명이 필요할 수밖에 없습니다. 따라서 받는 사람이 비전문가라면 더욱 신중하게 정보를 전달해야 합니다.

제3자도 생각한다

CC(참조)나 BCC(숨은 참조)를 사용해서 우리가 보낸 메일을 참조할 사람들을 지정할 때도 있지만 종종 상사나 동료같이 우리가 의도하지 않았던 사람들이 메일을 보는 경우도 많습니다. 따라서 메일을 작성할 때는 항상 이런 제3자도 고려해야 합니다.

전달해야 할 사항을 파악한다

만일 내가 쓴 메일에 불확실한 부분이 있어서 상대방이 질문을 해온다면 불필요한 시간이 낭비됩니다. 이를 방지하려면 처음 메일을 작성할 때 전달해야 하는 모든 요소들을 신중하게 고려해야 합니다.

상대방에게 효율적으로 전달해야 하는 요소는 다음과 같습니다.

- 상대방으로부터 내가 원하는 것을 받으려면 그쪽에 어떤 정보를 제공해야 하나?
- 상대방이 알고 싶어하는 정보를 다 제공하고 있나?
- 상대방으로부터 원하는 조치나 행동은 무엇인가?
- 언제까지 답변이 필요한가?

위의 내용을 숙지하고 메일을 보낼 때마다 확인하는 습관을 들이면 메일의 내용이 목적에 충실해질 것입니다.

2 가장 많이 쓰는 이메일 만능 패턴 10
The 10 Most Popular Email Patterns

PATTERN 1   감사합니다

아마도 북미 사람들이 일상생활에서 가장 흔히 쓰는 표현은 Thank you일 것입니다. 친한 관계에서는 Thanks나 Thanks a lot으로 표현할 수 있으며, 고마움을 강조할 때는 Thank you very much, Thank you so much, I greatly appreciate, I really appreciate 등으로 쓸 수 있습니다.

Thank you for + 명사 (~에 감사드립니다)

Thank you for your email.   메일에 감사드립니다.

Thanks for + 명사 (~ 고맙습니다)

Thanks for the gracious help I received during my trip to the U.S. last month.
지난달 미국 출장 때 친절하게 도움 주셔서 고맙습니다.

Thank you for + -ing (~해주셔서 감사합니다)

Thank you for getting back to me so fast.
빠른 답변을 주셔서 감사합니다.

Thanks for + -ing (~해줘서 고맙습니다)

Thanks for helping me with the project.
프로젝트를 도와줘서 고맙습니다.

I/We appreciate + 명사 (~에 감사드립니다)

We appreciate your interest in the position.
그 직책에 관심 가져주셔서 감사드립니다.

~에 대한 것입니다

I'm writing to ~는 메일 본문의 첫 문장에 사용되는 표현으로, 용건을 제시할 때 쓸 수 있는 가장 간결한 표현입니다. I'm writing은 직역하면 '쓰고 있다'이지만 우리말로는 '쓰게 되었습니다', '다름이 아니라 ~ 관련으로 메일을 쓰게 되었습니다'와 비슷합니다.

I'm writing to + 동사 (~하고자 메일 드립니다)

I'm writing to request a favor.

부탁을 하나 드리고자 메일 드립니다.

This is regarding + 명사 (~에 관한 것입니다)

This is regarding the new project.

신규 프로젝트에 관한 것입니다.

This email is to + 동사 (이 메일은 ~하기 위한 것입니다)

This email is to inform you of the proposed changes.

이 메일은 변경 제안 사항에 대해 알려드리기 위한 것입니다.

Regarding + 명사 (~에 대해)

Regarding next week's meeting, I suggest we prepare a written agenda.

다음 주 회의에 대해, 안건을 준비할 것을 제안합니다.

PATTERN 3   죄송합니다

사과할 때 I am sorry가 가장 흔하고 간결한 표현이죠. I apologize는 조금 더 격식을 갖춘 표현으로 비즈니스에서 사과를 할 때 자주 사용합니다. 그런데 나중에 상대방이 이 사과 메일을 이쪽의 잘못을 인정한 증거로 이용해 법정에서 책임을 물을 수 있으므로 사과를 할 때는 신중을 기해야 합니다.

I apologize for + 명사 (~에 대해 사과드립니다)

I apologize for the delay in your shipment.

물품 발송 지연에 대해 사과드립니다.

I apologize for + -ing (~한 것에 사과드립니다)

I apologize for not replying sooner.

더 빨리 답변을 드리지 못한 것에 사과드립니다.

I am sorry about + 명사 (~에 대해 죄송합니다)

I am sorry about the inconvenience my staff may have caused you.

저희 직원이 불편하게 해드렸을지도 모르는 부분에 대해 죄송합니다.

I am sorry for + -ing (~한 점 죄송합니다)

I am sorry for sending you the wrong information last week.

지난주에 정보를 잘못 보내드린 점 죄송합니다.

유감입니다

흔히 우리는 I'm sorry를 사과의 뜻으로만 생각하지만 영어권에서는 유감을 나타내는 표현으로 자주 사용합니다. 여기서 sorry는 이쪽의 잘못을 말하는 것이 아니라 상대방이 처한 좋지 않은 상황에 대해 안타까움과 유감을 나타내는 표현입니다.

I'm sorry (that) + 절 (~하게 되어서 안타깝습니다)

I'm sorry that you can't join us.

저희와 함께 하지 못하게 되어서 안타깝습니다.

I'm sorry to hear (that) + 절 (~하다니 안타깝습니다)

I'm sorry to hear that you can't go with us.

우리와 함께 못 가신다니 안타깝네요.

I'm sorry, but (유감스럽지만 ~합니다)

I'm sorry, but I cannot authorize it.

유감스럽지만 허락해드릴 수 없습니다.

Regretfully, (유감스럽지만)

Regretfully, we have to decline your offer.

유감스럽지만 그쪽 제안을 거절해야겠습니다.

Unfortunately, (아쉽지만)

Unfortunately, we will have to postpone the meeting.

아쉽지만 회의를 연기해야겠습니다.

PATTERN 5   ~했으면 합니다

I would는 이쪽이 무엇을 했으면 좋겠다거나 무엇을 하겠다고 할 때 사용할 수 있는 가장 정중한 표현으로 메일을 작성할 때 자주 사용됩니다. 비슷한 표현으로 I will이 있지만 다소 강경하고 거만하게 느껴질 수 있기 때문에 정중한 표현을 하고자 할 때는 대부분 I would를 쓰는 것이 더 적합합니다.

I would be + 형용사 (~하겠습니다)

I would be grateful for your feedback.
피드백을 주시면 감사하겠습니다.

I would like to + 동사 (~하고 싶습니다)

I would like to ask a favor.
부탁을 하나 드리고 싶습니다.

PATTERN 6   ~이 가능할까요?

간단하게 무엇에 대한 요청할 때는 could를 문장 맨 앞에 쓰고 바로 뒤에 주어(you, I, we), 그 뒤에 동사를 씁니다. 친한 관계에서는 could 대신 can을 쓸 수 있습니다. 그리고 Would it be ~?는 허가나 협조를 요청할 때 사용하는 표현으로, could와 비슷한 뉘앙스입니다.

Could you + 동사 (~해주시겠어요?)

Could you call me tomorrow?
내일 전화 주시겠어요?

Could I + 동사 (~할 수 있을까요? / ~해도 될까요?)

Could I get an extension on the schedule?
기한을 연장받을 수 있을까요?

Could we + 동사 (~하는 것이 어떨까요?)

Could we postpone the meeting?

회의를 연기하는 것이 어떨까요?

Would it be possible to + 동사 (혹시 ~하는 것이 가능할까요?)

Would it be possible to get the report earlier?

혹시 보고서를 더 일찍 받아보는 것이 가능할까요?

Would it be possible for me/you to + 동사 (혹시 ~할 수 있을까요?)

Would it be possible for me to get more information?

혹시 추가 정보를 받아볼 수 있을까요?

Would it be okay if I + 과거형 동사 (~해도 될까요?)

Would it be okay if I called you tomorrow at 10?

내일 10시에 전화드려도 될까요?

Would you mind if I + 과거형 동사 (~해도 괜찮을까요?)

Would you mind if I took a day off?

제가 연차를 써도 괜찮을까요?

Would you be able to + 동사 (~하실 수 있으세요?)

Would you be able to send me the profile?

프로필을 보내주실 수 있으세요?

If possible, (가능하다면)

If possible, please get the draft to me by this afternoon.

가능하다면 오늘 오후까지 초안을 보내주세요.

PATTERN 7 　기쁩니다

좋은 소식을 전할 때 그 소식을 알리게 된 기쁨을 표현하기 위해 I am/We are pleased [happy] to ~ 또는 It is my/our pleasure to ~를 사용합니다. 또한 I/We would be glad to ~나 It would be my/our pleasure to ~ 등은 미래에 어떤 행동을 기꺼이 하겠다는 표현입니다.

I am/We are pleased to + 동사 (~하게 되어 기쁩니다)

I am pleased to hear that you enjoyed my presentation.
제 프레젠테이션이 마음에 드셨다는 말을 듣게 되어 기쁩니다.

I am/We are happy to + 동사 (~하게 되어 기쁩니다)

I am happy to tell you that the management liked your proposal.
경영진이 당신의 제안을 마음에 들어했다고 알려드리게 되어 기쁩니다.

It is my/our pleasure to + 동사 (~하게 되어 기쁘게 생각합니다)

It is my pleasure to accept your invitation.
초대를 수락하게 되어 기쁘게 생각합니다.

I/We would be glad to + 동사 (기꺼이 ~하겠습니다)

We would be glad to send you our new catalog.
새로운 카탈로그를 기꺼이 보내드리겠습니다.

It would be my/our pleasure to + 동사 (기꺼이 ~하겠습니다)

It would be our pleasure to reserve the hotel rooms for you.
호텔 예약을 기꺼이 해드리겠습니다.

PATTERN 8   ~한 대로

이전에 있었던 설명, 논의나 요청을 언급할 때 '~한 대로' 라는 의미로 as를 씁니다.

As + 주어 + mentioned (~가 언급한 대로)

As I mentioned in my last email, the staff is becoming restless.

제가 지난번에 드린 메일에서 언급한 대로, 직원들은 초조해하고 있습니다.

As + 주어 + requested (~가 요청한 대로)

As you requested, I'm attaching the file in MS Word.

요청하신 대로, 그 파일을 MS Word로 첨부합니다.

As we discussed (논의한 대로)

As we discussed, my team will prepare the drawings.

논의한 대로, 저희 팀이 도면을 준비하겠습니다.

As + 동사 (~한 대로 / ~한 것처럼)

As laid out in my last memo, the new store hours will be from 8 a.m. to 11 p.m.

가장 최근의 메모에서 설명한 대로, 매장의 새로운 영업 시간은 오전 8시부터 오후 11시까지입니다.

PATTERN 9 　축하합니다

승진, 결혼, 기념일 같은 좋은 소식을 접하고 상대방을 축하할 때 쓰는 표현인 Congratulations는 문장을 시작하거나 짧은 문장 안에 삽입해 사용할 수 있습니다. 아예 제목으로 쓰기도 합니다.

Congratulations (축하드립니다)

Congratulations, your proposed project has been approved.
축하드립니다. 제안하신 프로젝트가 승인을 받았습니다.

Congratulations on (~을 축하드립니다)

Congratulations on your promotion.
승진을 축하드립니다.

I/We would like to congratulate you on (~을 축하드리고 싶습니다)

We would like to congratulate you on the great presentation you made last week.
지난주에 하신 멋진 프레젠테이션을 축하드립니다.

Congratulations to (~에게 축하드립니다)

Congratulations to your staff.
당신의 직원들에게 축하드립니다.

PATTERN 10   ~해주세요

아주 가까운 사이가 아니라면 무엇을 해달라고 요청할 때 please를 쓰는 것이 좋습니다.
한국에서는 please라는 단어가 나오면 '제발'이나 '부디'같이 부탁 혹은 애원하는 느낌이
라고 생각하지만 영어권에서는 사실상 예의를 갖추는 차원에서 흔히 사용됩니다.

Please + 동사 (~해주세요)

Please forward me the data by tomorrow.

내일까지 자료를 보내주세요.

I/We ask that you + 동사 (~하기를 당부합니다)

I ask that you send me the report as soon as possible.

보고서를 가급적 빨리 보내주시기를 당부합니다.

I/We request that 주어 + 동사 (~이 …하기를 요청합니다)

We request that this matter be discussed in our next meeting.

다음 회의에서 이 문제를 논의할 것을 요청합니다.

3 알면 힘이 되는 비즈니스 이메일 꿀팁 10
10 Business Email Tips You Need to Know

TIP 1   혼동하기 쉬운 단어들은 없는지 살펴본다

영어는 오랜 역사 동안 이곳저곳에서 단어와 표현들이 유래되고 뒤섞이는 과정을 반복한 끝에 현재의 형태가 되었습니다. 통일된 철자 구성 방법이 사실상 없는 탓에 영어권 사람들도 혼동하기 쉬운 단어들이 많습니다. 동음이의어(homonym)나 동일한 접두사(prefix)를 가진 단어들이 그렇습니다. (Appendix 589~593쪽 '혼동하기 쉬운 영단어' 참조.)

TIP 2   메일에 감정이 실리지 않았는지 확인한다

누군가에게 화가 나 있으면 자신의 화를 가라앉히기 위해 편지를 쓴 다음, 실제로 보내지 않고 찢어버리든지 태워버리는 식으로 심리적 안정을 찾는 사람들이 있다고 합니다. 여기서 중요한 건 편지를 보내지 않는다는 사실이지요.

이메일은 절대 화를 분출하는 도구가 아닙니다. 홧김에 메일 창을 열고, 몇 마디 다다다 쓴 후 보내기 버튼을 클릭한다면? 너무도 순식간에 일어나서 돌이킬 수 없게 됩니다. 기분이 좋지 않을 때는 어떤 이메일이라도 작성하지 않는 것이 좋습니다.

TIP 3   대문자는 소리를 지르는 것이다

영어권 친구들이 보내오는 메일이나 휴대폰 문자 메시지에서 간혹 모든 문자가 대문자인 경우가 있습니다. 문제는 이렇게 쓰면 소리를 지르는 것이나 마찬가지라는 겁니다. 메일에서도 기초적인 영문법이 적용되므로 일반적으로 대문자는 문장의 첫 문자, 고유명사(proper noun)나 약어(acronym)에만 사용합니다.

TIP 4 　　　중요한 메일은 출력해서 보관한다

규칙적으로 컴퓨터 파일을 백업하는 것처럼 비즈니스 관계에서 주고받은 중요한 메일은 프린터로 출력하거나 PDF 형태로 만들어 별도로 보관하는 것이 좋은 습관입니다. 언제 발생할지 모르는 클레임이나 소송에서 이메일 자료는 중요한 증거 역할을 하지요. 법적인 문제뿐 아니라 서류로 보관된 메일은 향후 기억을 상기시키거나 상사 및 동료들에게 도움이 될 수 있습니다.

TIP 5 　　　중립적인 용어를 사용한다

영어 메일에서 businessman이나 salesman과 같은 남성 중심적(male-oriented)인 표현을 피하는 것은 필수입니다. 영어권과의 비즈니스 관계에서는 특정 직업을 나타내는 남성 중심적인 표현을 무조건 피해야 합니다. 예를 들어 미국이나 캐나다 같은 나라에서는 mailman, fireman, policeman 대신에 mail carrier, firefighter, police officer 같은 성 중립적(gender-neutral) 표현이 이미 일상화되었습니다.

참고로, 인사말(salutation)도 받는 사람의 성별을 확실히 모른다면 Dear Sir/Gentleman 이라는 표현을 피하고, 아예 To Whom It May Concern(담당자님께)을 사용하는 것이 좋습니다. 만약 받는 사람이 여자라면 불쾌하게 여길 수도 있으니까요.

이외의 용어에서도 변화를 볼 수 있습니다. 한때 '장애인'을 가리키던 영어 표현이 handicapped에서 disabled로 바뀌었는데, 이제는 disabled도 쓰긴 하지만 ~ challenged 가 예의를 차리는, 안전한 표현입니다. 정신 장애는 mentally challenged, 지체 장애는 physically challenged라고 합니다. (동사형인 disable은 '망가뜨리다', '무능하게 하다' 등 부정적인 뉘앙스가 있는 반면, challenge는 '도전하다'라는 긍정적인 느낌.)

항상 메일을 쓸 때 차별적인 용어를 쓰지 않았는지 점검해보고, 중립적인 용어 리스트가 상세히 정리된 부록을 참고하거나 인터넷에서 검색하여 사전에 실수를 막는 것이 좋습니다. (Appendix 575~576쪽 '편견을 나타내지 않는 중립적 용어' 참조.)

TIP 6 철자가 맞는지 검토한다

맞춤법 및 문법 자동 검사 프로그램이 없는 메일이라면 더 신중하게 체크하는 것이 중요합니다. 특별히 주의를 기울여야 하는 중요한 메일은 우선 MS Word나 한글같이 자동 검사 기능이 있는 프로그램으로 작성한 다음 메일로 옮기는 것도 하나의 방법입니다. 요즘에는 AI 기반의 자동 검사 및 교정 사이트나 툴이 많으니 적절히 활용하세요.

TIP 7 숫자를 확인한다

한국은 영어권에 없는 만(10,000)이라는 숫자가 있어서 생각보다 많은 혼동을 초래합니다. 일(1)은 one, 십(10)은 ten, 백(100)은 hundred, 천(1,000)은 thousand로 외우기 쉬운 반면, 만(10,000)은 ten thousand, 십만(100,000)은 hundred thousand가 되어 혼동을 일으키기 쉽지요. 이와 더불어 한국 돈의 기본 단위가 1,000원이며 미국 같은 나라의 기본 단위가 1달러인 셈을 고려하면 비교적 큰 숫자나 액수를 기재할 때 특별한 주의가 요구됩니다.

TIP 8 금요일 오후 메일 발송은 피한다

다른 업무 처리로 바쁜 나머지 금요일 오후에 이메일을 보낼 때가 종종 있는데, 가능한 한 이 시간을 피하는 것이 좋습니다. 물론 상대방이 알아서 월요일에 답변을 보낼 것이라고 생각하기 쉽지만, 주말 사이에 잊어버려서 답장을 못 받을 수도 있습니다. 또 상대방이 중요한 이메일이라고 간주해 퇴근 전에 부랴부랴 회신을 하는 경우도 있을 수 있습니다. 특히 자료 수집이 필요하다거나 타인에게 확인을 받아야 하는 상황이라면 상대방에게 큰 부담을 줄 수 있지요.

TIP 9 이메일이 능사는 아니다

한국같이 인터넷 속도가 빠른 환경에서는 메일을 보내는 것이 전화를 하는 것보다 더 간편하고 빠를 수 있습니다. 하지만 때로는 메일에 대한 답변을 기다리고 또 한 번 그 답변에 대해 회신을 하느니 통화를 하는 것이 더 현명한 방법일 수 있습니다. 예를 들어, 해외에 있는 사람으로부터 몇 분 내에 답을 받아야 한다거나 주제가 다소 민감한 사항이라면 말입니다. 다만 전화 통화의 내용은 기록에 남지 않으니 중대한 사안이라면 통화가 끝난후에 다시 한번 메일로 결정된 사항을 정리해서 보낼 필요가 있습니다.

관계에 따라 자필 편지 또는 카드가 이메일보다 적합한 경우도 있습니다. 예를 들어 애도의 뜻을 전할 때 이메일은 다소 형식적인 느낌을 줄 수 있으니 진심을 전하고 싶다면 자필로 작성한 조문 카드(sympathy card)를 보낼 수 있습니다.

TIP 10 이모티콘과 약어는 삼간다

비즈니스 이메일에서는 이모티콘 사용을 삼갑니다. 한국에서는 휴대폰 문자 메시지나 이메일에 ^^나 ;; 정도의 이모티콘 사용이 무난하게 받아들여지지만 영어권에서는 유치하게 바라보는 시각이 있습니다. 게다가 영어권의 이모티콘은 우리가 쓰는 이모티콘과 다를 뿐만 아니라 많은 원어민들이 :-)나 :-o 정도밖에 모릅니다. 참고로 :-)는 스마일, 즉 우리의 ^^와 비슷하며 :-o은 놀라움을 뜻합니다.

또한 약어도 삼가세요. 인터넷과 이메일이 지속적으로 발전하면서 수많은 신조 약어가 탄생했고 지금도 생겨나고 있지만 일상화된 FYI, ASAP나 RSVP 정도를 제외하면 대부분이 메일에서는 널리 사용되고 있지 않습니다. 그러니 특정 기업 문화의 틀 안에서 사용하는 것 외에는 삼가는 것이 좋습니다. 참고로 FYI는 for your information(참고로), ASAP는 as soon as possible(가능한 한 빨리), 그리고 RSVP는 프랑스어 Répondez s'il vous plaît의 약자로 '답변 요망'이라는 뜻입니다.

01

이메일의 시작과 끝맺음

Dictionary of Business Email Expressions

1 인사말(호칭)
Salutations

KEY POINT **대부분 Hi 또는 Dear로 시작한다**

- Hi나 Hello 뒤에 성 없이 이름(first name)을 쓰고 콤마(comma)를 붙이는 경우가 많음 ▶ **Hi John,**
- 내부 이메일이나 친한 사이일 경우 이름과 콤마만 쓰기도 함 ▶ **John,**
- 격식을 차릴 때는 Dear 다음에 Mr.나 Ms.를 쓰고 성(last name)을 쓰고 콜론(:)을 붙임
  ▶ **Dear Mr. Watson:**
- 여자는 결혼 여부와 관계없이 Ms.를 사용(상대방이 원하는 경우에만 Mrs. 사용)
- Mr., Ms.와 Mrs. 외에 Prof.(교수)나 Dr.(박사) 같은 호칭도 사용
- 가능하면 수신자의 이름을 쓰는 것이 좋지만, 이름을 모를 경우 Dear 또는 To 뒤에 직책이나 상호를 씀 ▶ **Dear Customer Service Manager:**
- 직책이나 상호 대신 To Whom It May Concern(담당자님께)도 사용할 수 있음

SAMPLE

✉ — ⤢ ✕

Subject	**My Comments on Your Proposal Draft** 제안서 초안에 관한 의견
From	**tom@esprintee.com**
To	**harry@esprintee.com**

Hi Harry,

I've attached my comments on your proposal draft as you requested.

I added my two cents for each section, but given the time constraints, I'm not sure if my comments are detailed enough for your needs.

So let me know if there's an area where you need more details.

Regards,

Tom

안녕하세요 Harry,
요청하신 대로 제안서 초안에 대한 제 의견을 첨부했어요.
각 섹션마다 의견을 덧붙이긴 했지만, 주어진 시간이 한정적이라, 제 의견이 충분히 구체적인지 모르겠네요.
그러니 더 세부적인 사항이 필요한 부분이 있으면 알려주세요.
Tom 드림

Hi! `비격식`
안녕하세요!

Hojun, `비격식`
호준,

★ **Hi** Jane, `비격식`
안녕하세요 Jane,

Hi all,
안녕하세요 여러분,

Hey Sam, `비격식`
안녕 Sam,

Hello Robin,
안녕하세요 Robin,

★ **Dear** Linda,
Linda에게,

Dear Mr. Harris:
Harris 씨께:

Dear Dr. Lee:
이 박사님께:

Dear Sir or Madam: `격식`
담당자님께:

Dear Customer Service:
고객 서비스팀께:

Dear Darakwon:

다락원께:

To the Purchasing Manager:

구매 관리자님께:

To the Overseas Team:

해외팀께:

To Whom It May Concern: 격식

담당자님께:

2 이메일 시작하는 말
Introduction

KEY POINT **내용을 바로 파악할 수 있도록 용건을 언급한다**

- 현재 비즈니스 관계이거나 회사 동료끼리 주고받는 메일에서는 서두에 용건을 먼저 제시하는 것이 좋음
- 메일을 열었을 때 내용을 바로 파악할 수 있도록 첫 문장에 용건을 언급하는 것이 효율적
- 받은 메일함이 가득 차 있는 상대방을 위해 간결하고 간단하게 작성

SAMPLE

Subject	**Inquiry about Your Consulting Services** 컨설팅 서비스에 관한 문의
From	**jim@leehanintl.co.kr**
To	**customerservice@hansconsulting.co.kr**

Dear Customer Service:

I am writing to inquire about your consulting services as advertised in the January issue of *Marketing Industry News*.

Could you email me your most recent brochure?
Thank you.

Best regards,
Jim Downing

고객 서비스팀께:
≪Marketing Industry News≫지 1월호에 광고된 귀사의 컨설팅 서비스에 대해 문의하고자 메일 드립니다.
가장 최근에 나온 브로슈어를 메일로 보내주시겠어요?
감사합니다.
Jim Downing 드림

as advertised in ~에 광고된 **issue of** ~호

★ **Could you** do me a favor?

부탁 하나 들어줄 수 있어요?

★ **Just a quick question:** When is the meeting again? `비격식`

간단한 질문 하나만요. 회의가 언제라고 했죠?

Don't forget. The reports are due this afternoon at 3 o'clock sharp.

잊지 마세요. 보고서는 오늘 오후 3시 정각까지입니다.

sharp 정각

I got your email about the design change.

디자인 변경에 대해 보내주신 메일을 받았습니다.

★ **I wanted to send you a quick email and** give you my schedule.

짧은 메일을 보내 제 스케줄을 알려드립니다.

I am interested in finding out about your hotel rates.

호텔 숙박 요금에 대해 문의하고 싶습니다.

As I mentioned in our meeting today, I need to get your opinion on the delivery issue.

오늘 회의에서 언급했듯이, 납품 문제에 대한 당신의 의견이 필요합니다.

★ **I am writing to confirm** receipt of payment.

입금이 확인되어 메일 드립니다.

receipt of payment 입금 확인

I am writing to inform you about some changes in policy.

정책 변경에 대해 알려드리려고 메일을 드립니다.

I am writing in regard to the draft of our strategic plan.

저희의 전략 계획 초안에 대해 메일을 드립니다.

draft 초안

I am writing to answer your questions about the upcoming conference.

다가오는 컨퍼런스에 대해 주신 질문에 답변을 드리고자 메일을 드립니다.

I am writing in response to your concern regarding the schedule.

일정과 관련해 우려하시는 것에 대해 답변을 드리고자 메일을 드립니다.

★ **This is regarding** the invitation for bids for the Riverside Mall project.

이 메일은 Riverside Mall 프로젝트 입찰 안내서에 관한 것입니다.

invitation for bids 입찰 안내서[권유서]

★ **This email is to** inform you of the proposed changes.

이 메일은 변경 제안 사항을 알려드리기 위한 것입니다.

proposed changes 변경 제안 사항

★ **This is in reply to your email of** March 9 **regarding** the error in billing.

계산서 오류 관련 3월 9일 자 메일에 대한 회신입니다.

error in billing 청구 금액이 잘못된 것, 계산서 오류

Reference is made to your email of February 10. 격식

2월 10일에 주셨던 메일에 대한 회신입니다.

Reference is made to ~에 대한 회신입니다(회신의 서두에 쓰는 표현)

We are in receipt of your email dated November 1. 격식

11월 1일에 보내주신 메일을 받았습니다.

003 안부 인사로 메일 시작하기

Greetings from Seoul.

서울에서 인사드립니다.

Hello from Colors Korea.

Colors Korea에서 인사드립니다.

Just dropping you a line to see how you are doing. `비격식`

그냥 어떻게 지내고 있는지 궁금해서 연락드려요.

★ **Long time no hear.** `비격식`

한동안 소식 못 들었네요.

How is everything these days?

요새 어떻게 지내고 계세요?

these days 요즘

I hope things are going well with you.

하시는 일이 순조롭게 풀리고 있기를 바랍니다.

I haven't heard from you in a while.

한동안 소식을 듣지 못했네요.

I was just wondering how you were doing these days.

요즘 어떻게 지내고 있는지 궁금했어요.

★ **I trust you are doing well.**

잘 지내고 계실 거라고 믿습니다.

004   빠른 회신에 대한 감사

That was fast! Thanks! `비격식`
벌써 답장을 주시다니! 고마워요!

★ **Thanks for getting back to me so fast about** the meeting.
회의에 대해 빠른 답변 주셔서 고맙습니다.

Thanks for your lightning fast response to my question about the new company policy.
새로운 회사 방침에 관한 제 질문에 번개처럼 빨리 답변 주셔서 고맙습니다.

★ **Thank you for your prompt response.**
신속한 답변에 감사드립니다.

Thank you for such a quick reply to my email.
제 메일에 빠른 답변을 주셔서 감사드립니다.

I appreciate you responding so quickly to my request.
제 요청에 이렇게 빨리 답변 주셔서 감사합니다.

3 맺음말과 결구
Closing and Complimentary Close

KEY POINT 1   긍정적 기대, 적극적 협조 의사, 감사를 맺음말에 표현한다

- 모든 의사소통에는 긍정적인 마무리가 중요하며, 이메일의 맺음말에서도 마찬가지
- 거래처나 친한 관계의 비즈니스 파트너와 협력 업체에 보내는 메일의 맺음말에서는 긍정적인 기대, 감사 또는 상대방이 필요한 것을 도울 의사가 있다는 것을 표현하는 것이 좋음

KEY POINT 2   결구(Complimentary Close)에 자주 사용되는 표현이 있다

- 결구는 특별한 의미를 가지고 있지는 않지만, 메일의 말미에서 우리말의 '감사합니다', '수고하세요' 등과 비슷하게 이메일을 마무리하는 역할을 함
- 캐주얼한 이메일이나 간단한 내부용 이메일에서는 결구를 생략하기도 함

SAMPLE

Subject	**Monday Morning Meeting** 월요일 아침 회의
From	karen@hadadesign.com
To	joekim@eandu.com

Hi Joe,

We plan to go over to your office after breakfast at the hotel on Monday. J.C. has a few texture samples with him. I also have ten rough designs of the keyboard for your team's review. We're both really excited about the opportunity to collaborate with your team.

Regards,

Karen

안녕하세요 Joe,
저희는 월요일 아침 호텔에서 식사를 한 후 사무실로 찾아뵐 계획입니다. J.C.는 텍스처 샘플 몇 개를 가지고 가고, 저는 그쪽 팀에서 검토할 수 있도록 대략적인 키보드 디자인 10개를 가지고 갑니다. 저희 둘 다 Joe의 팀과 협력할 수 있는 기회를 갖게 되어 기쁩니다.
Karen 드림

go over to ~으로 이동하다   **rough** 간단한, 대략적인   **opportunity** 기회   **collaborate** 협력하다

이메일의 맺음말

★ **Thanks again.** 비격식

다시 한번 감사드려요.

★ **I hope to hear from you soon.**

곧 회신 주시기 바랍니다.

I hope to get a quick reply from you.

빠른 회신 바랍니다.

My email is open 24/7, so let me know if you need anything at all. 비격식

제 메일은 항상 열려 있으니, 무엇이든지 필요하면 알려주세요.

24/7 연중 무휴, 주 7일 하루 24시간   anything at all 무엇이든지

I'm hoping to receive positive feedback on the report.

보고서에 관해 긍정적인 피드백을 기대하고 있습니다.

As always, thank you for your support.

언제나처럼 도움에 감사드립니다.

Again, thank you, and I look forward to talking with you soon.

다시 감사드리며, 곧 말씀 나눌 것을 기대합니다.

★ **We look forward to receiving your reply.**

회신을 기다리겠습니다.

★ **Your cooperation will be greatly appreciated.**

협조해 주시면 정말 감사드리겠습니다.

★ **I look forward to receiving** the information.

그 정보를 기다리고 있겠습니다.

I'm very much looking forward to receiving your thoughts.

어떻게 생각하시는지 말씀을 들을 것이 매우 기대됩니다.

Your prompt reply will be appreciated. `격식`

신속한 회신 주시면 감사드리겠습니다.

We look forward to an early reply from you on this.

이 건에 대한 빠른 회신을 기다리겠습니다.

We would be grateful if we could hear from you before Friday.

금요일 전에 답변을 주시면 감사드리겠습니다.

I look forward to your approval.

승인을 기대합니다.

I await your favorable reply.

긍정적인 회신을 기다립니다.

I appreciate your consideration and hope to hear from you soon.

고려해주시는 것에 감사드리며 곧 회신 주시기를 바랍니다.

consideration 고려, 배려

Let me know if you have any questions.

질문이 있으면 말씀 주세요.

Please don't hesitate to email me if you have any questions about the proposal.

제안서에 대해 질문이 있으시면 주저 마시고 저에게 메일 주세요.

hesitate 주저하다

If you need additional information on the Citro Project, please let me know.

Citro 프로젝트에 관한 추가 자료가 필요하면, 알려주시기 바랍니다.

Feel free to send me a quick email if you have more questions.

추가 문의 사항이 있으시면 주저 마시고 저에게 간단히 메일 주세요.

feel free to 거리낌없이 ~하다

★ **I would be glad to answer any concerns or questions you may have.**

우려되는 점이나 문의 사항이 있으시면 기꺼이 답변을 드리겠습니다.

As always, we thank you for doing business with us.

언제나처럼 저희와 거래해주셔서 감사드립니다.

Should you require additional information, please email or call me at your convenience. `격식`

추가적인 정보가 필요하시면, 편하실 때 저에게 메일이나 전화 주세요.

Please contact me if you have any questions or comments regarding this or any other matter. `격식`

이번 건이나 다른 건에 대해서라도 문의 사항이나 의견이 있으시면 연락 바랍니다.

006 친한 사이에 쓰는 결구

Regards,

Best regards,

Best,

Thanks!

007 정중하지만 친근감 있는 결구

Sincerely yours,

Sincerely,

With best regards,

Warmest regards,

008 격식을 갖춘 결구

Yours truly,

Very truly yours,

Respectfully,

Tips & More

■ 캐주얼한 결구

내부용이나 캐주얼한 이메일에서는 맺음말이 결구 역할을 하기도 합니다.

Thanks,

Thanks again,

Take care,

Talk to you soon,

4 첨부 파일
Attachments

KEY POINT 첨부 파일을 적극 활용한다

- 전달할 내용이 많다면 별도로 파일을 작성해서 따로 첨부하기
- 파일이 첨부되었다고 본문에 언급하는 것은 필수
- 첨부 파일의 형식이 무엇인지 알리면 더욱 좋음

SAMPLE

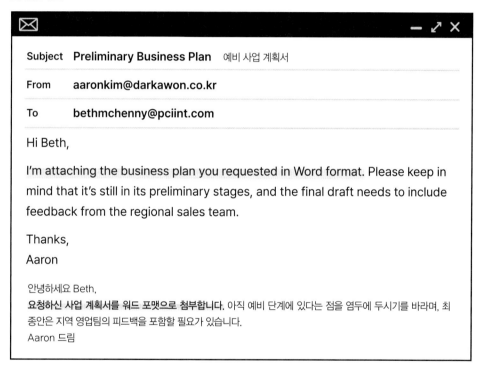

Subject   **Preliminary Business Plan** 예비 사업 계획서

From   aaronkim@darkawon.co.kr

To   bethmchenny@pciint.com

Hi Beth,

I'm attaching the business plan you requested in Word format. Please keep in mind that it's still in its preliminary stages, and the final draft needs to include feedback from the regional sales team.

Thanks,
Aaron

안녕하세요 Beth,
요청하신 사업 계획서를 워드 포맷으로 첨부합니다. 아직 예비 단계에 있다는 점을 염두에 두시기를 바라며, 최종안은 지역 영업팀의 피드백을 포함할 필요가 있습니다.
Aaron 드림

★ **The** design ideas **you requested are attached.**

요청하신 디자인 아이디어들을 첨부합니다.

In response to your request, I am attaching our newest price list.

요청하신 사항에 대해, 저희의 최신 가격표를 첨부합니다.

Please find attached the quote **you requested.**

요청하신 견적서를 첨부했습니다.

In response to your questions, I have attached our team's answers in detail.

질문하신 것에 대해, 저희 팀의 세부적인 답변을 첨부했습니다.

Regarding your request for information on Stevenson Associates, Tim has asked **me to send you the attached** report.

Stevenson Associates에 대한 자료 요청 주신 건으로, Tim이 첨부된 보고서를 보내드리라고 요청했습니다.

Attached is the information you requested in PDF **format.**

요청하신 자료를 PDF 포맷으로 첨부드립니다.

Attached is a memo from the CEO.

CEO의 메모를 첨부합니다.

★ **I have attached the** drawings **for your files.**

문서 보관용으로 도면을 첨부했습니다.

For your information, the minutes **are attached in** Word.

참고용으로, 회의록을 워드 파일로 첨부합니다.

I hope the attached information will assist you in putting your presentation together.

첨부된 자료가 프레젠테이션을 구성하시는 데 도움이 됐으면 합니다.

011 검토 • 승인을 위한 자료

I'm attaching our ideas for the proposal **for your review.**

검토하실 수 있도록 제안서에 대한 저희 아이디어를 첨부합니다.

Please review the attached report and **give me your comments.**

첨부된 보고서를 검토하시고 의견 주세요.

Let me know what you think about the attached design.

첨부된 디자인에 대해 어떻게 생각하시는지 알려주세요.

★ **I've attached** the marketing plan **for your approval.**

승인을 위해 마케팅 계획을 첨부합니다.

012 영업 자료

I'm pleased to attach our latest catalog.

저희의 최신 제품 카탈로그를 첨부하게 되어 기쁩니다.

A list of the services we offer **is attached in** PDF **format.**

저희가 제공하는 서비스 목록을 PDF 포맷으로 첨부합니다.

I've received the attached letter from Joe Clark this afternoon.
오늘 오후 Joe Clark으로부터 첨부된 편지를 받았습니다.

I am forwarding the email from the sales rep at Colors Korea so you can make the final decision.
최종 결정을 하실 수 있도록 Colors Korea 영업 담당자의 메일을 전달합니다.

The attached diagram **is being forwarded for** your files.
문서 보관용으로 첨부된 도표를 전달합니다.

I'm attaching a zip file containing photos of the project.
프로젝트 사진들이 포함된 zip 파일을 첨부합니다.

You will have to unzip the file first.
파일의 압축을 먼저 푸셔야 합니다.

Because the file is too large, I've divided it into five separate **compressed files.**
파일이 너무 크기 때문에, 5개의 분리된 압축 파일로 나누었습니다.

Let me know if you have trouble decompressing the files.
압축 파일을 푸는 데 문제가 있으면 알려주세요.

5 계절 및 주요 명절 인사
Seasonal and Holiday Greetings

KEY POINT 상대방의 연휴와 명절에 대한 인사를 건넨다

- 영어권 나라의 주요 명절이 다가오면 상대방에게 연휴에 대한 짧은 인사를 한 후 비즈니스에 대한 고마움을 간결하게 표현
- 과도한 회사 홍보나 영업용 표현은 피하는 게 좋음

SAMPLE

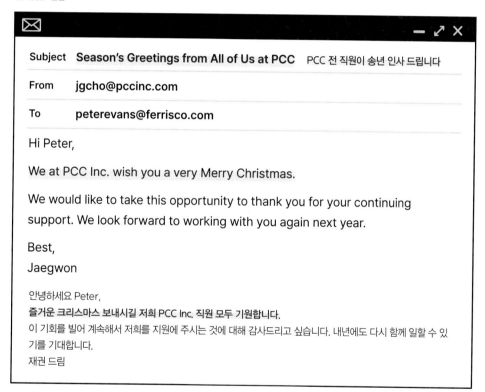

Subject **Season's Greetings from All of Us at PCC** PCC 전 직원이 송년 인사 드립니다

From jgcho@pccinc.com

To peterevans@ferrisco.com

Hi Peter,

We at PCC Inc. wish you a very Merry Christmas.

We would like to take this opportunity to thank you for your continuing support. We look forward to working with you again next year.

Best,
Jaegwon

안녕하세요 Peter,
즐거운 크리스마스 보내시길 저희 PCC Inc. 직원 모두 기원합니다.
이 기회를 빌어 계속해서 저희를 지원에 주시는 것에 대해 감사드리고 싶습니다. 내년에도 다시 함께 일할 수 있기를 기대합니다.
재권 드림

take this opportunity 이 일을 기회로 삼다

Happy Easter!

즐거운 부활절 보내세요!

Happy Independence Day!

독립 기념일을 축하합니다!

I wish you all the fun of a happy Halloween.

즐거운 핼러윈 보내시기 바랍니다.

Happy Thanksgiving wishes to you and your family!

당신과 가족분들께 즐거운 추수 감사절을 기원합니다!

I wish you a very Merry Christmas!

아주 즐거운 크리스마스가 되기를 기원합니다!

This is just a note to say we're thinking of you this Christmas.

크리스마스를 맞아 저희가 당신을 생각하고 있다는 것을 짧게 말씀드려요.

note 짧은 편지, 메모

★ **A Merry Christmas and a Happy New Year!**

즐거운 크리스마스와 행복한 새해 맞으세요!

★ **We wish you a Merry Christmas and a Happy New Year.**

즐거운 크리스마스와 행복 가득한 새해를 기원합니다.

Our best wishes to you for a Merry Christmas and a prosperous New Year!

즐거운 크리스마스 보내시고 새해에 좋은 일 가득하시길 기원합니다!

★ **Season's greetings!**

즐거운 연말 보내세요!

Best wishes during this holiday season!

연휴 잘 보내세요!

We wish you all the magic of the holiday season.

기쁨 가득한 연휴 보내시기 바랍니다.

We extend all our best wishes for a joyous season.

즐거운 연말연시 보내시기를 기원합니다.

We wish you a wonderful holiday season.

멋진 연휴를 보내시기 바랍니다.

Warm wishes to you and your loved ones this holiday season.

사랑하는 분들과 이번 연휴를 즐겁게 보내시길 기원합니다.

May the joys of this season stay with you throughout the year.

연말연시의 즐거움이 일년 내내 함께하기를 기원합니다.

Holiday greetings and best wishes for the New Year.

즐거운 연휴 보내시고 새해에 좋은 일만 있기를 기원합니다.

★ **Happy New Year!**

새해 복 많이 받으세요!

Best wishes for the coming New Year!

행복한 새해 맞으시기를 기원합니다!

We wish you all the best in the coming year.

좋은 일 가득한 새해가 되기를 기원합니다.

We wish you another wonderful year next year!

내년도 역시 멋진 해가 되기를 기원합니다!

We hope the New Year brings you health and happiness!

새해에 건강과 행복이 함께하길 바랍니다!

We wish you a wonderful new year!

멋진 새해가 되기를 기원합니다!

Everyone here at Colors Korea **sends you our best wishes for the coming New Year!**

Colors Korea의 직원 일동이 새해에 복 많이 받으시기를 기원합니다!

I sincerely wish you another bountiful year ahead.

다가올 새해도 풍성하기를 진심으로 기원합니다.

bountiful 풍성한

My best wishes for a pleasant new year.

즐거운 새해를 기원합니다.

> **Tips & More**
>
> ■ **Christmas**
>
> 전 세계 다양한 비즈니스 관계에서 기독교 이외의 종교를 가진 사람들은 크리스마스에 대해 민감한 반응을 보일 수 있다. 따라서 크리스마스 시즌에 종교적인 뉘앙스를 지닌 메시지를 작성하는 것에 대해 조심스럽게 접근하는 것이 좋다. Christmas 대신 season이나 holidays 같은 단어를 사용하여 새해 축하에 초점을 맞추면 좋다.

016 계절이나 날씨에 관한 언급

What's the weather like there in Shanghai?

거기 상하이 날씨는 어때요?

★ **How's the weather in** Vancouver?

밴쿠버 날씨는 어때요?

It's quite humid in Seoul **right now.**

현재 서울은 꽤 습합니다.

It's been scorching hot.

무더운 날씨가 이어지고 있습니다.

scorching 타는 듯한

We've been getting 30 **to** 35 **degree heat.**

기온이 30도에서 35도에 이르고 있습니다.

I heard a heat wave is hitting Los Angeles.

로스앤젤레스는 무더위가 기승을 부리고 있다고 들었습니다.

hit 기승을 부리다

I understand you've been getting unusually cold weather in Texas.

텍사스는 유난히 추운 날씨가 계속되고 있다고 알고 있습니다.

We are experiencing a lot of rain this summer.

올 여름은 비가 아주 많이 내립니다.

We've had a lot of snow this winter.

이번 겨울에는 눈이 많이 왔습니다.

It's been freezing here in Seoul.

여기 서울은 추운 날씨가 계속되고 있습니다.

It's pretty chilly in Busan.

부산은 상당히 쌀쌀합니다.

This winter has been colder than usual.

이번 겨울은 예년보다 춥습니다.

I hope the snowstorm **hasn't caused much inconvenience for you.**

폭설로 많이 불편하지 않으셨길 바랍니다.

It must be quite nice back there in San Francisco.

거기 샌프란시스코는 아주 날씨가 좋겠죠.

■ 기온과 관련된 표현

온화한	mild	서늘한	cool
따뜻한	warm	추운	cold
더운	hot	쌀쌀한	chilly
무더운	scorching (hot)	너무나 추운	freezing

■ 다양한 날씨 표현

화창한	sunny	건조한	dry
구름이 낀	cloudy	습한	humid
흐린	hazy	후덥지근한	muggy
우중충한	gray	안개 낀	foggy / misty
어두컴컴한	dark	바람 부는	windy
음울한	gloomy	산들바람이 부는	breezy
비 오는	rainy / wet	눈 오는	snowy

■ 자연 현상

서리	frost	가랑비(이슬비)	drizzle
폭설	snowstorm / blizzard	소나기	scattered showers
한파	cold wave	폭풍우	rainstorm
황사	yellow dust	천둥을 동반한 소나기	thunderstorm
무더위	heat wave	허리케인	hurricane
가뭄	drought	태풍	typhoon
홍수	flood	토네이도	tornado
돌발 홍수	flash flood	해일	tsunami / tidal wave
꽃샘추위	cold spell / cold snap / spring frost	우박	hail

■ 날씨 관련 어휘

체감 온도	wind chill (factor)	강우량	rainfall
일기 예보	weather forecast / weather report	강설량	snowfall

회사 소개 및 사업 제안

Dictionary of Business Email Expressions

1 회사 소개
Introducing Your Company

KEY POINT 상대방과 관련된 점을 강조하여 언급한다

- 안면이 있는 상대라면 회사를 소개하게 된 배경을 쓰고, 잘 모르는 사이라면 상대방을 알게 된 경위를 언급하기
- 회사 제품이나 서비스 홍보보다는 상대방이 예상할 수 있는 이익에 초점을 맞추어 앞으로의 비전을 이야기하는 것이 좋음
- 회사의 특징이나 성과를 설명할 때는 기존 또는 이전 거래처를 언급하여 신뢰를 주도록 함

SAMPLE

Subject	**Nice Meeting You Last Night** 어젯밤에 만나뵈어서 반가웠습니다
From	prinston@kimncomp.co.kr
To	jefferson@globalmart.com

Dear Mr. Jefferson:

It was great meeting you at the hockey club dinner last night.

As I mentioned to you briefly, I am a consultant for Kim & Company, which specializes in finding housing for foreign executives in Korea. For many HR professionals, providing quality housing to new executives moving to Korea can be time-consuming and difficult.

Since 2009, we have worked with hundreds of multinational companies in locating the right residential housing near international schools and convenient shopping facilities to keep the executives and their families happy and satisfied.

I've attached our latest brochure for your reference. I'd be more than happy to answer any questions you might have.

Sincerely,
Gary Prinston

Jefferson 님께:

어젯밤 하키 클럽 만찬에서 만나게 되어 정말 반가웠습니다.

잠깐 말씀드렸듯이, 저는 한국 주재 외국 임원들을 대상으로 주택 알선을 전문으로 하는 Kim & Company의 컨설턴트입니다. 한국으로 이임하는 신임 임원들에게 고급 주택을 제공하는 일이 많은 인사 전문가들에게 시간이 걸리는 어려운 일일 것입니다.

2009년 이래, 당사는 수백 개의 다국적 기업을 대상으로 임원들과 그 가족들이 행복하고 만족스럽게 지낼 수 있도록 국제 학교 및 편리한 쇼핑 시설이 가까이 있는 적당한 주거 시설을 알선해 드리고 있습니다.

참고하시도록 당사의 최신 브로슈어를 첨부했습니다. 어떤 질문이든 기꺼이 답변 드리겠습니다.

Gary Prinston 드림

---

housing 주택   **executive** 임원   **HR**(= human resources) 인사(부)   **time-consuming** 시간이 걸리는   **residential** 주거용의

017 메일을 보내게 된 경위 언급

We were given your name by Larry Jones at TRV.

TRV의 Larry Jones가 존함을 알려주셨습니다.

Ms. Jan Cranston at Seville Josh & Associates **thought you might be interested in our services.**

Seville Josh & Associates의 Jan Cranston 씨가 당신이 저희의 서비스에 관심이 있으실지도 모른다고 하셨습니다.

At the industry dinner last Friday night, **I didn't get a chance to talk to you in person, so I thought I would send you an email to introduce myself.**

지난 금요일 저녁 산업 만찬에서 말씀을 나누지 못해 메일로 제 소개를 드려야겠다고 생각했습니다.

Morgan Lee at AmeriCanisters Korea **has indicated you might be looking for a new** supplier.

AmeriCanisters Korea의 Morgan Lee가 당신이 새로운 납품 업체를 찾고 계신 것 같다고 말씀하셨습니다.

We saw your name in an article in the *Joongang Daily* about your company's business activities in Korea.

≪중앙 데일리≫에 나온 귀사의 국내 비즈니스 활동에 대한 기사에서 존함을 보았습니다.

Ms. Beatrice McLeod, a mutual acquaintance, **said I might contact you as** you were in the market for company vans.

당신과 저의 지인인 Beatrice McLeod가 당신이 회사용 밴을 구하신다며 연락해보라고 하셨습니다.

mutual acquaintance 서로 아는 사람　be in the market for ~을 사려고 하다

Mr. James Olson, the host, **is a regular customer** of our consulting services.

주최자 James Olson 씨가 저희 컨설팅 서비스의 단골 고객이십니다.

I enjoyed talking to you during the Rotary Club dinner last night.

어제저녁 로터리 클럽 정찬에서 이야기를 나눌 수 있어 기뻤습니다.

We met last week **at** the Consumer Electronics Show in Las Vegas.

지난주에 라스베이거스 소비자 가전 박람회에서 만났었죠.

Last Thursday, **I had a chance to talk to you briefly about** our products and services **during** a KTX ride to Busan.

지난 목요일에 부산행 KTX에서 저희의 제품과 서비스에 대해 짧게 이야기를 나눌 기회가 있었죠.

I appreciate your visiting our booth at the Chicago Paper Trade Show a few weeks ago.

몇 주 전에 있었던 시카고 종이 무역 박람회에서 저희 부스를 방문해주셔서 감사합니다.

I wanted to reach out and follow up on what we discussed at the expo last Friday.

지난 금요일 엑스포에서 우리가 논의했던 것에 대한 후속으로 연락을 드리고 싶었습니다.

★ **My name is** Cindy Lee.
제 이름은 Cindy Lee입니다.

★ **My name is** Kevin Lim, **and I'm a** manager **at** Colors Korea.
제 이름은 Kevin Lim이며, Colors Korea의 매니저입니다.

I'm a project manager **at** Daejeon Builders.
Daejeon Builders의 프로젝트 매니저입니다.

I talked to you last night **at** the Rotary dinner.
어제 저녁 로터리 만찬에서 말씀 나누었죠.

I'm Josh Landers **with** Landers Consultants.
Landers Consultants의 Josh Landers입니다.

I've met you once in Las Vegas, at Peter Lowell's office.
라스베이거스에 있는 Peter Lowell의 사무실에서 한 번 뵌 적이 있습니다.

I work with Sonya Han **at** Leaders Development.
Leaders Development에서 Sonya Han과 함께 일하고 있습니다.

I'm not sure if you remember me, but we've met before.
기억이 나시는지 모르겠습니다만, 전에 뵈었던 적이 있습니다.

I wanted to reach out and introduce myself.
제 소개를 드리기 위해 연락드립니다.

★ **We specialize in** developing training solutions for multinational corporations.
저희는 다국적 기업을 위한 직원 교육 솔루션 개발을 전문으로 하고 있습니다.

solution 해결 방법

Our past and present clients include many *Fortune* 500 companies in the United States.
저희와 거래했거나 현재 거래 중인 고객 중에는 미국 ≪Fortune≫지 선정 500대 회사가 다수 포함돼 있습니다.

Along with specialty books, **we also design and produce** customized desktop calendars and memo pads.
저희는 전문 서적과 더불어, 고객 맞춤 탁상용 달력과 메모장을 디자인 및 생산하고 있습니다.

We are a publicly-traded office supplies manufacturing company **based in** Korea, with three factory locations in Korea and China.
저희는 한국과 중국에 3개의 공장을 보유하고 한국에 본사를 둔 사무 용품 제조 공개 법인입니다.

office supplies 사무 용품   publicly-traded company 공개 법인

Based out of Seoul, Korea, **we are a** publisher of popular English language books for kids of all ages.
저희는 대한민국 서울에 본사를 두고 있으며 모든 연령대의 어린이를 대상으로 하는 인기 영어책 출판사입니다.

As one of the largest online game companies in South Korea, **we have had a string of hits** in Asia, ranging from *Shaman Loko* to *The War of Lacondar*.
저희는 한국에서 가장 큰 온라인 게임 회사 중 하나로, 아시아에서 〈Shaman Loko〉부터 〈The War of Lacondar〉에 이르는 잇단 히트작을 내놓았습니다.

a string of 일련의

We are a leading producer and exporter of affordable writing instruments **in Korea with over** twenty years **of experience in the field**.
저희는 한국에서 적정 가격의 필기도구를 생산하고 수출하는 선두 업체로, 이 분야에서 20년 이상의 경험을 보유하고 있습니다.

writing instruments 필기도구

We have been awarded the Presidential Innovation Award two years in a row for the innovative designs and functions of our chargers.

저희는 충전기의 혁신적인 디자인과 기능으로 2년 연속 기술 혁신 대통령상을 수상했습니다.

in a row 연속으로

We are an IS9001:2000 **certified company engaged in** the design and manufacturing of patented computer peripherals, including the hugely popular EZ Headphones we specially made for EZ Computers.

저희는 EZ Computer를 위해 특별 제작하여 상당한 인기를 끌고 있는 EZ 헤드폰을 비롯, 특허받은 컴퓨터 주변 기기를 디자인 및 제조하는 IS9001:2000 인증 업체입니다.

patented 특허받은   peripheral 주변 기기

> ## Tips & More
>
> ### ■ *Fortune* 500
>
> 미국 《Fortune》지가 매년 발표하는 미국 내 500대 공개 기업의 순위 리스트로 총 연간 매출을 기준으로 한다. 한국에서 일반적으로 대기업을 높이 평가하는 것처럼 미국에서도 *Fortune* 500에 포함된 기업들을 고객으로 둔 회사들이 안정적이고 가능성 많은 회사로 여겨지는 경향이 있기 때문에 홍보물 제작이나 회사 소개를 할 때 이 리스트에 포함된 기업과의 거래에 대해 많이 언급하는 편이다. 참고로 《Fortune》지는 전 세계 최고 매출 기업 리스트인 *Fortune* Global 500도 함께 발표한다.

예상되는 상대방의 이익 말하기

I think you will find that there might be areas in which we can be of service to your company.

저희가 귀사에 도움이 될 부분이 있다는 것을 알게 되실 겁니다.

be of service to ~에 도움이 되다

We can assist you in forming a cohesive marketing strategy for the Korean market.

한국 시장에서 통합적인 마케팅 전략을 세우는 데 저희가 도움을 드릴 수 있습니다.

cohesive 결합력 있는

Whatever your recruiting needs are, our experienced consultants **can help you** find the right person for the job faster and at a lower cost than our competitors.

귀사의 채용 요건이 무엇이든, 저희의 숙련된 컨설턴트들이 경쟁 업체보다 더 빨리, 더 저렴한 비용으로 적임자를 찾는 데 도움을 드릴 수 있습니다.

Our U.S. division **has been assisting** companies like yours to expand their businesses into Asian markets since 2003.

저희 미국 지사는 2003년부터 귀사와 같은 기업이 아시아 시장에 진출하는 데 조력해왔습니다.

With a distribution network in over 20 cities in Asia, **we have the ability to** distribute your products to millions of new customers in the world's most populous continent.

아시아 20개 이상의 도시에 유통망을 보유한 당사는 세계에서 가장 인구가 많은 대륙의 수백만 신규 고객에게 귀사의 제품을 유통할 수 있는 역량을 갖추고 있습니다.

distribution network 유통망   populous 인구가 많은

The strength of our products lies in their practical yet youthful design elements that are sought after by younger fashion-conscious consumers around the world.

저희 제품은 유행에 민감한 전 세계 젊은 소비자들이 추구하는, 실용적이면서도 젊은 감각의 디자인 요소에 강점이 있습니다.

lie in ~에 있다   seek after ~을 추구하다   fashion-conscious 유행에 민감한

A distinct advantage we can provide is our proven ability to integrate our diverse technology with the client's service offerings.

저희가 제공해드릴 수 있는 차별화된 이점은 고객사의 서비스 상품에 당사의 다양한 기술을 접목할 수 있는 입증된 능력입니다.

distinct 다른, 뚜렷한　integrate A with B B에 A를 접목하다　offering 상품, 선물

Customer management system **is one of the areas where we can provide** comprehensive services tailored to your company's specific needs.

고객 관리 시스템은 저희가 귀사의 특정 요구에 맞춘 포괄적인 서비스를 제공할 수 있는 영역 중 하나입니다.

comprehensive 포괄적인　tailor to ~에 맞추다

★ As the attached catalog shows, **we offer a wide selection of** database solutions software for virtually all your administrative, accounting, and client data management needs.

첨부된 카탈로그에서 보실 수 있듯이, 저희는 귀사의 경영, 회계, 고객 정보 관리에 대한 거의 모든 요구에 맞는 다양한 종류의 데이터베이스 솔루션 소프트웨어를 제공합니다.

a wide selection of 다양한 종류의　virtually all 거의 모든

Tips & More

■ 주요 사업 분야

공공사업	public service	공익 설비	utilities
생산, 제조	manufacturing	식음료	food and beverage
컨설팅	consulting	자동차	automotive
출판	publishing	전자	electronics
유통	distribution	제약	pharmaceutical
디자인	design	도매	wholesale
금융	finance	소매	retail
운송	transportation	석유 화학	petrochemical
부동산	real estate	건설	construction
교육	education	광고	advertising
정보 기술	information technology	연예	entertainment

I would like to send you a few samples of our products for you to look at.

검토하실 수 있도록 저희 제품 샘플 몇 가지를 보내드리고 싶습니다.

I invite you to browse our catalog.

저희 카탈로그를 한번 봐주시기 바랍니다.

I would love to hear from you.

연락을 주시면 정말 감사하겠습니다.

★ **I look forward to hearing from you.**

회신을 기다리겠습니다.

We would be more than happy to provide a free trial.

기꺼이 무료 체험을 제공해 드리겠습니다.

There's no obligation to purchase any of our products.

저희 제품을 꼭 구입하셔야 할 의무는 없습니다.

In the meantime, if I can be of service, please contact me.

그동안에라도, 제가 도움이 될 수 있으면 연락 주시기 바랍니다.

Additional information can be obtained through our website.

저희 웹사이트에서 추가 정보를 얻으실 수 있습니다.

Please let me know if you have specific questions about our diverse products and services.

저희의 다양한 제품과 서비스에 관해 구체적인 문의 사항이 있으면 말씀 주시기 바랍니다.

I am confident that we can meet your recruiting **needs.**

저희가 귀사의 채용 요건을 맞춰드릴 수 있다고 확신합니다.

I would be more than happy to discuss how we can assist you in formulating a customized, cost-effective marketing strategy for the Korean market.

귀사가 한국 시장에서의 비용 효율적인 맞춤형 마케팅 전략을 세우는 데 저희가 도움을 드릴 방법에 대해 논의할 수 있으면 정말 기쁘겠습니다.

cost-effective 비용 효율적인

If your schedule permits, we can come by your office to discuss how we might be able to work together.

시간이 되시면, 협력 방안에 관한 논의를 위해 저희가 방문드릴 수 있습니다.

Even if we cannot work together in the immediate future, we would like an opportunity to present our proposal so that you might compare price, services, and warranties.

지금 바로 협력하기 어렵더라도 비용, 서비스, 보증을 비교하실 수 있도록 저희의 제안서를 발표할 기회를 주셨으면 합니다.

warranty 보증(서)

022 긍정적인 답변

It was a pleasure talking to you last night.

어제저녁 얘기 나누게 되어 좋았습니다.

★ **Thank you for** the catalog.

카탈로그 감사드립니다.

Why don't we set up a meeting next week sometime?

다음 주 중에 언제 미팅을 한번 하죠?

I'd love to meet with you next month.

다음 달에 만나뵈면 좋을 것 같습니다.

I appreciate the samples **you sent me**.

샘플을 보내주셔서 감사드립니다.

We are in fact looking for a consulting firm in the area.

그렇지 않아도 그 지역에서 컨설팅 업체를 찾고 있었습니다.

I do remember meeting you.

만난 걸 기억하고말고요.

Please call me at the following number when you're in the neighborhood.

이 근처에 오시면 다음 번호로 전화 주세요.

2 신상품·서비스 소개
Introducing New Products and Services

SAMPLE

Subject	**Arrival of Di Angelo Men's Dress Shirts** Di Angelo 남성 정장 셔츠 입고
From	jimhanson@shirtfactory.co.kr
To	robson@hotmail.com

Dear Director Robson:

We are happy to announce the arrival of Di Angelo's line of men's dress shirts from Italy. Made of pure silk and available at affordable prices, the shirts come in a variety of pleasing color tones. We invite you to stop by today and buy yours while supplies last.

We look forward to seeing you soon.

Sincerely,
Jim Hanson

Robson 이사님께:
이탈리아산 Di Angelo의 남성 정장 셔츠 제품 라인이 입고된 것을 알려드리게 되어 기쁩니다. 이 셔츠는 순견으로 만들어졌으며 저렴한 비용으로 구입이 가능하고 매력적인 색상으로 다양하게 출시되었습니다. 오늘 들르셔서 제품이 있을 때 구입하시길 권합니다.
곧 뵙기를 기대합니다.
Jim Hanson 드림

a variety of 여러 가지의

We've just introduced a new online registration service.
새로운 온라인 등록 서비스가 개설되었습니다.

We are introducing the next generation, 20 TB version of C2T800.
C2T800의 20TB 버전인 차세대 모델을 소개합니다.

TB(= terabyte) 테라바이트

We are excited to announce the addition of Raphael Di Angelo to our portfolio of global luxury brands.
글로벌 명품 브랜드 포트폴리오에 Raphael Di Angelo가 추가된 것을 알리게 되어 대단히 기쁩니다.

K & L Education **is happy to present** a new two-day business skills training program for advanced level students.
K & L Education은 고급반 학생들을 위한 2일간의 새로운 비즈니스 기술 교육 프로그램을 선보이게 되어 기쁩니다.

We are pleased to announce the rollout of Wi-Key, an innovative line of wireless peripherals for the design-savvy.
디자인 감각이 뛰어난 분들을 위한 혁신적인 무선 주변 기기 라인인 Wi-Key의 출시를 알리게 되어 기쁩니다.

rollout 출시, 선보임   **design-savvy** 디자인 감각이 뛰어난, 디자인에 정통해 있는

In response to the numerous requests for a more affordable office chair, Ergo Office Korea **has introduced** the EOK-2L chair.
더 저렴한 사무용 의자에 대한 수많은 요청에 따라, Ergo Office Korea는 EOK-2L 의자를 출시했습니다.

As part of our diversification, **we have launched** a new website that caters to toy enthusiasts.
사업 다각화의 일환으로 장난감 애호가들을 위한 새로운 웹사이트를 개설했습니다.

diversification 다각화   **cater to** ~에 응하다   **enthusiast** 애호가

Fantasy Studios **is proud to announce the launch of** an online subscription service of *The War of Lacondar*.
Fantasy Studios는 〈The War of Lacondar〉의 온라인 구독 서비스 실시를 알려드리게 되어 기쁩니다.

online subscription service (게임 등의) 온라인 구독 서비스

Wi-Key **will hit the market in** early fall.
Wi-Key는 초가을에 시장에 출시됩니다.

hit the market 시장에 나오다

We will be shipping the new version **starting** July 20.
7월 20일부터 새 버전을 발송하겠습니다.

Beginning May 1, you will be able to register directly at the new website.
5월 1일부터 새 웹사이트에서 직접 등록하실 수 있습니다.

The service starts on Monday, December 1, at 9 a.m.
서비스는 12월 1일 월요일 오전 9시에 시작됩니다.

All new books **are available immediately for direct purchase through** our website.
모든 신간 도서는 저희 웹사이트에서 직접 구입하실 수 있습니다.

The new wallpapers **are** now **available at** your local dealer.
새 벽지는 현재 지역 판매처에서 구입 가능합니다.

An updated version of our popular EZ Draw Lite **will be unveiled during** the Korea Software Show **at** the COEX **on** December 11.
12월 11일에 코엑스에서 열리는 한국 소프트웨어 박람회에서 저희의 인기 제품 EZ Draw Lite의 업데이트 버전이 공개됩니다.

unveil 발표하다, 베일을 벗기다

C2T800 **will be available for purchase at** most major consumer electronics stores and the electronics section at discount retail stores **from** February 14.
C2T800은 2월 14일부터 대부분의 주요 가전제품 매장과 할인 소매점 내 전자 제품 코너에서 구입 가능합니다.

The release of Version 2.0 **is slated for** October 1 **and can be purchased**
online or at any of our distributors in Korea.

2.0 버전의 발매는 10월 1일로 예정되어 있으며, 온라인 또는 국내 대리점 어디서나 구입하실 수 있습니다.

be slated for ~으로 예정되다

025   상품 또는 서비스의 특징

With Oman Skin Care products, **you can now** hide those nagging wrinkles
in minutes.

Oman Skin Care 제품을 사용하면 성가신 주름을 몇 분 안에 가릴 수 있습니다.

nagging 계속되는, 성가신

C2T800 **offers** 20 TB of storage space at an affordable price.

C2T800은 저렴한 가격에 20TB의 저장 용량을 제공합니다.

YuriCom CAD 4.1 **gives you the power of** a major CAD program for a
fraction of the cost.

YuriCom CAD 4.1은 주요 CAD 프로그램의 성능을 저렴한 비용으로 제공합니다.

CAD(= computer-aided design) 캐드, 컴퓨터 원용 설계   a fraction of 적은

PrintRite copiers **allow you to** resize documents and add color to your
presentations.

PrintRite 복사기로 문서 크기를 조정하고 프레젠테이션에 색상을 입힐 수 있습니다.

Your customers can order our products through your own website.

고객들은 귀사의 웹사이트를 통해 저희 제품을 주문하실 수 있습니다.

Milestone Pro **can serve all your** scheduling **needs.**

Milestone Pro는 모든 일정 관련 요구 사항을 충족시킬 수 있습니다.

ECS Executive Book Club **offers the convenient flexibility of** purchasing only the books you want.

ECS Executive Book Club은 원하는 책만 구입하면 되는 유연한 편의를 제공합니다.

The model is designed to be portable, **making it easier to** pack it into your briefcase or even your pocket.

이 모델은 휴대용으로 디자인되어 서류 가방이나 주머니 안에도 더욱 쉽게 들어가도록 설계되었습니다.

We are confident that you will find the new machine adaptable to your particular work environment.

새로운 기계가 귀사의 특정 업무 환경에 적합하다는 것을 알게 되실 것으로 확신합니다.

As a value-added service to our clients, **we will pay the delivery cost on** all orders for the new product.

고객님들께 드리는 부가 서비스로 신상품의 모든 주문에 대한 배송비는 저희가 부담하겠습니다.

> **value-added** 부가가치의

The product carries a 3-year **warranty.**

이 제품은 3년간의 보증이 제공됩니다.

> **carry** 지니고 있다

Take Two **is the first model** in its product category **to** seamlessly integrate two distinct technologies.

Take Two는 두 가지 별개의 기술을 매끄럽게 통합한 해당 제품군의 첫 모델입니다.

> **seamlessly** 매끄럽게, 고르게   **integrate** 통합하다

The new EZ-5 Headphone **boasts** clarity, comfort, and convenience **unlike any other product on the market.**

새 EZ-5 헤드폰은 시중에 나와 있는 다른 제품과 차별화된 선명한 음질, 편안함과 편리성을 자랑합니다.

> **boast** 자랑하다

The new user-friendly menu **is only one of many features that help** users save time.

사용하기 쉬운 신메뉴는 사용자의 시간 절약을 위한 많은 특징 중 하나에 불과합니다.

> **user-friendly** 사용하기 쉬운

★ One of our authorized distributors near you **will be happy to** visit you.
근처에 있는 공식 판매 대리점 중 한 곳에서 방문을 드릴 수 있습니다.

★ To register for the program, **please call me at** 02-433-2111.
이 과정에 등록하시려면 02-433-2111로 저에게 전화 주세요.

We are offering the new service to a limited number of clients, **so please call me or send me a reply email if you are interested.**
한정된 수의 고객께만 신규 서비스를 제공해 드리고 있으니 관심 있으신 분들은 전화를 주시거나 메일로 회신 주시기 바랍니다.

I will be happy to meet with you at your convenience to explain the new program **in detail.**
편하실 때 만나뵙고 기꺼이 새로운 프로그램에 대해 상세히 설명해드리겠습니다.

To give you a chance to try out our new rental service, **we would like to offer** a discounted rate of 25% on your first rental.
새로운 대여 서비스를 경험할 기회를 드리기 위해 첫 대여 시 25%의 할인을 제공해드리겠습니다.

discounted rate 할인율

I invite you to visit our website to download a trial version.
저희 웹사이트에 방문하셔서 체험판을 다운로드하시기 바랍니다.

We will be pleased to send you the detailed product literature.
상세 제품 광고지를 기꺼이 보내드리겠습니다.

literature (광고) 인쇄물

Attached is short information about the new training course.
신규 교육 과정에 관한 간단한 정보를 첨부합니다.

Reservation for the tour package **is** now **available through our office.**
저희 사무실을 통해 현재 이 여행 패키지 예약이 가능합니다.

관심을 보이는 답변

★ **Thank you for** the information.
정보 감사합니다.

Please go ahead and send us the detailed product literature.
그럼 상세 제품 광고지를 저희 쪽으로 보내주세요.

I can meet with your rep next month.
다음 달에 그쪽 직원과 만날 수 있습니다.

The product **looks interesting**.
제품이 흥미로워 보이네요.

We'd like to hear more about the service.
서비스에 대해 더 들어보고 싶습니다.

Let me know what's a good day for you.
편하신 날짜를 알려주세요.

3 사업·제휴 제안
Business or Partnership Proposals

KEY POINT 전문성을 부각시킨다

- 사업이나 제휴를 제안할 때는 상대방이 협력을 통해 얻을 수 있는 이익을 구체적으로 제시하는 것이 중요
- 상대방에게 확신을 주기 위해 제품 및 서비스의 특징, 지리적 강점, 전문적 지식 또는 기술적 측면에서 양사가 서로 보완할 수 있는 요소 등에 초점을 맞추는 것이 좋음

SAMPLE

> ✉   — ↗ ✕
>
> **Subject**   **A Strategic Partnership**   전략적 제휴
>
> **From**   jay@darakwon.co.kr
>
> **To**   chris@triplus.co.kr
>
> Hi Chris,
>
> Thank you for your positive feedback.
>
> We would be interested in forming a strategic partnership with your company. With our geographical knowledge of the market and your technical expertise, we believe such a partnership would give both our companies an edge in this market in terms of buying power.
>
> Please let me know when we can meet to talk more about this.
>
> Regards,
>
> Jay
>
> 안녕하세요 Chris,
> 긍정적인 피드백에 감사드립니다.
> **귀사와 전략적 제휴를 맺는 데 관심이 있습니다.** 시장에 관한 저희 회사의 지리적 지식과 귀사의 기술적 전문 지식이 합해지면, **저희 두 회사 모두 시장에서 구매 능력 면에서 강점을 갖게 될 것이라 믿습니다.**
> 언제 만나서 이에 대해 더 논의할 수 있는지 알려주세요.
> Jay 드림

---

strategic partnership 전략적 제휴   **geographical** 지리적인   **edge** 강점   **in terms of** ~ 면에서   **buying power** 구매 능력

We are impressed with your brand **and would like to** become a franchisee of your restaurant concept.

브랜드에 깊은 인상을 받아 귀사 레스토랑 콘셉트의 프랜차이즈 가맹점이 되고 싶습니다.

franchisee 체인점, 프랜차이즈 가맹점

As a possible option, we would like to explore an OEM partnership.

가능한 옵션으로 OEM 파트너십을 검토하고 싶습니다.

OEM(= original equipment manufacturing) 주문자 상표에 의한 생산

We would like to discuss a possible licensing agreement for your windshield wiper technology.

귀사의 전면 유리 와이퍼 기술의 라이센싱 계약 가능 여부에 대해 논의하고 싶습니다.

I am writing to inquire about your interest in designating a distributor to sell your products directly in Asia.

아시아에서 귀사의 제품을 직접 판매할 유통 업체 선정에 관심이 있으신지 여쭤보기 위해 메일을 드립니다.

We are looking to diversify into coffee shops **and want to discuss** a potential joint development with your company.

저희는 커피숍으로 사업 다각화를 모색 중이며 귀사와의 공동 개발 가능성에 대해 논의하고 싶습니다.

look to ~을 목표로 삼다   diversify into ~으로 다각화하다

We would be interested in introducing your computer peripherals products to the Korean market.

귀사의 컴퓨터 주변 기기를 한국 시장에 소개하는 데 관심이 있습니다.

We are interested in becoming the exclusive distributor of your line of canned coffee and beverages in Korea.

귀사의 캔 커피와 음료 제품군의 한국 내 독점 유통 업체가 되고 싶습니다.

Would you be interested in discussing a strategic partnership combining our distribution channels with your marketing know-how?
저희의 유통 경로와 귀사의 마케팅 노하우를 결합하는 전략적 제휴 논의에 관심이 있으신지요?

I would like to propose that we create a joint venture to sell your services in Korea.
귀사의 서비스를 국내에 판매하기 위한 합작 회사 설립을 제안합니다.

We would be interested in doing a marketing promotion with the San Jose store.
저희는 산호세 매장과 함께 마케팅 프로모션을 진행하는 것에 관심이 있습니다.

We would like to know whether you are interested in our proposal or prefer a different type of partnership.
저희의 제안에 관심이 있으신지, 아니면 다른 종류의 제휴를 선호하시는지 알고 싶습니다.

Collaborating on a new software development **might serve both our interests** in Korea.
새로운 소프트웨어 개발 제휴로 국내에서 양사의 이익에 모두 도움이 될 수 있습니다.

collaborate 협업하다, 제휴하다

Tips & More

■ 사업·제휴 관련 표현

라이센싱, 인가	licensing	전략적 제휴	strategic partnership
프랜차이즈	franchise	공동 마케팅	joint marketing
프랜차이즈 가맹점	franchisee	컨소시엄, 조합	consortium
합작 회사	joint venture	독점 유통 업체	exclusive[sole] distributor
무역	import-export	공식 딜러	authorized dealer
전략적 동맹	strategic alliance	납품 업체	supplier

We can assist you in formulating the right strategy for Korea.

한국에서 적절한 전략을 세우는 데 도움을 드릴 수 있습니다.

We can expect to improve the bottom line for our respective business areas.

각자의 비즈니스 영역에서 수익 향상을 기대할 수 있습니다.

improve the bottom line 수익을 늘리다   respective 각자의

A joint venture **would give both of us** the necessary combined expertise to penetrate the soft drink market in China.

합작 회사를 통해 양사는 중국 청량음료 시장 진입에 필요한 집체된 전문 기술을 획득할 수 있을 것입니다.

penetrate ~에 침투하다

Together, we would be able to execute the marketing campaign with minimal additional cost to both companies.

우리가 협력하면, 양사는 최소한의 추가 비용만으로 마케팅 캠페인을 실행할 수 있을 것입니다.

We would be able to create and foster brand recognition of your TQ series in the Korean market.

저희는 한국 시장에서 귀사의 TQ 시리즈 브랜드 인지도를 구축하고 촉진할 수 있을 것입니다.

foster 촉진하다   brand recognition 브랜드 인지도

A strategic partnership **would no doubt enable the two companies to** gain a sizable share in the growing European gaming market.

전략적 제휴로 양사가 성장세의 유럽 게임 시장에서 상당한 점유율을 확보할 것이 분명합니다.

Jointly developing the software **will create vast opportunities for future partnership endeavors.**

소프트웨어 공동 개발로 향후 폭넓은 제휴 관련 기회를 창출할 수 있을 것입니다.

jointly 공동으로   endeavor 노력, 시도

We would be interested in discussing a partnership.

협력에 대한 논의에 대해 관심이 있습니다.

A joint marketing **sounds like an interesting idea.**

공동 마케팅은 괜찮은 아이디어인 듯합니다.

I agree that a collaboration **might be mutually beneficial.**

저도 협력이 서로에게 득이 될 수 있다고 생각합니다.

Let's set up a meeting.

미팅을 잡아 보죠.

I'll have Carl Danes from my office **contact you.**

저희 사무실의 Carl Danes가 연락드리도록 하겠습니다.

I'm usually available on Wednesday and Thursday afternoons.

저는 보통 수요일과 목요일 오후에는 시간이 됩니다.

032

MOU · LOI · 계약서 언급

We would be interested in signing an MOU.

양해 각서를 체결하는 데 관심이 있습니다.

Why don't we draft up a contract?

계약서 초안을 작성하면 어떨지요?

How about if we execute an MOU?

양해 각서를 체결하면 어떨까요?

Would you be open to signing a LOI?

의향서를 체결할 의향이 있으신지요?

I think signing a LOI or MOU **would be a good idea.**

의향서나 양해 각서를 체결하는 것이 좋겠습니다.

Tips & More

■ LOI (Letter of Intent) vs. MOU (Memorandum of Understanding)

계약 체결 전에 작성되는 이 두 문서는 비즈니스 상황에서 거의 비슷한 의미로 간주되는 경우가 잦다.
차이점은 intent라는 표현이 담긴 LOI(의향서)가 한쪽에서 계약 체결에 대한 '의향'을 표하는 문서이고,
understanding이 들어간 MOU(양해 각서)는 계약 전 상호간의 '양해' 사항을 명시하는 문서라는 점이다.
통상적으로 두 문서 모두 법적 구속력은 없지만 명시한 내용에 따라 책임을 지는 상황이 생길 수 있다.

초대

Dictionary of Business Email Expressions

1 이벤트·발표에 초대하기
Invitations to Events and Presentations

KEY POINT   구체적인 정보를 전달한다

- 우선 이벤트의 종류와 초대하는 이유를 언급하고 날짜·시간·장소를 정확히 쓰기
- 필요할 경우 주소와 약도를 첨부하며 교통수단도 함께 안내하면 더욱 좋음
- 참석 여부에 대한 답변이 필요하거나 복장 규정이 있을 때는 그에 대해서도 명확히 언급할 것

SAMPLE

Subject	**VIP Sale on New Line of Italian Shoes** 새로 출시된 이탈리아 구두 VIP 세일
From	**customerservice@italyshoes.com**
To	**harrysimpson@gmail.com**

Dear Mr. Simpson:

We are pleased to invite you to a special VIP sale on our new line of Italian shoes at our Bundang store on Wednesday, March 16, from 2:00 p.m. to 6:00 p.m. During the event only, all marked items will be offered at 25% off the retail price. We look forward to seeing you there.

Sincerely,

Mary Singh

Simpson 고객님께:
3월 16일 수요일 오후 2시부터 오후 6시까지 저희 분당 매장에서 진행되는 이탈리아 구두 신상품에 대한 VIP 특별 세일에 초대하게 되어 기쁩니다. 모든 세일 제품들은 행사 중에만 소매가에서 25% 할인됩니다. 그곳에서 뵐 수 있기를 기대합니다.
Mary Singh 드림

retail price 소매가

We will be demonstrat**ing** our new models **at** Booths 10 to 12. **We would appreciate your stopping by.**

10~12번 부스에서 저희의 신모델들을 시연할 예정입니다. 들러주시면 감사하겠습니다.

demonstrate 시연하다

★ **You are invited to** a special showing of our new line of handmade ties from India.

인도에서 제작된 핸드메이드 넥타이 신제품 특별 발표회에 초대합니다.

special showing 특별 발표회[전시회]

You are invited to attend the hands-on demonstration of our new fantasy game *The War of Lacondar* during this year's Fantasy Game Fair.

올해의 판타지 게임 박람회 동안 열리는 저희의 새 판타지 게임 〈The War of Lacondar〉의 체험 시연에 초대합니다.

hands-on 직접 해보는   demonstration 시연

This special event **will take place at** Booth 7 at the Los Angeles Convention Center **on** November 2, from 1:00 p.m. to 3:00 p.m.

이 특별 행사는 11월 2일 오후 1시부터 3시까지 Los Angeles Convention Center의 7번 부스에서 개최됩니다.

We are pleased to invite you to the world premiere of *The Stranger*, **at** CGV Yongsan **on** Saturday, August 17, **at** 3:00 p.m.

8월 17일 토요일 오후 3시에 CGV 용산에서 상영되는 〈이방인〉의 세계 최초 상영회에 초대하게 되어 기쁩니다.

premiere 시사회

We take great pleasure in inviting you to a private showing of the new model of Axcelant Sports Sedan. 격식

Axcelant Sports Sedan의 새 모델 비공개 발표회에 초대하게 되어 대단히 기쁩니다.

private showing 비공개 발표회[전시회]

Junho Lee **has the honor of inviting you to** an exhibit of his new sculptures **at** the Shinsa Gallery **on** December 21, **at** 8:00 p.m. 격식

이준호는 12월 21일 오후 8시에 신사갤러리에서 열리는 신작 조각품 전시회에 초대하게 된 것을 영광으로 생각합니다.

Please join us in celebrating TRV's 15th year in business.
TRV의 창립 15주년을 함께 축하해주시기를 바랍니다.

We are happy to invite you to the grand opening of Americana Grill's Dogok store.
Americana Grill 도곡점 개업식에 초청하게 되어 기쁘게 생각합니다.

We have the pleasure of inviting you to the grand opening of our new sales office in Daegu **on** January 22. 격식
1월 22일에 있을 대구 영업 지사의 개업식에 초대하게 되어 기쁩니다.

You are cordially invited to attend the ribbon cutting ceremony of the new GlobalMax headquarters to be held on Friday, June 28, **at** 1:00 p.m. 격식
6월 28일 금요일 오후 1시에 개최되는 GlobalMax 본사 신사옥 개관식에 정중히 초대합니다.

headquarters 본사   ribbon cutting ceremony 개관식

Candles Korea **cordially invites you to** its 10th anniversary celebration at its headquarters in Busan **on** October 9, **at** 4:00 p.m. 격식
Candles Korea는 10월 9일 오후 4시에 부산 본사에서 있을 10주년 기념 축하 행사에 정중히 초대합니다.

Tips & More

■ **오전·오후를 나타내는 표현**

격식을 차린 공식적인 초대장에서는 시간을 언급할 때 숫자나 a.m., p.m. 등을 사용하지 않고 대신 in the afternoon이나 in the evening으로 표기하는 경우가 많다. 예를 들어 '저녁 7시'는 seven o'clock in the evening이라고 적는다.

■ 초대받을 수 있는 이벤트

개업식	grand opening	무역 박람회	trade show
회의, 회담	conference	워크숍	workshop
세미나	seminar	제품 출시	product launch
결혼식	wedding	약혼	engagement
(자선/정치) 모금	(charity/political) fundraiser	조찬	breakfast
브런치	brunch	오찬	luncheon
저녁 식사, 만찬	dinner	공연	recital/performance
공장 투어	factory tour	프로모션	promotion
동창회	reunion	종교 의식	religious ceremony
스포츠	sports		

035 모임·파티

★ Jiyun and I **are throwing** a housewarming party **on** Saturday, April 20, at 8:30 p.m., **and we would love to see you there.**
4월 20일 토요일 저녁 8시 30분에 지윤이와 제가 집들이를 하는데, 거기서 봤으면 좋겠습니다.

throw a housewarming party 집들이를 하다

We are planning to celebrate Haein's birthday with dinner **at** our place **on** May 16, at 6 p.m. **We would love to have you come over.**
5월 16일 저녁 6시에 저희 집에서 저녁 식사를 하며 해인이의 생일을 축하할 계획입니다. 와주시면 좋겠습니다.

Please join us for a farewell party **in honor of** Joe Kim, who is leaving Acon International to enter law school in the fall.

가을에 Acon International을 떠나 법학 대학원에 입학하는 Joe Kim을 축하하기 위한 송별회에 참석해주세요.

> **farewell party** 송별회   **in honor of** ~을 축하하여, ~에게 경의를 표하여

We would be delighted if you could join us for a luncheon **on** July 8 at 1:00 p.m. **at** the Terrace at the Hyatt.

7월 8일 오후 1시에 Hyatt 호텔 Terrace에서 있을 오찬 모임에 와주시면 정말 기쁘겠습니다.

We are pleased to invite you to attend the annual cocktail party **for our valued clients on** Friday, September 11, at 8:00 p.m. at our headquarters in Seoul.

9월 11일 금요일 저녁 8시에 서울 본사에서 소중한 고객들을 위한 연례 칵테일 파티에 초대하게 되어 기쁩니다.

We request the pleasure of your company at the 5th Annual Achievement Awards Banquet.

제5회 연례 공로상 시상식 연회에 참석을 요청드립니다.

┌ Tips & More ┐

■ 드레스 코드

이벤트에 따라 규정된 복장(dress code)이나 권장하는 복장(preferred dress)이 있을 수 있다.

white tie	가장 격식 차린 복장으로 남자는 흰 나비넥타이와 빳빳하게 세운 목깃(collar)이 있는 셔츠를 입고, 여자는 긴 파티용 드레스를 입는다.
black tie (= formal)	남자는 턱시도 안에 흰 셔츠와 검은 나비넥타이를 착용하고, 여자는 긴 드레스를 입는다.
semi-formal	준 정장 차림. 남자는 스포츠 재킷이나 양복을 입고, 여자는 원피스 또는 블라우스와 바지를 입는다.

■ 주요 파티 및 기념 축제 종류

새해 전야 파티	**New Year's Eve party**
집들이	**housewarming party**
환영회	**welcoming party / welcome home party**
칵테일 파티	**cocktail party**
디너 파티	**dinner party**
축하연/환영회	**reception**
핼러윈 파티	**Halloween party**
밸런타인데이 파티	**Valentine's Day party**
출산 파티	**baby shower**
연회/축하연	**banquet**
생일 파티	**birthday party**
음식 지참 파티	**potluck**
송별회	**farewell party / going away party**
댄스 파티	**dance party**
가면무도회	**costume party**
크리스마스 파티	**Christmas party**
미국 독립 기념일 파티	**Fourth of July party**
미국 추수 감사절 저녁 식사	**Thanksgiving dinner**
약혼 파티	**engagement party**

Are you free on Thursday **to join us for** dinner?
목요일에 저희와 함께 저녁 식사 하실 시간 있으세요?

★ **Would you like to join** a few of **us for** a round of golf this Saturday?
이번 토요일에 저희와 골프 한 게임 하시겠어요?

Our team has tickets to the LG Twins game next Wednesday, and **we wondered if you were interested in going with us.**
저희 팀에 다음 주 수요일에 있을 LG 트윈스 경기 티켓이 있는데, 혹시 저희와 함께 갈 의향이 있으신가 해서요.

If your schedule permits, I would like to have lunch **with you** on Friday.
시간이 되시면, 금요일에 점심을 같이하고 싶습니다.

Why don't you stop by at our office **on** Friday **for** a short meeting?
금요일에 짧은 회의를 위해 저희 사무실에 들르시는 게 어떨까요?

I heard that you plan to visit Seoul early next month. **If your schedule permits, I would like to invite you to** our offices to meet our executive vice president.
다음 달 초에 서울을 방문하실 계획이라고 들었습니다. 시간이 되시면, 저희 부사장님을 만나 뵐 수 있도록 당신을 저희 회사로 초청하고 싶습니다.

executive vice president 부사장

We would like to take you on a tour of our factory when you are in Yeosu.
여수에 오시면 당사의 공장을 구경시켜 드리고 싶습니다.

We would like to invite you to attend a special seminar on international negotiating strategies, which will be held **on** July 3, from 8:00 a.m. to 3:00 p.m.

7월 3일 오전 8시부터 오후 3시까지 개최되는 국제 협상 전략 특별 세미나에 초대하고 싶습니다.

negotiating strategy 협상 전략

The Korean-American Business Society is sponsoring a special lecture by the world-renowned business writer Dr. Samuel Watkins **on** March 9. **I thought you might be interested in attending as my guest.**

한미 기업회가 3월 9일에 세계적인 명성의 비즈니스 책 저자인 Samuel Watkins 박사의 특별 강연을 주최하는데요. 저의 게스트로 참석할 의향이 있으신가 해서요.

world-renowned 세계적으로 명성 있는

Could you present your research findings **at** our executive committee meeting **on** August 7?

조사 결과를 8월 7일에 임원 위원회 회의에서 발표해주시겠어요?

executive committee 임원 위원회

You are invited to present your proposal **to** our board of directors **on** June 11.

6월 11일에 저희 이사회에서 제안을 발표해주시기 바랍니다.

board of directors 이사회

★ **Could you give us a presentation on** the future of AI?

AI의 미래에 대한 프레젠테이션을 해주실 수 있을까요?

It is with great pleasure that I invite you to the 22nd Annual Conference.

`격식`

제22차 연례 회의에 초대하게 되어 매우 기쁩니다.

annual conference 연례 회의

If you could speak to our group about the legal aspects of establishing a subsidiary in the U.S., **we'd be much grateful.**

저희들에게 미국 내 자회사 설립의 법률적 측면에 대한 강의를 해주시면 정말 고맙겠습니다.

subsidiary 자회사

We invite you to join us and share with us your thoughts on Korean investment funds.

한국 투자 펀드에 대한 의견을 공유해주시도록 초청드립니다.

We would appreciate the opportunity to hear your views on corporate strategies for market segmentation in Korea.

한국의 시장 세분화에 대비하는 기업 전략에 대해 고견을 들을 기회를 주시면 감사하겠습니다.

corporate strategy 기업 전략   segmentation 세분화

We would like to extend a formal invitation to you to participate as a panelist.

토론자로 참석해 주실 것을 공식적으로 초청드립니다.

extend an invitation 초청하다   participate 참여하다   panelist 토론자

We would be delighted if you would accept our invitation to speak on the subject of optimal construction management methods.

최적의 공사 관리법이라는 주제에 대해 연설자로 모시고자 하는 저희의 초청을 수락해주시면 기쁘겠습니다.

optimal 최적의, 바람직한   construction management 공사 관리

We would be honored if you could deliver the keynote speech on the current status of the world's chemical products market.

전 세계 화학 제품 시장 현황에 대해 기조연설을 해주시면 영광이겠습니다.

deliver a speech 연설하다   keynote speech[address] 기조연설

We are pleased to offer you an honorarium of $6,000 plus travel expenses.

강연료 6천 달러와 여행 경비를 기꺼이 제시합니다.

honorarium 강연료

Please let us know if you have a set rate for speaking engagements.

강연 초빙에 정해진 금액이 있으면 말씀해주세요.

set rate 정해진 금액   engagement 초빙, 계약

040   참석 여부 확인 요청

★ **We hope to see you there.**

거기서 뵐 수 있기를 바랍니다.

It will be good to see you again.

다시 뵈면 좋겠습니다.

Please let me know if you can join us.

저희와 함께하실 수 있는지 알려주시기 바랍니다.

I will be waiting for your call.

전화 기다리겠습니다.

★ **I look forward to hearing from you.**

답변을 기다리겠습니다.

Please confirm by February 2 **that you can attend.**

2월 2일까지 참석 여부 확인을 부탁드립니다.

Please RSVP by March 4.

3월 4일까지 답변 부탁드립니다.

Did you receive my email invitation to the grand opening? **If you didn't, please let me know.**

제가 이메일로 보내드린 개업식 초대장을 받으셨나요? 못 받으셨으면 알려주세요.

★ **I haven't heard back from you about** the dinner on Friday. **Would you send me a quick reply email when you get a chance?**

금요일 저녁 식사에 대한 답변을 받지 못했네요. 기회가 되시면 간단히 답장을 보내주시겠어요?

Because we have not received a reply to the invitation to our banquet sent to you on July 2, **we wondered if it had failed to reach you.**

7월 2일에 보내드린 연회 초대장에 대한 답장을 받지 못했는데, 혹시 초대장을 받지 못하셨는지 궁금합니다.

With the workshop slated to start in two weeks, **it would assist us in our planning if you could confirm your attendance by** March 3.

2주 후에 워크숍이 개최될 예정이니 3월 3일까지 참석 여부를 확인해주시면 저희가 계획을 세우는 데 도움이 되겠습니다.

slated to ~하기로 예정된

Tips & More

■ RSVP

RSVP는 프랑스어 Répondez s'il vous plaît.의 약자로 Reply, if you please. 즉, '괜찮으시면 답변을 부탁합니다' 라는 뜻이다. RSVP라고 기재할 때는 답변 방식, 마감 기한과 요청할 추가 정보를 함께 언급한다.

2 일정 알려주기
Schedule Reminders

KEY POINT **일정은 표로 구성하는 것이 좋다**

- 간단한 일정은 이메일 본문에 넣을 수 있으나 긴 일정은 별도로 작성해 파일로 첨부하는 것이 좋음
- 첨부 파일은 보편적으로 사용하는 MS Word나 PDF 형식이 가장 적합하며, 파일명은 내용을 바로 알아볼 수 있도록 만들 것

SAMPLE

Subject	**Morning Schedule of Events** 오전 행사 일정
From	**ruth@darakwon.co.kr**
To	**all@darakwon.co.kr**

Hi all,

Below is the morning schedule:

9:00 a.m.	Game trailer preview
9:30 a.m.	Hands-on demonstration by J. C. Roberts
11:00 a.m.	Trivia game

Email me if you have any questions.

Thanks,
Ruth

여러분 안녕하세요,
오전 일정은 아래와 같습니다.
오전 9:00   게임 예고편 동영상 시사회
오전 9:30   J. C. Roberts가 진행하는 실제 시연
오전 11:00   트리비아 게임
질문이 있으면 메일 주세요.
Ruth 드림

---

trailer 예고편 동영상   **hands-on demonstration** 실제 시연(실제로 체험할 수 있는 시연)
trivia 트리비아(한국에서는 흔히 '퀴즈(quiz)'라고 한다)

The conference schedule is as follows:

8:00 a.m.   Arrival of guests and registration

9:00 a.m.   Opening remarks (J. G. Park, President, Software Developers
              Association)

9:30 a.m.   Guest speech (Steven Bass, CEO, BassOn Soft)

10:00 a.m.   Special presentation: Piloting a Soft Landing in America
              (Larry Hoffman, author of *Soft Landing*)

11:30 a.m.   Buffet lunch

1:00 p.m.   Workshops

5:00 p.m.   Closing remarks (Janet Lee, CEO, Koram Soft)

6:00 p.m.   Dinner show

컨퍼런스 일정은 다음과 같습니다.

오전 8:00   귀빈 도착 및 등록
오전 9:00   개회 연설 (소프트웨어 개발자 협회 회장, J. G. Park)
오전 9:30   귀빈 연설 (BassOn Soft의 CEO, Steven Bass)
오전 10:00   특별 프레젠테이션: 미국에서 연착륙하기 (『Soft Landing』 저자, Larry Hoffman)
오전 11:30   뷔페식 점심 식사
오후 1:00   워크숍
오후 5:00   폐회 연설 (Koram Soft의 CEO, Janet Lee)
오후 6:00   디너쇼

registration 등록   **remark** 소견, 단평   **association** 협회   **pilot** 조종하다   **soft landing** 연착륙

043　　　　　　　　　　　　　　　　　　　개업식

Complete schedule

11:00 a.m.　　Fashion Show – Our Fall Line

12:00 noon　　Luncheon – Kimbap Sets

1:30 p.m.　　Latin Dance Performance – One Jive Group

전체 일정

오전 11:00　　패션쇼 – 가을 제품 라인
정오 12:00　　오찬 – 김밥 세트
오후　1:30　　라틴 댄스 공연 – One Jive 그룹

044　　　　　　　　　　　　　　　　　　　교육

Day 1 Presentation Training Timetable

9:00　　　Orientation

10:00　　Preparation

12:00　　Lunch

1:00　　　Body Language

2:00　　　PowerPoint Design

첫째 날 프레젠테이션 훈련 일정

9:00　　　오리엔테이션
10:00　　준비
12:00　　점심 식사
1:00　　　보디랭귀지
2:00　　　파워포인트 디자인

3 초대에 응하기
Accepting an Invitation

KEY POINT 서두에 참석 가능함을 알린다

- 우선 초대에 대한 감사 인사를 전하고, 흔쾌히 응하겠다는 표현을 사용
- 별도 메일일 경우 장소·날짜·시간 등을 확인차 다시 한번 언급
- 이벤트를 기대한다는 말로 마무리
- 초청 메일이 격식을 갖추었다면 그에 맞춰 답장을 작성할 것

SAMPLE

Subject	**Confirmation of Cocktail Party Attendance** 칵테일 파티 참석 확인
From	**jim@trigon.co.kr**
To	**karl@darakwon.co.kr**

Hi Karl,

Thank you for inviting me to the annual cocktail party on Friday, September 11, at 8:00 p.m. at your Seoul headquarters. I will be pleased to attend. I look forward to seeing you and your colleagues at the party.

Best,

Jim

안녕하세요 Karl,
9월 11일 금요일 저녁 8시에 귀사의 서울 본사에서 개최되는 연례 칵테일 파티에 초청해주셔서 감사드립니다. 기꺼이 참석하겠습니다. 파티에서 당신과 동료분들을 뵙기를 기대합니다.
Jim 드림

---

confirmation 확인   **annual** 연례의 (1년의 매년 열리는 행사 앞에 annual을 붙이는 경우가 많으며, '제~회'를 영어로는 서수로 표시한다. 예를 들어 '제3회 (연례) 시상식'은 The 3rd Annual Awards Ceremony가 된다.)   **headquarters** 본사 (경우에 따라 main office, head office, central office라고도 한다.)

045 제품 발표 · 출시 · 전시

I appreciate your invitation to stop by Booths 10 to 12 for demonstrations of your new models. **I will definitely attend the event.**

10~12번 부스에서 열리는 귀사의 신모델 시연회에 들러달라는 초청에 감사드립니다. 행사에 꼭 참석하겠습니다.

I would be delighted to take part in the event **at** Axcelant's Apgujeong showroom **on** July 20.

7월 20일 Axcelant 압구정 전시장에서 열리는 행사에 기꺼이 참여하겠습니다.

★ **Thank you for inviting me to** the exhibit of your new sculptures **at** the Shinsa Gallery. **I will attend on** December 21, **at** 8:00 p.m.

신사갤러리에서 열리는 작가님의 신작 조각품 전시회에 초청해주셔서 감사합니다. 12월 21일 저녁 8시에 참석하겠습니다.

046 개업식 · 창립 기념 행사

Thanks for inviting me to your opening party **on** April 20. **I would be pleased to attend.**

4월 20일에 있을 개업식에 초대해주셔서 고맙습니다. 기꺼이 참석하겠습니다.

It would be a pleasure to attend the party celebrating TRV's 15 years in business.

TRV의 창립 15주년 기념 축하 파티에 참석하게 되어 기쁘네요.

Thank you for the invitation to attend the grand opening of Americana Grill's Dogok store on Wednesday, May 15. **I am happy to accept the invitation and will be there at** 11:00 a.m.

5월 15일 수요일에 있을 Americana Grill 도곡점 개업식에 초대해주셔서 감사합니다. 초청에 기꺼이 응하며 오전 11시에 가겠습니다.

047 모임·파티

Thanks for the invitation to Haein's birthday dinner **at** your place **on** May 16. **It will be fun!**

5월 16일에 댁에서 열리는 해인 씨의 생일 축하 저녁 식사에 초대해줘서 고마워요. 재미있겠네요!

★ **Thank you for inviting me to** the luncheon at the Terrace at the Hyatt **on** July 8 **at** 1:00 p.m. **I'll be happy to join you.**

7월 8일 오후 1시에 Hyatt 호텔 Terrace에서 있을 오찬 모임에 초대해주셔서 고맙습니다. 함께하게 되어 기쁩니다.

It gives me great pleasure to accept your invitation to attend the 5th Annual Awards Banquet. 격식

제5회 연례 시상식 연회 초청에 응하게 되어 대단히 기쁩니다.

048 회의·세미나·프레젠테이션·연설

I am honored to be invited to the special seminar on international negotiating strategies **on** July 3. **I will be there** before 8:30 a.m.

7월 3일에 개최되는 국제 협상 전략 특별 세미나에 초대받게 되어 영광입니다. 오전 8시 30분 이전에 도착하겠습니다.

Thank you for your email inviting me to present my research findings at your executive committee meeting on Wednesday, August 7, at 8:00 p.m., **which I am pleased to accept.**

8월 7일 수요일 저녁 8시에 있을 임원 위원회 회의에서 저의 조사 결과를 발표해달라는 초청 이메일에 감사드리며, 기꺼이 수락합니다.

Thank you for your kind invitation to present my proposal to your board of directors on Tuesday, November 5. **I shall be happy to accept your invitation.** 격식

11월 5일 화요일에 이사회에 저의 제안을 발표해달라는 사려 깊은 초대에 감사드립니다. 초대를 기꺼이 받아들이겠습니다.

It is an honor to be invited to give a presentation on the current status of the world's chemical products market, **and I am pleased to accept your invitation.**

전 세계 화학 제품 시장 현황에 대한 발표자로 초청을 받게 되어 영광이며, 초청에 기꺼이 응하겠습니다.

Thank you for your thoughtful invitation to speak on the subject of optimal construction management methods. **I am delighted to accept your invitation** and the fee offered.

최적의 공사 관리법을 주제로 연설을 요청하신 사려 깊은 초청에 감사드립니다. 초청과 제시하신 금액을 기쁘게 수락하겠습니다.

---

049 회사 방문

I really appreciate your offer to take me on a tour of your factory. **Would** next Tuesday afternoon **be okay?**

귀사의 공장을 둘러볼 수 있도록 해주시겠다는 제의에 정말 감사드립니다. 다음 주 화요일 오후 괜찮으실까요?

Thank you for your invitation to stop by your office **on** Friday for a short meeting. **I can be** at your office by 10:00 a.m.

금요일에 짧은 회의를 위해 사무실에 들러달라고 초대해주셔서 감사합니다. 오전 10시까지 그쪽 사무실로 갈 수 있습니다.

In reply to your email of July 2 **inviting me to visit** your office early next month, **I would be pleased to meet with** your executive vice president. 격식

다음 달 초에 귀사로 초대한다는 내용의 7월 2일 자 이메일에 답변 드립니다. 부사장님을 기꺼이 만나뵙겠습니다.

in reply to ~에 대한 답변으로

★ A round of tennis this Saturday **sounds good. Count me in.** 비격식
이번 토요일 테니스 한 게임 좋지요. 저도 끼워주세요.

count in 끼워주다

Thanks! I would definitely be up to playing some basketball **on** Saturday morning.
고마워요! 토요일 아침에 농구 게임 꼭 뛸게요.

would be up to ~을 하겠다

Yes, I am free for lunch **on** Friday. **Where do you want to go?**
네, 금요일 점심에 시간 됩니다. 어디로 가고 싶으세요?

★ **Thank you for inviting me to** a round of golf this Saturday. **Yes, I would love to join you.**
이번 토요일 골프 한 게임 하자고 초대해줘서 고마워요. 좋아요, 함께하겠습니다.

I sincerely appreciate your asking me to join you and Steve for dinner **on** Thursday. **I am free that evening, and I will be at** El Capitan by 7:00 p.m.
목요일에 있을 Steve와의 저녁 식사에 초대해주셔서 정말 고맙습니다. 그날 저녁에 시간 돼요. 저녁 7시까지 El Capitan으로 가겠습니다.

051

맺음말

★ **I will see you there.**
거기서 뵐게요.

★ **See you then.**
그때 뵐게요.

I wouldn't miss it for the world. See you there. `비격식`
무슨 일이 있어도 놓치지 않겠습니다. 거기서 뵐게요.

I look forward to seeing you again.
다시 뵙기를 기대합니다.

It's always a pleasure seeing you.
당신을 만나는 건 항상 즐겁습니다.

Thank you so much for thinking of me.
저를 생각해주셔서 정말 감사합니다.

I am very much looking forward to the event.
행사가 매우 기대됩니다.

4 초대 거절하기
Declining an Invitation

KEY POINT 거절하는 이유를 간단히 언급한다

- 초청을 거절할 때는 간결하게 쓰되 예의를 갖출 것
- 우선 초청해준 것에 대한 고마움을 반드시 표현
- 구체적이지는 않더라도 거절 사유를 간단히 언급해주는 것이 좋음

SAMPLE

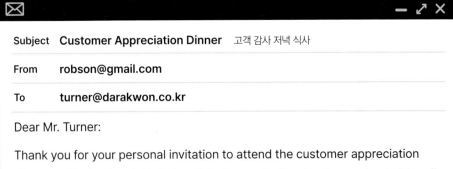

Subject **Customer Appreciation Dinner** 고객 감사 저녁 식사

From robson@gmail.com

To turner@darakwon.co.kr

Dear Mr. Turner:

Thank you for your personal invitation to attend the customer appreciation dinner on September 1. Unfortunately, I cannot attend as I am going to Hawaii on a business trip at the end of the month. Thank you again for the invitation.

Best Regards,
Pat Robson

Turner 님께:
9월 1일에 있을 고객 감사 저녁 식사에 저를 직접 초대해주셔서 감사드립니다. **아쉽게도 이번 달 말에 하와이로 출장을 가게 되어 참석하지 못하게 됐습니다.** 초대에 다시 한번 감사드립니다.
Pat Robson 드림

---

appreciation 감사 **unfortunately** 아쉽게도, 애석하게도 **business trip** 출장

052

비즈니스로 인한 이유

I sincerely thank you for inviting me to the grand opening, **but I regret that I won't be able to make it because** I have to complete the last-minute project punch list.

개업식에 저를 초대해주셔서 진심으로 감사드립니다. 공사의 막바지 펀치 리스트를 처리해야 해서 갈 수 없게 되어 아쉽습니다.

last-minute 막바지의　punch list 펀치 리스트(공사 마감 때 결함 개선을 위해 작성하는 리스트)

★ **Although I would like to attend** the party, **I am sorry that** I have an out-of-town meeting with a client that day.

파티에 참석하고 싶지만, 그날 지방에서 고객과 회의가 있어서 죄송하게 됐습니다.

out-of-town 지방의, 시외의

I was pleased to receive your invitation. Much as I would like to attend, however, I am sorry that I cannot as I will be in Japan on a business trip at the time.

초청을 받아서 기뻤습니다. 꼭 참석하고 싶지만, 그때 출장으로 일본에 있을 예정이라 참석하지 못하게 되어 죄송합니다.

Thank you for your invitation to speak to your group, **but I am sorry that previous obligations will not allow me to attend.**

단체를 위한 강연 초청 감사합니다. 선약 때문에 참석할 수 없어 유감입니다.

previous obligation 선약

I'm sorry Sujin and I **won't be able to** go to Hong Kong with you this time. **We need to** visit her mother in the hospital.

미안하지만 수진 씨와 저는 이번에 당신과 함께 홍콩에 가지 못할 것 같아요. 수진 씨 어머니 병문안을 가야 해요.

★ **Thanks for the invitation, but unfortunately, I've already made other plans.**

초대해주셔서 감사하지만 아쉽게도 이미 다른 계획이 있어요.

★ **Thanks for asking me to join you for** dinner on Friday. **Normally I would be delighted, but** I have to attend a family function that evening.

금요일 저녁 식사에 초대해주셔서 고맙습니다. 보통 때라면 기꺼이 참석하겠지만, 그날 저녁에는 집안 행사가 있습니다.

family function 집안 행사

Thank you for thinking of me. However, my son's graduation is on the same day, **so I am unable to attend** the annual banquet.

생각해주셔서 고맙습니다. 그런데 제 아들의 졸업식이 같은 날이라 올해 축하연에는 참석할 수 없게 됐습니다.

I appreciate your asking us to attend, but because of prior commitments, we won't be able to.

참석해달라고 해주셔서 감사드리지만, 선약이 있어서 참석할 수 없겠습니다.

commitment 약속, 책임

Because of a conflict in my schedule, I will not be able to go.

일정이 겹쳐서 갈 수 없게 됐습니다.

conflict 충돌, 갈등

5 회의 및 사내 이벤트 통지
Notifications for Meetings and Company Events

- 앞부분에는 회의나 이벤트의 목적과 의의를 언급하기
- 장소·날짜·시간을 정확히 알리는 것이 가장 중요
- 상대방이 참석하지 못하거나 문의 사항이 있을 경우를 대비해 보내는 사람의 전화번호를 메일 본문에 명시하는 것이 좋음

SAMPLE

Subject **First TS Task Force Team Meeting** 첫 TS 태스크포스 팀 회의

From **karl@darakwon.co.kr**

To **wayne21@endoverco.net**

Hi Wayne,

The first TS task force team meeting is scheduled for Thursday, November 9 at 2 p.m. To ensure a more productive meeting, I am attaching an agenda. Please review it and add your suggestions as needed. If you can't make the meeting, please let me know by tomorrow.

Thanks,
Karl

안녕하세요 Wayne,
첫 TS 태스크포스 팀 회의가 11월 9일 목요일 오후 2시로 예정되어 있습니다. 더욱 생산적인 회의를 위해 **안건 목록을 첨부합니다.** 검토하시고 필요한 경우 제안을 추가해주세요. **회의에 참석하지 못할 경우 내일까지 저에게 알려주세요.**
Karl 드림

---

task force team(=TFT) (태스크포스 팀: 기업에서 특정 목적을 위해 여러 부서 관련자들로 구성되는 팀) **ensure** 보장하다, 확실히 하다

★ **Let's meet on** March 20 **at** 10:30 a.m. **in** Conference Room B.
3월 20일 오전 10시 30분에 B회의실에서 뵈어요.

We're having our weekly progress **meeting on** Friday, January 31, **at** 10 a.m. **at** the project site office.
1월 31일 금요일 오전 10시에 공사 현장 사무실에서 주간 진행 상황 회의를 하겠습니다.

project site office 공사 현장 사무실

Please plan to meet on Friday, September 27, **at** 9 a.m. **in** the main conference room.
9월 27일 금요일 오전 9시에 대회의실에서 만날 계획을 잡아두세요.

★ **Our next** team **meeting is scheduled for** next Monday **at** 5 p.m. **in** the meeting room on the fifth floor.
다음 팀 회의는 다음 주 월요일 오후 5시에 5층 회의실에서 있을 예정입니다.

★ The first project **meeting will be held on** Monday, February 3, starting **at** 10:00 a.m. **in** Room C.
첫 프로젝트 회의가 2월 3일 월요일 오전 10시부터 C룸에서 열립니다.

The director of overseas marketing **has called an emergency meeting of** all team leaders **for** tomorrow, Wednesday, June 29, **at** 9 a.m. **at** his office.
해외 마케팅 담당 이사님이 내일, 즉 6월 29일 수요일 오전 9시에 이사실에서 긴급 팀장 회의를 소집하셨습니다.

★ **The next online meeting will be on** November 2 **at** 9 a.m. California time.
다음 온라인 회의는 캘리포니아 시간 기준으로 11월 2일 오전 9시에 하겠습니다.

The meeting on Monday **will be held online** via Zoom.
월요일 회의는 Zoom을 통해 온라인으로 실시합니다.

There will be a meeting on June 4 at 2 p.m. **to discuss** the outstanding issues from our last meeting.

6월 4일 오후 2시에 지난 회의의 미결 사항을 논의하는 회의가 있겠습니다.

outstanding 미해결의

A meeting of the executive committee **will be held** on June 12 at 7:00 p.m. in the boardroom **to select** a new accounting firm.

새 회계 법인을 선정하기 위한 임원 위원회 회의가 6월 12일 저녁 7시에 이사회 회의실에서 개최됩니다.

accounting firm 회계 법인   boardroom 이사회 회의실

The Board of Directors of StarMax **will meet** on Thursday, August 7, at 2:00 p.m. at the company's main office in Seoul. The Board **will discuss** executive salaries.

StarMax의 이사회가 8월 7일 목요일 오후 2시에 서울 본사에서 소집됩니다. 이사회는 임원 연봉에 대해 논의할 것입니다.

At this meeting, I want to hear your suggestions on regaining the IBT account.

이 회의에서는 어떻게 IBT와의 거래 관계를 회복할 수 있을지에 대해 여러분의 제안을 듣고자 합니다.

regain 회복하다, 되찾다   account 거래 관계

To discuss the various options to deal with our problem, **we will meet** this evening at 9 in the third floor conference room.

우리의 문제를 처리하기 위한 여러 선택 방안을 논의하기 위해 오늘 저녁 9시에 3층 회의실에서 모이겠습니다.

★ **The purpose of the meeting is to** evaluate the three proposals from potential subcontractors.

이 회의의 목표는 하청 후보 업체들이 낸 세 가지 제안서를 평가하는 것입니다.

evaluate 평가하다   subcontractor 하청 업체

We want to accomplish two **things:**

1. Decide on the order quantity
2. Select a freight forwarder

두 가지를 목표로 삼고 있습니다.
1 주문 수량 결정
2 운송 대리인 선발

freight forwarder 운송 대리인

★ **We will discuss the following:**

다음 사항을 논의하겠습니다.

The main topics we'll cover are:

우리가 논의할 주요 항목은 다음과 같습니다.

Here are the key issues we are facing:

우리가 당면한 핵심 문제들은 다음과 같습니다.

face ~에 직면하다

★ **The proposed agenda is as follows:**

제안된 의제는 다음과 같습니다.

agenda 의제, 안건

Attached is the tentative agenda.

임시 의제를 첨부합니다.

tentative 임시의

Be prepared to suggest ways to decrease the current amount of defects.

현재 결함의 양을 줄일 방법을 제안할 준비를 하세요.

defect 결함

Please consider the following list of issues and come ready to discuss them.

아래 목록의 사항들을 고려해서 논의할 준비를 해오세요.

★ **Please come prepared with your suggestions.**

제안을 준비해오세요.

Please read the attached agenda before the meeting.

회의 전에 첨부된 의제를 읽어보시기 바랍니다.

★ **If you have any other items you would like to discuss, please let me know.**

논의하고 싶은 다른 안건이 있으면 알려주세요.

056 사내 이벤트

The party for Janice Lim **will start at** 8:30 p.m. **on** Thursday, October 30 **at** the OK Beer Bar in Guro-dong.

Janice Lim을 위한 파티가 10월 30일 목요일 저녁 8시 30분에 구로동에 있는 OK Beer Bar에서 열립니다.

★ **There will be a** small going-away **party for** Steve tonight.

Steve를 위한 조촐한 송별회가 오늘 저녁에 있습니다.

going-away party 송별회

Steven Fosey, executive vice president of Smart Solutions, **will be explaining** the new accounting system **on** Wednesday, May 7 **at** 5 p.m. **in** Conference Room 3.

5월 7일 수요일 오후 5시에 3번 회의실에서 Smart Solutions의 Steven Fosey 부사장이 새로운 회계 시스템에 대해 설명할 예정입니다.

To welcome Ms. Karen Nicholas from AmeriCanisters, **there will be** a semi-formal dinner **at** the CEO Club **on** Wednesday, April 2, at 7:00 p.m.

AmeriCanisters의 Karen Nicholas를 환영하기 위해 4월 2일 수요일 저녁 7시에 CEO Club에서 준 정장 차림의 만찬이 있을 예정입니다.

semi-formal 준 정장 차림의

★ **The meeting is mandatory.**

회의에 의무적으로 참석해야 합니다.

mandatory 의무적인

★ **Please let me know if you can attend.**

참석 여부를 알려주세요.

Everyone in the North American sales division **is asked to attend the event, if at all possible**.

북미 영업부의 전 직원은 가능하면 이 행사에 참여하기를 바랍니다.

Please let me know by Friday, **if you can't attend.**

참석할 수 없으시면 금요일까지 이메일로 알려주세요.

If you are unable to attend, please sign the attached document and email back a signed copy.

참석할 수 없으시면 첨부된 문서에 서명하시고 서명한 사본을 메일로 보내주세요.

6 회의록 보내기
Sending Out Meeting Minutes

SAMPLE

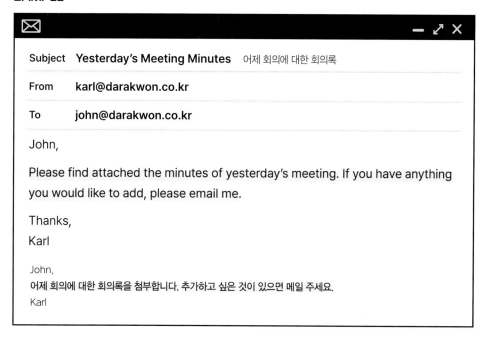

Subject   **Yesterday's Meeting Minutes**   어제 회의에 대한 회의록

From   **karl@darakwon.co.kr**

To   **john@darakwon.co.kr**

John,

Please find attached the minutes of yesterday's meeting. If you have anything you would like to add, please email me.

Thanks,
Karl

John,
어제 회의에 대한 회의록을 첨부합니다. 추가하고 싶은 것이 있으면 메일 주세요.
Karl

minutes 회의록

★ **Attached are the minutes of our** May 2 **meeting on** the project proposal.
5월 2일 프로젝트 제안서 관련 회의에 대한 회의록을 첨부합니다.

★ **I'm attaching the minutes of the last** marketing **meeting for your review.**
검토하시도록 지난 마케팅 회의에 대한 회의록을 첨부합니다.

Please find below a summary of the meeting.
아래에 회의 내용 요약본이 있습니다.

We discussed the following:
아래 항목을 논의하였습니다.

The summary of the meeting on the new restaurant development **is as follows:**
1. Narrowed potential development location choices down to the best 3
2. Yong Jin Construction selected as contractor
3. Y. T. Hong appointed to coordinate franchisor's visit next month

새 레스토랑 개발 관련 회의의 요지는 다음과 같습니다:
1. 잠재적 개발 부지 선택안을 세 곳으로 좁힘
2. 용진 건설이 시공사로 선정됨
3. Y. T. 홍이 다음 달에 있을 가맹점의 방문을 조율하도록 임명됨

contractor 시공사　　coordinate 조정하다　　franchisor 프랜차이즈 본사

I would like to summarize the key points discussed and the action items to avoid any errors, omissions, or misunderstanding.
오류, 누락과 오해 등을 방지하기 위해 논의된 핵심 포인트와 실행 항목을 요약하고자 합니다.

omission 누락

During the last meeting, the following issues were addressed:
지난 회의에서 아래의 쟁점들을 논의했습니다.

059 맺음말

★ **Let me know if you have anything to add or comment on.**

추가하거나 언급할 사항이 있으면 알려주세요.

If you find any errors or omissions, please contact me.

오류나 누락된 사항을 발견하시면 연락 바랍니다.

If you discover errors or omissions in the minutes, please advise.

회의록에서 오류나 누락된 사항을 발견하시면 알려주시기 바랍니다.

UNIT

04

약속

Dictionary of Business Email Expressions

1 약속 정하기
Setting Up an Appointment

KEY POINT　상대방이 선택할 수 있는 몇몇 날짜를 제시한다

- 약속을 정할 때는 만나는 이유와 만남으로 인해 서로가 얻을 수 있는 이익에 대해 언급하는 것이 좋음
- 가능하다면 약속 날짜를 제안할 때는 선택할 수 있는 몇몇 날짜를 제시하여 상대방이 선택할 수 있도록 하기
- 경우에 따라 회의 소요 시간도 예상하여 언급
- 필요하면 상대방이 준비해야 할 사항 및 예상 참석자들도 명시

SAMPLE

✉　　　　　　　　　　　　　　　　　　　　　　　　　　　　　— ⤢ ✕

Subject　**Request for a Meeting on San Diego Project**　샌디에이고 프로젝트 회의 요청

From　　jane@darakwon.co.kr

To　　　tanner@debrixdesign.com

Dear Ms. Tanner:

We would like to set up a meeting with you to discuss the San Diego project in more detail. Would Wednesday or Thursday of next week be convenient for you? Please let me know which date is better or if you prefer another date.

Sincerely,

Jane Lee

Tanner 님께:
회의 일정을 잡아서 샌디에이고 프로젝트에 대해 더 세부적인 논의를 하고 싶습니다. 다음 주 수요일이나 목요일 괜찮을지요? 어느 날이 더 좋을지, 아니면 다른 날짜를 원하시는지 알려주시기 바랍니다.
Jane Lee 드림

---

upcoming 앞으로의, 다가오는

Do you think you can spare half an hour or so? **I'd like to see you in person.**

30분 정도 시간 내주실 수 있으세요? 직접 뵙고 싶습니다.

in person 직접

I'm going to be in your neighborhood this Thursday afternoon. **Could I drop by?**

이번 주 목요일 오후에 그쪽 동네에 갑니다. 잠깐 들러도 될까요?

drop by 잠깐 들르다

What is your schedule like this afternoon? **Can I come see you** for an hour?

오늘 오후 일정이 어떠세요? 가서 1시간만 뵐 수 있을까요?

★ **When is a convenient time for me to visit?**

제가 방문해도 괜찮은 시간이 언제인가요?

If October 7 **isn't good for you, please let me know your preferred date.**

만약 10월 7일이 어려우시면 어느 날짜가 더 좋은지 알려주세요.

We would like to visit you in early May **if that's okay with you.**

괜찮으시면 5월 초에 방문드리고 싶습니다.

I was wondering if it would be convenient for you to see me on Monday.

월요일에 뵙는 것이 괜찮으실지 궁금합니다.

★ **Please call me to set up an appointment.**

약속을 정할 수 있도록 전화 주시기 바랍니다.

I would like to set up an appointment to see you at your convenience.

편하실 때 뵐 수 있도록 약속을 정하고 싶습니다.

I need to consult with you about the implementation of the new policy and **would like to see you as soon as you're available.**

새로운 방침 실행에 관해 상의할 필요가 있으니 시간 괜찮으실 때 가능한 한 빨리 뵙고 싶습니다.

implementation 실행

Please let me know when's a good time for you.

언제가 좋을지 알려주세요.

I think it would be a good idea for us to get together to find a solution to this problem.

이 문제의 해결책을 찾기 위해서 만나는 것이 좋을 것 같습니다.

I would appreciate thirty minutes **of your time** next week.

다음 주에 30분만 시간 내주시면 감사하겠습니다.

Would you let me know when would be convenient?

언제가 편한지 알려주시겠어요?

Please let me know what day will be good for you.

편한 날짜를 알려주세요.

If you would like to discuss this matter further, **I would be glad to meet with you at your convenience.**

이 일에 대해 더 논의하고 싶으시면 편하실 때 기꺼이 만나뵙겠습니다.

Could we have a face-to-face meeting soon to discuss this year's summer training program?

올해 여름 연수 프로그램 논의를 위해 조만간 대면 회의를 할 수 있을까요?

face-to-face meeting 대면 회의, 실제로 만나서 하는 회의

Could I set up an appointment with you for September 29 to show you our final drawings for the Ocean Shell Condo?

Ocean Shell Condo의 최종 도면을 보여드릴 수 있도록 9월 29일로 약속을 잡을 수 있을까요?

Since we will be working side by side on the Carlson project, **I thought we could meet** to brainstorm some ideas first.

Carlson 프로젝트를 공동으로 진행할 예정이므로, 먼저 아이디어를 좀 나눌 수 있도록 만나뵈면 어떨까 합니다.

side by side 협력하여

May I come by your office for an hour **or so** tomorrow to explain my proposal in detail?

저의 제안을 상세히 설명드릴 수 있도록 내일 1시간 정도 사무실로 찾아뵈어도 될까요?

★ **Could we schedule a meeting for** next Tuesday?

다음 주 화요일로 회의 일정을 잡을 수 있을까요?

Please let me know if the date and time is convenient for you.

그 날짜와 시간이 괜찮은지 알려주세요.

I will be in Seoul from tomorrow through next Tuesday and **would like to discuss** the new plant equipment **with you at length.**

내일부터 다음 주 화요일까지 서울에 머물 예정인데 새 공장 설비에 관해 상세하게 논의하고 싶습니다.

at length 상세하게, 충분히

061　　　　　　　　　　　　　　장소 선택

★ **How about meeting at** the architect's office? 비격식

설계사 사무실에서 만나는 거 어때요?

★ **Let's meet at** the lobby of the COEX InterContinental.

코엑스 인터컨티넨탈 로비에서 뵙죠.

★ **Where would you like to meet?**

어디서 만나면 좋을까요?

Could I go over to your office?

제가 그쪽 사무실로 가도 될까요?

Would you rather meet at your office **or** mine?

그쪽과 이쪽 사무실 중 어느 쪽에서 보는 게 더 좋으세요?

We will be at the hotel coffee shop. **It would be great if you could meet us there.**

저희는 호텔 커피숍에 있을 겁니다. 그곳에서 뵐 수 있으면 아주 좋겠네요.

062 내사 요청

How about coming here on Friday? `비격식`

금요일에 여기로 오시면 어떠세요?

★ **Should we meet at** my office?

제 사무실에서 만날까요?

Why don't you meet us at my office since all the drawings are here?

도면이 모두 여기 있으니 제 사무실에서 뵙는 건 어떨까요?

If you need to discuss this, **I could see you** here next week.

이 건에 관한 논의가 필요하시면 다음 주에 저희 쪽에서 뵐 수 있습니다.

I would like to invite you and your staff **to** our office to discuss the MOU.

양해 각서에 대한 논의를 위해 당신과 직원분들을 저희 사무실로 초대하고 싶습니다.

MOU (= memorandum of understanding) 양해 각서

Could I ask you to come here **instead?**

대신 이쪽으로 와주실 수 있을까요?

Because it would be difficult for both Keith and me to go to your office, **I'd like to suggest that we conduct the meeting at our office in** Bucheon.

Keith와 제가 둘 다 그쪽으로 가는 것이 어렵기 때문에 부천에 있는 저희 사무실에서 회의를 진행하자고 제안드리고 싶습니다.

With the project starting, it might be difficult for me to move, so **perhaps you could come to** our office.

프로젝트 착수로 인해 제가 이동하기 어려울 수도 있으니 가능하면 저희 사무실로 와주시면 어떨까 합니다.

063 제3자와의 만남 요청

Can you do me a favor and meet with him?

그분을 만나달라고 부탁드려도 될까요?

Will it be okay for Joy Park **to call you** sometime next month **to set up a meeting with you**?

Joy Park이 다음 달 중에 전화를 드려 만날 약속을 정해도 될까요?

Would it be okay for you to meet with him **on** Monday or Tuesday next week?

다음 주 월요일이나 화요일에 그분을 만나주실 수 있으세요?

My boss, J. J. Lee, is in town for a few days and **would like to come by** your office **to say hello.**

제 상사인 J. J. Lee 씨께서 며칠간 이곳에 머무시는데 인사차 그쪽 사무실에 들르고 싶어하십니다.

Narea Yoo, a colleague of mine, **is interested in meeting with you. Would you be able to see** her sometime while she's in Busan?

제 동료인 유나래 씨가 당신을 만나고 싶어합니다. 유나래 씨가 부산에 있는 동안 한번 만나주시겠어요?

★ **Could you schedule** a plant tour for Ms. Kim **for** February 22?

2월 22일로 김 씨의 공장 방문 일정을 잡아주실 수 있을까요?

Could you meet with Peter next Tuesday?

다음 주 화요일에 Peter와 만나실 수 있나요?

Could I bring two of my colleagues from Busan **to see you** this Friday?

부산에서 온 제 동료 두 명과 같이 이번 주 금요일에 뵈러 가도 될까요?

colleague (직장) 동료

I would be much obliged if you could meet with Fred McKinsey from the New York office and discuss our situation here. `격식`

뉴욕 지사에서 온 Fred McKinsey와 만나 이곳 사정에 대해 논의하실 수 있다면 정말 감사하겠습니다.

obliged 고마운, 은혜 입은

---

064   약속 확인 및 추가 사항 언급

Should I call you when I get to the office lobby?

사무실 로비에 도착하면 전화를 드릴까요?

Would you like me to go to the 12th floor **by** 2 p.m.?

제가 오후 2시까지 12층으로 가면 될까요?

Besides our proposal, **would you like me to bring anything else with me** that may be useful?

저희 제안서 외에 제가 가져갈 만한 유용할 것이 있을까요?

One of our technical specialists **will be joining me.**

저희 기술 전문가 중 한 명과 같이 가려고 합니다.

★ **I would like to confirm** our meeting **on** May 29 to discuss the changes in the schematics.

개략도 변경에 대한 논의를 위해 5월 29일에 있을 회의를 확인하고자 합니다.

schematic 개략도, 배선 약도

Please let me know who else from your company **will be joining us on** Friday.

금요일에 그쪽에서 또 어느 분이 저희와 동석할 것인지 알려주시기 바랍니다.

★ **Thank you for agreeing to meet with us on** October 6.

10월 6일에 저희와 만나기로 해주셔서 감사드립니다.

Scott Leven and I **look forward to meeting** you and your staff **on** Monday, March 3, **at** 10 a.m. at your office.

Scott Leven과 저는 3월 3일 월요일 오전 10시에 그쪽 사무실에서 당신과 직원분들을 뵙기를 기대하고 있습니다.

Below is the list of people from our team **that will be attending the meeting on** November 20.

아래는 11월 20일 회의에 참석할 저희 팀원들의 명단입니다.

2 약속 수락 또는 거절
Accepting or Declining Appointment Requests

KEY POINT 수락할 때는 날짜와 시간, 장소를 명시한다

- 약속을 수락할 때는 먼저 수락의 뜻과 함께 감사 인사를 전하기
- 중요한 회의일 경우 목적, 날짜, 시간과 장소를 명시하고 필요하면 예상 회의 소요 시간을 확인할 것
- 거절할 때는 거절의 뜻을 명확히 하며, 특별한 사정이 있어서 만날 수 없는 경우에는 다른 대안을 제시

SAMPLE

✉	— ↗ ✕

Subject	**RE: Request for a Meeting** RE: 회의 요청
From	**john@darakwon.co.kr**
To	**pattymatson@debrixdesign.com**

Hi Patty,

Thank you for your email.

I would be pleased to meet with you on Monday, November 24, at 4 p.m. at my office. I've asked Scott Meyer, one of our technical managers, to join us, so the meeting should be quite productive. When you arrive at the lobby, just give me a call, and I'll come down and get you.

Best,
John

안녕하세요 Patty,
메일 감사합니다.
11월 24일 월요일 오후 4시에 제 사무실에서 만나는 것 좋습니다. 저희 기술 담당자 중 한 분인 Scott Meyer에게 참석을 요청했으니 회의가 아주 생산적일 것 같습니다. 로비에 도착하셔서 저에게 전화 주시면 제가 내려가서 안내해드리겠습니다.
John 드림

---

a technical manager 기술 담당자   **productive** 생산적인

Tuesday **would be no problem.** 비격식

화요일 괜찮습니다.

★ Wednesday **sounds good.** 비격식

수요일 좋습니다.

Either date would be okay.

두 날짜 모두 괜찮습니다.

Sure. When do you want to meet?

좋습니다. 언제 만나고 싶으세요?

All right, but I think it'll have to be a quick meeting.

좋아요, 하지만 회의는 짧게 끝내야 할 것 같습니다.

Yes, let's meet. When is a good time for you?

네, 만납시다. 언제가 좋겠어요?

★ **Sure. I'll see you at** 3 p.m. on Wednesday.

좋습니다. 수요일 오후 3시에 뵙겠습니다.

I'm free then, so I'll see you at 2:30 p.m. on Monday.

그때는 한가하니까 월요일 오후 2시 30분에 봅시다.

Just call me before you leave your office so I can get ready.

제가 준비할 수 있도록 사무실에서 출발하시기 전에만 전화 주세요.

★ **Any time** next week **would be fine.**

다음 주 언제든 좋습니다.

I will be in the office all day, so drop in any time.

하루 종일 사무실에 있을 테니 아무 때나 들르세요.

I might be in a meeting **until** 11 a.m., **but that shouldn't take long.**

오전 11시까지 회의 중일 수도 있지만 오래 걸리진 않을 겁니다.

Why don't you give me a couple of days to choose from?

선택할 수 있도록 두어 개 날짜를 주시는 것이 어떻겠어요?

a couple of 두어 개의

I would be glad to meet with you in my office **on** Wednesday, April 23, **at** 3 p.m. to finalize the contract.

계약 완료를 위해 4월 23일 수요일 오후 3시에 제 사무실에서 기쁜 마음으로 뵙겠습니다.

★ **We look forward to seeing you on** September 19 at 10:30 a.m.

9월 19일 오전 10시 30분에 뵙기를 기대하고 있습니다.

066 　　　　　　　　날짜 및 시간 제안

★ **Will** 5 p.m. **work for you?**

오후 5시 괜찮으세요?

★ **How about** Monday next week?

다음 주 월요일 어떠세요?

You can stop by any time after 4 p.m.

오후 4시 이후 아무 때나 들르세요.

For me the best time would be 2 p.m.

저는 오후 2시가 가장 좋습니다.

11 a.m. **would be convenient for me.**

저는 오전 11시가 편합니다.

We prefer July 1 **or** 2.

저희는 7월 1일이나 2일이면 좋겠습니다.

I am available from 1 **to** 3:30 p.m.

오후 1시부터 3시 30분까지 시간이 있습니다.

067 대안 제시

★ **May I suggest** July 1 **instead?**

그 대신 7월 1일은 어떨까요?

Next week **is a bit inconvenient, so could I suggest** the week after that **as an alternative?**

다음 주는 좀 곤란하니 대신 그 다음 주는 어떠세요?

alternative 대안, 다른 방도

I'm out of the office then. Sometime in the afternoon **would be better.**

그때 저는 사무실에 없습니다. 오후 중이 더 좋습니다.

That's not a good day for me actually. How about tomorrow?

실은 그날은 제가 곤란합니다. 내일은 어떠세요?

I won't be free this Friday. Next Friday **would be better.**

이번 금요일은 시간이 안 됩니다. 다음 주 금요일이 더 좋겠습니다.

Just take the elevator up to the 12th floor and **tell** the receptionist **you have an appointment with me**.

엘리베이터를 타고 12층으로 올라오셔서 접수원에게 저와 약속이 있다고 말씀하세요.

On the 22nd floor, **dial extension** 2231 **on the phone** by the elevators.

22층에서 엘리베이터 옆에 있는 전화로 내선 2231번을 누르세요.

extension 내선

★ **I will meet you in** the building lobby.

건물 로비에서 뵙겠습니다.

Hyeseon, my assistant, **will meet you right outside** the restaurant.

제 조수인 혜선 씨가 식당 바로 밖에서 당신을 만날 겁니다.

Please take the stairs to the second floor, and **at** the entrance, **push the intercom and ask for me**.

계단을 사용하셔서 2층으로 올라오신 후에 출입문 앞에서 인터폰을 누르시고 저를 찾으세요.

★ **I don't think the meeting would be beneficial.**

회의가 유익하지 않을 것 같습니다.

beneficial 유익한

I expect to return on October 12, so **let's set up another appointment then.**

10월 12일에 귀국할 예정이니 그때 다시 약속을 정합시다.

I won't be able to meet with you about the matter as our legal team feels it is not proper to do so.

저희 법무팀이 그렇게 하는 것이 타당하지 않다는 입장이라서, 이 문제로 만나뵐 수 없겠습니다.

Due to previous commitments, **neither of the dates is possible for me.**

선약 때문에 두 날짜 모두 불가능합니다.

I appreciate your asking me to meet you, but I don't think it is a good idea at this point.

만나자는 요청은 감사하지만, 현시점에서 좋은 생각은 아닌 것 같습니다.

I will be out of the office until the end of June. **Please contact me again in** early July.

6월 말까지 사무실 자리를 비웁니다. 7월 초에 다시 연락 주세요.

Unfortunately, I will be in China then, so **I suggest that you meet with** Mr. Jeon, **who may be able to assist you.**

공교롭게도 저는 그때 중국에 머물 예정이라 도움을 드릴 수 있는 전 씨를 만나보시길 권해 드립니다.

Since I am not certain how I could be of help, I will need to decline your request.

제가 어떻게 도움이 될지 확신이 안 서기 때문에, 요청을 불가피하게 거절해야겠습니다.

Because we have already discussed the matter in detail on the phone, **I do not see that a meeting would be useful.**

이미 전화상으로 이 문제에 관해 상세히 논의했으므로 저는 회의가 도움이 될 거라고 보지 않습니다.

3 약속 변경 또는 취소
Changing or Canceling Appointments

KEY POINT 새로운 약속을 제안하고 확인을 받는다

- 약속을 변경할 때는 가능한 한 빨리 상대방에게 메일을 보내 알릴 것
- 약속 변경에 대해 먼저 사과하기
- 원래 예정된 약속 날짜, 시간 및 장소를 언급하면서 새로운 약속 시간을 제안하고 가능한지 확인
- 아예 취소를 해야 할 경우에는 원래의 날짜, 시간 및 장소를 명시하고 취소 이유를 밝히며 다른 대안이 있다면 제시

SAMPLE

✉

Subject	**Need to Change Our Meeting Date** 회의 날짜 변경 요청
From	beth@darakwon.co.kr
To	chris@triplus.co.kr

Hi Chris,

I am sorry about the short notice, but because of an emergency meeting I need to attend, I would like to ask if we can change our meeting time and date from 10 a.m. tomorrow to 2 p.m. this Friday. I hope this doesn't cause too much of an inconvenience for you. Please let me know if the change is okay.

Thanks,
Beth

안녕하세요 Chris,
갑작스럽게 말씀드려 죄송합니다만, 제가 긴급 회의에 참석해야 해서, 회의 날짜와 시간을 내일 오전 10시에서 이번 주 금요일 오후 2시로 변경할 수 있을지 여쭙고 싶습니다. 이로 인해 불편을 드리는 건 아닌지 모르겠습니다. 이렇게 변경해도 괜찮은지 알려주시기 바랍니다.
감사합니다.
Beth 드림

---

short notice 갑작스러운 알림　　**emergency meeting** 긴급 회의　　**cause inconvenience** 불편을 끼치다

Something came up, and I'm going to need to change our meeting date.

일이 생겨서 회의 날짜를 변경해야겠어요.

★ **Is it okay if we pushed our meeting back to** 3 p.m.?

회의를 오후 3시로 미뤄도 괜찮을까요?

I need to ask if we can push up our appointment date.

약속 날짜를 앞당길 수 있을지 여쭤보고자 합니다.

push up 앞당기다

★ **Can we change our appointment on** March 2 **to** March 5?

약속을 3월 2일에서 3월 5일로 변경할 수 있을까요?

Sorry for the short notice, but could we meet on an earlier date? Would Tuesday **be okay with you?**

갑작스럽게 말씀드려 죄송합니다만, 더 빠른 날짜에 만날 수 있을까요? 화요일 괜찮으십니까?

I have just been asked to go to Daejeon on the week we're scheduled to meet. **Can we meet** a week **earlier?**

우리가 만나기로 약속한 주에 대전으로 가라는 지시를 방금 받았습니다. 한 주 더 일찍 만날 수 있을까요?

Please accept my apologies. There's a scheduling conflict. Do you mind if we move our get-together to 7 p.m.?

사과드립니다. 일정이 겹치게 됐습니다. 모임을 7시로 변경해도 괜찮을지요?

scheduling conflict 일정 중복

Would you mind changing our appointment from this Friday **to** next Monday?

약속을 이번 주 금요일에서 다음 주 월요일로 변경해도 괜찮으실까요?

★ **Could we move up the date to** August 1?

날짜를 8월 1일로 앞당길 수 있을까요?

move up 앞당기다

Would it be possible to postpone the meeting to Monday?

월요일로 회의를 연기하는 것이 가능할까요?

I will not be able to keep our original appointment date of April 30.

원래 약속 날짜인 4월 30일에는 힘들 것 같습니다.

I'll contact you tomorrow **to reschedule.**

일정을 다시 잡기 위해 내일 연락드리겠습니다.

071 취소

I have to cancel our meeting on Thursday, October 2, **at** 1:30 p.m. **due to an unscheduled** business trip.

예정에 없던 출장으로 10월 2일 목요일 오후 1시 30분으로 예정된 회의를 취소해야겠습니다.

I am terribly sorry, but I need to cancel my June 9 **appointment with you because of a sudden emergency.**

정말 죄송합니다만, 갑작스럽게 급한 일이 생겨 6월 9일 약속을 취소해야겠습니다.

emergency 급한 일, 비상사태

Due to an unexpected complication, I will not be able to honor our appointment date of May 6.

예기치 않게 곤란한 문제가 생겨, 5월 6일로 잡힌 약속 날짜를 지킬 수 없게 되었습니다.

complication 곤란한 문제   honor (약속을) 지키다

I am writing for Mr. Woobin Kim, who is ill and thus **cannot keep his appointment with you on** August 18 **at** 10 a.m.

김우빈 씨가 아파서 8월 18일 오전 10시로 예정된 약속을 지키지 못하게 되어 제가 대신 메일 드립니다.

UNIT

05

주문

Dictionary of Business Email Expressions

1 견적 요청
Requesting a Quote

KEY POINT   제품의 세부 사항을 모두 기재한다

- 견적을 요청할 때는 혼동이 없도록 품목, 수량, 가격, 납품 일정 및 지불 조건 등을 가능한 한 세부적으로 기재할 것
- 더불어 출하 방법이나 결제 조건은 주문 전에 고객과 공급자 사이에 협의가 되어야 하므로 함께 언급하는 것이 좋음

SAMPLE

✉   — ⤢ ✕

Subject	**Request for Quote** 견적 요청
From	stephen@busanimports.com
To	eugene@euroelec.com

Hi Eugene,

Please quote us the following items:

Keron Mouse (Model A-21)	3,500 each
Keron USB Flash Memory Stick (8GB)	5,000 each

We would like the price for CIF Busan included in your quote. If you require additional information, please let me know.
Thank you.

Regards,
Stephen

안녕하세요 Eugene,
다음 품목에 대한 견적 부탁드립니다.
Keron 마우스 (A-21 모델)   3,500개
Keron USB 플래시 메모리 스틱 (8GB)   5,000개
부산 운임 및 보험료 가격도 견적에 포함해주셨으면 좋겠습니다. 추가 정보가 필요하시면 알려주세요.
감사합니다.
Stephen 드림

CIF (= cost, insurance and freight) 운임 및 보험료 포함 가격   **quote** 견적; 견적을 내주다

★ **Please quote the following items:**

다음 품목들에 대해 견적을 부탁드립니다.

The quote should include:

견적에 다음 사항을 포함해주세요.

★ **Please provide us with an official quote for the items listed below.**

아래에 나열된 품목들에 대해 정식 견적을 내주시기 바랍니다.

Could you quote us the FOB price of the items below?

아래 품목들의 본선 인도 가격에 대한 견적을 내주실 수 있는지요?

FOB (= free on board) **price** 본선 인도 가격

Please provide us with your best offer, including your bulk discounts.

대량 구매 할인을 포함하여 최저가 제안을 알려주시기 바랍니다.

bulk discounts 대량 구매 할인

★ **We would like a quote for** 5,000 units of C2T800 (20 TB version).

C2T800 (20TB 버전) 5천 개에 대한 견적을 받고 싶습니다.

unit 개, 단위

We are considering purchasing 20 units of the model RC-201.

RC-201 모델 20개의 구입을 고려하고 있습니다.

Please let us know if you offer a volume discount.

대량 주문 할인을 제공하시는지 알려주시기 바랍니다.

Please include the delivery cost to our project site.

저희 프로젝트 현장까지의 납품 비용을 포함해주세요.

We need a quote for both FOB and CIF prices.

FOB와 CIF 가격 모두에 대해 견적이 필요합니다.

★ **Your quote should include** available discounts, a delivery schedule, and payment terms.

견적에 할인 혜택, 납품 일정 및 지불 조건을 포함해주세요.

payment terms 지불 조건

Please send me a quote for the supply of items on the attached list.

첨부된 목록상의 품목 납품에 대한 견적을 보내주시기 바랍니다.

We need two additional laptops for our Busan office **and would like a quote from you.**

저희 부산 지사에 노트북 두 대가 추가로 필요해 견적을 받고자 합니다.

Please email me your quote by tomorrow.

내일까지 견적을 저에게 메일로 보내주세요.

If your prices are agreeable, we would be happy to place our first order.

제시하시는 가격이 적절하면 기꺼이 첫 주문을 발주하겠습니다.

agreeable 적합한, 적절한

Could you send us a revised quote, incorporating the changes outlined above?

위에 기술된 변경 사항이 반영된 수정 제안서를 보내주실 수 있는지요?

Your providing us with a firm quotation by May 2 **would be greatly appreciated.** `격식`

5월 2일까지 확정 견적을 제시해주시면 대단히 감사하겠습니다.

■ FOB vs. CIF

FOB는 free on board의 준말로, 수출하는 회사가 ① 제품을 수출항까지 운송하는 비용, ② 선박 적재
비용, ③ 수출 통관 비용을 모두 부담하는 것을 말한다. 그래서 'FOB 가격'이라 하면, 제품의 원가와 수출
항의 선상(on board)에서 제품을 넘길 때까지의 모든 비용을 말한다. 즉, 수출하는 회사의 책임이 선상에
서 끝난다(free)는 것을 의미 한다. 반면, CIF는 cost, insurance and freight의 준말로, 수출하는 회사가
상품의 원 가격, 선적 비용, 목적항까지의 운임과 보험료를 모두 부담하는 무역 거래 조건이다.

■ Quote vs. Estimate

둘 다 흔히 '견적서'라는 뜻으로 사용하는데, quote(또는 quotation)와 estimate의 쓰임에는 차이가 있다.
quote에는 고정 가격이 포함되어 있지만 estimate는 말 그대로 '가격을 어림잡아 계산한다'는 뜻이 있
으므로 견적을 받을 때는 그 차이를 알아야 한다. 일반적으로 제품을 구입할 때는 quote를 받고, 확정되
지 않은 공사 같은 경우에는 estimate를 받는다.

2 견적 제공
Providing a Quote

KEY POINT　**조건과 유효 기간을 포함한다**

- 공급자는 견적 요청을 받은 후 빠른 시일 내에 상대방이 제시한 모든 사항 및 조건과 유효 기간이 포함된 견적을 제공
- 즉시 제공할 수 없는 정보가 있는 경우, 그 정보를 따로 보내줄 수 있는 날짜를 언급하는 것이 중요
- 견적 요청에 응할 수 없는 경우에는 그 이유를 명확히 설명하고 대안을 제시

SAMPLE

Subject	**Quote: Keron Mouse & USB Flash Memory Stick**
	견적: Keron 마우스와 USB 플래시 메모리 스틱
From	**janet@euroelec.com**
To	**stephen@busanimports.com**

Hi Stephen,

Thank you for your inquiry. Our quote is as follows:

Keron Mouse (Model A-21), 3,500 each	USD 4,375.00
Keron USB Flash Memory Stick, 5,000 each	USD 27,500.00
TOTAL	USD 31,875.00

The CIF price to Busan is included in the total price. We can ship within two weeks of receiving an irrevocable L/C. I look forward to processing your order soon.

Sincerely,
Janet Kim

안녕하세요 Stephen,
문의에 감사드립니다. 견적은 다음과 같습니다.

Keron 마우스(A-21 모델) 3,500개	4,375달러
Keron USB 플래시 메모리 스틱 5,000개	27,500달러
총액	31,875달러

총액에 보험료와 부산행 운임이 포함되어 있습니다. **취소 불능 신용장을 받은 후 2주 내로 발송할 수 있습니다.** 주문을 곧 처리할 수 있기를 기대합니다.

Janet Kim 드림

---

irrevocable L/C (= letter of credit) 취소 불능 신용장 (원활한 대금 결제를 위해 신용장에 명시된 상품 인수와 대금 결제 조건을 취소하거나 변경할 수 없도록 하는 것을 말한다.)

---

073   견적 문의에 대한 감사

Thank you for your inquiry of September 22.

9월 22일 자 문의에 감사드립니다.

Thank you for your interest in C&D **products.**

C&D 제품에 관심을 가져주셔서 감사드립니다.

★ **Thank you for your request for quotation.**

견적 요청에 감사드립니다.

---

074   견적 내용

We are happy to provide you with the information you requested.

요청하신 자료를 제공하게 되어 기쁘게 생각합니다.

★ **We are pleased to quote as follows:**

다음과 같이 견적을 드리게 되어 기쁘게 생각합니다.

Our quotation is attached in PDF **format.**

견적서는 PDF 형식으로 첨부되었습니다.

The prices include packing and CIF delivery to Okinawa.

가격에는 포장비와 오키나와까지의 보험료 및 운송비가 포함되어 있습니다.

Please note that 8% sales tax **is included in the prices.**

8%의 판매세가 가격에 포함되어 있는 것에 유의하세요.

We will send you our official quote within three days **after discussing your request with** our factory.

요청하신 사항에 대해 저희 공장과 논의한 후 3일 이내에 정식 견적서를 보내드리겠습니다.

Please find our attached estimate for the LAN installation.

LAN 설치에 관한 견적서를 첨부하오니 확인 부탁드리겠습니다.

★ **Our quotation is valid for** 90 days.

견적서는 90일 동안 유효합니다.

---

075   납품 일정

We have the quantities in stock for immediate delivery.

즉시 납품 가능한 재고 수량이 있습니다.

quantity 양, 수량

★ **The items can be shipped within** 30~45 days **upon receipt of order.**

주문일로부터 30~45일 이내에 품목 출하가 가능합니다.

The delivery can be made within 30 days **from receiving your order.**

주문을 접수한 후 30일 이내에 납품할 수 있습니다.

The actual delivery date will depend on the date of your order.

실제 납품일자는 주문 날짜에 따라 결정됩니다.

depend on ~에 따라 결정되다

---

076 할인

★ **We can offer you a 5% discount on items purchased in quantities of 50 or more.**

50개 이상 구입 품목에 대해서는 5% 할인을 제공해드릴 수 있습니다.

The 5% quantity discount is only available for orders of 2,500 units or more.

5%의 수량 할인은 2,500개 이상의 주문에 대해서만 적용됩니다.

We apply a tiered discount system as follows:

다음과 같이 단계별 할인을 제공하고 있습니다.

---

077 결제 조건

★ **Payment Terms:**

결제 조건:

The payment terms are as below:

결제 조건은 아래와 같습니다.

We will process the order upon receipt of your PO.

구매 주문서를 받는 대로 진행하겠습니다.

PO (= purchase order) 구매 주문서

A 50% deposit is required to process the order.

주문을 진행하려면 50%의 계약금이 필요합니다.

deposit 계약금, 선불금

Please send us a purchase order to complete the order process.

주문을 완료하기 위해 구매 주문서를 보내주시기 바랍니다.

Shipment can be made within three weeks of receiving your L/C.

신용장을 받은 후 3주 내로 선적할 수 있습니다.

Upon receiving an irrevocable L/C, we will process your order immediately.

취소 불능 신용장을 받는 즉시 주문을 처리할 것입니다.

Payment is required within 30 days of invoice date.

송장 날짜로부터 30일 이내에 지불하셔야 합니다.

invoice 송장

Payment is to be made by wire transfer within 10 days after receipt of goods.

지불은 물품 수령 후 10일 안에 전자 송금으로 이루어져야 합니다.

wire transfer 전자 송금

★ **Unfortunately, the items are no longer in stock.**

죄송하지만, 그 품목들은 더 이상 재고가 없습니다.

We no longer produce that model.

그 모델은 더 이상 생산하지 않습니다.

We do not carry the item.

저희는 그 품목을 취급하지 않습니다.

carry 취급하다

★ **The item has been discontinued.**

그 품목은 단종되었습니다.

discontinue 중단시키다

There is an exclusive distributor in North America **that can fulfill your request. Their address and contact numbers are listed below.**

귀사의 요청을 이행할 수 있는 북미 독점 대리점이 있습니다. 주소와 연락처는 아래에 나와 있습니다.

We are unable to accept any new inquiries for OC-201 **at this time due to an unusually large demand for the product** this year.

올해 이례적인 대량 수요로 인해, 현시점에서 OC-201에 관한 신규 문의는 받을 수 없습니다.

3 협상
Negotiations

KEY POINT **동의한 내용은 서면으로 남긴다**

- 협상할 때는 정중한 태도를 유지하기
- 이번 협상으로 향후 지속적인 거래가 보장된다는 믿음을 주는 것이 중요
- 반대로 상대방의 제안에 답해야 하는 상황에서 거절할 경우에는 정중히 그 이유를 밝힐 것
- 네고할 때는 무엇이든 한 가지를 양보하면 다른 한 가지를 얻어내는 것을 원칙으로 하며, 동의가 이루어지면 꼭 서면으로 남겨두는 것이 좋음

SAMPLE

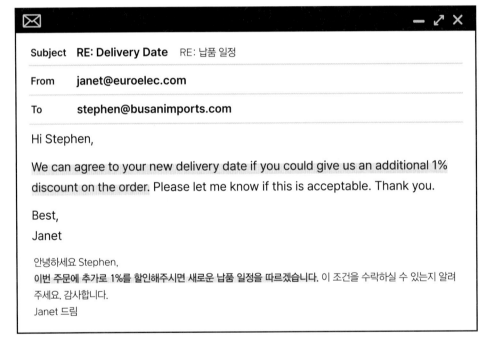

Subject	**RE: Delivery Date** RE: 납품 일정
From	janet@euroelec.com
To	stephen@busanimports.com

Hi Stephen,

We can agree to your new delivery date if you could give us an additional 1% discount on the order. Please let me know if this is acceptable. Thank you.

Best,
Janet

안녕하세요 Stephen,
이번 주문에 추가로 1%를 할인해주시면 새로운 납품 일정을 따르겠습니다. 이 조건을 수락하실 수 있는지 알려주세요. 감사합니다.
Janet 드림

delivery date 납품 일정

079　주문자의 요청

Because this is a large order, we would like to ask for a discount of 5%.

이번에는 대량 주문이므로, 5% 할인을 요청합니다.

We prefer CIF Busan **to** FOB Oakland.

FOB 오클랜드보다 CIF 부산이 좋겠습니다.

Would you agree to US$ 2.00 **per unit if we increased our order to** 50,000 **units?**

주문량을 5만 개로 늘리면 개당 2달러에 동의하시겠어요?

In order for us to meet our deadline, we will need our order within two months.

저희가 마감 기한을 맞추기 위해서는 2개월 이내에 주문품을 받아야 합니다.

deadline 마감 기한

★ **Could you give us a discount?**

할인이 가능한가요?

080　공급자의 답변

★ **Would you be open to a** 15% **discount instead?**

대신 15% 할인을 받아들일 용의가 있으신지요?

be open to ~을 받아들일 용의가 있다

If we agree to your request, then would you open an irrevocable L/C at sight?

요청을 수락하면 취소 불능 일람불 신용장을 개설하시겠습니까?

at sight 즉시, 일람불의

We do not accept cash on delivery for shipments to the U.S.

미국으로 출하되는 경우에는 대금 상환 인도를 수락할 수 없습니다.

cash on delivery (= C.O.D.) 대금 상환 인도 (물건을 받고 바로 결제하는 방식)

We would like to offer a 10% **discount, provided that payment is made within** 30 **days of receipt of shipment.**

선적물 수령 후 30일 이내에 결제가 이루어진다는 조건하에 10% 할인을 제안하고 싶습니다.

provided that ~라는 조건하에

It would be impossible for us to lower the price to $20.00 **per unit.**

단위당 20달러로 가격을 내리는 것은 불가능합니다.

★ $2.00 **a unit is acceptable.**

단위당 2달러를 수락합니다.

★ **We agree to net** 30 days.

30일 이내 전액 지불에 동의합니다.

net ~ days ~일 이내에 전액 지불(하다)

We accept your counteroffer of February 18.

2월 18일 자 수정 제안을 수락합니다.

counteroffer 대안, 수정 제안

4 주문
Placing an Order

KEY POINT	주문 양식을 따른다

- 흔히 개인 주문자들은 공급자의 웹사이트 등에서 order form(주문 양식)을 작성해 온라인 주문을 함
- 그러나 업체에 따라 메일로 주문하는 경우에는 주문 양식을 첨부하거나 본문에 세부적인 주문 내용을 직접 기재하기도 함

SAMPLE

✉   — ↗ ✕

Subject **Order for Moby Toby Products**   Moby Toby 제품 주문

From   **gyungtae@pefpe.com**

To   **sales@mobytoby.com**

Dear Sales Manager:

Based on the catalog and price list you sent us last month, we would like to place our initial order as follows:

Item #	Description	Quantity	Total
MT-017	Moby Toby jacket (Small)	200	$3,000.00
MT-018	Moby Toby jacket (Medium)	200	$3,000.00
MT-019	Moby Toby jacket (Large)	200	$3,000.00
MT-102	Moby Toby mouse pad type C	500	$1,500.00

Upon confirmation of the order and the delivery schedule from you, we will wire-transfer the total of $10,500 to your company's bank account in North Carolina. As we understand all items to be in stock, we expect to receive our order within 30 days.

We look forward to your prompt reply.

Sincerely,
G. T. Woo

판매 담당자님께:
지난달에 보내주신 카탈로그와 가격표를 토대로, **첫 주문을 다음과 같이 발주하고 싶습니다.**

품목 번호	내용	수량	총액
MT-017	Moby Toby 재킷 (소)	200	3,000달러
MT-018	Moby Toby 재킷 (중)	200	3,000달러
MT-019	Moby Toby 재킷 (대)	200	3,000달러
MT-102	Moby Toby 마우스 패드 C타입	500	1,500달러

주문 및 납품 일정을 확인해주시면, 노스캐롤라이나에 있는 귀사의 은행 계좌로 총 1만 500달러를 전자송금하겠습니다. 모든 품목이 재고가 있다고 알고 있으므로, 30일 내에 주문품을 수령할 수 있을 것으로 기대합니다.
신속한 답변을 기다리겠습니다.
G.T. Woo 드림

based on ~을 토대로 **place** (지시·명령·주문 등을) 하다 **initial** 처음의, 원래의 **description** 설명 **quantity** 양
confirmation 확인 **wire-transfer** 전자송금하다 **prompt** 신속한

---

081   주문하기

I would like to order the following items:
다음 품목들을 주문하고 싶습니다.

I'm attaching the completed order form.
완성된 주문서를 첨부합니다.

order form 주문서, 주문 양식

I'm attaching the purchase order for the items I mentioned on the phone yesterday.
어제 전화상으로 언급했던 품목에 관한 구매 주문서를 첨부합니다.

★ I would like to place an order for the following:
다음에 대한 주문을 발주하고 싶습니다.

place an order 주문하다, 주문을 발주하다

★ Please send me the following items:
다음 품목들을 보내주세요.

Our order sheet is attached.

주문서를 첨부드립니다.

Please proceed with the order.

주문을 진행해주시기 바랍니다.

Please supply the following:

다음을 납품해주세요.

We are pleased to accept your offer of July 2.

귀사의 7월 2일 자 제안을 기꺼이 수락합니다.

Please accept my order for the following textbooks:

다음 교재의 주문을 받아주세요.

An order form has been filled out and is attached.

주문 양식을 작성하여 첨부했습니다.

Our purchase order number A-221 for the items below is attached.

아래 품목들에 대한 구입 주문서 A-221번을 첨부합니다.

A signed purchase order (PO #21991) is attached in PDF format.

서명된 구매 주문서(21991번 구매 주문서)를 PDF 형식으로 첨부합니다.

PO (= purchase order) 구매[구입] 주문서, 발주서

Our PO (#NA-AS02-101) for the order is attached.

주문에 관한 당사의 구매 주문서(NA-AS02-101번)를 첨부합니다.

This is to confirm the order placed by telephone this afternoon **as follows:**

오늘 오후에 전화상으로 발주한 주문을 다음과 같이 확인하고자 합니다.

Please confirm receipt of this order by email.

메일로 이번 주문의 수령 확인을 해주세요.

We hereby confirm the order as shown on your pro forma invoice. `격식`

이로써 귀사의 견적 송장에 나와 있는 것처럼 주문을 확인합니다.

hereby 이로써   pro forma invoice 견적 송장

An irrevocable L/C will be established in your favor upon confirmation of order.

주문 확인 시 귀사를 수혜자로 하여 취소 불능 신용장을 개설하겠습니다.

in one's favor ~의 이익이 되도록

My credit card information is as follows:

제 신용 카드 정보는 다음과 같습니다.

Please charge my credit card:

제 신용 카드로 결제 바랍니다.

Please send my order to the address below.

제 주문품을 아래 주소로 보내주세요.

I would like my order sent via express mail.

제 주문품을 빠른 우편으로 보내주시기 바랍니다.

Again, we would like to receive the products by the end of February.

다시 말씀드리지만, 제품을 2월 말까지 받았으면 좋겠습니다.

We hope that you will ship the items immediately.

즉시 품목들을 출하해주시기를 바랍니다.

As you've indicated in your quote, we expect immediate delivery from stock.

견적서에 나와 있는 대로 재고가 있으니 즉각 배송되길 기대하고 있겠습니다.

We need the products delivered no later than May 3.

늦어도 5월 3일까지는 제품이 배송되어야 합니다.

no later than 늦어도 ~까지는

As indicated on your website, **we expect delivery within** two weeks.

귀사 홈페이지에 나와 있는 것처럼 2주 내 배송을 기대합니다.

Please note the required date of delivery.

배송 요청일을 유념해주시기 바랍니다.

We require immediate delivery.

즉시 배송해주시기 바랍니다.

As indicated in your quotation, we expect the delivery to occur before August 30.

보내주신 견적서에 나와 있는 것처럼 8월 30일 이전에 배송되기를 기다리고 있겠습니다.

Because these items are required by our customers before the start of summer, **we will need to receive them before** the end of May.

저희 고객들은 여름이 시작되기 전에 이 품목들을 필요로 하니 저희는 5월 말일 이전에 상품을 받아야 합니다.

5 주문에 대한 답변
Replying to an Order

SAMPLE

Subject	**Your Order #KOR-2100A**　KOR-2100A번 주문
From	jameswillis@myoffice.net
To	wonho77@darakwon.co.kr

Dear Mr. Lee,

We are pleased to receive your order of April 11. Your order for 25 reams of A4 ebony paper (item #E-02) is in stock and will be shipped via UPS early next week. The items (including shipping and handling fees) have been charged to your credit card (approval #95882) for the amount of $119.25. Thank you for placing your first order with us, and we hope to continue serving you.

Sincerely,
James Willis

안녕하세요 Lee 님,
4월 11일 자 주문을 받게 되어 기쁩니다. 주문하신 A4 에보니 용지 25연(품목 번호 E-02)은 재고가 있으며 다음 주 초에 UPS로 배송됩니다. 이 품목에 대해 (발송 제경비를 포함하여) 고객님의 신용 카드(승인 번호 95882)로 총 119.25달러를 결제했습니다. 첫 주문에 감사드리며, 계속해서 거래할 수 있기를 희망합니다.
James Willis 드림

via ~을 경유하여　approval 승인

★ **Thank you for your order dated** May 5.

5월 5일 자 주문에 감사드립니다.

We have all the items in stock.

전 상품이 재고가 있습니다.

Thank you for your purchase order number 20331.

주문서 번호 20331번 구매에 감사드립니다.

We are pleased to accept your order of October 5.

10월 5일 자 주문을 접수하게 되어 기쁩니다.

We are in receipt of your order for latex gloves.

라텍스 장갑에 관한 주문을 접수했습니다.

be in receipt of ~을 받다

★ **This is to confirm receipt of your order** #TS4221, **dated** July 7.

귀사의 7월 7일 자 주문 건 TS4221번의 접수를 확인드리고자 합니다.

★ **We confirm your order as follows:**

주문을 다음과 같이 확인합니다.

We would like to welcome you as a new customer.

새로운 고객이 되신 것을 환영합니다.

This is to acknowledge our receipt of your order (PO #T-50438).

이 메일은 주문(구매 주문서 번호 T-50438번) 접수 확인용입니다.

Your order will be supplied at the prices and terms stated in our quote.

주문품은 저희 견적서에 기재된 가격 및 조건으로 공급될 것입니다.

Please let us know the L/C number.

신용장 번호를 알려주세요.

★ **Your order will be shipped** tomorrow.
주문품은 내일 발송됩니다.

If the items are in stock, we'll ship your order within two working days.
해당 품목들의 재고가 있으면 영업일 기준으로 2일 이내에 발송해드리겠습니다.

working day 영업일, 근무일

★ **We have shipped your order** this afternoon.
오늘 오후에 주문하신 제품을 발송했습니다.

All items are in stock, so we will ship them by air freight tomorrow.
전 품목이 재고가 있으니 내일 항공 화물로 발송하겠습니다.

You should receive the items within 5-7 days.
5~7일 이내에 상품을 받아보실 수 있습니다.

Your order will be shipped directly from our factory in Detroit early next month.
주문품은 다음 달 초에 디트로이트에 있는 공장에서 직접 배송될 것입니다.

Your order is currently being processed at our warehouse in Denver **and will be shipped by** March 20.
주문은 현재 당사의 덴버 창고에서 처리되고 있으며 3월 20일까지 발송됩니다.

We will send you the finalized delivery schedule by January 17.
최종 배송 스케줄을 1월 17일까지 보내드리겠습니다.

Please allow two to three weeks **for your order to arrive at your warehouse.**
주문품이 귀사의 창고에 도착할 때까지 2~3주가 소요되는 점 헤아려주시면 감사하겠습니다.

We are awaiting shipment from our supplier.
납품업자로부터 배송을 기다리는 중입니다.

There is a delay in shipment from the manufacturer.
제조업체에서 출하가 지연되고 있습니다.

Unfortunately, item no. 201 **is currently out of stock, but we expect new shipment from the producer soon.**
유감스럽게도 201번 품목은 현재 재고가 없습니다만, 생산업체에서 조만간 새로 출하되기를 기다리고 있습니다.

We regret that we are unable to ship your order by next month, **as the specific items in your order are currently out of stock.**
현재 주문하신 특정 품목들의 재고가 없어서 다음 달까지 발송하지 못하게 된 점 죄송스럽게 생각합니다.

Would you like us to ship the items that are in stock first?
재고가 있는 품목들을 먼저 발송하길 원하시나요?

While delivery of items 1, 2, 4 and 5 **is scheduled for** next week, **items** 3 and 6 **will be shipped within** two weeks.
1, 2, 4, 5번 품목은 다음 주에 납품 예정입니다만, 3, 6번 품목은 2주 이내에 발송될 것입니다.

The T-shirts have been shipped, but the baseball caps **will be shipped within** 3 to 5 days.
티셔츠는 발송되었으나 야구 모자는 3~5일 이내에 발송될 예정입니다.

Due to unusually severe weather, **we will be able to ship your order** next week.
이례적인 악천후로 인해, 주문하신 제품은 다음 주에 발송 가능하겠습니다.

severe weather 악천후

Unfortunately, due to a strike at our factory, **we will not be able to supply the items immediately.**
유감스럽게도 당사의 공장 파업으로 인해 그 품목들을 즉시 공급해드릴 수가 없겠습니다.

We are sorry, but currently we are not able to ship items to Korea.

죄송합니다만, 현재 한국으로 상품을 배송할 수 없습니다.

★ **We no longer carry the items in stock.**

그 품목들은 재고가 더 이상 없습니다.

★ **Unfortunately, we no longer carry item** #2201.

유감스럽게도 2201번 품목은 더 이상 취급하지 않습니다.

We are sorry to inform you that we no longer produce that particular model.

그 특정 모델을 더 이상 생산하지 않는다는 소식을 알려드리게 되어서 유감입니다.

I regret that the item you've ordered is now out of stock.

죄송합니다만, 주문하신 품목은 현재 재고가 없습니다.

The publisher has informed us that the book is out of print.

출판사에서 그 책이 절판되었다고 저희 쪽에 알려왔습니다.

out of print 절판된

Thus, we will not be able to fill your order.

따라서 주문을 받을 수 없습니다.

fill one's order ~의 주문을 받다

Because we cannot meet the delivery date of December 1, **we are unable to fill your order at this time.**

배송일을 12월 1일에 맞출 수 없으므로 이번에는 주문을 처리할 수 없습니다.

After carefully reviewing your counterproposal of February 27, **we regret that we will not be able to accept it.**

보내주신 2월 27일 자 수정 제안을 검토해본 결과 수락할 수 없음을 유감스럽게 생각합니다.

counterproposal 수정 제안, 대안

We are sure you will find the items to your satisfaction.

제품에 만족하실 거라고 확신합니다.

We are confident that the products will suit your needs.

제품이 마음에 드실 것으로 확신합니다.

We look forward to receiving your order again soon.

조만간 다시 주문을 받을 수 있기를 기대하고 있겠습니다.

We hope that we will have the pleasure of receiving more orders from you.

추가 주문을 받을 수 있기를 희망합니다.

Again, thank you for your order.

주문에 다시 한번 감사드립니다.

6 발송
Shipment

KEY POINT **발송 날짜와 도착 날짜를 명시한다**

- 발송을 통지할 때는 발송 날짜와 도착 날짜 등 상대방에게 필요한 정보를 포함할 것
- 발송이 지연될 경우, 합당한 이유를 밝히고 진지하게 사과를 하는 것이 좋지만 관련 내용을 장황하게 나열하는 것은 삼가도록 함

SAMPLE

✉   — ⤢ ✕

Subject	**Shipment of Your Order #KC-207** KC-207번 주문 건 출하
From	janet@euroelec.com
To	stephen@darakwon.co.kr

Hi Stephen,

I am happy to inform you that your order #KC-207 was shipped this morning. Copies of the shipping documents are attached, and the originals are being sent to you via DHL. As scheduled, the shipment should arrive at your warehouse on or before July 5. Thank you.

Regards,

Janet

안녕하세요 Stephen,

KC-207번 주문 건이 오늘 아침 출하되었다는 소식을 알려드리게 되어 기쁩니다. 선적 서류 사본을 첨부했으며, 원본은 DHL로 배송 중입니다. 예정대로 선적물은 7월 5일이나 그 이전에 귀사 창고에 도착할 것입니다. 감사합니다.

Janet 드림

---

shipping document 선적 서류

089 출하 통지

We are pleased to inform you that your order #T220 **was shipped** today.
T220번 주문 건이 오늘 발송되었음을 알려드리게 되어 기쁩니다.

The shipment is estimated to arrive at the Los Angeles port **on** May 3.
선적물은 5월 3일에 로스앤젤레스 항구에 도착할 예정입니다.

★ **Please be advised that your order** #C-201 **was shipped on board** the vessel *Mugunghwa-9* today.
귀사의 C-201번 주문 건이 오늘 무궁화 9호 선박에 선적되었음을 알려드립니다.

vessel 선박

The shipping documents, including the bill of lading, packing list, and commercial invoice, **will be sent via** DHL tomorrow.
선하 증권, 포장 명세서, 상업 송장을 포함한 선적 서류를 내일 DHL로 보내드리겠습니다.

bill of lading 선하 증권

The new vessel carrying your shipment is now scheduled to depart Busan port **on** March 2.
현재 귀사의 출하품을 실은 선박이 3월 2일에 부산에서 출발하기로 예정되어 있습니다.

090 출하 관련 문제

We are shipping part of your order tomorrow.
내일 귀사의 주문품 일부를 출하합니다.

We are currently awaiting delivery of the steel components **from the manufacturer.**
현재 생산자로부터 철강 부품 배송을 기다리고 있습니다.

component 부품

Recent snowstorms in North Carolina **have caused a slight delay in delivery.**

최근 노스캐롤라이나에 몰아친 눈보라로 배송이 약간 지연되고 있습니다.

★ **Due to** a trucker's union strike, **your order has been delayed.**

트럭 운전사 노조의 파업으로 인해 주문품이 (출하가) 지연되었습니다.

We are now attempting to find a substitute vessel.

현재 당사는 대체 선박을 찾으려고 시도 중입니다.

As an alternative, we would like to suggest sending the shipment to Los Angeles port.

로스앤젤레스 항구로 출하품을 보내드리는 것을 대안으로 제시하고자 합니다.

Unfortunately, the vessel that was scheduled to leave for Oakland port **from** Incheon **on** January 19 **has been called in for** repairs.

유감스럽게도 1월 19일 인천에서 오클랜드 항으로 향할 예정이던 선박이 수리를 위해 입항했습니다.

We regret to inform you that we are unable to ship your order #GT-007 at the end of August **as planned.**

GT-007번 주문 건을 원래 예정했던 8월 말에 출하할 수 없음을 알려드리게 되어 유감입니다.

★ **We apologize for this unavoidable delay and would like to assure you that we are doing all we can to expedite shipping your order.**

불가피한 지연에 대해 사과드리며 저희는 주문품을 발송하기 위해 전력을 다하고 있음을 분명히 말씀드리고 싶습니다.

do all one can 전력을 다하다

Please accept our apologies for any inconvenience this delay may cause you.

이번 지연으로 발생할 불편에 대한 사과를 받아주시기 바랍니다.

An amendment to the expiry date on your L/C No. UB-93101 **will be necessary.**

UB-93101번 신용장에 있는 만료일을 수정할 수밖에 없겠습니다.

amendment 수정   expiry date 만료일

7 주문 취소 또는 변경
Canceling or Revising an Order

KEY POINT **수량 및 조건을 기존 내용과 비교하여 제시한다**

- 불가피하게 주문을 취소하거나 변경해야 하는 경우라면 상대방에게 조속히 알리도록 함
- 주문을 취소할 때는 취소의 배경이나 이유를 설명할 것
- 주문을 변경하는 경우에는 상대방이 변동 사항을 정확히 파악할 수 있도록 변경된 수량이나 조건을 기존 내용과 비교하여 자세히 제시

SAMPLE

Subject	**Revision for Order #09A-002** 09A-002번 주문 건의 수정 사항
From	**noan@newandold.co.kr**
To	**melissa@ecree.com**

Hi Melissa,

I discovered an error in the order I sent you yesterday afternoon. I had mistakenly typed in the wrong item number for the leather jackets. It should correctly be #LJ-07, not #LJ-02 as I had originally indicated. The revised PO is attached. I apologize for the undue inconvenience.

Regards,
Noan

안녕하세요 Melissa,
어제 오후 보내드린 주문서에서 오류를 발견했습니다. 실수로 가죽 재킷을 잘못된 품목 번호로 써넣었습니다. 제가 원래 표시한 LJ-02번이 아니라, 정확하게는 LJ-07번입니다. 수정된 구매 주문서를 첨부합니다. 괜한 불편을 드려 죄송합니다.
Noan 드림

---

mistakenly 실수로   **undue** 불필요한

I realize this is a bit abrupt, but I need to ask you to cancel our order for 300 boxes of paper towels.

조금 갑작스럽다는 건 알지만, 종이 타월 300박스에 대한 주문 취소를 요청드려야겠습니다.

abrupt 갑작스러운, 뜻밖의

Our director **had asked that** we postpone placing orders for laptop computers until further notice, **but I only became aware of this request after I had already placed the order**.

저희 이사님께서 다음 통지가 있을 때까지 노트북 컴퓨터의 주문 발주를 연기하라고 요청하셨는데, 저는 이미 이번 주문을 발주한 후에야 이에 대해 알게 되었습니다.

until further notice 다음 통지가 있을 때까지

Please advise if it is possible to cancel our order immediately.

주문 취소가 즉시 가능한지 알려주세요.

Regretfully, we are forced to cancel our order (PO #T-2010), **prompted by** a decision in our electronics division.

유감스럽게도, 당사 전자 제품 부서 내의 결정으로 어쩔 수 없이 저희의 주문(T-2010번 구매 주문서)을 취소하게 되었습니다.

Canceling the order became necessary as several of our major customers have decided to hold off on new purchases from us.

저희의 주요 고객 몇 분께서 신규 구입을 미루기로 결정함에 따라 이번 주문을 부득이하게 취소하게 됐습니다.

We are hereby canceling our last order (number 201102). 격식

이로써 저희의 최근 주문(201102번)을 취소합니다.

hereby 이로써

We need to change the quantity from 200 **to** 250 units.
수량을 200개에서 250개로 변경해야겠습니다.

★ **We would like to revise our last order as follows:**
저희의 최근 주문 내용을 다음과 같이 수정하고 싶습니다.

We made a mistake in our order sent to you yesterday.
어제 보내드린 주문 건에 착오가 있었습니다.

Please change our July 30 **order to the revised order below.**
당사의 7월 30일 자 주문을 아래의 수정된 주문으로 바꿔주세요.

The following items should be added to the original order:
다음 품목들을 원래 주문에 추가해야 합니다.

항의 및 독촉

Dictionary of Business Email Expressions

1 항의와 클레임
Complaints and Claims

KEY POINT 원하는 해결 방안을 제시한다

- 주문한 상품에 대한 클레임이나 서비스 관련 불만 사항을 제기하는 것은 상대방으로부터 원하는 결과를 유도하려는 목적이지 화풀이하려는 것이 아님
- 먼저 무엇이 문제인지를 명확히 언급하고 세부 사항을 순차적으로 명시한 후, 어떤 불편을 겪었으며 어떤 해결 방안을 원하는지 차분하게 제시할 것

SAMPLE

Subject	**Order #291-A3** 291-A3번 주문 건
From	jeong@newstationary.co.kr
To	orson@myoffice.net

Dear Mr. Orson:

On July 9, we received the shipment (20 cases) of our order #291-A3. To our dismay, however, we discovered that we were sent the wrong model (D-9).

This is a serious problem for us, considering that we had planned to sell the pens at our stores throughout Korea beginning next month. Because sales in August account for nearly 25% of our annual revenue, getting the right pens in stock is critical.

In light of this, we would like to request that the C-9 pens be sent out via air freight so that we can have them in our stores by August 1.

We look forward to your prompt reply.

Sincerely,
Jeong Kim

Orson 님께:

7월 9일에 주문 건 291-A3번의 출하품(20상자)을 받았습니다. 그런데 당황스럽게도 **다른 모델(D-9)을** 받았다는 것을 알게 되었습니다.

다음 달부터 한국 전역의 매장에서 펜을 판매할 계획임을 고려하면 이번 건이 저희에게는 심각한 문제입니다. 8월 매출이 연 매출의 25% 가까이 차지하므로, 적합한 펜의 재고를 확보하는 것은 중대한 일입니다.

이를 미루어볼 때, **8월 1일까지 매장에 입고될 수 있도록 C-9펜을 항공 화물로 보내주시기를** 요청하는 바입니다. 신속한 답변을 기대합니다.

김정 드림

to one's dismay 당황스럽게도   **revenue** 매출

---

093   손상·고장·불량

★ **The product I received is defective.**

제가 받은 상품에 결함이 있습니다.

We were dismayed to discover that the product had defects.

제품에 결함이 있음을 발견하고 당황했습니다.

We are having a problem with the Model 2000, **manufactured by your company**.

귀사가 제조한 2000 모델에 문제가 있습니다.

have a problem with ~에 문제가 있다

When we opened the box, three of the clocks **were found to be damaged.**

박스를 개봉했을 때 시계 중 3개가 손상되어 있음을 발견했습니다.

Unfortunately, the product is not functioning properly.

유감스럽지만 제품이 제대로 작동하지 않습니다.

I received the speaker today, **but** the power button **does not function properly.**

스피커를 오늘 받았습니다만, 전원 버튼이 제대로 작동되지 않습니다.

There has been a problem with the batteries **you supplied us** two months ago.

귀사가 2개월 전 공급한 배터리에 문제가 있었습니다.

094   배송 지연

We are distressed to learn of the delay.

지연 소식을 들으니 걱정이 됩니다.

★ **I had placed the order on** May 15, **but the product did not arrive until** today.

5월 15일에 주문했는데 오늘에서야 제품이 도착했습니다.

It was delivered too late for us to use for our grand opening.

너무 늦게 배송되어 저희 개업식에서 사용할 수 없었습니다.

My order (#12-4000) **for** two cases of wine, **placed on** January 20, **has not yet been received.**

제가 1월 20일에 주문한(12-4000번) 와인 두 상자를 아직 받지 못했습니다.

I received the wrong-sized sweater.
잘못된 사이즈의 스웨터를 받았습니다.

We found only 4,000 pieces **in the container.**
컨테이너 안에는 4천 개만 있었습니다.

There appears to have been a mix-up in our order.
주문에 착오가 있었던 것 같습니다.

mix-up 착오, 혼동

Although our PO clearly indicates 3,000 units **of #Y-002, your commercial invoice and packing list show only** 2,000 units.
당사의 구매 주문서에는 Y-002번 품목이 3천 개라고 명확히 표시되어 있는데, 귀사의 상업 송장 및 포장 명세서에는 2천 개라고만 나와 있습니다.

PO (= purchase order) 구매 주문서, 발주서

We would like to request that the missing balance of shipment be sent by air freight.
누락된 잔여 선적물을 항공 화물 편으로 보내주시기를 요청드립니다.

★ **I am dissatisfied with the quality of the product.**
제품의 품질이 불만족스럽습니다.

You can clearly see the discoloring on photo #21.
21번 사진에서 변색을 뚜렷하게 볼 수 있습니다.

discoloring 변색

It wasn't difficult to see that the quality varied from carton to carton.

상자마다 품질이 다르다는 것을 어렵지 않게 알아차릴 수 있었습니다.

carton 상자

When we compared the shipped products' color **with** the original color sample, **we found out that it was noticeably different.**

발송된 제품의 색상을 원래 색상 샘플과 비교해 보니 눈에 띄게 다르다는 것을 알게 되었습니다.

noticeably 눈에 띄게

Please take a look at the attached photos of the product.

첨부된 제품 사진들을 한번 보시기 바랍니다.

The actual goods were not up to par with the original samples you had sent us two months ago.

실제 상품은 2개월 전에 보내주신 원 견본 수준에 미달하였습니다.

up to par with ~의 수준에 달하는

I was quite disappointed that the quality of the fabric **you sent me was not up to par with your company's usual standards.**

보내주신 원단의 품질이 귀사의 평소 수준에 미치지 못해 아주 실망스러웠습니다.

---

097 청구서

This is regarding the invoice #002-A2 **dated** September 29, 2024.

2024년 9월 29일 자 002-A2번 청구서와 관련해 메일을 드립니다.

We were billed for a different item.

다른 품목에 대한 청구서를 보내셨습니다.

Please deduct the amount of $3,000 **from** our monthly billing.

월 청구서에서 총 3천 달러를 공제해주세요.

deduct 공제하다, 빼다

I realize that errors do happen, but overbilling me by $200 seems a bit unreasonable.

실수가 있을 수 있다는 건 알지만 200달러나 과다 청구하신 건 다소 부당한 것 같습니다.

overbill 과다 청구하다

We canceled our order for 10 boxes of moon cakes **on** June 2, **but we have not received your confirmation yet.**

주문한 월병 10박스를 6월 2일에 취소했으나, 아직 확인을 받지 못했습니다.

Having made a thorough check of our records, I am certain that the extra charge was made in error.

기록을 철저하게 검토한 결과, 추가 금액이 실수로 청구된 것이 확실합니다.

098 고객 응대

I am offended by the treatment I received at your office.

귀사에서 받은 대우에 불쾌감을 느낍니다.

offended 불쾌감을 느끼는

Your staff **was rather rude.**

귀사 직원이 상당히 무례했습니다.

I would like to file a formal complaint concerning the behavior of one of your customer service representatives.

귀사의 고객 서비스 담당자 중 한 명의 행동에 대해 저의 불만 사항을 정식으로 제기하고 싶습니다.

file (항의 등을) 제기하다

I am concerned about the recent service I have been receiving.

최근 제공받고 있는 서비스가 우려됩니다.

★ **I ask that you look into this matter.**

이 문제를 조사해주실 것을 요청합니다.

look into ~을 조사하다

Please take care of this problem.

이 문제를 처리해주시기 바랍니다.

I request that you replace the product.

제품을 바꿔주시기 바랍니다.

★ **I am returning the item for a full refund.**

전액 환불을 받기 위해 물건을 반품하려고 합니다.

full refund 전액 환불

I would appreciate it if you would exchange the item.

품목을 교환해주시면 감사하겠습니다.

Your providing me with a full refund would be greatly appreciated.

전액 환불 처리해주시면 대단히 감사하겠습니다.

2 항의와 클레임에 대응하기
Responding to Complaints and Claims

KEY POINT   상대방의 심정에 공감과 이해를 표한다

- 항의나 클레임에는 신속한 답변을 하는 것이 중요
- 납득할 수 없는 불만이라 하더라도 상대방의 심정에 공감과 이해를 표한 후, 문제에 대한 처리 방안을 알리는 것이 좋음
- 진심으로 사과하되 제품의 품질이나 결함에 대한 언급은 되도록 피하고 상대방의 번거로움이나 불편에 집중할 것
- 해당 문제에 대한 책임이 없을 때는 그에 대한 설명을 먼저 한 후에 클레임을 거절하되, 상대방의 탓으로 돌리는 뉘앙스나 비꼬는 어조는 절대 피해야 함

SAMPLE

Subject	**RE: Lack of Service at the Seocho Store** RE: 서초 매장의 형편없는 서비스
From	**customerservice@goodretail.co.kr**
To	**stevewonder@gmail.com**

Dear Mr. Wonder:

Thank you for writing us about your concerns regarding the service you received at our Seocho store. Please accept our apologies for the inconvenience you have experienced and rest assured that we are seriously looking into the matter. While the type of rudeness you described is rare, it highlights the need for an even better service ethic within our stores. We value your business, and to show our appreciation for your email, we are attaching a coupon for a complimentary coffee of your choice.

Thank you again.

Sincerely,
Larry Go

Wonder 님께:

서초 매장에서 고객님께서 제공받은 서비스와 관련해 우려 메일을 보내주셔서 감사합니다. **고객님께 끼쳐드린 불편함에 대한 저희의 사과를 받아주시기 바라며, 저희가 이 문제를 진지하게 조사하고 있으니 안심하셔도 됩니다.** 고객님께서 말씀하신 유형의 무례한 행동은 드물기는 하나, 저희 매장 직원들이 더욱 나은 서비스 윤리 의식을 가질 필요가 있음을 여실히 보여줍니다. **저희는 고객님과의 거래를 소중히 여기고 있으며, 보내주신 메일에 감사를 표하고자 선택하여 드실 수 있는 무료 커피 쿠폰을 첨부합니다.**

다시 한번 감사드립니다.

Larry Go 드림

rest assured 안심하고 지내다   **highlight** 강조하다, 부각시키다   **complimentary** 무료의

100   사과

We are sorry that you were not satisfied with the product.
제품에 만족하지 못하셨다니 유감입니다.

I apologize if there was a misunderstanding about the model's functions.
그 모델의 기능에 대해 오해가 있었다면 사과드립니다.

You are absolutely right that you should have been told about the special package rate.
특별 패키지 요금에 관해 정보를 제공받았어야 한다는 고객님 말씀이 전적으로 옳습니다.

I can see why you were upset with the lack of apology from the flight attendant.
그 승무원의 사과가 없어 불쾌함을 느끼신 이유를 알겠습니다.

lack of ~이 없음

That should never have happened.
절대 일어나서는 안 되는 일이었습니다.

★ **We can understand your disappointment with the service you received.**
고객님께서 제공받은 서비스에 대해 실망하신 점 이해합니다.

★ **We were also distressed to hear about** the handling of your reservation.
예약 처리 문제에 대해 듣고 저희도 신경이 쓰였습니다.

We were disturbed to learn that there were damages to the shipment.
출하물에 손상이 있었다는 것을 알고 저희도 염려되었습니다.

We apologize for the inconvenience you've experienced with the clocks.
해당 시계와 관련해서 불편을 끼쳐드린 데 대해 사과드립니다.

We appreciate your pointing out the problem with the delivery.
배송에 대한 문제를 지적해주셔서 감사합니다.

★ **We regret the billing error.**
청구상의 오류에 대해 유감스럽게 생각합니다.

★ **We apologize for the inconvenience caused by** our reservation system.
당사의 예약 시스템으로 인해 불편을 끼쳐드린 데 대해 사과드립니다.

Please accept our apology for the unprofessional behavior of the ticket agent.
매표원의 프로답지 못한 태도에 대한 저희의 사과를 받아주세요.

Thank you for the photos of the damaged items.
손상된 품목의 사진을 보내주셔서 감사합니다.

★ **Thank you for bringing this to our attention.**
이 문제를 저희에게 알려주셔서 감사합니다.

Due to a clerical error, you were sent the wrong invoice.
작은 오자가 찍혀 잘못된 청구서가 발송되었습니다.

clerical error (사소한) 오자

As you have mentioned in your email, **we sent you the wrong-sized** sweater.

고객님께서 메일에서 언급하셨던 것처럼, 저희가 잘못된 사이즈의 스웨터를 보냈습니다.

As you have rightly mentioned, the food should not have taken more than an hour to arrive.

고객님께서 정확히 언급하신 것처럼, 음식이 도착하는 데 한 시간 이상이 걸려서는 안 되는 일이었습니다.

On behalf of the Seoul Metro Clinic, **I sincerely apologize for the treatment your family received.**

Seoul Metro Clinic을 대표하여 고객님의 가족분들이 받은 처우에 대해 진심으로 사과드립니다.

The behavior you witnessed **goes against our commitment to providing quality customer service.**

고객님께서 직접 보신 행동은 품격 있는 고객 서비스 제공에 대한 저희의 약속에 반하는 것입니다.

Because our top priority is meeting the needs of our customers, the fact that the sales clerk seemed uninterested in helping you **is unacceptable.**

고객의 요구를 충족하는 것이 저희의 최우선 순위이기에, 그 판매 직원이 고객님을 도와드리는 데 무관심해 보였다는 사실은 용납할 수 없습니다.

top priority 최우선 순위

101 조치 절차 안내

I will bring this matter up with the managers **at** our next management meeting **and discuss ways to ensure that such behavior does not occur again.**

다음 경영진 회의에서 매니저들에게 이 문제를 제기하고 그런 행동이 재발하지 않도록 확실히 하는 방법을 논의하겠습니다.

bring up (논거·화제를) 제기하다

★ **We will replace the products at once.**
제품을 즉시 교체해드리겠습니다.

★ **We will refund the full amount.**
전액 환불해드리겠습니다.

We will immediately rectify the situation by sending you a new sweater.
새 스웨터를 보내드리는 것으로 이 사태를 즉시 바로잡도록 하겠습니다.

rectify 시정하다, 바로잡다

We have made the relevant adjustments to your account.
고객님의 계정에 (그에 따른) 적절한 조치를 취했습니다.

relevant 적절한   adjustment 조정, 조치

As you've suggested, we will exchange it with a new speaker.
고객님께서 제안하신 대로, 새 스피커로 교환해 드리겠습니다.

We have attached a coupon for a complimentary dessert.
무료 디저트 쿠폰을 첨부했습니다.

We have revised the monthly statement, **which is attached.**
월 명세서를 수정하여 첨부했습니다.

We will look immediately into this problem and get back to you with an answer.
즉시 이 문제를 조사한 뒤에 답변을 드리겠습니다.

Please rest assured that the correct sizes will be sent to you immediately.
즉시 맞는 사이즈로 보내드릴 테니 안심하세요.

You will receive a partial refund.
부분 환불을 해드리겠습니다.

An electronic **voucher has been issued for your use.**
용도에 맞게 쓰시라고 전자 상품권을 발행해 드렸습니다.

voucher 할인권, 상품권

The parts **are being shipped** this afternoon **via** air freight **at our cost.**

부품은 오늘 오후 항공 화물 편으로 발송될 것이며 비용은 저희가 부담합니다.

★ **The error has been corrected, and the revised invoice is attached.**

오류를 정정했으며, 수정된 송장을 첨부했습니다.

Sam Huntington, one of our engineers, **will be sent out to** your project site in the next few days.

며칠 내로 저희 엔지니어 중 한 명인 Sam Huntington을 프로젝트 현장에 보내겠습니다.

Although the type of behavior you have brought to our attention is extremely rare, I will nevertheless discuss this matter with the managers at the Incheon store.

저희에게 알려주신 유형의 행태는 매우 드물지만 이 문제에 대해 인천 지점 매니저들과 논의하도록 하겠습니다.

nevertheless 그래도, 그럼에도 불구하고

---

102 책임이 없을 때

Unfortunately, because you accepted the samples we had sent you, **we will be unable to replace the shipment.**

유감스럽게도, 저희가 보낸 견본을 수락하셨기 때문에 출하품을 교체해드릴 수 없습니다.

If you would recheck your records, you would see that we have billed correctly for 20 boxes.

기록을 재검토해보시면, 저희가 20박스에 대해 정확히 청구했다는 걸 알게 되실 겁니다.

We have checked our records, but unfortunately we do not have the cancellation email you mentioned.

저희 기록을 검토해보았으나, 언급하신 취소 메일은 저희가 갖고 있지 않아 안타깝습니다.

We believe the products were damaged during the unpacking.

그 제품들은 포장을 풀 때 손상된 것 같습니다.

Although we have sent you the correct product, if you are dissatisfied with it, we would be happy to exchange it with another model.

정확한 제품을 보내드리긴 했으나, 만족스럽지 않으면, 기꺼이 다른 모델과 교환해드리겠습니다.

Your original signed PO is attached, showing the requested quantity.

요청하신 수량이 나와 있는, 고객님께서 서명하신 원 구매 주문서를 첨부합니다.

As stated in your purchase order (PO# 2201), **we have shipped the order F.O.B.** Busan. **The actual freight and delivery was through a freight forwarder you had designated.**

구매 주문서(2201번)에 명시된 대로, 주문품을 부산으로 본선 인도 발송했습니다. 실제 운송 및 배송은 귀사가 선정한 화물 운송업자에 의해 이루어졌습니다.

freight forwarder 화물 운송업자

Please forward us any documentation you can provide, such as photographs, to show that the items were delivered damaged.

그 품목들이 파손된 상태로 배송되었음을 보여주는 사진과 같은 자료를 어떤 것이든 보내주시기 바랍니다.

As our product specifications indicate, the coffee maker is not designed to be used outdoors.

제품 명세서에 나와 있는 것처럼, 그 커피 메이커는 야외용으로 설계된 것이 아닙니다.

Because each and every item was double-checked before being loaded into the container, the damage must have occurred either during transit or while being unpacked.

각각의 모든 품목을 컨테이너에 적재하기 전에 재점검하였으므로 제품 손상은 운송 중이나 내용물을 꺼낼 때 일어났다고 볼 수밖에 없습니다.

Thank you for your understanding and patience.

이해해주시고 기다려주심에 감사드립니다.

Again, thank you for your feedback.

피드백에 다시 한번 감사드립니다.

As always, we thank you for the opportunity to serve you.

도울 수 있는 기회를 주심에 늘 감사드리고 있습니다.

We hope your confidence in us has not been shaken by this problem.

이번 문제로 저희에 대한 신뢰가 흔들리지 않았기를 바랍니다.

★ **We sincerely regret the inconvenience this has caused you.**

이번 일로 불편을 끼쳐드린 데 대해 진심으로 유감스럽게 생각합니다.

As our customers are always our number-one priority, please let me know if you have any other problems in the future.

저희는 고객을 항상 최우선 순위에 두고 있으니 앞으로 또 다른 문제가 생길 경우 알려주시기 바랍니다.

Your feedback allows us to prevent such errors in the future.

보내주신 피드백 덕분에 향후에 그와 같은 실수를 방지할 수 있습니다.

3 연체 통지 및 독촉
Overdue Notices and Reminders

SAMPLE

Subject	**Overdue Invoice #AT-8010 (Third Notice)**
	주문 번호 AT-8010번에 대한 연체 청구서 (세 번째 통지)
From	**susie@darakwon.co.kr**
To	**chris@triplus.co.kr**

Hi Chris,

This is our third request for payment for the overdue invoice #AT- 8010. Since it has been over 60 days since you have received your order, we ask that the payment be made immediately. We hope to hear from you soon.

Sincerely,

Susie

안녕하세요 Chris,
이번이 AT-8010번 연체 청구서에 대한 세 번째 통지입니다. 귀사가 주문품을 수령하신 지 60일이 지났으므로 **즉시 대금을 지불해주시기를 요청합니다.** 곧 연락 주시기 바랍니다.
Susie 드림

overdue 연체된

It's probably an oversight, but the payment for invoice #A2-090 has not been made yet.

아마 깜빡하셨겠지만, A2-090번 청구서에 대한 결제가 아직 이루어지지 않았습니다.

oversight 못 보고 넘어감, 간과

★ **This is just a reminder that your account is now** 15 days **overdue.**

귀사의 계정이 15일 연체되었음을 알려드리는 메일입니다.

reminder 생각나게 하는 것(사람), 독촉장   overdue 연체된

It has been two weeks **since we sent you the billing for your order #22-A01.**

22-A01번 주문에 대한 청구서를 보내드린 지 2주가 되었습니다.

Our records show that the balance of $10,000 **is now past due.**

저희의 기록에는 현재 1만 달러가 미납된 것으로 나와 있습니다.

In order to keep your credit account open, please send your payment today.

귀사의 외상 계정을 유지하시려면 오늘 대금을 지불해주셔야 합니다.

Please settle the invoice at your earliest convenience.

최대한 빠른 시일 내에 청구서를 처리해주시기 바랍니다.

Please let us know if there are any issues regarding the invoice.

청구서 관련 문제가 있으면 알려주세요.

105

It is a bit upsetting to send you another notice about your unpaid invoice.

미납 청구서에 대한 통지서를 또 다시 보내게 되어 그다지 유쾌하지 않습니다.

Please help us to continue serving you.

귀사와 계속 거래할 수 있도록 협조해주시기 바랍니다.

★ **We ask that you make the payment immediately.**

즉시 지불해주실 것을 요청합니다.

This is our third **notice to you regarding the past-due invoice** #20-901.

이번이 20-901번 연체 청구서에 대한 세 번째 통지입니다.

We would like to hear from you before February 20.

2월 20일 전에 연락을 주셨으면 좋겠습니다.

Please note that we have not received an answer to the last four **reminders for payment.**

지난 네 차례의 지불 재공지 메일에 대해 아무런 답변도 받지 못했음을 알아두시기 바랍니다.

★ **Your statement totaling** $60,590 **is now** 60 days **overdue.**

총 60,590달러에 달하는 귀사의 청구 명세서가 현재 60일 연체되었습니다.

Please send us the payment to avoid putting your credit standing in jeopardy.

귀사의 신용 상태가 위험해지는 것을 피하려면 대금을 지급해주시기 바랍니다.

credit standing 신용 상태   in jeopardy 위험에 빠져

Although we have made several requests for payment, we still have not received an answer from you.

수차례 지급 요청을 드렸으나, 귀사로부터 아직까지 아무런 답변을 받지 못했습니다.

Despite repeated attempts, we have not received an answer from you.

여러 번 메일을 드렸음에도, 귀사로부터 답변을 받지 못했습니다.

I am certain you prefer to settle the invoice without legal ramifications.

법적 파장 없이 이 송장을 정산하고 싶어하실 것이라고 믿습니다.

ramification 결과, (악)영향

If we do not receive full payment by October 30, **we will be forced to contact a collection agency.**

10월 30일까지 전액이 지불되지 않으면 수금 대행사에 연락할 수밖에 없습니다.

collection agency 수금 대행사

Your refusal to answer our notices has forced us to stop extending credit to your company.

저희의 통지에 응답을 주지 않으셔서 귀사에 대한 여신 제공을 중단할 수밖에 없었습니다.

extend credit 여신을 제공하다

With your unpaid balance of $20,000, **which is now** 90 days **overdue, we will be forced to take legal measures to collect the payment.**

90일 연체된 귀사의 미납액 2만 달러에 대한 수금을 위해 저희로서는 법적 수단을 동원할 수밖에 없습니다.

Please contact me before March 29 **to avoid our taking appropriate legal action.**

저희가 적절한 법적 절차를 밟는 것을 피하려면 3월 29일 이전에 저에게 연락 주셔야 합니다.

Our legal department has notified me of its intention to take the appropriate legal action to collect the payment of $3,000.

당사 법무팀에서 3천 달러의 대금을 회수하기 위해 적법한 절차를 밟겠다는 뜻을 저에게 통보했습니다.

I have no choice but to turn the matter over to our lawyer.

저희 변호사에게 이 문제를 넘기는 것 외에는 선택의 여지가 없습니다.

UNIT

07

정보
요청

Dictionary of Business Email Expressions

1 정보 요청
Requesting Information

SAMPLE

Subject   **Request for Car Wash Products Brochure**   세차 용품 브로슈어 요청

From   **hanmink@cleancars.co.kr**

To   **david@ukcpre.com**

Dear Mr. Wilson:

We are a large distributor specializing in imported car wash products for the Korean market. We saw your advertisement in the October issue of *Clean Auto* magazine and would like to consider distributing your products locally. Could you send us a brochure of your car wash products, along with any other information that may assist us?

Thank you.

Sincerely,

Hanmin Kim

Wilson 님께:

저희는 수입 세차 용품을 한국 시장에 전문적으로 공급하는 대형 유통 업체입니다. 《Clean Auto》 지 10월 호에 나온 광고를 보고 이 지역에서 귀사 제품을 유통하는 것을 염두에 두고 있습니다. 귀사의 세차 용품 브로슈어와 더불어 저희에게 도움이 될 만한 자료를 보내주시겠어요?

감사합니다.

김한민 드림

specialize in ~을 전문으로 하다   **locally** 지역적으로

I got your name from your website.
귀사의 웹사이트에서 성함을 알게 됐습니다.

★ **I came across your website while searching for** flower delivery services in the Orange County area.
오렌지카운티 지역 내의 꽃 배달 서비스를 찾던 중에 귀사의 웹사이트를 발견했습니다.

> come across ~을 발견하다, (우연히) 만나다

I found your name in a Sacramento business directory.
새크라멘토 시의 비즈니스 디렉터리에서 귀사의 상호를 발견했습니다.

I saw your advertisement in the September 12 issue of *TIME*.
9월 12일 자《TIME》지에서 귀사의 광고를 보았습니다.

★ Steve Foster **at** Morgan Stanley **gave me your email address.**
Morgan Stanley의 Steve Foster가 메일 주소를 주셨습니다.

A sales contact at U-Rent **told me about** the forklift renting services **you offer.**
U-Rent의 중개인이 귀사가 제공하는 지게차 임대 서비스에 대해 알려주었습니다.

> contact 중개인 forklift 지게차

Ms. Harriet Winters **recommended your firm to us.**
Harriet Winters 씨께서 귀사를 추천해주셨습니다.

I learned about your company through John Godwin **of** Godwin Enterprises.
Godwin Enterprises의 John Godwin을 통해 귀사에 대해 알게 되었습니다.

Mr. Avery **has enthusiastically recommended** your executive search firm.
Avery 씨가 당신의 헤드 헌팅 회사를 열성적으로 추천해주셨습니다.

> executive search firm 헤드 헌팅 회사(인력 중개 회사)

Your company's name was given to us by our subsidiary in California.

캘리포니아에 있는 자회사로부터 귀사의 상호를 받았습니다.

subsidiary 자회사

★ **We were given your name by** Mr. Rashid Anhoni **of** Citro Bank.

Citro Bank에 계신 Rashid Anhoni 씨가 성함을 알려주셨습니다.

108 정보 요청

★ **I am writing to request** a catalog of your furniture.

가구 카탈로그를 요청드리고자 메일을 씁니다.

I would like to learn more about the games targeted at teenagers.

10대를 타깃으로 한 게임에 대해 더 알고 싶습니다.

target at ~을 타깃으로 하다

Is it possible to receive a copy of your latest newsletter on the semiconductor industry?

반도체 산업에 관한 최근 뉴스레터를 한 부 받아볼 수 있을까요?

newsletter 뉴스레터, 회보

According to your website, you offer business communication skills consulting, and **we are interested in receiving further information on** personal coaching services for presentations.

웹사이트를 보니 비즈니스 커뮤니케이션 스킬 컨설팅을 제공하시던데, 프레젠테이션 코칭 서비스에 대한 추가 정보를 받고 싶습니다.

We are interested in finding more about your past eco-friendly construction projects.

이전에 진행하셨던 친환경 건축 프로젝트에 대해 더 알고 싶습니다.

eco-friendly 친환경적인

It would be helpful if you could provide us with detailed information on your business workshops, seminars, and classes.

비즈니스 워크숍, 세미나 및 강좌에 대한 세부 정보를 제공해주시면 도움이 되겠습니다.

We are also interested in receiving information about the warranty.

보증에 대한 정보도 받아보고 싶습니다.

Do you have any literature on real estate investment opportunities in your area?

담당하시는 지역의 부동산 투자 기회에 관한 인쇄물이 있나요?

literature 인쇄물, 전단   real estate 부동산

We would like to know if you have a model that would suit our current needs.

현재 저희에게 필요한 모델을 보유하고 계신지 알고 싶습니다.

I would appreciate receiving information on the financial services **provided by your firm.**

제공하시는 금융 서비스 관련 정보를 보내주시면 감사하겠습니다.

I would be grateful if you could send me the fall enrollment **information** for international students.

국제 학생을 위한 가을 입학 관련 자료를 보내주시면 감사하겠습니다.

I would therefore greatly appreciate your sending me the specifications on the X-900 model.

따라서 X-900 모델에 관한 설계 명세서를 보내주시면 대단히 감사하겠습니다.

specification 설계 명세서

★ **Please mail me** a copy of your most recent annual report.

가장 최근에 발행하신 연례 보고서 한 부를 우편으로 보내주세요.

Please send me complete information regarding the networking software.

네트워킹 소프트웨어에 관한 모든 정보를 저에게 보내주세요.

Please send us the latest catalog of your copiers. **We are planning to purchase** at least two copiers within the month.

복사기 카탈로그 최신판을 저희에게 보내주세요. 이번 달 안에 복사기를 최소한 두 대 구입할 예정입니다.

If you could send us general information about the camp, **it would help us make a decision.**

캠프에 관한 전반적인 자료를 보내주시면 결정을 내리는 데 도움이 되겠습니다.

As I am interested in learning more about your scope of services, **your sending me any relevant information on** your company **would be helpful.**

귀사의 서비스 범위에 대해 더 알고 싶으니 귀사에 대한 관련 자료를 보내주시면 어떤 것이든 도움이 되겠습니다.

scope 범위

Receiving this information would be greatly appreciated.

이 자료를 받아볼 수 있으면 대단히 감사하겠습니다.

109   정보 문의

Can you tell me your website address?

웹사이트 주소를 알려주시겠어요?

★ **I am trying to find out if you offer** a tour package to Mexico.

멕시코 여행 패키지를 제공하시는지 알고자 합니다.

Can you tell me whether the books are available for bulk purchase?

도서 대량 구매가 가능한지 알려주시겠어요?

bulk purchase 대량 구매

Do you also offer discounts for cash payments?

현금 결제에 대한 할인도 제공하시나요?

Do you currently have a distributor in Korea?

현재 한국에 판매 업체를 가지고 계신지요?

Could you tell me the procedure for joining the Midland Chamber of Commerce?

미국 중부 지방 상공 회의소의 가입 절차를 알려주시겠어요?

Chamber of Commerce 상공 회의소

Could you provide answers to the following questions about the X37 model?

X37 모델에 대한 다음 질문들에 답을 주실 수 있을까요?

Could we get the most recent price list?

가장 최근에 나온 가격표를 받아볼 수 있나요?

What are your payment terms?

지불 조건이 어떻게 되나요?

┌─────────────┐
│ Tips & More │
└─────────────┘

■ Homepage vs. Website

한국과 몇몇 나라에서는 '웹사이트'를 보통 '홈페이지(homepage)'라고 하지만 영어권에서는 일반적으로 website라고 한다. 원래 homepage는 '웹사이트'의 첫 페이지를 뜻한다.

2 추가 정보 요청
Requesting Additional Information

KEY POINT 앞서 전달받은 정보에 대한 감사를 표한다

- 먼저 전달받은 자료나 정보에 대한 감사를 표한 후에 추가로 필요한 사항을 명시하기
- 처음 정보를 요청할 때와 마찬가지로 필요한 세부 사항을 명확히 적는 것이 중요
- 추가 정보의 사용처나 목적, 그리고 추가로 요청하는 이유를 명시하여 상대방이 정보 제공에 협조할 수 있도록 함

SAMPLE

> ✉   — ⤢ ✕
>
> **Subject** **Request for Additional Information** 추가 정보 요청
>
> **From** stephen@darakwon.co.kr
>
> **To** orson@nationallogics.com
>
> Hi Terry,
>
> Thank you for sending us your latest catalog. Could you also send us more detailed information about the forklifts, including pricing, warranties, and delivery dates?
>
> Regards,
>
> Stephen
>
> 안녕하세요 Terry,
> 최신 카탈로그를 보내주셔서 감사합니다. 지계차의 가격, 보증, 배송 날짜가 포함된 더 상세한 자료도 보내주시겠어요?
> Stephen 드림

detailed 상세한, 자세한

110 추가 정보 요청

I'd like to get more information about the opportunities in the East Coast.
동부 해안 지역에서의 기회에 대해 자료를 더 받아보고 싶습니다.

East Coast 미국 동부 해안 지역

★ **Would you also send us** the CAD file?
CAD 파일도 보내주시겠어요?

CAD (= computer-aided design) 컴퓨터를 이용한 설계

Thanks for the information, but I'm still looking for:
정보에 감사드립니다만, 아직도 다음과 같은 내용이 필요합니다.

Your email did not include the organization chart and personnel information. **Please send them ASAP.**
조직도와 직원 정보가 보내주신 메일에 빠져 있습니다. 가능한 한 빨리 보내주시기 바랍니다.

organization chart 조직도　personnel 직원, 구성원

I am interested in getting more information about the software, **including** the current version number.
소프트웨어의 현재 버전 번호를 포함한 추가 정보를 받아보고 싶습니다.

It would really help us if you could forward us additional information about the freight costs, delivery dates, and warranties.
운송비, 배송일 및 보증에 대한 추가 자료를 보내주시면 큰 도움이 되겠습니다.

Although the catalog you sent us **is helpful, we would like specific** pricing **information.**
보내주신 카탈로그가 유용하긴 하지만 저희는 구체적인 가격 정보를 알고 싶습니다.

I appreciate the data **you sent** yesterday, **but could you also forward me** the associated graphics?
어제 보내주신 데이터는 감사합니다만, 관련된 시각 자료도 보내주시겠어요?

Could you send us the actual dimensions of the boxes?

상자의 실제 치수를 보내주시겠어요?

dimensions 치수, 크기

★ **Could you provide more detail on** the sales in the European market?

유럽 시장에서의 매출에 대한 추가 세부 자료를 제공해주시겠어요?

We would appreciate it if you could send us further information on your consulting services in Korea.

귀사의 한국 내 컨설팅 서비스에 대한 추가 자료를 보내주시면 감사하겠습니다.

Please send me additional information on Coffee World, **as I would like to learn more about** the franchise program.

프랜차이즈 프로그램에 대해 더 알고 싶으니 Coffee World에 관한 추가 자료를 보내주세요.

Although we are considering utilizing your services, we would like additional information about the instructors for the program.

귀사의 서비스를 이용하려고 생각 중입니다만, 프로그램 강사들에 관한 추가 정보를 얻고 싶습니다.

May we please receive more specific information on your products, such as pricing and warranties?

가격과 보증 등 제품에 대한 보다 구체적인 자료를 받아볼 수 있을까요?

3 정보의 출처 문의
Asking about the Source of Information

SAMPLE

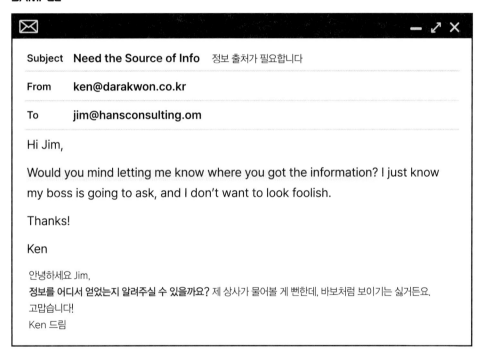

Subject	**Need the Source of Info** 정보 출처가 필요합니다
From	ken@darakwon.co.kr
To	jim@hansconsulting.com

Hi Jim,

Would you mind letting me know where you got the information? I just know my boss is going to ask, and I don't want to look foolish.

Thanks!

Ken

안녕하세요 Jim,
정보를 어디서 얻었는지 알려주실 수 있을까요? 제 상사가 물어볼 게 뻔한데, 바보처럼 보이기는 싫거든요.
고맙습니다!
Ken 드림

look foolish 바보처럼 보이다, 멍청해 보이다

Who gave you the info? `비격식`

누가 이 정보를 줬나요?

Quick question: Who's a good person to talk to about the project schedule? `비격식`

간단한 질문 하나 드려요. 프로젝트 일정에 대해 누구와 말하면 될까요?

★ **Where did you get this information?**

어디서 이 정보를 얻었나요?

I don't want to put you on the spot, but I really need to know your source.

난처하게 만들기는 싫지만, 그 정보의 출처가 꼭 필요합니다.

> put ~ on the spot (곤란한 질문으로) ~을 난처하게 하다

If it's not confidential, can you tell me who gave you this information?

기밀이 아니라면 누가 이 정보를 그쪽에 전달했는지 말씀해주시겠어요?

> confidential 기밀의

Where is a good place to look for useful information about developing a catalog?

카탈로그 개발에 관한 유용한 정보를 얻을 수 있는 곳이 어디인가요?

★ **Could you tell me the source of this information?**

이 정보의 출처를 알려주시겠어요?

Could you recommend some good sources of information on online education?

온라인 교육에 대한 정보를 얻을 수 있는 좋은 출처를 추천해주시겠어요?

4 사용 허가 요청
Requesting Approval of Use

KEY POINT 어떻게 사용할 것인지 명확히 밝힌다

- 사용 허가나 전재(이미 발표된 글을 다른 곳에 쓰는 것) 허가를 요청할 때는 사용하고자 하는 부분을 구체적으로 언급하고, 언제, 어디에, 어떤 식으로 사용할 것인지를 명확히 밝힐 것
- 상대방이 허가하면 기재 내용을 제시하고 미리 감사 인사를 전하기

SAMPLE

Subject	**Request to Reprint Section of** *The Valley Revolutionaries* 『The Valley Revolutionaries』의 부분 전재 요청
From	**nora@pqragency.co.kr**
To	**aliceway@email.com**

Dear Ms. Way:

I am writing a book about companies in Silicon Valley for a publisher in Korea. I would like your permission to reprint a section of the interview with Joseph Calloway, CEO of San Jose Solutions, on page 211 from your book, *The Valley Revolutionaries*.

I look forward to your favorable reply. Thank you.

Sincerely,
Nora Parsons

Way 작가님께:
저는 한국에 있는 한 출판사의 의뢰로 실리콘 밸리 기업들에 대한 책을 집필하고 있습니다. **작가님의 책** 『The Valley Revolutionaries』 211쪽에 있는 San Jose Solutions의 CEO Joseph Calloway와의 인터뷰 내용 일부를 전재하는 것을 허락해주셨으면 합니다.
긍정적인 답변을 기대합니다. 감사합니다.
Nora Parsons 드림

---

revolutionary 혁명론자; 혁명의   **Silicon Valley** 실리콘 밸리 (미국 샌프란시스코 남쪽 분지에 밀집된 첨단 전자 산업 지구)
reprint 전재하다, 재발행하다

★ **I would like your permission to** translate a section from your article into Korean.

기자님의 기사 일부분을 한국어로 번역할 수 있도록 허가를 받고 싶습니다.

I am writing to obtain your permission to include one of your movie posters for *Gone without a Kiss* in an upcoming book on Hollywood films.

귀사의 〈Gone without a Kiss〉 영화 포스터 중 하나를 곧 출간될 할리우드 영화에 대한 책에 게재할 수 있도록 허락을 얻고자 메일 드립니다.

With your permission, we would like to use the graphics for our website.

허락해 주신다면, 그 시각 자료를 저희 웹사이트에 사용하고 싶습니다.

Is it possible to obtain a copy of your pamphlet to make copies for our internal use?

내부용으로 쓸 복사본을 만들 수 있도록 팜플렛 사본을 얻을 수 있을까요?

internal 내부의

Could we get your permission to include your essay in our company newsletter?

선생님의 글을 저희 뉴스레터에 게재할 수 있도록 허락해주시겠어요?

★ **May I have permission to** quote a section from page 220 of *Market Invaders* in my book?

『Market Invaders』 220쪽 내용 일부분을 제 책에 인용할 수 있도록 허락해주시겠어요?

Please let me know how the permission line should read.

허가 문구가 어떻게 기재되어야 할지 알려주세요.

If you would like us to use a different wording, please let us know.

저희가 다른 표현을 쓰기 원하시면 알려주세요.

We propose to include a permission line: Reprinted with permission from Candles Corporation.

'Candles Corporation의 허가로 전재'라는 허가 문구를 삽입할 것을 제안합니다.

You would be given credit as follows: *The Power of Korean Automobiles* (New York: HarperCollins Publishers, 2004), p. 134. **Reprinted with permission from** John T. Wilson.

다음과 같이 출처가 명시될 것입니다: 『한국 자동차의 힘』 (뉴욕: HarperCollins 출판사, 2004), 134쪽. John T. Wilson의 허가로 전재.

5 다른 사람 또는 거래처 소개
Introducing Your Customers and Others

KEY POINT   예의를 갖춘 어조와 표현을 사용한다

- 비즈니스상 다른 사람을 소개하거나 추천할 때는 용건과 배경을 설명하되 이름, 직책, 회사명 등의 정보를 포함할 것
- 본인에게 당장은 큰 도움이 되지 않고 정보만 전달하는 차원일지라도 향후 상대방과 다른 일로 협력할 수도 있으므로 예의를 갖춘 어조와 표현으로 성의껏 작성하기

SAMPLE

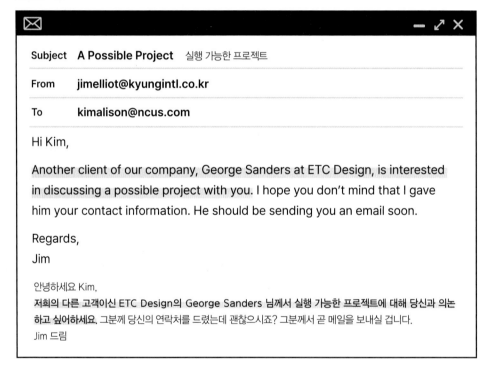

Subject **A Possible Project** 실행 가능한 프로젝트

From   jimelliot@kyungintl.co.kr

To   kimalison@ncus.com

Hi Kim,

Another client of our company, George Sanders at ETC Design, is interested in discussing a possible project with you. I hope you don't mind that I gave him your contact information. He should be sending you an email soon.

Regards,
Jim

안녕하세요 Kim,
저희의 다른 고객이신 ETC Design의 George Sanders 님께서 실행 가능한 프로젝트에 대해 당신과 의논하고 싶어하세요. 그분께 당신의 연락처를 드렸는데 괜찮으시죠? 그분께서 곧 메일을 보내실 겁니다.
Jim 드림

contact information 연락처

114

적임자 소개 요청

★ **Do you know anyone I can talk to about** the market in Italy?
이탈리아 시장에 대해 논의할 만한 사람 아세요?

★ **Do you know the right person to ask about** the type of materials to use for the new product?
신제품에 사용해야 할 소재에 대해 문의할 수 있는 적임자를 아십니까?

Who would be the best authority on collecting this type of information?
이런 종류의 정보 수집에 있어서 최고 권위자가 누구일까요?

If you could recommend a reliable architect, **I would greatly appreciate it.**
믿을 만한 건축 설계사를 추천해주시면 정말 감사하겠습니다.

I would appreciate your introducing me to an attorney **with** prior **experience with** Korean corporations.
한국 기업을 맡아본 경험이 있는 변호사를 소개해주시면 감사하겠습니다.

Could you introduce me to a person who can assist me with hiring project managers?
프로젝트 관리자 채용과 관련해 저를 도와주실 분을 소개해주시겠어요?

If you could introduce me to Mr. Seville **at** Seville Josh & Associates, **I would be grateful.**
Seville Josh & Associates의 Seville 씨를 소개해주시면 감사하겠습니다.

115 다른 사람에게 상대방을 추천하는 경우

★ **I passed your name on to** an associate, who is in the market for a training consultant.

교육 컨설턴트를 찾고 있는 동료에게 당신의 이름을 알려줬습니다.

pass on ~을 주다, 전달하다

Jane Liu at the Hong Kong Bank **wants to meet you and** would like to have lunch with the two of us soon.

홍콩 은행에 있는 Jane Liu가 당신을 만나고 싶어 하고 우리 둘과 조만간 점심 식사를 하고 싶어 합니다.

A friend of mine, Shane Olson, is looking for an attorney in Korea, and **I referred** him **to you**.

제 친구 Shane Olson이 한국에 있는 변호사를 찾고 있어서 당신을 소개했습니다.

Ms. Songee Han at EZD Software **wanted me to introduce him to you.**

EZD Software의 한송이 씨가 당신에게 자신을 소개해달라고 하시더군요.

A former co-worker **asked me to recommend a reliable** architect, **so I gave him your name.**

예전 동료가 믿을 만한 건축 설계사를 추천해달라고 해서 설계사님의 성함을 알려줬습니다.

★ Dongyeon Lee, the CEO of TBL, **should be sending you an email soon.**

TBL의 CEO인 이동연 대표가 곧 메일을 보내드릴 겁니다.

A colleague of mine, Janice Ho in accounting, **wanted your contact information. I hope you don't mind that I gave it to** her.

회계 부서에 있는 제 동료 Janice Ho가 당신의 연락처를 원했습니다. 연락처를 알려줬는데 괜찮으시죠?

116 상대방에게 다른 사람을 추천할 경우

I will have Joey **contact you. He can probably help you find the right** manager.

Joey가 연락드리도록 하겠습니다. 아마 적합한 매니저를 찾으시는 데 도움을 드릴 수 있을 겁니다.

I would have to say Paul Jo **is probably the best authority on that type of information. Here's** his **contact information:**

그런 종류의 정보에는 Paul Jo가 아마 최고의 권위자인 것 같습니다. 여기 그의 연락처입니다.

Since I'm not sure there's anyone here that can answer that, **I'll forward your email to** John Evans at our San Francisco office.

그 문의에 답변할 수 있는 사람이 여기에는 없는 듯하니 보내주신 메일을 당사의 샌프란시스코 지사에 있는 John Evans에게 전달하겠습니다.

★ **You might want to contact** Sam Moran at the Dallas office to get that info.

그 정보를 얻기 위해서는 댈러스 지사에 있는 Sam Moran에게 연락해보시는 것이 좋을 것 같습니다.

Jay Kim **can probably help you with** that. **I will have him call you.**

Jay Kim이 아마 그 문제에 대해 도움을 드릴 수 있을 것 같습니다. 전화드리라고 하겠습니다.

If you're interested, there's a Korean **company** that wants to enter the online gaming market in the U.S.

관심이 있으시다면, 미국 온라인 게임 시장에 진출하려는 한국 회사가 한 곳 있습니다.

정보 및
자료
제공

Dictionary of Business Email Expressions

1 정보·자료 제공
Sending Information and Materials

- 먼저 메일의 목적을 구체적으로 설명하고, 정보나 자료를 첨부할 경우에는 따로 언급하기
- 문의에 대한 회신이라면 회사나 제품 홍보의 기회가 될 수도 있으므로 친절하고 예의 바른 어조로 작성하도록 함
- 당장 조치를 취할 수 없는 상황일 때는 이행 가능한 날짜를 명시하여 답신을 보내는 것이 좋음
- 첨부 파일이 보편적으로 쓰는 형식이 아닐 경우에는 상대방이 열기 어려울 수 있으므로 짧은 내용이면 본문에 직접 쓰고, 파일로 첨부하면 파일 형식이 무엇인지 메일 본문에 명시

SAMPLE

Subject	**Product Catalog** 제품 카탈로그
From	**harold@safeproducts.com**
To	**tnelson@email.com**

Dear Ms. Nelson:

In response to your email of December 1, I'm pleased to be able to send you our comprehensive product catalog, attached in PDF format. The catalog contains pricing, shipping, and warranty information. If you have further questions, I would be glad to personally answer them. Meanwhile, I look forward to your first order.

Sincerely,
Harold Lee

Nelson 님께:
12월 1일에 보내주신 이메일에 대한 답변으로, 저희의 종합 카탈로그를 PDF 형식으로 첨부해 보내드릴 수 있게 되어 기쁩니다. 카탈로그에는 가격, 배송 및 보증 정보가 실려 있습니다. 추가 질문이 있으면 제가 기꺼이 직접 답변을 드리겠습니다. 그 동안에 저는 첫 주문을 기다리고 있겠습니다.
Harold Lee 드림

in response to ~에 대한 응답으로   **comprehensive** 포괄적인   **personally** 직접

★ **I'm attaching** the market survey **you requested.**
요청하신 시장 조사서를 첨부합니다.

★ **I am sending you** the proposal **from** Joy Company **for your review.**
검토하시도록 Joy Company의 제안서를 보냅니다.

★ **I am attaching** our ideas for the booth design **for your consideration.**
저희의 부스 디자인 안을 첨부하니 고려해주시기 바랍니다.

★ **I have attached** the preliminary budget **for your approval.**
승인을 받기 위해 임시 예산을 첨부드렸습니다.

preliminary 임시의, 예비의

For your information, I am attaching the minutes from yesterday's project progress meeting.
참고하시도록 어제 있었던 프로젝트 경과 회의의 회의록을 첨부합니다.

for your information[reference] 참고용으로

For your personal use only, we are attaching the photos of the accident.
개인 용도로만 사용하시도록 사고 사진을 첨부합니다.

We are sending this information for your comments.
의견을 구하고자 이 정보를 보내드립니다.

We have attached the requested report for your files.
보관용으로 요청하신 보고서를 첨부합니다.

for (one's) files 문서 보관용으로

★ **I am happy to answer your questions about** the project. **They are as follows:**

그 프로젝트와 관련한 질문에 답변드리게 되어 기쁩니다. 답변은 다음과 같습니다.

I hope the following information on the procedure for joining the Midland Chamber of Commerce **will prove helpful.**

미국 중부 지방 상공 회의소 가입 절차에 대한 다음 정보가 도움이 되었으면 합니다.

You can also access more information on specific models **on** our website.

저희 웹사이트에서 특정 모델에 대한 더 많은 정보를 얻으실 수 있습니다.

Thank you for your email. Our website address is www.wearesoftware.com.

메일 주셔서 감사합니다. 저희 웹사이트 주소는 www.wearesoftware.com입니다.

To answer your question, our books **are certainly available for** bulk purchase. **I have attached** a list of available titles.

문의에 답변드리자면, 저희 책은 당연히 대량 구매가 가능합니다. 구입 가능한 출판물 목록을 첨부했습니다.

title 책, 출판물

Regarding your questions about our X37 model, **our answers are as follows:**

X37 모델에 대한 문의와 관련해 저희의 답변은 다음과 같습니다.

Regarding your inquiry about our tour packages to Mexico, **we currently offer** 25 types of packages to five cities.

멕시코 여행 패키지에 대해 문의하신 것과 관련하여, 저희는 현재 5개 도시로 가는 25가지 패키지를 제공하고 있습니다.

Per your request, we have listed below our suggested topics for your training program:

요청에 따라 저희가 제안해드리는 연수 프로그램 주제를 아래에 열거해보았습니다.

per ~에 의하여

With reference to your request for information on fall international student enrollment, **our general requirements are as follows:**

국제 학생 가을 입학 관련 자료에 대한 문의와 관련하여, 저희의 일반적인 요건은 다음과 같습니다.

The following is the information you requested:

요청하신 정보는 다음과 같습니다.

★ **Additional information is available on our website.**

추가 정보는 저희 웹사이트에서 확인하실 수 있습니다.

119 첨부 자료 언급

We are pleased to be able to send you our latest catalog.

저희의 최신 카탈로그를 보내드릴 수 있게 되어 기쁘게 생각합니다.

The requested pictures of our line of office desks and chairs **are attached.**

요청하신 책상과 의자 전 품목의 사진을 첨부합니다.

★ A copy of our most recent annual report **is attached.**

당사의 최근 연례 보고서를 첨부합니다.

★ **Attached is the information you requested in** Excel **format.**

요청하신 자료를 엑셀 형식으로 첨부했습니다.

We are pleased to send you the information you requested regarding our network software. A complete list of software and pricing **is attached in** PDF **format.**

네트워크 소프트웨어와 관련해 요청하신 자료를 보내드리게 되어 기쁩니다. 전체 소프트웨어 및 가격의 목록을 PDF 형식으로 첨부합니다.

Attached is the company policy on overtime.

초과 근무에 관한 회사의 방침을 첨부합니다.

Regarding your request for information on our scope of services, Jeff McDonald **has asked me to send you the attached** brochure of our services.

저희 회사가 제공하는 서비스 분야에 대한 자료 요청과 관련하여, Jeff McDonald의 지시에 따라 서비스 안내 책자를 첨부해 보내드립니다.

I am pleased to attach a full-color brochure **illustrating** our financial services.

저희가 제공하는 금융 서비스를 잘 설명하는 컬러 브로슈어를 첨부하게 되어 기쁘게 생각합니다.

> **illustrate** 설명하다   **full-color** 컬러판의, 총천연색의

I hope the attached information will prove helpful.

첨부된 자료가 도움이 됐으면 합니다.

In response to your query, I'm attaching the specification for the X-900 model.

문의에 대한 답변으로, X-900 모델에 대한 설명서를 첨부합니다.

★ **In response to your request, we are attaching** a copy of the September issue of our newsletter.

요청하신 대로, 저희의 9월호 뉴스레터를 첨부합니다.

In response to your question about discounts for cash payment, **we have attached** a spreadsheet **showing** discount rates per each item we offer.

현금 결제 할인 문의에 대한 답으로, 저희가 제공하는 각 품목별 할인율을 보여주는 스프레드시트를 첨부드립니다.

Attached is our special report **you have requested on** El Paso.

엘파소 시에 대해 요청하신 특별 보고서를 첨부합니다.

★ **I am forwarding the email from** Kevin Ashford.

Kevin Ashford가 보낸 메일을 전달해드립니다.

2 자료·물품 별도 송부
Sending Materials or Items Separately

KEY POINT **따로 보내는 것이 무엇인지 구체적으로 명시한다**

■ 별도로 보내는 자료나 물품이 무엇인지 구체적으로 명시하기
■ 송부 날짜와 방식은 되도록 정확하게 알려주기
■ 송부가 늦어지는 경우에는 그 이유를 설명하도록 함

SAMPLE

✉   — ↗ ✕

Subject   **Accessories Samples**   액세서리 견본

From   **julie@goldenheart.co.kr**

To   **carlpark@accindubai.com**

Hi Carl,

Regarding the requested samples of our line of fashion accessories, we are attaching high-resolution photos of our gold, silver, and pearl accessories, including necklaces, earrings, and bracelets. Actual samples of lower price items will be shipped today via DHL, which should reach you in a few days.

Please let me know if you need anything else.

Regards,

Julie

안녕하세요 Carl,
패션 액세서리 전 제품의 견본 요청과 관련해 목걸이, 귀고리, 팔찌를 포함한 금, 은, 진주 액세서리의 고화질 사진을 첨부합니다. 저가 품목의 현품 견본은 오늘 DHL로 발송될 것이며 며칠 이내에 도착할 것입니다.
추가로 필요하신 것이 있으면 말씀하세요.
Julie 드림

---

high-resolution 고화질의   **bracelet** 팔찌   **actual sample** 현품 견본

We mailed the brochure today.
오늘 우편으로 브로슈어를 발송했습니다.

You should be receiving the catalog **soon.**
곧 카탈로그를 받으실 수 있을 겁니다.

★ **We are sending the requested** product sample **by** courier today.
요청하신 제품 샘플을 오늘 택배로 보내겠습니다.

courier 택배(업자)

★ **We have shipped** three copies of your book **by** FedEx.
작가님의 저서 세 부를 FedEx로 발송했습니다.

★ **We are forwarding you** our latest catalog **under separate cover.**
저희의 최신 카탈로그를 별도로 전달해드리겠습니다.

under separate cover 별도로

The press kit **should arrive by mail by** June 10.
홍보용 보도 자료는 6월 10일까지 우편으로 도착할 겁니다.

press kit (홍보를 위한) 보도 자료

I'm sending via express mail an information packet about the Safari Wheels program for dealers.
판매업자를 위한 Safari Wheels 프로그램 관련 정보 모음집을 빠른 우편으로 보내드리겠습니다.

information packet 정보 모음집   *dealer* 판매업자, 판매점

This is to inform you that the information booklet on summer camps **you requested will be express-mailed** tomorrow.
요청하신 여름 캠프 정보 소책자가 내일 빠른 우편으로 발송될 예정임을 알려드립니다.

Enclosed in a separate package are our carpet samples **you requested.**
요청하신 당사의 카펫 샘플을 별도 소포로 동봉했습니다.

I'm attaching last year's program schedule. **After I receive** this year's tentative schedule from the PR team, **I will forward that as well.**

작년 프로그램 일정을 첨부합니다. 홍보팀에서 금년의 잠정적인 일정을 받으면 그것도 전달해드리겠습니다.

I will forward you the full meeting minutes by Friday.

전체 회의록을 금요일까지 전달해드리겠습니다.

The rest of the reports **should be emailed to you no later than** October 1.

나머지 보고서는 늦어도 10월 1일까지 메일로 보내드리겠습니다.

rest 나머지

We thank you for your inquiry and are pleased to attach the digital samples of our online program. Sample course books for our offline program **are being packaged and should be shipped within a few days.**

문의에 감사드리며, 저희 온라인 프로그램의 디지털 샘플을 첨부하게 되어 기쁩니다. 오프라인 프로그램 관련 샘플 교재는 포장 중이며 며칠 내로 발송될 것입니다.

Attached is the requested product list. Product photos **will be sent to you by** courier tomorrow.

요청하신 제품 목록을 첨부했습니다. 제품 사진은 내일 택배로 발송될 것입니다.

Tips & More

■ 특송 업체

미국에서는 서류나 소포를 보낼 때 국내외를 불문하고 특송 업체를 많이 이용하는데, 메일상에서 보통 운송 회사의 상호를 명시하는 것이 일반적이다. 대표 업체로는 FedEx, DHL, UPS, TNT, USPS Primary Mail Express 등이 있다.

3 정보 제공 거절
Declining to Provide Information

KEY POINT 정보를 제공할 수 없는 이유를 간략히 밝힌다

- 때로는 요청받은 정보나 자료를 보유하고 있지 않거나 내부 사정상 제공할 수 없는 경우가 있음
- 이럴 때는 상대방에게 사과한 다음, 정보 제공을 정중하게 거절하기

SAMPLE

Subject	**New Investment Information** 신규 투자 정보
From	**george@hanconsulting.co.kr**
To	**terryhansen@email.com**

Hi Terry,

Regarding your questions about the new investment, I am sorry that we are unable to provide that information because we have not received any information from the seller or the potential investors. My advice is for you to contact either party directly to get the answers.

Best,
George

안녕하세요 Terry,
신규 투자에 대한 문의와 관련하여, 판매자나 잠재 투자자로부터 어떠한 정보도 받지 못했기 때문에 정보를 제공해드릴 수 없어 유감으로 생각합니다. 그중 한쪽에 직접 연락을 취해 정보를 얻으시는 것이 좋을 듯합니다.
George 드림

investment 투자   **potential investor** 잠재 투자자   **party** 당사자, 담당자

I don't have that info. Let me check with Frank **and get back to you on that.**

그 정보가 저에게 없네요. Frank에게 알아보고 다시 연락드릴게요.

★ **Unfortunately, I don't have that information.**

안타깝게도 저에게 그 정보가 없습니다.

The truth is I'm not qualified to discuss that topic.

사실 저는 그 주제에 대해 논의할 자격이 없습니다.

Although we would like to help, we do not have the type of photos **you are requesting.**

도움을 드리고 싶으나, 저희는 요청하신 종류의 사진을 보유하고 있지 않습니다.

We apologize for not being able to answer your questions at this time.

현 시점에서 질문에 답변을 드릴 수 없기에 사과드립니다.

I am afraid that we are unable to fulfill your request as we have discontinued the item.

유감스럽게도 그 품목은 단종되었기 때문에 요청을 처리할 수 없습니다.

discontinue 중단시키다

That particular question is not within my area of expertise. I recommend that you email Nancy Hobbs, **who may be able to assist you.**

그 특정 질문은 제 전문 분야가 아닙니다. Nancy Hobbs가 도움을 드릴 수 있을지도 모르니 메일을 보내보시길 권합니다.

particular 상세한, 특정한   area of expertise 전문 분야

I'm sorry, but that information is confidential.

죄송하지만, 그 정보는 기밀입니다.

I am not allowed to discuss the Highland case.

저는 Highland 사건에 대해 언급할 수 없게 되어 있습니다.

I do not have the authority to provide the data to you.

그 자료를 제공할 권한이 저에게 없습니다.

Unfortunately, the design is proprietary to NexCon, so emailing it would be impossible.

안타깝지만 그 디자인은 NexCon 소유이기에 메일로 보내드리는 것은 불가능합니다.

be proprietary to ~의 소유이다

I am sorry to say divulging any information regarding our clients **is forbidden.**

고객 관련 정보 누설은 금지되어 있다는 말씀을 드리게 되어 유감입니다.

divulge 누설하다　forbidden 금지된

As much as I would love to help you, I am unable to do so due to the highly classified nature of the information.

진심으로 도와드리고 싶지만, 극비 정보이기 때문에 불가능합니다.

highly classified 극비의, 일급 비밀의

As we are in discussions with another supplier, **we are unable to send you** the schematics **at this time.**

다른 납품 업체와 논의 중이므로 현재는 설계도를 보내드릴 수 없습니다.

schematics 설계도, 개략도

4 수령 확인
Confirming Receipt

KEY POINT **자료나 정보가 도착하면 바로 알린다**

■ 요청한 자료나 정보가 도착하면 즉시 상대방에게 받았다고 알리기
■ 수령 날짜와 자료나 물품의 명칭을 정확하게 쓰고 감사의 뜻을 전하기
■ 필요하면 향후 조치도 언급

SAMPLE

> ✉   — ↗ ✕
>
> **Subject**   **Acknowledgment of Safari Wheels Information Packet**
>
>   Safari Wheels 관련 정보 모음집 수령 확인
>
> **From**   **stephen@darakwon.co.kr**
>
> **To**   **cecil@safariwheels.com**
>
> Hi Cecil,
>
> Thank you for sending us the information packet about the Safari Wheels program for dealers. The express mail package arrived this morning. We will review the packet and contact you again soon.
>
> Regards,
> Stephen
>
> 안녕하세요 Cecil,
> 판매업자를 위한 Safari Wheels 프로그램 관련 정보 모음집을 보내주셔서 감사합니다. **오늘 아침에 빠른 우편으로 소포가 도착했습니다.** 모음집 검토 후 곧 다시 연락드리겠습니다.
> Stephen 드림

acknowledgment 수령[접수] 확인

Tom, **just letting you know that I got** the data **you sent** this afternoon. **Much obliged.** `비격식`

Tom, 당신이 보낸 자료를 오늘 오후에 받았다는 것을 알려주려고요. 정말 고마워요.

I got your email this morning. **Thank you so much! I'll get back to you soon with** my comments.

오늘 아침 메일을 받았습니다. 정말 감사합니다! 저의 의견을 담아 곧 답장을 드리겠습니다.

We received your information packet today.

오늘 귀사의 정보 모음집을 받았습니다.

Thank you for the catalog, **which arrived** today.

오늘 도착한 카탈로그 잘 받았습니다.

Thank you for the samples **that arrived** this afternoon. **They will be useful in helping us make our decision.**

오늘 오후 도착한 샘플 잘 받았습니다. 저희가 결정을 내리는 데 도움이 될 것입니다.

I received the photos of the items today. **Thank you for your assistance.**

오늘 제품 사진을 받았습니다. 도와주셔서 감사드립니다.

★ **Thank you so much for** the course books. **The package arrived** yesterday.

교재 감사히 잘 받았습니다. 어제 소포가 도착했습니다.

We are in receipt of the minutes **of** the February 20 meeting.

2월 20일 자 회의록을 받았습니다.

This is to acknowledge receipt of the summer camp booklet **you sent us.**

보내주신 여름 캠프 소책자를 수령했음을 알려드립니다.

This is to confirm that the DHL **package containing** the samples of accessories **was received** today.

액세서리 샘플이 들어 있는 DHL 소포를 오늘 수령했음을 확인해드리고자 메일을 보냅니다.

도움
및
조언

Dictionary of Business Email Expressions

1 도움 요청
Requesting a Favor

KEY POINT 도움을 줄 사람을 지칭해서 작성한다

- 도움을 받으려면 To whom it may concern(담당자님께) 같이 일반적인 표현을 쓰는 것보다, 도움을 직접 줄 수 있는 특정인에게 메일을 쓰는 것이 더 효과적
- 맺음말에서는 요청 수락에 대한 감사 인사를 미리 전하기

SAMPLE

✉   — ⤢ ✕

Subject	**Need A Favor** 도움 요청
From	hyunwoo@doraemitech.com
To	steve@kimnjane.com

Dear Steve,

I was wondering if you could do me a favor. Could you send me the name and telephone number of your contact at L&C Technologies?

I want to talk to L&C about possibly providing us with reliable components to use in our Bluetooth speakers, including your OEM line. I'm sure that if L&C and Doraemi Tech can work together, we could actually cut costs in R&D and also pass on the savings to you.

Your cooperation would be greatly appreciated.

Sincerely,
Hyeonwoo

안녕하세요 Steve,
부탁 하나 들어주실 수 있는지요? L&C Technologies의 그쪽 거래 담당자 성함과 전화번호를 보내주시겠어요? 귀사의 OEM 라인을 포함하여, 저희 블루투스 스피커에 사용할 품질 좋은 부품을 제공해줄 수 있는지 L&C 측과 논의해보고 싶습니다. L&C와 Doraemi Tech가 협력하면 연구 개발 비용을 절감할 수 있고 귀사에 그 절감 비용을 돌려드릴 수 있을 거라고 확신합니다.
도와주시면 대단히 감사하겠습니다.
현우 드림

도움 요청

★ **Could you do me a favor?**

부탁 하나 들어주시겠어요?

★ **I need a big favor. Can you** track down an order for me?

큰 부탁이 있어요. 주문 건 하나를 추적해줄 수 있겠어요?

> track down ~을 추적하다, ~의 행방을 알아내다

★ **I am writing to ask you a favor. Do you think I could** borrow a few of your books on financial accounting?

부탁 하나 드리려고 메일을 씁니다. 재무 회계 관련 책 몇 권을 빌릴 수 있을까요?

I was wondering if you could write a recommendation letter as part of my MBA application.

혹시 제 MBA 지원서에 넣을 추천서를 써주실 수 있을지요?

> MBA (= Master of Business Administration) 경영학 석사

Can you meet with the client at 7:00 p.m. tomorrow evening to discuss the schedule?

일정 논의를 위해 내일 저녁 7시에 고객을 만나실 수 있나요?

I hate to trouble you with this, but can you tell Stephanie in Sales **to** get in touch with J. C. Kim about the order?

귀찮게 해서 미안한데, 영업부에 있는 Stephanie에게 주문 건에 대해 J. C. Kim과 연락하라고 전해주겠어요?

> get in touch with ~와 연락하다, 접촉하다

Would it be okay if I sent you my presentation draft **for your review? Your expertise would be extremely helpful.**

검토하실 수 있도록 제 프레젠테이션 초안을 보내드려도 괜찮을까요? 당신의 전문 지식이 큰 도움이 될 거예요.

> draft 초안   expertise 전문적인 지식

I wonder if you could spare ten minutes of your time on the phone sometime next Tuesday. I have a few questions about auto mechanics.

다음 주 화요일 중 10분 정도 통화할 시간을 내줄 수 있으신지 궁금합니다. 자동차 기계학에 대해 몇 가지 질문이 있습니다.

spare (시간이나 돈을) 내다

Could we get an extra set of your training material **for our records?**

기록 보관용으로 교육 자료 한 세트를 별도로 받을 수 있을까요?

extra 별도의, 추가의

I'm sorry to inconvenience you, but do you think you could spend a few hours tomorrow afternoon giving a short tour of our Alabama factory to Mr. Charles Scott?

번거롭게 해드려 죄송합니다만, Charles Scott 씨를 모시고 내일 오후 몇 시간 동안 저희 앨라배마 공장 견학을 시켜드릴 수 있으실까요?

inconvenience 불편하게 하다; 불편, 폐가 되는 일

I would appreciate it if you could attend the meeting to clarify your position on the proposed policy changes.

회의에 참석하셔서 방침 변경 제안에 대한 입장을 명확히 해주시면 감사하겠습니다.

clarify 명확히 하다, 알아듣기 쉽게 설명하다

As I was unable to attend your presentation last week, **I would greatly appreciate your sending me** a copy of the handout.

지난주에 하셨던 프레젠테이션에 참석하지 못했기에, 유인물을 저에게 보내주시면 대단히 감사하겠습니다.

handout 유인물, 인쇄물

Could you possibly talk to her in person to clear up the recent issues with delivery?

최근 발생 중인 배송 문제 해결을 위해 당신이 그녀를 직접 만나 얘기해볼 수 있을까요?

in person 직접 만나서, 얼굴을 맞대고   clear up 해결하다, 정리하다, 없애다

Could you also send us the specific dates for each process listed on your preliminary schedule?

보내주신 임시 일정표에 나와 있는 각 절차에 배정된 상세 일정도 보내주시겠어요?

If it's not too much trouble, could you send the product sample to the following address directly from your factory?

많이 번거롭지 않으시면 제품 견본을 그쪽 공장에서 다음 주소로 바로 보내주시겠어요?

Could you please forward me John Quinn's proposal **by email**?

John Quinn의 제안서를 메일로 전달해주시겠어요?

Reviewing the contract, **I came across** a section **that I could not fully understand. Could you explain** paragraph 12 in layman's terms?

계약서를 검토하는 중에 확실히 이해되지 않는 부분을 발견했습니다. 제12조를 비전문가도 알 수 있는 쉬운 용어로 설명해주시겠어요?

> **layman** 문외한, 전문 지식이 없는 사람

So that we can obtain an objective view of any potential underlying problems, **could you forward us** your team's assessment of the MOU?

발생 가능한 잠재적 문제들을 객관적으로 볼 수 있도록 양해 각서에 대한 그쪽 팀의 평가서를 보내주시겠어요?

> **underlying** 잠재적인   **MOU** (= memorandum of understanding) 양해 각서

Would it be possible for you to bring a full set of drawings for the project?

혹시 프로젝트 전체 도면 한 세트를 가져오실 수 있으신지요?

> **drawing** 도면

Would it be too much trouble for you to send us the details of Mr. Armstrong's schedule in Korea?

크게 폐가 되지 않으면 Armstrong 씨의 한국 일정을 저희에게 보내주시겠어요?

We are in the process of producing a new brochure for the company and **would like to ask you for** a blurb about our service.

당사의 새 브로슈어를 만드는 중인데 저희 서비스에 대한 짧은 추천글을 부탁드렸으면 합니다.

> **in the process of** ~ 중, ~ 진행 중   **blurb** 짧은 추천글

When your schedule permits, please send me the following relating to the first commercial shoot:

1. A copy of the original script
2. Digital file of the commercial
3. The client's written comments

편하신 시간에 첫 번째 촬영 광고와 관련한 다음 자료를 보내주시기 바랍니다.

1. 원 대본의 사본
2. 광고의 디지털 파일
3. 광고주가 작성한 의견

Would it be possible for you to contact your friend George Kaplan to speak at this year's seminar for U.S. employees on providing exceptional customer value?

친구분인 George Kaplan에게 연락하셔서 미국 직원들을 위한 올해 세미나에서 특별한 고객 가치 제공에 대한 강연을 부탁해주실 수 있을까요?

If you could send me the minutes of yesterday's meeting, **I would be grateful.**

어제 회의의 회의록을 보내주시면 감사하겠습니다.

We are planning to open a new office in New York and **would appreciate your assistance in** locating a real estate agent in the area.

뉴욕에 새로 사무실을 열 계획인데 그 지역의 부동산 중개인을 찾는 데 도움을 주시면 감사하겠습니다.

Would you be so kind as to send us the new schematics?

새로운 설계도를 좀 보내주실 수 있으세요?

schematic 설계도, 개략도, 배선 약도

2 긴급 요청
Indicating Urgency

KEY POINT 요청에 응하면 상대방이 얻을 이득을 언급한다

- 시간이 촉박하여 무언가를 재촉해야 하는 상황에서는 무엇이, 왜, 언제까지 필요한지를 명확히 알리는 것이 중요
- 먼저 상대방의 바쁜 일정에 대해 알고 있음을 언급한 후, 요청을 수락하는 것이 상대방에게도 이득이 될 수 있다고 설명하면 비교적 빠른 반응을 이끌어낼 수 있음

SAMPLE

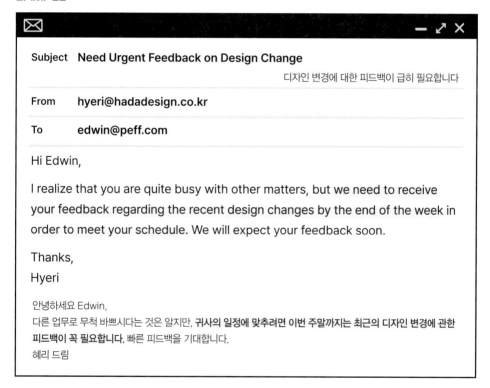

Subject **Need Urgent Feedback on Design Change**

디자인 변경에 대한 피드백이 급히 필요합니다

From hyeri@hadadesign.co.kr

To edwin@peff.com

Hi Edwin,

I realize that you are quite busy with other matters, but we need to receive your feedback regarding the recent design changes by the end of the week in order to meet your schedule. We will expect your feedback soon.

Thanks,
Hyeri

안녕하세요 Edwin,
다른 업무로 무척 바쁘시다는 것은 알지만, 귀사의 일정에 맞추려면 이번 주말까지는 최근의 디자인 변경에 관한 **피드백이 꼭 필요합니다.** 빠른 피드백을 기대합니다.
헤리 드림

in order to ~하기 위해

126 긴급한 협조 요청

Pete, I seriously need that info. **Please send ASAP.** `비격식`

Pete, 그 정보가 꼭 필요합니다. 최대한 빨리 보내주세요.

Could you please call John **right away?**

John에게 즉시 전화해주시겠어요?

★ **We really need your decision by** this Friday at 2:00 p.m. **at the latest.**

아무리 늦어도 이번 주 금요일 오후 2시까지는 꼭 결정해주셔야 합니다.

at the latest 아무리 늦어도

Joe, **we really need your help. Because of** sudden changes in design, **we are scrambling to get all the new elements into place** before the client's visit.

Joe, 당신 도움이 절실해요. 갑작스러운 디자인 변경으로 저희는 고객이 방문하기 전에 새로운 요소 모두를 짜맞추기 위해 바쁘게 움직이고 있습니다.

scramble 허둥대다   get ~ into place ~을 제자리에 맞추다

★ **We cannot delay any longer. Please send your response as soon as possible.**

더 이상 늦출 수 없습니다. 신속히 답변을 보내주시기 바랍니다.

Please complete the report **as soon as possible.**

보고서를 가능한 한 빨리 완료해주시기 바랍니다.

Since this is a critical issue for the company, please investigate the current situation in Sacramento right away and report back to us.

이번 일은 당사에 아주 중요한 문제이므로 새크라멘토의 현재 상황을 즉시 조사한 후 우리 쪽에 보고해주시기 바랍니다.

critical issue 중요한 문제, 쟁점

Could you let me know if there is a particular reason why this decision is being delayed?

이번 결정이 늦어지는 데 어떤 특별한 이유라도 있는지 알려주시겠어요?

I realize you have a loaded schedule, but your cooperation is absolutely necessary.

일정이 빠듯하다는 것은 알지만, 협조가 절대적으로 필요합니다.

loaded 무거운, 꽉 찬

We require your immediate action without further delay.

더 이상의 지체 없이 즉각적인 조치를 취해주실 것을 요청드립니다.

It's absolutely imperative that you revise the specification **immediately.**

명세서를 즉시 수정해주셔야만 합니다.

absolutely 절대적으로   imperative 필수의

I cannot stress enough the urgent nature of this situation.

이번 사태는 매우 긴급합니다.

cannot ~ enough 아무리 ~해도 부족하다

Meeting the deadline **requires** your team's swift action on this issue.

마감 기한을 지키려면 이 문제에 관한 그쪽 팀의 빠른 조치가 필요합니다.

swift 빠른

Due to the urgent nature of this matter, your expediting the request is essential. 격식

이번 사안은 매우 긴급하므로 요청을 신속히 처리하셔야 합니다.

expedite 신속히 처리하다

We're late as it is, so I would appreciate your prompt response.

안 그래도 늦었는데, 즉각적인 답변을 주시면 고맙겠습니다.

as it is 안 그래도, 현재로도, 이미

Sorry for the wait.

기다리게 해서 죄송합니다.

I apologize for not sending you the address sooner.

더 일찍 주소를 보내드리지 못해 사과드립니다.

★ **I will** forward you the report **by** Monday.

월요일까지 보고서를 전달드리겠습니다.

I'll email you as soon as I get it.

받자마자 메일 드리겠습니다.

I called John this morning.

오늘 아침에 John에게 전화했습니다.

Here's the contact info:

연락처입니다.

★ **Sorry, but I need** a few more days.

죄송하지만 며칠 더 필요합니다.

3 승인 요청
Requesting Approval

KEY POINT **구체적인 요청 사항과 사유를 밝힌다**

- 상사나 비즈니스 관계에 있는 고객의 승인이나 허가, 또는 동의를 얻어야 할 때는 완곡한 어조로 요청하기
- 요청하는 내용은 구체적으로 제시하는 것이 좋음
- 상대방이 얻을 수 있는 이익을 암시하면 더욱 효과적

SAMPLE

Subject	**Request for Approval to Attend F&AT Dallas** 댈러스 F&AT 참가 승인 요청
From	john@jeanskorea.com
To	ken@jeanskorea.com

Hi Ken,

May I get your approval to attend the Fashion & Apparel Trade Show in Dallas, Texas, from July 2 to 5? Although our company has never attended the show before, I believe the exposure for our line of jeans to international buyers would be huge. My proposal is attached.

Thanks,

John

안녕하세요 Ken,
7월 2일부터 5일까지 텍사스주의 댈러스에서 열리는 Fashion & Apparel 무역 박람회 참가 승인을 받을 수 있을까요? 저희가 무역 박람회에 참가한 적은 아직까지 없지만, 해외 바이어들에게 우리의 청바지 제품을 보여주면 큰 반응을 얻을 것이라고 생각합니다. 저의 제안서를 첨부합니다.
John 드림

---

exposure (상품의) 노출

If it's all right with you, I would like to send out an official request for proposals for the new factory design-build contract.

괜찮으시면, 새 공장 설계 시공 일괄 계약 건에 대해 정식으로 제안서 요청 공고를 내고자 합니다.

design-build (= D&B) 설계 시공 일괄, 디자인 빌드 **request for proposal** (= RFP) 제안서 요청 공고

★ **Would it be okay for me to** work on the Hein-Smith project with the team from Australia?

호주에서 온 팀과 함께 Hein-Smith 프로젝트에 참가해도 될까요?

★ **Is it possible for me to** attend the sales convention in Los Angeles next month?

다음 달에 로스앤젤레스에서 개최되는 세일즈 컨벤션에 제가 참가해도 될까요?

I would like your approval for a limited marketing survey to ascertain consumer brand recognition of All Out Spray.

All Out Spray에 대한 소비자 브랜드 인지도를 확인하기 위해 제한적인 시장 조사를 할 수 있도록 승인을 받고 싶습니다.

marketing survey 시장 조사

Could I get your permission to hire a training company to teach the team members about American culture before they are sent to California?

팀원들을 캘리포니아로 보내기 전에 그들에게 미국 문화에 대해 가르쳐줄 교육 업체를 고용해도 될까요?

With your permission, I would like to discuss the contract directly with their attorneys.

허락해주신다면 그쪽 변호사들과 계약에 대해 직접 논의하고 싶습니다.

May I join the meeting tomorrow **so that I can** present our team's ideas on the proposed project?

제안된 프로젝트에 대한 저희 팀의 의견을 발표할 수 있도록 제가 내일 회의에 참석해도 될까요?

I respectfully request a leave of absence to attend to my mother's funeral.

격식

어머니 장례를 치르기 위해 정중히 휴가를 요청합니다.

leave of absence 휴가

129   외부의 승인 · 동의 요청

Is it possible for us to receive the finished product a week earlier?

완성품을 일주일 일찍 받아볼 수 있을까요?

Is it possible for us to extend the decision **date** to March 22 **so that** our CEO has time to review the proposal?

저희 CEO께서 제안서를 검토하실 수 있도록 3월 22일로 결정 날짜를 연장해도 되겠습니까?

Is there any chance that a colleague of mine, Stephen K. Choi, can spend a day at your office on May 13?

제 동료인 Stephen K. Choi가 5월 13일에 귀사의 사무실에서 일을 해도 될까요?

Would it be possible for the members of my club to use the vacant lot in front of your warehouse **to** practice soccer every Wednesday evening?

귀사의 창고 앞 공터에서 저희 동호회 회원들이 수요일 저녁마다 축구 연습을 해도 될까요?

vacant lot 공터

Could we move up the release date a week earlier to December 20?

출시 날짜를 12월 20일로 앞당길 수 있을까요?

move up (날짜를) 앞당기다   release date 출시 날짜

Would you consider joining the board of directors for one year?

일 년간 이사회에 가입하는 게 어떠시겠어요?

If it is at all possible, I would like my daughter to be wait-listed for your school.

혹시 가능하면 제 딸을 귀교의 대기 명단에 올렸으면 합니다.

We would like your permission to add three days to the project schedule **to account for** the shutdown from the storm.

폭풍으로 임시 휴업을 했으니 프로젝트 일정에 3일을 추가하는 것을 승인해주시기 바랍니다.

account for ～의 원인이 되다, ～에 대해 해명하다　　shutdown 임시 휴업, 폐쇄

Could I possibly get on the waiting list?

혹시 대기자 명단에 올려주실 수 있나요?

Would it be acceptable to you if I express-mailed the documents **instead of** sending a large file by email?

이메일로 대용량 파일을 보내는 대신 빠른 우편으로 서류를 보내도 될까요?

Could I send the information **directly** to Mr. Klein in Accounting?

회계팀의 Klein 씨에게 자료를 직접 보내도 될까요?

Could you extend the warranty period of the office printers by one month **since we were only able to** unpack the boxes yesterday?

어제에서야 사무용 프린터 상자의 포장을 풀어볼 수 있었으니 프린터의 보증 기간을 한 달 연장해주실 수 있나요?

If it's not too much of an inconvenience, could we move the meeting to August 2?

크게 번거롭지 않으시면, 회의 일정을 8월 2일로 바꿔도 될까요?

Would it be possible to get an extension on the deadline for submitting the proposal?

제안서 제출 마감일을 연장해주실 수 있나요?

May I use your name as a reference for my job application to Songwoo Engineering?

Songwoo Engineering에 내는 입사 지원서에 당신의 이름을 추천인으로 써도 될까요?

reference (입학, 입사 지원서의) 추천인

4 요청 수락
Accepting a Request

SAMPLE

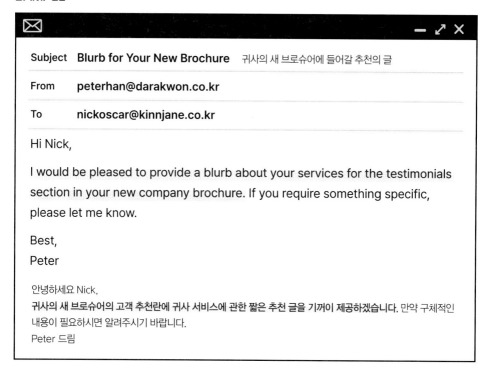

Subject **Blurb for Your New Brochure**   귀사의 새 브로슈어에 들어갈 추천의 글

From   peterhan@darakwon.co.kr

To   nickoscar@kinnjane.co.kr

Hi Nick,

I would be pleased to provide a blurb about your services for the testimonials section in your new company brochure. If you require something specific, please let me know.

Best,
Peter

안녕하세요 Nick,
귀사의 새 브로슈어의 고객 추천란에 귀사 서비스에 관한 짧은 추천 글을 기꺼이 제공하겠습니다. 만약 구체적인 내용이 필요하시면 알려주시기 바랍니다.
Peter 드림

---

blurb 짧은 추천의 글   **testimonial** 추천하는 글

You have the green light. 비격식

승인합니다.

★ **Sure! I will be delighted to** come by and look at the sample next week.

그럼요! 다음 주에 들러 기꺼이 샘플을 검토해드리겠습니다.

Just tell me the time and place, and I will be there.

시간과 장소를 알려주시면 그곳으로 가겠습니다.

Yes, I will talk to her in person and try to clear up the delivery issue.

네, 제가 그분을 직접 만나 배송 문제를 해결하도록 해보겠습니다.

clear up ~을 해결하다, 정리하다

It's no trouble at all. My comments are attached in MS Word.

전혀 번거롭지 않습니다. MS Word로 제 의견을 첨부합니다.

I'm always glad to help.

언제나 기꺼이 도와드리겠습니다.

I'm okay with you getting a new laptop computer.

새 노트북 구입을 승인합니다.

laptop (computer) 노트북

Moving the meeting to August 2 **won't be a problem.**

회의를 8월 2일로 바꾸는 것은 문제가 없습니다.

I will certainly try and track your order down **for you.** What's the order number?

고객님을 위해 주문 건을 추적해보도록 하겠습니다. 주문 번호가 어떻게 되시죠?

It will be a bit tight, but I will complete the translation by April 30.

좀 빠듯하겠지만, 번역을 4월 30일까지 마치도록 하겠습니다.

★ I just sent you the full set of drawings via courier. **Let me know if you need anything else.**

방금 도면 전체 세트를 택배로 보냈습니다. 다른 것이 필요하시면 알려주세요.

courier 택배

I can definitely spare ten minutes, **but** please call me before noon.

10분은 확실히 내드릴 수 있습니다만, 정오 전에 전화 주시기 바랍니다.

Go ahead and discuss the contract directly **with** their attorneys.

그쪽 변호사들과 직접 계약에 대한 논의를 진행해도 좋습니다.

go ahead 진행하다

I have no problems with you joining the meeting tomorrow.

당신이 내일 회의에 참석해도 문제 없습니다.

I also think it's a good idea for you **to** attend the sales convention.

저도 당신이 영업 총회에 참가하는 것이 좋은 생각인 것 같습니다.

I think we can agree to do that.

그 내용에 동의할 수 있을 것 같습니다.

Taking your unusual **circumstances into account, I'm going to approve** your **request to** turn in the thesis a week late.

특수한 상황을 고려하여, 논문 제출을 1주일 늦춰달라는 요청을 승인합니다.

take ~ into account ~을 고려하다

★ **We will be happy to** place you on the waiting list.

대기자 명단에 기꺼이 올려드리겠습니다.

waiting list 대기자 명단

As you requested, I'm attaching the schematics of the new automatic transmission model in CAD format.

요청하신 대로, 신 자동 변속기 모델의 개략도를 CAD 포맷으로 첨부합니다.

I would be more than happy to contact George Kaplan **for you.**

당신을 위해 제가 George Kaplan에게 기꺼이 연락해보겠습니다.

After some consideration, I have decided to approve your transfer to L.A.

숙고 끝에, 당신의 L.A. 전임을 승인하기로 했어요.

Regarding your request for more samples, **I would be glad to** send you ten more by next week.

추가 샘플 요청과 관련하여, 다음 주까지 기꺼이 10개를 더 보내드리도록 하겠습니다.

We have decided to grant your request for a 10-day time extension.

10일 기한 연장 요청을 수락하기로 했습니다.

I am approving your request to take two days off next week.

다음 주 이틀 휴가 요청을 승인합니다.

I accept your request to extend your decision date to March 22.

결정 일자를 3월 22일로 연장하자는 요청을 수용합니다.

★ **It would be my pleasure to** write you a recommendation letter for your MBA application.

MBA 지원을 위한 추천서를 기쁜 마음으로 써드리겠습니다.

★ **I would be glad to** take Mr. Scott on a tour of our factory tomorrow afternoon.

내일 오후 Scott 씨를 모시고 공장 투어를 기꺼이 해드리겠습니다.

I would be honored to join the board of directors for one year.

일 년간의 이사회 가입을 영광으로 생각합니다.

It would be my pleasure to allow you to use the vacant lot in front of our warehouse.

창고 앞에 있는 공터 사용을 기꺼이 허가하겠습니다.

This will serve as my permission for you to add three days to the project schedule. 격식

이것은 프로젝트 스케줄에 3일 추가를 허가하는 메일입니다.

Sure. The person you want to contact is Sue at the new business development team.
그러죠. 연락하셔야 할 분은 신사업 개발팀에 있는 Sue입니다.

I got the tip from Kimberley Preston **at** McArthur Aerospace.
McArthur Aerospace에 계시는 Kimberley Preston에게서 그 정보를 받았습니다.

The information came from Mr. Seville.
Seville 씨로부터 그 정보를 받았습니다.

I would recommend two architects **specializing in that area**: Ace Cicero and Hubert Ackerson.
그 분야를 전문으로 하는 건축 설계사인 Ace Cicero와 Hubert Ackerson 두 분을 추천하겠습니다.

Ted Henderson **would be the best authority on** the Russian market.
Ted Henderson이 러시아 시장에 관해서는 최고 권위자일 겁니다.

best authority 최고 권위자

It was Mr. Jun T. Park **who gave us the information we needed.**
저희에게 필요한 정보를 주신 분은 Jun T. Park 씨였습니다.

You may use my essay in your company newsletter.

제 에세이를 사보에 사용하셔도 됩니다.

You have my permission to quote a section from page 220 of *Market Invaders*.

『Market Invaders』 220쪽의 일부를 인용하는 것을 승인합니다.

As long as only those sections you indicated are reprinted, I accept your request.

말씀하신 그 부분들만 전재하시면, 요청을 수용하겠습니다.

as long as ~하는 한   reprint 전재하다

I am pleased to accept your request to reprint my poster for *Gone without a Kiss* **in** your book.

〈Gone without a Kiss〉의 포스터를 당신의 책에 전재하신다는 요청을 기쁘게 수락합니다.

We would be pleased to grant permission to reprint the photograph in your book.

당신의 책에 그 사진을 전재하는 것을 기꺼이 승인하겠습니다.

The permission line you suggested is acceptable.

제시하신 승인 문구 좋습니다.

Please use the following credit line and copyright note:

다음의 크레딧 라인과 저작권 표시를 사용하세요.

credit line 크레딧 라인(저작물에 곁들이는 제공자의 이름)

All reproductions of my graphics **are to be followed by the line "Reproduced with permission from** Anthony T. Kim.**"**

제 시각 자료의 모든 복제물은 'Anthony T. Kim의 허락으로 복제함'이라는 문구가 뒤이어야 합니다.

reproduction 복제물

5 요청 거절
Declining a Request

KEY POINT **유감의 표현과 함께 거절의 뜻을 명확히 전달한다**

- 요청을 거절하는 내용의 메일은 신속하게 발송하고, 상대방의 기분과 체면을 고려해 어조와 표현을 골라 쓰기
- 거절하는 경우라도 요청에 대한 감사를 표하는 것이 좋음
- 요청에 응할 수 없는 이유나 해명을 전한 후 유감 표현과 함께 거절의 뜻을 명확히 전달하기
- 맺음말에서는 대안을 제시하거나, 향후에 도와주겠다고 언급하며 긍정적으로 마무리

SAMPLE

Subject	**Permission to Reprint "Seoul Surfing"** 'Seoul Surfing' 전재 허가
From	janelee@darakwon.co.kr
To	pathammer@yourdaily.com

Dear Mr. Hammer:

Thank you for asking permission to reprint my article "Seoul Surfing" in your book. Unfortunately, the first printing rights to the article belong to my publisher, who is planning to include it in an anthology this fall. I'm sorry that I couldn't help you, but let me know if you're interested in any other article I've written.

Sincerely,

Jane Lee

Hammer 님께:

제 기사 'Seoul Surfing'을 작가님의 책에 전재하는 것이 가능한지 문의해주셔서 감사드립니다. 유감스럽게도, 그 기사의 1차 인쇄권은 출판사가 가지고 있으며, 이번 가을에 나오는 명문집에 포함될 예정입니다. 도와드릴 수 없어서 죄송하다는 말씀 드리며, 제가 쓴 다른 기사에 관해 관심이 있으시면 알려주시기 바랍니다.

Jane Lee 드림

---

anthology 명문집, 선집

133 도입부

Thanks for asking me about our sales figures in the European market.
유럽 시장 매출액 관련 문의에 감사드립니다.

Thank you for asking for information on Conrad & Associates.
Conrad & Associates 관련 문의에 감사드립니다.

I am pleased that you thought of me for information about local suppliers.
현지 납품 업체와 관련해 저에게 문의해주셔서 기쁘게 생각합니다.

This is regarding your request for an additional product sample.
추가 제품 샘플 요청과 관련해 메일을 드립니다.

134 도움 요청 거절

Chuck, **I'm sorry to say I can't help you with this one.**
Chuck, 미안하지만 이번 건은 도와줄 수 없을 것 같아요.

Sorry I can't help you. I've already given the sample to the project manager.
도와드리지 못해 죄송합니다. 이미 프로젝트 매니저에게 샘플을 드렸습니다.

Normally, I wouldn't mind taking a look at your presentation draft, **but I'm totally swamped with work.**
평소라면 개의치 않고 프레젠테이션 초안을 검토해드리겠지만, 할 일이 아주 산더미 같아요.

swamped with work 할 일이 산더미같이 많은

I hate to turn you down, but I don't think it would be proper for us to introduce you to Mr. Seville.

거절하고 싶지 않지만, 저희가 당신을 Seville 씨에게 소개해드리는 것은 부적절한 것 같습니다.

turn down ~을 거절하다

I hate saying no, but I don't feel comfortable calling him on your behalf.

거절하고 싶진 않지만, 제가 당신을 대신해 그분에게 전화하는 것은 좀 거북합니다.

on one's behalf ~ 대신에

You know I'd help you if I could, but right now, my hands are tied.

아시다시피 가능하면 당신을 도와드리겠지만, 현재 저는 옴짝달싹 못 하는 상태입니다.

one's hands are tied 옴짝달싹 못 하다, 너무 바쁘다

I can't give you my approval on this.

이번 건에 대해 승인해드리지 못하겠습니다.

I'm sorry to say that I don't know any reliable architect I can comfortably recommend.

죄송스럽게도 쉽게 추천할 수 있을 정도로 믿을 만한 건축 설계사를 알고 있지 못합니다.

I'm sorry that I won't be able to bring an extra set of drawings to the meeting **because we don't have** a spare one.

여분이 없는 관계로 회의 때 도면 여분 한 세트를 가져가지 못할 것 같아 유감입니다.

Telling Stephanie to get in touch with J.C. **wouldn't be a problem, except** she is out of the country right now.

Stephanie한테 J.C.에게 연락하라고 전하는 것은 문제가 되지 않지만, 그녀는 현재 외국에 있습니다.

I would like to help you with locating a real estate agent here, **but I really don't have any contacts in that area.**

이곳에서 부동산 중개인을 찾는 데 도움을 드리고 싶지만, 저는 사실 그 분야에 아는 분이 없습니다.

contact 연줄

I would be glad to help in any way I can, but chemical engineering **is not my field.**

어떻게든 도와드리고 싶지만, 화학공학은 제 분야가 아닙니다.

Because my schedule is completely booked until July, **I am sorry that I won't be able to** attend your meeting.

7월까지 스케줄이 꽉 찼기 때문에, 죄송스럽게도 회의에 참석하지 못할 것 같습니다.

I wish I could forward the proposal, **but it might be unethical for me to do that.**

그 제안서를 보내드리고 싶지만, 그렇게 하면 비윤리적인 일이 될 수도 있습니다.

I can understand why you want to change the design, **but we just don't have the time.**

디자인을 바꾸고 싶어하시는 이유는 알겠지만, 그럴 시간이 정말 없습니다.

I have to deny your request to conduct our own marketing survey **since it would be a duplication of effort.**

중복 업무가 될 것이기에, 당사 자체의 시장 조사 실시 요청을 거절해야겠습니다.

duplication of effort 중복 업무, 노력의 중복

As for your request for the survey report, **I'm sorry that** giving you a copy would be against company policy.

조사 보고서 요청에 대해 죄송합니다만, 사본을 드리면 회사 방침 위반이 됩니다.

I'm afraid I cannot allow you to do that.

유감이지만 그렇게 하시는 것은 허용할 수 없습니다.

We have only limited copies on hand, so **we will be unable to accommodate your request.**

저희는 한정 수량만 보유하고 있어 요청을 수용할 수 없습니다.

I am afraid that is strictly confidential.

유감스럽게도 그것은 극비입니다.

strictly confidential 극비의

I regret that I am unable to answer your request as I am on a business trip.

출장 중인 관계로 요청에 응하지 못하게 되어 유감입니다.

We have already committed to the schedule, **so we are unable to grant** a time extension.

저희는 이미 일정을 준수하기로 했으니, 기한 연장을 승인할 수 없습니다.

Because the deadline for applications has closed, **we will be unable to grant your request.**

신청 마감 기한이 종료됐으므로 요청을 승인할 수 없습니다.

Regretfully, we will not be able to put you on the waiting list **at this time.**

유감스럽게도, 현재로서는 대기자 명단에 올려드릴 수 없습니다.

I must decline your request to create additional guidelines **because it would** only create unnecessary confusion for the staff.

직원들에게 불필요한 혼동만 불러일으킬 수 있기 때문에, 추가 지침을 만들자는 요청을 거부해야겠습니다.

The schedule, unfortunately, cannot be altered.

유감스럽게도 일정은 변경할 수 없습니다.

Since we have agreed to maintain confidentiality, **I regret that I cannot disclose the source of information.**

저희는 기밀 유지에 동의했으므로, 정보의 출처를 누설할 수 없어 유감입니다.

confidentiality 기밀 유지, 기밀성

135 사용 허가 요청 거절

I have no authority to grant such permission.

저에게는 그런 허가를 내릴 권한이 없습니다.

I'm sorry, but I wouldn't be comfortable having my photos **used in that way**.

유감스럽지만, 그런 방식으로 저의 사진들이 사용되는 것은 불편할 듯합니다.

Unfortunately, I do not control the rights to the book. My publisher **holds the rights to the content.**

유감스럽게도, 저는 그 책에 대한 저작권을 관리하지 않습니다. 그 내용에 대한 권한은 출판사에 있습니다.

Our company policy does not permit reproduction of those drawings.

당사 방침은 그 그림의 전재를 허용하지 않습니다.

The rights to the Korean translation **belong to** Dorae Books. **We recommend that you contact** the publisher.

한국어 번역 출판권은 도래 북스에 있습니다. 그 출판사에 연락해보시기 바랍니다.

Because the photos in the book **were reprinted with permission from** individual photographers, **we ask that you directly contact** the owners of the photos you want to reprint.

그 책에 실린 사진들은 각 사진작가의 허락 하에 전재했으므로, 전재하고자 하시는 사진의 소유권자에게 직접 연락하실 것을 부탁드립니다.

Due to copyright **issues, we will not be able to grant you permission at this time.**

저작권 문제로, 이번에는 허가를 내드릴 수가 없습니다.

We have to decline your request as the author **has explicitly asked that no reprints be allowed.**

저자가 전재를 허용하지 말 것을 명백히 요구하였기에 요청을 거절해야겠습니다.

explicitly 명백하게

My contract prohibits me from allowing reprints of the material.

제 계약서에 따르면 그 자료 전재를 허락하는 것이 금지되어 있습니다.

Good luck on your search.

찾으시는 데 성과가 있었으면 좋겠네요.

I'm sorry I couldn't provide what you needed.

필요하신 것을 제공해드리지 못해 죄송합니다.

★ **Let me know if I can help you in some other way.**

제가 다른 방법으로 도와드릴 수 있으면 알려주세요.

You might want to contact Milton Paper **to request** a sample.

Milton Paper에 연락해서 샘플을 요청해보시면 어떨까 합니다.

Perhaps you could check with J. T. in R&D **about this.**

연구 개발팀의 J.T. 씨에게 이에 대해 확인해보시면 어떨까 합니다.

I sincerely hope you will be able to find someone else who can help you.

도움을 드릴 수 있는 다른 분을 찾게 되기를 진심으로 바랍니다.

6 조언 요청
Asking for Advice

KEY POINT **미리 감사를 표현하는 말로 마무리한다**

- 조언을 요청할 때는 고민을 구체적으로 설명하고 정중한 어조로 요청하되 상대방에게 기대하는 바를 정확히 언급하기
- 조언을 요청하는 이유와 답변 시한을 알려주는 것도 좋음
- 미리 감사를 표하는 것은 필수

SAMPLE

Subject	**Communication Problems with a PR Consultant**
	홍보 컨설턴트와의 의사소통 문제
From	harry@rpgworld.co.kr
To	ken@darakwon.co.kr

Hi Ken,

As you know, we recently hired an American PR consultant to promote our online games to the North American market. However, our internal PR staff is having a difficult time communicating our ideas to the firm, possibly due to both language and cultural barriers. Should we hire a new consultant who can understand both English and Korean? I would sincerely appreciate any comments or advice you can give me on this.

Regards,
Harry

안녕하세요 Ken,
아시다시피 저희는 북미 시장에 온라인 게임을 홍보하기 위해 최근에 미국 홍보 컨설턴트를 고용했습니다. 그러나 저희 내부 홍보 직원들은 언어와 문화의 장벽 때문인지 홍보 회사에 생각을 전달하는 데 애를 먹고 있습니다. 한국어와 영어를 모두 이해할 수 있는 새 컨설턴트를 고용해야 할까요? 이 문제에 대해 의견이나 조언을 주시면 대단히 감사하겠습니다.
Harry 드림

possibly due to 아마도~ 때문인지 **have a difficult time -ing** ~하는 데 애를 먹다

What's your take on the new proposal from Cranston Books?

Cranston Books의 새로운 제안에 대해 어떻게 생각하시나요?

take 견해, 해석

What do you think I should do in this situation?

이런 상황에서는 제가 어떻게 해야 할까요?

★ **How do you think I should handle** the copyright infringement?

저작권 침해를 어떻게 처리해야 할까요?

infringement 침해, 위반

Do you think I should accept the offer?

제가 그 제안을 수락하는 것이 좋을 것 같나요?

Do you think it's a good idea for our team **to** pursue this account?

우리 팀이 이 거래를 진행하는 것이 맞는다고 보시나요?

Would it be a good idea to go with Anna's design?

Anna의 디자인으로 진행하는 게 좋은 생각일까요?

go with (제안 등을) 수용하다

When do you think is the best time to invest in mutual funds?

뮤추얼펀드에 투자할 가장 적절한 시기는 언제라고 생각하십니까?

What do you think I should do about John, who lately has not been as productive as he had been before the merger?

근래 들어 합병 전보다 능률이 떨어진 John을 어떻게 해야 할까요?

How do you think we should respond to the attached email?

첨부된 메일에 어떻게 대응해야 할까요?

As someone who has had experience in this area, which would you suggest as a better method?

이 분야에서 경험을 쌓은 분으로서, 어느 방법이 더 좋다고 권하시겠어요?

★ **Can you suggest a few ways to** increase the success rate of our direct-mail campaign?

저희 다이렉트 메일 캠페인의 성공률을 높이는 방법에 대해 제안을 몇 가지 해주시겠어요?

direct-mail (= DM) 다이렉트 메일 (소비자에게 우송하는 광고 인쇄물)

★ **What is your advice on** choosing the most appropriate graduate business school for our high potentials?

저희 회사의 핵심 인재들이 가장 적합한 경영 대학원을 선택하는 것에 있어서 어떤 조언을 해주시겠어요?

high potential 핵심 인재

Do you have any advice about how I can convince Mr. Shillings to accept the position as the new creative director?

어떻게 하면 Shillings 씨가 신임 수석 디자이너 자리를 수락하도록 설득할 수 있을지 조언을 해주시겠어요?

creative director (= CD) (광고 · 미디어 회사의) 수석 디자이너, 크리에이티브 디렉터

All things being equal, which contractor **do you think is the smart choice?**

모든 조건이 똑같다고 봤을 때, 어느 도급 업체를 선택하는 것이 현명할까요?

contractor 계약자, 도급업자

I'd appreciate any advice you can give me.

어떤 조언이라도 주시면 고맙겠습니다.

Any advice you can give me about handling this crisis **would be greatly appreciated.**

이번 위기를 어떻게 처리해야 할지 어떤 조언이든 해주시면 정말 감사드리겠습니다.

Could you give me a few pointers about choosing the right CRM system for our school?

저희 학교에 알맞은 CRM 관리 시스템을 선택하는 데 있어 몇 가지 조언을 해주시겠어요?

pointer 조언
CRM (= customer relationship management) system 고객과 장기적인 관계를 구축하여
기업의 경영 성과를 개선하기 위한 경영 방식

Could you tell me the first thing to discuss when I meet with the CEO of American MetalWorks?

American MetalWorks의 CEO와 만나면 먼저 어떤 사안을 논의하는 것이 좋을까요?

As an expert in the field, would you recommend that we proceed with the planned investment in the mall?

이 분야의 전문가로서, 저희가 그 상점가에 대한 투자를 예정대로 진행해야 한다고 보십니까?

I would appreciate any advice you have on how to modify the parking lot design without compromising structural integrity.

구조 건전성을 해치지 않으면서 주차장 디자인을 수정하는 방안에 대해 조언해주시면 감사하겠습니다.

compromise 손상하다, 타협하다   **structural integrity** 구조 건전성, 구조 안정성

I would be grateful for your advice on conducting interviews with American college students.

미국 대학생과의 인터뷰 진행에 대해 조언을 해주시면 감사하겠습니다.

We would welcome any advice you could give us on creating an effective marketing strategy for the North American market.

북미 시장을 겨냥한 효율적인 마케팅 전략 수립에 대해 어떤 조언이라도 해주시면 기꺼이 받아들이겠습니다.

7 조언 및 권유
Giving Advice and Recommendations

KEY POINT 상대방이 요청한 범위를 벗어나는 조언은 삼간다

- 불가피한 상황이 아니라면 부탁받지 않은 문제에 대한 조언은 피하는 것이 좋음
- 조언할 때는 요청한 조언의 내용을 구체적으로 다시 언급
- 권위적이고 단도직입적인 태도는 피하면서 부드럽고 완곡한 표현을 쓰기

SAMPLE

Subject	**Thoughts on Investing in Mall** 상점가 투자에 관한 생각
From	jane@gmail.com
To	alan@hanconsulting.com

Hi Alan,

You asked for my advice on investing in the mall. Based on the information you sent me, I think that the ROI numbers appear to be realistic. However, it might be a good idea to discuss your business plan at length with a financial accountant before committing your funds.

I hope this helps.

Best,

Jane

안녕하세요 Alan,
상점가 투자에 대해 제 의견을 물으셨죠. 보내주신 자료로 보아서는 **투자 수익률 수치는 현실적이라고 생각됩니다.** 하지만 투자하시기 전에 사업 계획을 재무 회계사와 상세히 논의하시는 게 좋을 것 같습니다.
도움이 되기를 바랍니다.
Jane 드림

ROI (= return on investment) 투자 수익률　　**at length** 상세히

★ **Why don't you** ask him directly?

그분에게 직접 물어보는 것이 어떨까요?

Have you tried rebooting the computer? **That might be your solution.**

컴퓨터를 재부팅해보셨어요? 그것이 해결책일 수 있습니다.

It's my experience that problems have a tendency to pile up if you don't nip them in the bud.

저의 경험에 따르면 문제를 미리 방지하지 않으면 쌓이기 마련입니다.

pile up 쌓이다   nip ~ in the bud ~을 미리 방지하다, 싹을 자르다

I am not sure that a direct-mail campaign is the most effective method in your case.

귀사의 경우 DM 발송 홍보가 가장 효율적인 방법이라는 확신이 안 섭니다.

I would try tightening the screws. **If that doesn't work,** open the cover and see if all the wiring is intact.

저 같으면 나사를 죄어보겠습니다. 그게 효과가 없으면 덮개를 열어보고 배선이 모두 제대로 되어 있는지 보세요.

intact 본래대로의

You might need to discuss the copyright infringement issue with an experienced attorney.

저작권 침해 문제에 대해 경험 많은 변호사와 의논하는 것이 좋을 겁니다.

How about offering the U.S. publisher royalties instead of a one-time fee for the Korean publication rights?

미국 출판사에 한국 출판권에 대한 일시적인 비용 대신 인세를 주는 게 어떨까요?

royalty 저작권 사용료, 인세   one-time 일시적인

You might want to consider asking for a face-to-face meeting.

대면 회의를 요청하는 것을 고려해보실 수도 있겠죠.

face-to-face 대면의, 얼굴을 맞댄

It might be a good idea to find out if the company has already talked to your competitors.

그 회사가 귀사의 경쟁 업체들과 이미 논의를 했는지 알아보는 게 좋을 것 같습니다.

I suggest that, rather than hire a full-time employee, you contract out the work to a specialist.

정직원을 고용하기보다는 전문가에게 외주를 줄 것을 제안합니다.

full-time employee 정직원　contract out 외주를 주다

I advise you to narrow down your choices to five schools.

선택지를 5개의 학교로 줄여보시라고 조언드립니다.

★ **I would suggest that** you start with purchasing simple CRM software before investing in a customized system.

맞춤 시스템에 투자하시기 전에 간단한 CRM 소프트웨어를 구입하는 것에서부터 시작하시라고 권하겠습니다.

I recommend that you request value engineering proposals from the two contractors.

두 건설업체에 가치 공학 제안서를 요청하실 것을 권합니다.

value engineering (= VE) 가치 공학

★ **My advice is to** run the commercial on the weekends when most people are off work.

사람들이 대부분 일을 안 하는 주말에 광고를 내시라고 조언하는 바입니다.

run (방송에) 내보내다

★ **My suggestion would be to** first find out if his lack of productivity is related to possible personality conflicts with his new co-workers.

그의 능률 저하가 새 직장 동료들과의 성격 차이와 관계 있는 것은 아닌지 우선 알아볼 것을 제안드립니다.

personality conflict 성격 차이

Generally, the best method is to approach it from a scientific angle.

일반적으로, 과학적인 관점에서 문제에 접근하는 것이 가장 좋은 방법입니다.

Here's some free advice. `비격식`

무료로 조언을 좀 해드리지요.

Normally I don't send out unsolicited advice, but this is an exception.

보통 저는 부탁받지 않은 조언을 드리지는 않습니다만, 이번 건은 예외입니다.

unsolicited 부탁받지 않은, 청하지 않은

I know you didn't ask for my two cents, but I feel obligated to give it to you anyway.

제 의견을 묻지는 않으셨지만 그래도 의견을 드리지 않을 수가 없네요.

two cents (청하지 않은) 의견, 견해

I don't mean to be so presumptuous as to tell you how to run your business, Steve, **but I am concerned.**

Steve, 주제넘게 사업 운영에 대해 이래라저래라 하려는 건 아닙니다만, 저는 걱정이 돼요.

presumptuous 주제넘은, 뻔뻔한

I hope you will forgive me for offering an advice you didn't ask for, but as a long-time business associate and a friend, **I felt I had to tell you this.**

청하지도 않은 조언을 하는 것을 양해해주기 바랍니다. 하지만 오랜 사업 동료이자 친구로서 이 말은 해야겠다고 생각했습니다.

Tips & More

■ 조언에 숨겨진 법적 문제

전문적인 조언이라 하더라도 자칫 잘못하면 향후 예상치 못했던 법적 분쟁으로 번질 수 있다. 좋은 의도가 꼭 좋은 결과를 가져온다는 보장은 없기 때문이다. 특히 미국처럼 소송이 많은 나라와 거래가 잦을 때에는 더욱 신중히 생각할 필요가 있다. 그러므로 조언을 해주어야 할 상황이라면 개인적인 의견이라는 뉘앙스로 제시하는 것이 좋고, 이 의견은 많은 가능성 중 하나라는 쪽으로 강조하는 것이 안전하다.

You really should invest in mutual funds **right now.**
지금 당장 뮤추얼 펀드에 투자하셔야 합니다.

I am convinced that setting up a mandatory meeting of all suppliers **is an absolute necessity.**
모든 납품 업체들이 의무적으로 참석하는 회의 소집이 절실히 필요하다고 생각합니다.

I strongly urge you to contact the plant supervisor **immediately.**
즉시 공장장에게 연락할 것을 강력히 권합니다.

★ **I would strongly advise you to** start calling up the people on the list to get their feedback on this crisis.
이번 위기에 대한 피드백을 얻을 수 있도록 목록에 있는 사람들에게 전화를 걸어볼 것을 강력히 권하는 바입니다.

Our single most important goal right now should be to regain the Smithson Inc. account.
Smithson Inc.와 거래를 다시 트는 일이 현재 우리에게 가장 중요한 단 한 가지 목표여야 합니다.

8 조언 수용 또는 거절
Accepting or Declining Advice

KEY POINT　조언을 받아들였을 경우, 어떻게 도움이 됐는지 알린다

- 우선 조언에 대한 감사를 표하고 어떻게 도움이 됐는지 알리기
- 조언을 수용하지 않았거나 요청하지 않은 조언을 받은 경우라도 감사의 인사를 전하는 것이 좋음

SAMPLE

✉   — ↗ ✕

Subject	**Thank You for Your Advice on Ad Agency**　광고 대행사에 대한 조언에 감사드립니다
From	**larrykim@ucct.co.kr**
To	**johnesp@exellenties.com**

Hi John,

Thanks so much for your expert advice on choosing the right advertising agency. We took your advice and found a wonderful company close to our San Jose office. Let us know if we can be of service to you in the future.

Thanks again,

Larry

안녕하세요 John,
적합한 광고 대행사 선정에 대한 전문적인 조언에 정말 감사드립니다. 조언에 따라 저희 산호세 사무실 근처에 있는 훌륭한 회사를 찾았습니다. 향후 저희가 도움을 드릴 일이 생기면 알려주시기 바랍니다.
다시 한번 감사드리며,
Larry 드림

---

expert 전문가의; 전문가　　**advertising agency** 광고 대행사　　**be of service** 도움이 되다

We made the changes as you suggested, and now we're back in business!

조언대로 수정을 완료했고 이제 업무를 재개합니다!

back in business 업무를 재개한

Your advice was excellent, and we are glad we took it.

훌륭한 조언을 따르게 되어 기쁩니다.

Thank you so much. We took your advice and called a meeting of all the suppliers involved in the project.

정말 고맙습니다. 조언을 받아들여 프로젝트에 관련된 모든 납품 업체 회의를 소집했습니다.

Thank you for your timely advice regarding the CRM system.

CRM 시스템에 관한 시기적절한 조언에 감사드립니다.

As you suggested, we implemented the process today. It's working.

제안하신 대로 오늘 그 절차를 도입했습니다. 효과가 있네요.

Thank you for your thoughtful advice on the mall investment. **You were so right about** discussing the business plan with a financial accountant.

상점가 투자 건에 관한 사려 깊은 조언에 감사드립니다. 사업 계획에 대해 재무 회계사와 논의해보라는 말씀은 정확하게 들어맞았습니다.

Your advice has meant a great deal to me. I can't thank you enough.

저에게 주신 조언은 아주 뜻깊었습니다. 어떻게 감사드려야 할지 모르겠네요.

Your suggestion was a good one, and though I may regret not taking it, I've decided to quit the company.

저에게 주신 고견은 훌륭했습니다. 말씀을 따르지 않은 것을 후회할지 모르지만 저는 퇴사하기로 결정했습니다.

Although your advice was great, I had to follow the opinion of the board.

저에게 주신 조언은 탁월했지만 이사회의 의견을 따를 수밖에 없었습니다.

Thank you for your well-meaning advice, but because the timing does not seem right at this point in time, we have decided to stay with our existing consultant.

호의적인 조언에는 감사를 드립니다만, 지금은 시기가 적절치 않아 현재 거래하는 컨설턴트와 관계를 유지하기로 했습니다.

stay with ~와 관계를 유지하다, 같이 계속하다   **at this point in time** 지금, 현 시점에서는

I appreciated your advice about extending the hours at the store. **Unfortunately, that would be difficult because of** the city's restrictions on store hours.

매장 영업 시간을 연장하라는 조언에 감사드립니다. 안타깝지만 그 방법은 매장 영업 시간에 관한 시의 규정 때문에 어렵습니다.

restrictions 규정, 제한

We are grateful for your taking the time to provide such a detailed solution to our current crisis. **However,** our team has implemented a new process, and **we would like to wait and see if it works.**

시간을 내어 저희가 당면한 위기에 대한 세부적인 해결책을 제시해주셔서 감사합니다. 그러나 저희 팀은 새로운 공정을 실시했으며, 그것이 제대로 작동하는지 지켜보려고 합니다.

결정 및 지시

Dictionary of Business Email Expressions

1

결정 및 지시 요청
Asking for Decisions and Instructions

KEY POINT 결정이 언제까지 필요한지 명시한다

- 특정 사안에 대한 결정을 요청할 때는 상대방이 배경을 쉽게 파악할 수 있도록 간결하게 설명하기
- 결정에 도움이 될 수 있는 세부 사항을 제시하는 것이 좋음
- 급한 상황일 때는 상대방의 결정이 언제까지 필요한지도 언급

SAMPLE

Subject	**3 Possible Choices for Market Survey Consultant** 시장 조사 컨설턴트 후보 세 곳
From	**joe@linencable.co.kr**
To	**alex@linencable.co.kr**

Hi Alex,

After looking for possible consultants for the market survey, we have narrowed our choices to three companies: BT Marketing Consultants, Hansen Consulting Group, and Campbell & Stanley. I've attached brief profiles of each in MS Word. Once you've had a chance to look through them, please let me know which firm you would like us to go with.

Thanks,

Joe

안녕하세요 Alex,
시장 조사를 위해 적당한 컨설턴트들을 찾아본 결과, BT Marketing Consultants, Hansen Consulting Group, Campbell & Stanley, 이상 세 곳의 회사로 선택의 폭을 좁히게 되었습니다. 각 회사의 간단한 프로필을 MS Word로 첨부했습니다. 검토해보신 후, 어느 회사와 진행하면 좋을지 알려주세요.
Joe 드림

---

narrow 좁히다, 줄이다   **look through** ~을 검토하다

This is your call. 비격식
이건 당신이 결정할 문제예요.

one's call ~가 결정할 문제

We could meet with them, or we could call it off. **It's up to you.**
그들과 만나도 되고 취소도 가능합니다. 당신의 결정에 달려 있습니다.

call off ~을 취소하다　　up to ~에게 달려 있는

Tell me what you want me to do.
제가 어떻게 했으면 좋겠는지 알려주세요.

Do you want me to agree to the new date?
제가 새 날짜에 동의하길 원하세요?

★ **What's your preference?**
어느 쪽을 선호하십니까?

What should be our next step?
다음 단계로 무엇을 해야 할까요?

I think you should get involved in this one.
이번 건은 당신이 관여해야 할 것 같습니다.

Should we sign the agreement?
계약을 체결해야 할까요?

I need your decision on the above matter as soon as possible.
앞서 말씀드린 상황에 대해 당신의 결정이 가급적 빨리 필요합니다.

Give me your instructions on how I should approach this particular problem.
이 특별한 문제에 어떤 식으로 접근해야 할지 지시를 내려주십시오.

★ **How do you want me to handle** the supplier's complaint?

납품 업체의 불만 사항을 제가 어떻게 처리하길 원하십니까?

We are waiting for you to tell us what to do.

저희가 할 일을 알려주시길 기다리고 있습니다.

Because I don't think I have the authority to make the decision on this, I defer it to you.

저에겐 이번 건에 대한 결정권이 없는 것 같아, 당신께 결정을 맡기겠습니다.

defer to ~에게 맡기다

Let me know how you would like to proceed.

어떻게 진행하시고 싶은지 알려주세요.

We need your official instructions before we can proceed with the change order.

변경 지시를 진행하기 전에 귀사의 공식 지침이 필요합니다.

As soon as a decision is made, please let me know.

결정이 나는 즉시 저에게 알려주세요.

Please let me know how you would like me to proceed with the client.

제가 고객과 어떻게 진행했으면 좋겠는지 알려주세요.

Please email me about the action you require.

요구하시는 조치에 대해 이메일로 알려주시기 바랍니다.

action 실행, 조치

We are awaiting your instructions regarding the business trip to Helsinki.

헬싱키 출장과 관련한 당신의 지시를 기다리고 있습니다.

2 지시하기
Giving Instructions

KEY POINT 필요한 날짜와 구체적인 지시 내용을 명시한다

- 지시 사항을 전달하는 메일에서는 관계가 없거나 불필요한 내용은 생략하기
- 실행 기한이나 얻고자 하는 바를 구체적으로 명시해야 상대방이 쉽게 파악할 수 있음
- 대체로 첫 문장에서 메일의 목적과 지시하는 배경을 제시하는 것이 좋음
- 권위적인 어조는 삼가도록 함

SAMPLE

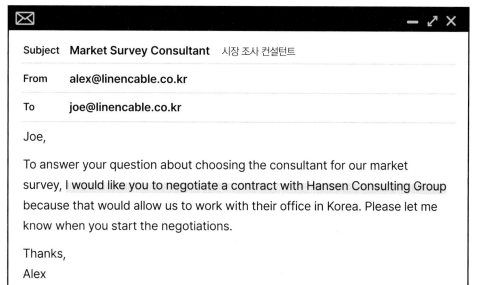

Subject **Market Survey Consultant** 시장 조사 컨설턴트

From **alex@linencable.co.kr**

To **joe@linencable.co.kr**

Joe,

To answer your question about choosing the consultant for our market survey, I would like you to negotiate a contract with Hansen Consulting Group because that would allow us to work with their office in Korea. Please let me know when you start the negotiations.

Thanks,
Alex

Joe,
시장 조사를 위한 컨설턴트 선정 관련 문의에 답변하자면, **Hansen Consulting Group과 계약을 협상하셨으면 합니다.** 그래야 우리가 그 회사의 한국 지사와 함께 작업하게 될 것입니다. 협상을 시작하면 알려주시기 바랍니다.
Alex 드림

negotiate 협상하다

Here is what I want you to do.
이렇게 해주시길 바랍니다.

I need the draft schedule **by** Wednesday morning.
수요일 오전까지 일정 초안이 필요합니다.

Let the team **know that they are to** work on the Simmons project only on weekdays.
평일에만 Simmons 프로젝트에 임하라고 팀에 알리세요.

You may want to double-check with Frank **about** the figures.
그 수치에 대해서는 Frank에게 다시 한번 확인하는 것이 좋을 겁니다.

It would be better to start from scratch rather than trying to work with a faulty design.
결함 있는 설계를 다루느라 애쓰는 것보다 아예 처음부터 시작하는 것이 더 좋겠습니다.

> start from scratch 처음부터 시작하다, 무(無)에서 시작하다

Regarding the lobby floor tiles, **go ahead and accept** the new sample no. 57-D.
로비 바닥 타일 관련해서는 새 샘플 57-D번으로 하기로 하고 진행하세요.

I ask that you first check with the legal department **before** agreeing to make changes in the contract.
계약서 수정에 동의하기 전에 먼저 법무팀과 상담해보시기를 당부합니다.

I would like you to get the subcontractors together in the next few days and **reach a consensus on** a realistic completion date.
며칠 내로 하청 업자들을 소집해 현실적인 완료 일정에 대해 합의하시기 바랍니다.

> consensus on ~에 대한 의견 일치

I think the best course of action is to make a compromise on the price.
가격에 대해 타협하는 것이 최선의 조치인 것 같습니다.

I want you to tell Curt McClain **that we will be unable to move forward without** his agreeing on the additional cost.

추가 비용에 대한 그의 동의 없이는 일을 추진할 수가 없다고 Curt McClain에게 얘기해주세요.

Before your team flies out to Hamburg, **please make sure that** the people at Muller Schmidt have set up the plant tour schedule.

그쪽 팀이 함부르크행 비행기를 타기 전에 Muller Schmidt 측에서 공장 방문 일정을 잡았는지 확인해두시기 바랍니다.

Please provide me with an update on the estimate work **by** this Friday.

이번 주 금요일까지 저에게 견적 작업에 대한 진행 상황을 보고해주세요.

Please proceed as planned.

계획대로 진행하세요.

My directions are as follows:

제 지시 사항은 다음과 같습니다.

The following outlines the actions we require:

다음은 필요한 조치의 개요입니다.

When you are done with the preliminary market evaluation, **send me a copy via email.**

예비 시장 평가가 완료되면, 메일로 사본을 보내주세요.

I would say that filing a claim **is the proper response to the email.**

그 메일에 대한 적절한 대응은 손해 배상 청구라고 봅니다.

You are not to discuss this matter with Mr. Cho **under any circumstances.**

무슨 일이 있어도 조 씨와 이 일에 대해 논의해서는 안 됩니다.

under any circumstances 어떤 경우에라도

Any future expenditures for office equipment **must be approved by** this office.

앞으로 사무실 집기에 대한 경비 지출은 무엇이든 당 사무실의 승인을 받아야 합니다.

expenditure 지출

My preference would be to ascertain their true intentions before we take drastic measures.

우리 쪽에서 과감한 조치를 취하기 전에 그쪽의 저의가 뭔지 확인하는 게 좋겠군요.

It may be wise to simply wait for the other side to make a move.

상대가 움직일 때까지 그냥 기다려보는 것이 현명할지도 모릅니다.

Please read the attached final draft **carefully to make sure** we have included everything.

우리가 모든 내용을 포함했는지 확인하기 위해 첨부된 최종안을 신중히 읽어보시기 바랍니다.

The first step involves brainstorming ideas with the members of your team.

그쪽 팀원들과 아이디어 회의를 하는 것이 첫 단계입니다.

When you have finished inventorying all the materials in the warehouse, **enter the data into** the spreadsheet.

창고에 있는 모든 자재의 재고 조사가 끝나면, 그 데이터를 스프레드시트에 입력하세요.

inventory 재고를 조사하다

After printing out two copies, **sign** both **and send** us one original executed copy via courier.

2부를 출력하신 후, 양쪽에 모두 서명하신 다음 서명한 원본 한 부를 택배로 보내주시기 바랍니다.

---

145 결정

Yes, let's go with it.

네, 그렇게 합시다.

go with ~에 따르다[동의하다]

I've made up my mind to allow Claris Computers to turn in a bid.

Claris Computers의 입찰을 허용하기로 결단을 내렸습니다.

I have decided to allow Mandy to transfer to the San Francisco office.

Mandy가 샌프란시스코 지사로 전근하는 것을 승인하기로 했습니다.

Let me give this further thought before I make a decision.

이에 대해 더 숙고한 뒤에 결정을 내리겠습니다.

After much consideration, we have made the decision to continue with the negotiations.

곰곰이 생각한 끝에, 저희는 협상을 유지하기로 했습니다.

We have determined that Mr. Dongwook Kim **is the appropriate choice for** the CFO **position**.

저희는 김동욱 씨가 CFO 직의 적임자라고 판단했습니다.

CFO (= chief financial officer) 최고 재무 관리자

It is the board's decision to award the contract to Santos Equipment.

Santos Equipment에 계약을 맡기자는 것이 이사회의 결정입니다.

146 사용 설명

To create your account:

1. **Visit our website at** www.colorskorea.com.
2. **Click on** the 'New Member Sign-up' on the top right side **of the main page**.
3. **Follow the instruction on the** New Member Sign-up **page**.

계정을 생성하려면 다음 절차를 따르세요.

1. 당사 웹사이트 www.colorskorea.com을 방문하세요.
2. 메인 페이지 우측 상단에 있는 '신규 회원 가입'을 클릭하세요.
3. 신규 회원 가입 페이지에 나와 있는 지시 사항에 따르세요.

Please follow the instructions below.

아래에 있는 설명을 따르세요.

To start the equipment, **first** plug the cord into an outlet.

기계를 작동시키려면, 먼저 코드를 콘센트에 꽂으세요.

outlet 콘센트

Next, remove the lid from the container.

다음으로, 용기에서 뚜껑을 제거하세요.

The final step is to seal the box with packing tape.

포장용 테이프로 상자를 봉하는 것이 마지막 단계입니다.

You will need to check to see if the power is off **before** pulling out the power cord from the outlet.

파워 코드를 콘센트에서 뽑기 전에 전원이 꺼져 있는지 확인하셔야 합니다.

It is important to first carefully unpack the printer from the box.

먼저 프린터를 상자에서 주의해서 꺼내는 것이 중요합니다.

The new safety **guidelines are attached.**

새 안전 지침을 첨부했습니다.

Tips & More

■ 순서 관련 표현

첫째	first	둘째	second
셋째	third	그러고 나서	then
그 다음에	next	그런 후에	after that
그것이 끝나면	when that's finished	마지막으로	finally

3 재확인하기
Double-Checking

KEY POINT 구두로 결정한 내용은 서면으로 남긴다

- 중요한 내용을 상대방에게 재확인해주거나 재확인받는 것은 영어권 비즈니스에서 일상적인 관례
- 구두로 지시하거나 합의한 내용을 서면으로 남겨놓으면 향후 법적인 문제 발생을 막고 책임도 피할 수 있음
- 업무 진행에 따라 사안의 중요성이 커질수록 반복해서 서면으로 확인을 하는 것이 좋음

SAMPLE

Subject **Talked to John Smithson?** John Smithson과 통화했나요?

From sujinseo@darakwon.co.kr

To janelee@darakwon.co.kr

Hi Jane,

I just wanted to check if you were able to call John Smithson about the change in our monthly budget. Could you drop me a line and let me know how John took the news? Thanks.

Regards,

Sujin

안녕하세요 Jane,
저희의 월간 예산 변경 건으로 John Smithson과 통화하셨는지 확인하고 싶습니다. **John이 그 소식을 어떻게 받아들였는지 간단히 적어 보내주시겠어요?** 고맙습니다.
수진 드림

budget 예산   **drop a line** 소식을 전해주다

Just a quick question. You **did** call Carlos, **didn't you?** 비격식
하나만 간단히 물어볼게요. Carlos에게 전화하셨죠?

Please confirm that we are meeting as scheduled in Helsinki next week.
예정대로 다음 주에 헬싱키에서 만나는 것인지 확인 부탁드립니다.

Was phase 2 **completed?**
2단계가 완료됐나요?

Did you get a chance to recheck the numbers?
그 수치를 재검토해보셨나요?

I'm sure the trip was canceled, **but I need to confirm that.**
분명 출장이 취소되었겠지만, 확인을 해봐야겠습니다.

It's been a week **since I emailed you about** the Blackstone issue, **but I haven't gotten a reply.**
Blackstone 문제에 관해 메일을 드린 지 일주일이 됐지만, 답장을 받지 못했습니다.

I want to make sure we're on the same page about the payment terms.
지불 조건에 대한 의견이 같은지 확인하고자 합니다.

be on the same page ~에 대해 동의하다, 의견이 같다

I am following up on my last email instructing you to set up a meeting with the subcontractors.
하청 업자들과의 회의를 소집하라고 지시한 제 최근 메일에 대한 팔로우업입니다.

follow up on ~에 대한 후속 조치를 하다

I just want to confirm that you have received my email regarding the second proposal from Hansen Consulting Group.
Hansen Consulting Group의 두 번째 제안서에 대한 제 메일을 받으셨다는 것을 확인하고자 합니다.

Could you send me a quick reply email confirming that you have completed your employee evaluations?

직원 업무 평가를 완료하셨음을 확인하는 간단한 답변 메일을 보내주겠어요?

employee evaluation 직원 업무 평가

This is to confirm our conversation this morning **concerning** the delay of the Celos project.

Celos 프로젝트 지연에 대해 오늘 아침에 나눈 대화를 확인하고자 이 메일을 드립니다.

148 확인시키기

Does this ring a bell? `비격식`

이거 기억나요?

ring a bell 기억나게 하다

Maybe this will jog your memory. `비격식`

이걸 보면 기억이 날지도 모르겠네요.

jog (기억을) 불러일으키다

Just a quick reminder: today's meeting is at 5 p.m. `비격식`

짧은 리마인더: 오늘 회의는 오후 5시에 있습니다.

Don't forget to give Beth a call about the changes.

잊지 마시고 변경 사항에 대해 Beth에게 전화해 알려주세요.

Have you had a chance to talk to the consultant regarding the new schedule?

새로운 일정에 대해 컨설턴트와 얘기해볼 기회가 있었나요?

In case you forgot, remember that the consequences of a delay would be devastating for the company.

혹시나 잊으셨을까 봐 말씀드리지만, 지연에 따른 결과가 회사에는 치명적일 수 있음을 염두에 두세요.

> consequence 결과   devastating 강력한, 치명적인

If you would recall, the report **is due** next Monday.

기억하실지 모르겠지만, 보고서는 다음 주 월요일이 마감입니다.

★ **I just want to remind you that** Samuel Kim from Kim, Lee & Parkinson will be coming by our office tomorrow morning.

Kim, Lee & Parkinson의 Samuel Kim이 내일 오전에 당사에 들를 예정임을 다시 알려드립니다.

As a reminder, another beta test **has to** be performed before the official test run in front of the client.

혹시나 해서 말씀드리지만, 고객 앞에서 정식 시험 운전을 하기 전에 베타 테스트를 한 번 더 시행해야 합니다.

This is just a reminder for you to bring to our meeting all the materials we received from the franchisee in Thailand.

태국의 프랜차이즈 가맹점주로부터 받은 모든 자료를 회의 때 가져오시라고 한 번 더 알려드리기 위해 메일 드립니다.

4 메시지 전달
Forwarding a Message

KEY POINT 약간의 코멘트를 달아서 보낸다

- 자신이 직접 작성한 내용이 아니라 다른 사람의 구두 요청이나 메시지를 대신 전달해야 할 때는 언제, 누구에게서 받은 내용인지 배경을 밝히기
- 자신과 관련된 일이면 의견을 덧붙일 수도 있음
- 다른 사람의 메일을 아무 설명도 없이 무성의하게 전달하는 것은 되도록 피하기

SAMPLE

Subject	**FW: A Strike at the Port** FW: 항구 파업
From	janelee@darakwon.co.kr
To	sujinseo@darakwon.co.kr

Hi Sujin,

I received the email below from our U.S. forwarder this morning about a possible delay in the delivery of our container due to a strike at the Oakland port. This obviously would be a big problem, and we may have to consider airfreighting some of the urgent items first. Let me know your thoughts.

Thanks,

Jane

안녕하세요 수진,

오늘 아침 저희 미국 측 운송 업체로부터 오클랜드 항에서의 파업으로 우리 컨테이너의 배송 지연 가능성이 있다는 내용의 아래 메일을 받았습니다. 이것은 당연히 큰 문제가 될 것이므로 급한 품목 몇 가지를 먼저 항공 화물로 보내는 것을 고려해봐야 할 것 같습니다. 어떻게 생각하시는지 알려주세요.

Jane 드림

---

obviously 당연히, 명백히   **airfreight** 항공 화물로 보내다

I just got word from the head office **that** we won the bid.
방금 본사로부터 저희가 낙찰을 받았다는 연락을 받았습니다.

get word 연락을 받다   win the bid 낙찰받다

I just got off the phone with Taeri, **and she said we should** move back the opening date to sometime in March.
방금 태리 씨와 통화를 했는데, 개업을 3월 중으로 미뤄야겠다고 하네요.

move back ~을 미루다, 늦추다

Joe **wants you to call** him **as soon as you see this.**
Joe가 이 메시지를 보시는 대로 전화 달라고 했어요.

★ Frank **has asked me to tell you that** we are prepared to travel to Silicon Valley tomorrow.
저희가 내일 실리콘 밸리로 이동할 준비가 되었다고 전해드리라고 Frank가 부탁했어요.

We are being asked by the management **to** cancel the get-together tomorrow night.
경영진이 저희에게 내일 저녁 모임을 취소하라고 요청하고 있습니다.

The CEO **wants to make sure** the visitors are well taken care of.
CEO께서 방문객들을 극진히 모셔야 한다고 당부하셨습니다.

Director Jiha Park **insists that** we invite Mr. Cranston's spouse to the dinner.
박지하 이사님께서 Cranston 씨의 배우자를 저녁 식사에 초대하라고 강력히 말씀하십니다.

spouse 배우자

In her **email,** Abigail **stated that** there will be no changes in the plans for the new plant in Ulsan.
Abigail은 메일에서, 새 울산 공장 계획에 변경 사항은 없다고 명시했습니다.

Our managing director **is asking everyone** in the overseas offices **to refrain from** discussing the merger with anyone outside the company.

전무이사님께서 어떤 외부인과도 이번 합병을 논의하지 말라고 해외 지사의 모든 직원에게 당부하고 계십니다.

merger 합병

Please read the email from the executive vice president **below.**

부사장님이 보내신 아래 메일을 읽어보세요.

According to the memo, we are to initiate phase 1 **immediately.**

그 메모에 따라, 우리는 즉시 1단계에 착수해야 합니다.

It is Mr. Cho**'s request that we maintain** our pricing structure.

저희의 가격 구조를 유지하라는 것이 조 씨의 요청입니다.

---

150   외부 메시지

Here's the message from the PVC supplier:

PVC 납품 업체로부터 온 메시지입니다.

I just received an urgent call from the mechanical engineer **that there is a mistake in** the mechanical drawings.

방금 기계 엔지니어로부터 기계 도면에 오류가 있다는 긴급 전화를 받았습니다.

mechanical drawings 기계 도면

Please read the following message from Jack Rodriguez.

Jack Rodriguez에게서 온 다음 메시지를 읽어보세요.

I am forwarding the email I received from Todd **at** Mambo Jambo Products **regarding a problem with** a casting.

Mambo Jambo Products의 Todd로부터 받은 주조 문제 관련 메일을 전달합니다.

casting 주조, 주물

Harris Hughes, the engineer from the fireproofing company, **asked me to tell you that** he wants to see you personally.

내화 회사의 엔지니어인 Harris Hughes가 직접 뵙고 싶다고 전해달라고 저에게 부탁했습니다.

fireproofing 내화, 내화재

---

151   외부로 전달

I've checked with my supervisor **about** the delivery issue, **but he feels that we need to** get the bearings by early June.

배송 문제에 관해 제 상사와 의논해봤습니다만, 그분은 저희가 6월 초까지는 베어링을 받아야 한다고 생각하십니다.

supervisor 상사

J. S. **wanted me to let you know that** he will be calling you tomorrow morning **about** the survey results.

J. S.가 설문 조사 결과 건으로 내일 아침에 전화드린다고 알려드리라고 하셨습니다.

I received an email from my boss this morning **requesting** a meeting with you.

오늘 아침 당신과의 만남을 요청하는 상사의 메일을 받았습니다.

Our management **has asked** my team **to** stop work on the project.

경영진이 저희 팀에게 이번 프로젝트 작업을 중단하라고 요청했습니다.

Kenneth**'s position is that** our company was not at fault.

저희에게 잘못이 없다는 것이 Kenneth의 입장입니다.

at fault 잘못[책임]이 있는

UNIT

11

의견
교환

Dictionary of Business Email Expressions

1 의견 요청
Requesting Feedback

KEY POINT **사안에 대해 구체적으로 명확히 설명한다**

- 배경과 사안을 명확히 설명하여 무엇에 대한 의견을 요청하는 것인지 확실히 하기
- 본인과 상대방이 모두 잘 알고 있는 상황일 경우에는 생략 가능

SAMPLE

✉   − ↗ ✕

Subject	**Request for Feedback: Feasibility Study** 피드백 요청: 타당성 조사
From	**alex@linencable.com**
To	**harryhanson@linencable.com**

Hi Harry,

For your review, I am attaching John Park's feasibility study on the proposed office complex project in Ilsan. Can you give me your opinion on whether we should proceed with the project?

Thanks,

Alex

안녕하세요 Harry,
검토하시도록 일산 사무실 단지 프로젝트에 관한 John Park의 타당성 조사 결과를 첨부합니다. **저희가 프로젝트에 착수해야 할지 의견을 주시겠어요?**
Alex 드림

---

feasibility study (프로젝트나 개발 계획의 실현 가능성에 대한) 타당성 조사, 예비 조사   **complex** 단지, 종합 빌딩

> **Tips & More**

- **'의견'을 나타내는 표현**

영어권에서, 특히 비즈니스 상황에서는 opinion(의견)이란 단어가 다소 강하게 느껴질 수 있다. 따라서 상사나 고객에게는 feedback이나 thoughts, comment 등으로 대체해 쓰는 것이 좋다.

152

Your thoughts? `비격식`

의견 있으세요?

Bill, any thoughts on the attached booth design? `비격식`

Bill, 첨부한 부스 디자인에 대해 의견이 있나요?

Tell me what you think of this idea.

이 아이디어에 대해 어떻게 생각하시는지 말씀해주세요.

I was thinking we should transfer Frank to a new team. **What do you think?**

저는 Frank를 새 팀으로 옮기는 것이 좋다고 생각합니다. 어떻게 생각하세요?

transfer 전임[전근]시키다

★ **What do you think we should do?**

저희가 어떻게 해야 할까요?

Let me know what you think about the rumor.

그 소문에 대해 어떻게 생각하는지 알려주세요.

Your honest opinion: model A or model B? `비격식`

솔직한 의견 주세요: 모델 A 아니면 모델 B?

What's your take on the recent decline in our stock price?

최근에 있었던 우리 회사의 주식 가격 하락을 어떻게 생각하세요?

Why do you think this happened?

왜 이런 일이 생겼다고 생각하세요?

What's your view on what happened today?

오늘 있었던 일에 대해 어떻게 생각하십니까?

★ **What are your thoughts on** what the client said about the signage?

간판에 관한 고객의 의견에 대해 어떻게 생각하세요?

signage 간판, 도로 표지판

What do you think about their new proposal for office equipment?

사무 기기에 대한 그들의 새 제안서에 대해 어떻게 생각하십니까?

Give me your thoughts on how we should deal with this problem.

저희가 이 문제를 어떻게 처리하는 게 좋을지 의견을 주세요.

Can you give me your opinion about the samples sent by Carpet USA?

Carpet USA가 보내온 샘플에 대해 의견을 주시겠어요?

What do you think about the new PR agency**'s performance so far?**

새 홍보 대행사가 현재까지 보여준 성과에 대해 어떻게 생각하세요?

Do you think implementing this new strategic plan **is a good idea?**

이번에 새로 마련한 전략 계획을 실행하는 게 좋다고 보십니까?

Who do you think is the right person for this job?

이 일의 적임자는 누구라고 생각하세요?

When do you think we should inform our client **about this?**

이 일을 고객에게 언제쯤 알려야 할까요?

Where do you think is the best place to take a client out to dinner?

고객에게 저녁 식사를 대접하려면 어디가 가장 좋을까요?

How do you think we should respond to the email?

그 메일에 어떻게 답변해야 할까요?

Would you say we've covered all the bases?

우리가 빈틈없이 준비했다고 할 수 있을까요?

cover all the bases 모든 것을 감안하다, 철저히 준비하다

How would you rate the CEO's speech?

CEO의 연설을 어떻게 평가하시겠어요?

What's your position on the planned office move to Cupertino?

쿠퍼티노 시로의 사무실 이전 계획에 대해 어떤 입장이십니까?

Which do you think is the proper method?

어떤 방법이 적절하다고 생각하세요?

Which of the following do you think works best as the product's slogan?

다음 중 어떤 것이 제품 슬로건으로 가장 잘 어울리는 것 같나요?

I want to ask your opinion on the current status of the Candles Inc. account.

Candles Inc.와의 현 거래 상황에 대한 의견을 구하고 싶습니다.

Do you have any comments on this?

이에 대해 하실 말씀이 있으신가요?

Do you have any idea why Mr. Johnson left the meeting so abruptly?

Johnson 씨가 왜 그렇게 갑자기 회의 중에 자리를 뜨셨는지 아시나요?

abruptly 갑작스럽게, 돌연

Do you have any views on the new government policy?

새로운 정부 정책에 관한 의견이 있으신지요?

★ **What's your opinion on** the possibility of our winning the bid?

저희가 낙찰받을 가능성에 대해 어떻게 생각하시나요?

win the bid 낙찰받다

Where do you stand on the proposed changes to the budget?

예산 변경 제안에 대해 어떻게 생각하시는지요?

What's your opinion about the new candidate's resume?

새 지원자의 이력서에 대해 어떻게 생각하세요?

candidate 지원자, 후보자

We need your opinion on devising a proper response to this crisis.

이번 위기 상황의 적절한 대응 수립에 대해 의견이 필요합니다.

devise 수립하다

How do you feel about us mov**ing** forward with the acquisition of Smart Phone Net?

우리가 Smart Phone Net의 인수를 진행하는 것에 대해 어떻게 생각하시나요?

move forward with ~을 진행하다　　acquisition 인수

★ **How do you feel about** rearranging the cubicles on the fifth floor?

5층에 있는 파티션을 재배치하는 것에 대해 어떻게 생각하세요?

cubicle 파티션 (사무실 안에 개인별로 나뉜 공간)

I was wondering how you felt about the supplier not meeting the delivery date.

납품 업체가 납품일자를 맞추지 못한 것에 대해 어떻게 생각하시는지 궁금합니다.

In your opinion, how is the project **unfolding?**

프로젝트의 진행이 어떻다고 보시나요?

Do you have any thoughts on how to handle Bowon Kim's habitual tardiness?

김보원의 습관적인 지각을 어떻게 처리해야 좋을지 의견 있으신가요?

habitual 습관적인

What do you think the consequences will be if we decided not to hire Frank's son?

우리가 Frank의 아들을 고용하지 않기로 하면 어떤 결과가 나타날까요?

★ **Could I get your input on** the schedule issue?

일정 문제에 대한 의견을 주시겠어요?

I am curious about your opinion on the new employee in your business division.

그쪽 사업부 신입 사원에 대한 당신의 의견이 궁금합니다.

I would welcome your honest assessment of Kurt Taylor's role as our consultant.

저희 컨설턴트로서 Kurt Taylor의 역할에 대한 솔직한 평가를 듣고 싶습니다.

Please give me some constructive feedback on the progress report.

진행 보고서와 관련하여 발전적인 의견을 주시기 바랍니다.

constructive 발전적인, 건설적인   progress report 진행 보고서

I'm interested in hearing your personal thoughts on the new method proposed by the engineers.

엔지니어들이 새로 제안한 방법에 대해 당신의 개인적인 의견을 들어보고 싶습니다.

We are all in consensus on approving the preliminary marketing plan. **How about** your team?

사전 마케팅 계획 승인에 대한 저희 모두의 의견이 일치합니다. 그쪽 팀은요?

consensus (의견의) 일치, 여론

I would be interested in getting your opinion on how to respond.

어떻게 대응해야 좋을지 의견을 구하고 싶습니다.

★ **Please let me know what you think.**

어떻게 생각하시는지 알려주세요.

I would like to hear your opinion on the results of last night's emergency board meeting.

어제저녁에 있었던 비상 이사회 결과에 대한 의견을 듣고 싶습니다.

emergency 비상

We would love to hear what you have to say about the CEO's announcement yesterday.

어제 있었던 CEO의 발표에 대한 의견을 꼭 듣고 싶습니다.

We would like to get your thoughts on the recent incident at the research center.

최근에 연구 센터에서 발생한 사건에 대한 의견을 구하고자 합니다.

Would you mind giving me your opinion about the agreed-upon starting date?

괜찮으시면 합의된 착수 일자에 대한 의견을 주시겠어요?

agreed-upon 합의한

Given what we know so far **about** Lexor's finances, **what would you suggest as** our maximum offering price for the company?

Lexor의 재무 상태에 대해 우리가 현재까지 알고 있는 사항을 고려했을 때, 그 회사에 대한 우리의 최대 매출가로 얼마를 제안하시겠어요?

offering price 매출가

As your input is important, please email me your professional opinion about the claims made by the plant employees.

당신의 의견이 중요하므로, 공장 직원들의 주장에 대한 전문적인 소견을 메일로 보내주시기 바랍니다.

Your company's feedback would be much appreciated.

귀사의 의견을 주시면 무척 감사하겠습니다.

Your team's **feedback on this would be greatly appreciated.**

이 건에 대한 그쪽 팀의 피드백을 주시면 정말 감사하겠습니다.

Your views are important in our making an informed decision.

당신의 의견은 저희가 현명한 결정을 내리는 데 있어서 중요합니다.

informed decision 특정 사안에 대한 정보를 충분히 가진 상태에서 내리는 결정

2 의견 제시
Providing Feedback

SAMPLE

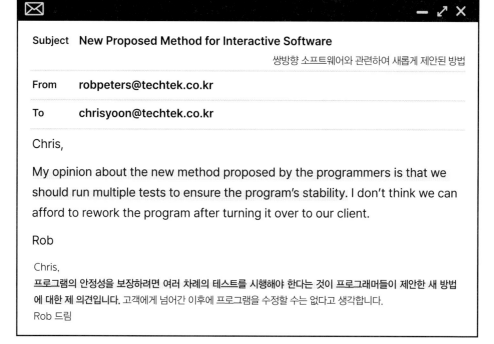

Subject **New Proposed Method for Interactive Software**
쌍방향 소프트웨어와 관련하여 새롭게 제안된 방법

From   **robpeters@techtek.co.kr**

To   **chrisyoon@techtek.co.kr**

Chris,

My opinion about the new method proposed by the programmers is that we should run multiple tests to ensure the program's stability. I don't think we can afford to rework the program after turning it over to our client.

Rob

Chris,
프로그램의 안정성을 보장하려면 여러 차례의 테스트를 시행해야 한다는 것이 프로그래머들이 제안한 새 방법에 대한 제 의견입니다. 고객에게 넘어간 이후에 프로그램을 수정할 수는 없다고 생각합니다.
Rob 드림

---

interactive 쌍방향의   **multiple** 다수의, 복합적인   **rework** 수정하다, 뜯어고치다   **afford to** ~할 수 있다, ~할 (금전적) 여유가 있다

IMHO, the performance of the new PR agency **has been less than expected.**

저의 단견으로는, 새 홍보 대행사의 성과는 기대보다 낮은 것 같습니다.

IMHO (= in my humble opinion) 제 단견으로는

It's possible that the first **method is better.**

첫 번째 방법이 더 나을 가능성도 있습니다.

I would suggest that we consider changing the supplier.

납품 업체 교체를 고려해보는 건 어떨지 제안하는 바입니다.

It may be a good idea to reassess the proposed budget changes.

제안된 예산 변경안을 다시 검토하는 것이 좋을 듯합니다.

reassess 재평가하다

It may not be a bad idea to discuss the situation with the legal team.

법무팀과 이 상황에 대해 논의하는 것도 나쁘지 않을 것 같습니다.

Talking directly with the supplier **might be the way to go.**

납품업체와 직접 얘기해보는 것이 맞는 방법일 수도 있습니다.

This is just an idea, but what if we postponed the announcement?

이건 그냥 생각일 뿐인데, 발표를 늦추면 어떨까요?

I tend to think that blaming the failure of the product launch on R&D may be a mistake.

저는 제품 출시 실패를 R&D 탓으로 돌리는 것이 잘못일지도 모른다고 생각하는 쪽입니다.

It could be that a master plan incorporating all phases of the long-term plan **may be the answer.**

장기 계획의 전 단계를 포함하는 마스터플랜이 해결책이 될 수도 있습니다.

master plan 마스터플랜, 종합 계획   incorporate 포함하다, 첨가하다, 융합하다

It might be the case that the decline of our stock price is only temporary.

우리 회사의 주가 하락은 아마도 일시적일 겁니다.

It may be prudent for us to hold off on making the decision at this time.

현재로서는 우리가 결정을 보류하는 것이 현명한 일일 수도 있습니다.

prudent 신중한, 분별 있는   hold off on ~을 보류하다

It would seem to me that the recent incident at the research center warrants an organized investigation.

최근에 연구소에서 일어난 사건에 대한 체계적인 조사가 필요하다는 생각이 듭니다.

warrant 정당화하다, 보증하다

Tips & More

■ IMHO

'저의 단견으로는'이라는 뜻으로, in my humble opinion의 약어다. 비즈니스 이메일에서는 비즈니스 용어가 아닌 이상 대체로 약어 사용을 자제하는 편이 좋지만, IMHO는 자주 사용되는 약어로서 비공식적인 메일에서 흔히 사용되고 있으므로 알아두는 것이 좋다. 여기서 흥미로운 점은 IMHO에 뒤따르는 의견이 사실은 역설적으로 겸손한(humble) 의견이 아니라는 것이다. 따라서 이 표현을 사용할 때는 이 점을 고려하는 것이 좋다.

■ 완곡하게 표현하기

· 표현을 완곡하게 전환	· '다소'라는 뜻 삽입	· 긍정적인 단어로 전환
It is a bad idea.	You are late.	That is stupid.
It may be a bad idea.	You are a little late.	That is not too smart.
It would be a bad idea.	You are a bit late.	That is not very smart.
It could be a bad idea.	You are kind of late.	
	You are sort of late.	

To me, the new employee **seems to** be adjusting well.
제가 보기에 그 신입 사원은 잘 적응하고 있는 것 같습니다.

As I see it, the preliminary marketing plan is still incomplete.
제가 보기로는, 예비 마케팅 계획은 아직 미완성인 것 같습니다.

I guess that the project has been going well.
프로젝트는 잘 진행되고 있는 것 같습니다.

I figure that the engineers are the most qualified to come up with a new method.
새로운 방법을 내놓는 데는 엔지니어들이 가장 적임자라고 생각됩니다.

I'm not sure that the timing is right.
적절한 시기가 아닌 것 같습니다.

My feeling is that Mr. Johnson left the meeting in order to buy some time.
제 느낌엔 Johnson 씨가 시간을 벌기 위해 회의 중에 자리를 뜬 것 같습니다.

I feel that the booth design is too colorful for the type of products we carry.
그 부스 디자인은 저희가 취급하는 제품에 비해 색상이 너무 화려하다는 느낌이 듭니다.

carry 취급하다

As far as I'm concerned, the rumors are absolutely false.
제가 아는 한, 그 소문은 명백한 유언비어입니다.

★ **I think that** he may have an ulterior motive for calling the meeting this late in the game.
저는 그분이 때늦은 회의를 소집하는 것에 저의가 있을지도 모른다고 생각합니다.

ulterior motive 숨은 동기, 딴생각   *late in the game* 시기적으로 늦은 감이 있는

★ **In my opinion,** a phase-by-phase schedule should be drawn up.

제 생각으로는 단계별 스케줄을 작성해야 한다고 봅니다.

phase-by-phase 단계별의

I believe that we have a better-than-average chance of winning the bid.

저희가 낙찰받을 가능성은 평균 이상이라고 생각합니다.

I would have to say that we have no choice but to hire Frank's son.

Frank의 아들을 고용해야 한다는 데 선택의 여지가 없다는 것이 제 생각입니다.

My thinking is that the starting date should actually be earlier.

시작 날짜가 사실 더 빨라야 한다는 것이 제 생각입니다.

My view is that the CEO's announcement **was quite timely.**

저는 CEO의 발표가 아주 시기적절했다고 봅니다.

timely 시기적절한, 때맞은

It's not in the best interest of our company.

그것은 우리 회사의 최선의 이익에 부합하지 않습니다.

Tips & More

■ late in the game과 같은 스포츠 관련 관용 표현

미국에서는 비즈니스 커뮤니케이션에 있어서 스포츠와 관련된 관용 표현을 흔히 사용한다. He's not playing ball.(그는 협조를 안 한다.)이라든가 The ball is in their court.(그들이 결정을 내릴 차례야.), The game's over.(끝장 났다.), in the ballpark(대체적인 범위 내에)와 같은 말을 많이 쓴다. 한국에서도 흔히 사용하는 team이라는 단어만 봐도 비즈니스 상황에서 스포츠 관련 표현을 얼마나 많이 사용하는지 알 수 있다.

■ 제 생각에는…

한국인들은 영어로 자신의 의견을 말할 때 흔히 as for me, in my case 및 frankly speaking으로 시작할 때가 많은데, 영어권에서는 이 표현들이 어색하게 들린다. 틀린 표현은 아니지만 그 뉘앙스가 상황에 맞지 않을 때가 많기 때문에, I think나 in my opinion처럼 무난한 표현을 쓰도록 한다.

From my point of view, the new government policy does have some merits.

제가 볼 때, 새 정부 정책에 몇 가지 장점이 있긴 있습니다.

In my view, transferring Bowon Kim to a new team **is an excellent idea.**

제 생각에는 김보원을 새 팀으로 전임시키는 것이 아주 좋을 것 같습니다.

It is our opinion that the new strategic plan contains a few flaws, **as outlined below:**

아래 약술된 바와 같이, 새 전략 계획에 몇 가지 문제점이 있다는 게 저희의 의견입니다.

flaw 문제점

155 확신에 찬 의견 제시

Frankly, it's a non-issue.

솔직히 말해서 그것은 문제가 안 됩니다.

non-issue 문제 되지 않는 것

It's a scary **idea, if you ask me.**

제 생각에 그건 섬뜩한 의견인 것 같네요.

I'm not going to mince words, Frank. **It's a bad idea.**

Frank, 돌려 말하지 않을게요. 형편없는 생각이에요.

mince words 완곡하게 말하다, 돌려서 말하다

Anyone can see that rearranging the cubicles **will not change anything.**

파티션을 재배치하더라도 마찬가지라는 건 누구나 알 수 있습니다.

It goes without saying that the handle design is the new laptop's differentiating factor.

그 손잡이 디자인이 새 노트북의 차별화 요소라는 것은 두말할 나위가 없습니다.

I am confident that we can meet the deadline.

마감일을 확실히 지킬 수 있습니다.

I have total confidence in the success of the new product.

신제품이 성공한다고 전적으로 확신합니다.

We have no choice but to pursue extreme cost-cutting measures.

극단적인 경비 절감 조치를 실행하는 것 외에 우리에게 선택의 여지는 없습니다.

I'm certain that our industry is set for a rebound.

우리 업계는 회복할 준비가 되어 있다고 확신합니다

rebound 원래대로 돌아가다, 되튀다

★ **I'm sure that** he will do the right thing.

그분은 분명히 옳은 일을 할 것이라고 생각합니다.

★ **I'm convinced that** the new policy does not take temporary workers into consideration.

새 정책이 비정규직 근로자를 감안하지 않는다고 확신합니다.

take ~ into consideration ~을 감안하다

I have every reason to believe that we made the right choice.

우리가 올바른 선택을 했다고 판단할 만한 충분한 이유가 있습니다.

Obviously, we ought to consider their position on this matter.

물론 이 문제에 대한 그쪽의 입장도 고려해야 합니다.

It's obvious that this is a losing proposition.

이번 일이 실패한다는 것은 명백합니다.

losing proposition 실패하는 일

★ **Clearly**, the project team has not considered other options.

분명한 건 프로젝트 팀이 다른 선택 사항을 고려하지 않았다는 겁니다.

There can be no doubt that this merger is our only choice.

이번 합병이 저희의 유일한 선택이라는 데는 의심의 여지가 없습니다.

3 중요성 나타내기
Demonstrating Importance

KEY POINT 완곡하고 예의를 갖춘 어조를 사용한다

- 어떤 조치나 요소에 상대방의 이목을 집중시킬 때는 그 중요성을 설득력 있게 조명해야 함
- 이를 위해서는 그 어느 때보다도 더욱 완곡하며 예의를 갖춘 어조로 쓰는 것이 중요

SAMPLE

Subject	**Rain Damage to Warehouse** 창고의 비 피해
From	stevehan@darakwon.co.kr
To	peter@darakwon.co.kr

Hi Peter,

Regarding the rain damage to the warehouse, I think the most important thing is to first ascertain the extent of the damage. Only then can we formulate an action plan to address this problem. Also, I don't think that informing our client is that important at this point.

Best,

Steve

안녕하세요 Peter,
제 생각에 창고의 비 피해에 있어서 **가장 중요한 사항은 먼저 피해 규모를 확인하는 것입니다.** 그런 다음에야 이 문제에 대처하기 위한 실행 계획을 세울 수 있습니다. 그리고 **저는 고객에게 알리는 것이 현시점에서는 그다지 중요하지 않다고 생각합니다.**
Steve 드림

---

ascertain 확인하다, 규명하다 **extent** 규모, 정도 **formulate** (계획 등을) 조직적으로 세우다 **address** ~에 대처하다

Let's concentrate on fulfilling the orders on time.
제시간에 주문을 처리하는 데 집중하도록 합시다.

I'm convinced that understanding their business **is the key to** winning their account.
거래를 따내는 데 있어서 그들의 사업을 이해하는 것이 관건이라고 확신합니다.

I can't tell you how important it is for us to complete this phase by the end of June.
이 단계를 6월 말까지 완료하는 것이 저희에게는 얼마나 중요한 일인지 모릅니다.

★ **I strongly recommend** double-checking all data from the research.
연구에서 도출된 모든 데이터를 재검토할 것을 강력히 권합니다.

double-check 재확인하다

We cannot overlook the significance of the attached email from Angelo Equipment.
Angelo Equipment에서 보내온 첨부 메일의 중요성을 간과해서는 안 됩니다.

overlook 간과하다

It's critical to first understand the background of the report.
먼저 보고서의 배경을 이해하는 것이 매우 중요합니다.

Without a doubt, we will need to focus all our resources on penetrating the North American market.
당연히 북미 시장 진입에 우리의 모든 자원을 집중시켜야 할 것입니다.

penetrate 진출하다

Getting the right publicity **is vital to** the success of this product launch.
적절한 홍보가 이 제품 출시의 성공을 위해 필수적입니다.

publicity 홍보

Our major priority at this point is to figure out a way to salvage our relationship with Mr. Cranston.

현시점에서 우리의 최우선 사항은 Cranston 씨와의 관계를 회복하는 방법을 찾는 것입니다.

salvage 회복시키다

In particular, the successful candidates **must possess** a thorough knowledge of our business.

특히 합격자들은 우리 회사의 사업에 대한 완벽한 지식을 갖추고 있어야 합니다.

successful candidate 합격자

It is imperative that we move quickly with the purchase.

반드시 빨리 구매에 착수해야 합니다.

imperative 필수적인

Finding a new method of cutting sheet metal **should be given primary importance** at the plant.

새 판금 절단법을 찾아내는 것이 공장의 최우선 사항이어야 합니다.

sheet metal 판금, 금속판

During our transition to a new business area, employee morale **is an essential element.**

우리가 새로운 사업 분야로 전환하는 데 있어서 직원들의 사기는 필수 요소입니다.

transition 이행, 변화   morale 사기

Maintaining the lead in the market **requires our foremost collective effort.**

시장에서 선두를 유지하려면 무엇보다도 공동의 노력이 요구됩니다.

foremost 가장 중요한   collective effort 공동의 노력

The final price **is of utmost importance to us.**

저희에게는 최종 가격이 가장 중요합니다.

utmost 최고도의

To me, finishing the production by this week **is not that important.**

제가 봤을 때, 이번 주까지 생산을 완료하는 것은 그다지 중요하지 않은 것 같습니다.

I doubt that our past experience **is that crucial** to this proposal.

우리의 지난 경험이 이번 계획안에서 그렇게 결정적으로 작용할지는 의문입니다.

That issue is less important than you might think.

그 문제는 생각하시는 것만큼 중요하지 않습니다.

I feel that guaranteeing swift delivery **is not a major priority.**

빠른 배송을 보장하는 것이 최우선 사항은 아니라고 생각합니다.

★ Your writing style **is not as important as** the content itself.

문체는 내용 자체만큼 중요하지 않습니다.

Executing an MOU **is of secondary importance.**

양해 각서 체결은 부차적인 문제입니다.

The significance of sales revenue **is minor compared to** net profits.

매출액의 중요성은 순익에 비하면 미미한 편입니다.

sales revenue 매출액   net profits 순이익

Their main consideration is probably not individual prices.

그들의 주된 고려 사항은 개별 가격이 아닐 겁니다.

The long-term effect of Laurie's resignation **will be minor.**

Laurie의 사임으로 인한 장기적인 영향은 미미할 겁니다.

The third one **is a nonessential item.**

세 번째는 중요하지 않은 항목입니다.

nonessential 중요하지 않은

There are more important factors to consider than just pricing.

가격뿐만 아니라 고려해야 할 더 중요한 요소들이 있습니다.

4 가능성 언급하기
Talking about Possibilities

KEY POINT 가능성을 나타내는 표현을 주로 사용한다

- 확실하지 않은 사항에 대한 의견을 전했다가 결과적으로 틀리거나 약속이 성사되지 못한 경우에는 고객이나 상사로부터 견책을 받을 수 있음
- 그러므로 가능성을 제시할 때는 likely, possible, probably나 may, could 같은 조심스러운 표현을 사용하는 것이 좋음

SAMPLE

Subject	**RE: First Phase Completion Date** RE: 첫 단계 완료 일자
From	jane@darakwon.co.kr
To	alex@linencable.com

Hi Alex,

I believe it is likely that the first phase of the project can be completed by April 2, provided that the owner-furnished items arrive on time. However, to prevent any potential problems, we would like to propose a reasonable new date of April 15. This would allow your other vendors enough time to complete their own portion of the contract.

Thanks,
Jane

안녕하세요 Alex,
지급 재료가 제때에 도착하면, **4월 2일까지 프로젝트의 첫 단계가 완료될 수 있을 것 같습니다.** 그래도 잠재적 문제들을 예방하기 위해 적당한 날짜로 4월 15일을 새롭게 제안드리고자 합니다. 그러면 그쪽의 다른 공급 업체들도 각자의 계약을 완료할 수 있는 충분한 시간을 갖게 될 것입니다.
Jane 드림

---

owner-furnished items 지급 재료(공사 발주자가 제공하는 건축 자재)   **provided** ~하기만 하면, ~의 조건하에
reasonable 적당한, 온당한   **portion** 부분, 분량

There's a good chance that you will be able to see Cindy Hansen and Charles Ping during your visit to Las Vegas.

라스베이거스에 출장 가시면 Cindy Hansen과 Charles Ping을 만나게 될 가능성이 커요.

He **could easily** call us tomorrow and cancel the order.

그는 내일이라도 전화해서 주문을 취소할 수도 있습니다.

We could be wrong about that, of course.

물론 우리의 판단이 틀릴 수도 있죠.

We will probably get an email from Xenon by tonight at the latest.

아마 늦어도 오늘 저녁까지는 Xenon으로부터 메일을 받게 될 겁니다.

That is likely to happen.

그렇게 될 가능성이 높습니다.

It may still happen.

그럴 가능성은 여전히 있습니다.

That may happen whether you email him **or not.**

그분에게 메일을 보내든 보내지 않든 일어날 수 있는 일입니다.

It is possible that the other side **will want to discuss** the actual price during the meeting.

회의 때 상대방 측에서 실제 가격에 대해 논의하고 싶어할지도 모릅니다.

It could be that the client is unhappy with our service.

고객이 우리 서비스에 만족하지 못하고 있을지도 모릅니다.

The rumors could very well turn out to be true.

소문이 사실로 밝혀질 수도 있습니다.

The possibility for an earlier release of the game title **is there, provided** we can complete the beta testing as scheduled.

우리가 베타 테스트를 예정대로 완료할 수만 있으면 게임 타이틀을 더 일찍 출시하는 것이 가능합니다.

159 가능성이 낮을 때

I can't imagine Bill being able to help us this time.

Bill이 이번에 우리를 도울 수 있을 거라고 상상이 안 되네요.

I don't think a strike **is likely to happen.**

아마 파업은 없을 겁니다.

I doubt we can set up a task force team on such short notice.

이렇게 갑작스럽게 태스크포스 팀을 꾸릴 수는 없을 겁니다.

short notice 예고 없이 급히 알리는 것

We probably will not get an email from Xenon.

아마 Xenon으로부터 메일을 받지 못할 겁니다.

That is unlikely to happen.

그렇게 될 가능성은 낮습니다.

★ **It will be difficult to** find out who else is bidding on the project.

그 밖에 누가 그 프로젝트에 입찰할 것인지 알아내기는 힘들 겁니다.

That is an improbable situation – one that I hope never materializes.

그런 사태는 일어날 가능성이 희박합니다. 절대 일어나지 않기를 바라는 바이고요.

improbable 일어날 것 같지 않은   materialize 실현되다

At this point, persuading the supplier to come back to the negotiating table **is practically impossible.**

현시점에서 납품 업체를 설득해 다시 협상 테이블로 불러내기란 사실상 불가능합니다.

There is not much we can do to change their minds.

그들의 마음을 바꿀 수 있도록 우리가 할 수 있는 일은 거의 없습니다.

The possibility of a severe storm **is quite low in my opinion.**

제가 봤을 때 심한 폭풍이 몰아칠 가능성은 매우 낮습니다.

The likelihood of us completing those tasks by tomorrow **is one in three.**

저희가 그 일들을 내일까지 처리할 가능성은 3분의 1 정도입니다.

likelihood 가능성

The chances of us meeting the deadline **are quite slim.**

우리가 마감을 지킬 가능성이 아주 희박합니다.

There's not much chance of that happening.

그렇게 될 가능성은 별로 없습니다.

5 의견 제시를 보류하거나 거절하기
Deferring or Declining Comment

KEY POINT   거절 사유를 언급하고 예의를 갖춘다

- 의견을 제시해 달라는 요청을 받았으나 사안이 민감하거나 의견을 제시하기가 곤란해서 꺼려질 때가 있기 마련
- 시간이 필요하면 예의를 갖춘 어조를 사용하여 미루고, 의견 제시 자체가 불가능할 때는 적절한 사유를 대도록 함
- 이유를 밝히기 어려우면 간단하고 정중하게 거절하는 것이 좋음

SAMPLE

Subject	**RE: Tower's Structural Integrity** RE: 탑의 구조 안전성
From	ken@ttrc.co.kr
To	alex@linencable.com

Dear Alex,

Since I am not qualified to provide an opinion on the structural integrity of the tower, I will not be able to give you any feedback on the matter. Of course if you have any questions regarding its architectural elements, I would be happy to discuss it.

Regards,
Ken

Alex에게,
저는 그 탑의 구조 안전성에 대한 의견을 제공할 만한 자격이 없어서 그 문제에 대한 의견을 드릴 수가 없습니다. 물론 건축적 요소에 대한 문의 사항이 있으시면 기꺼이 논의하겠습니다.
Ken 드림

structural integrity 구조 안전성   **qualified** 자격 있는   **architectural** 건축적인

160

★ **I'll email you in** a few days.
며칠 후에 메일 드릴게요.

Right now I have no comment about the proposal, **but I will email you after I've had a chance to review it thoroughly.**
당장은 제안서에 대해 드릴 말씀이 없지만, 철저히 검토할 시간을 가진 후에 메일을 보내드리도록 하겠습니다.

Because I haven't seen the report **yet, I really can't say for sure at this point.**
보고서를 아직 보지 못했으므로 현시점에서는 확실히 말씀드리지 못하겠습니다.

Could you give me some time to mull over the situation so I can provide useful feedback?
도움이 되는 의견을 드릴 수 있도록 상황에 대해 숙고할 시간을 주시겠어요?

mull over ~에 대해 숙고하다, 궁리하다

Would you mind if I got back to you later with my comments?
제 의견은 나중에 드려도 괜찮을까요?

161

I don't really have any specific comments about the board's decision.
이사회의 결정에 대해 특별히 할 말이 없어요.

I'm sorry, but I don't have much to say about the changes proposed by the team.
죄송합니다만, 그 팀이 제시한 변경 사항에 대해 별로 드릴 말씀이 없습니다.

I'm not sure that I have a personal opinion on the design.

저는 그 디자인에 대한 개인적인 견해랄 게 없어요.

If you don't mind, I would rather not discuss Lindberg Inc.'s development plans.

괜찮으시면, 저는 Lindberg Inc.의 개발 계획에 대해서는 논의하고 싶지 않습니다.

We are not in a position to provide an opinion about an incident that we know nothing about.

저희는 아무것도 모르는 사건에 대해 의견을 제시할 입장이 안 됩니다.

in a position to ~할 입장이 되는

With no background information about the project, **it would be difficult to provide a constructive opinion.**

프로젝트에 대한 배경 지식이 없는 상태에서는, 건설적인 의견을 드리기가 어렵겠습니다.

6 추가 설명 요청
Requesting Clarification

> **KEY POINT** 필요한 부분을 구체적으로 요청한다
>
> - 이전에 받은 답변의 내용이 불충분해 추가 설명을 다시 한번 요청하는 경우라도 먼저 받은 내용에 대한 불만을 나타내는 어조는 피하기
> - 꼭 필요한 의견을 받을 수 있도록 구체적으로 요청하기
> - 반대로 추가 설명을 제공하는 입장이라면 마찬가지로 이전에 보낸 메일 내용을 되풀이하는 것보다 좀 더 상세하게 의견을 뒷받침할 수 있는 근거를 제시하는 것이 좋음

SAMPLE

Subject **Reassessment of Proposed Budget Changes** 상정된 예산 변경안의 재검토

From jeonghun@darakwon.co.kr

To peter@darakwon.co.kr

Hi Peter,

In your last email, you expressed the opinion that the proposed budget changes should be reassessed. I was wondering, however, if you could clarify which specific aspects of the proposed changes you thought should in fact be reassessed.

Thanks,

Jeonghun

안녕하세요 Peter,
지난번 메일에서 상정된 예산 변경안을 재검토해야 한다는 의견을 주셨습니다. 그렇다면 상정된 변경안 중에서 특히 어떤 부분을 사실상 재검토해야 한다고 생각하시는지 정확히 말씀해주실 수 있는지요?
정훈 드림

---

reassessment 재검토　**reassess** 재검토하다　**clarify** 명확하게 하다　**aspect** 면, 양상

Are you proposing that we allow the consultants to work with us for the entire week?

컨설턴트들이 일주일 내내 저희와 함께 일할 수 있게 하자고 제안하시는 건가요?

What exactly did you mean by the estimate not being correct?

견적이 틀리다는 게 정확히 무슨 뜻인지요?

estimate 견적

Can you provide more details about your ideas to improve productivity?

생산력을 높이는 방안에 대해 좀 더 자세히 말씀해주시겠어요?

Can you tell me what those extreme cost-cutting measures **might be?**

극단적인 경비 절감 조치가 무엇이 될지 말씀해주시겠어요?

I'm quite not sure what you meant by a master plan. **Do you mean** a plan created with input from all departments?

말씀하신 마스터 플랜이 무슨 뜻인지 잘 모르겠습니다. 모든 부서의 의견을 취합해서 세우는 계획을 말씀하시는 건가요?

What I wanted to know was what you thought about the new employee's performance.

신입 사원의 일 처리 능력에 대한 의견을 여쭤보고 싶었습니다.

performance 일 처리 능력

I'd be interested to hear more about your idea to combine the two meetings.

두 회의를 합치자는 의견에 대해 좀 더 듣고 싶습니다.

What do you mean by MOU being of secondary importance? **Are you saying that** we should proceed with negotiating for the contract itself?

양해 각서가 부차적이라는 것이 무슨 의미이지요? 계약 자체를 목표로 협상을 진행해야 한다는 말씀이십니까?

Could you clarify one point for me?

한 가지만 분명히 설명해주시겠어요?

You said we should attempt to ship the products earlier. What would be an appropriate date?

제품을 더 일찍 발송하도록 해야 한다고 말씀하셨습니다. 언제가 적절할까요?

You indicated that the first method is better. **Please clarify what you meant by** "first."

첫 번째 방법이 더 낫다고 지적하셨습니다. '첫 번째'가 무엇을 의미하는지 명확히 말씀해주세요.

I was actually asking about the potential effect on our own resources. **Could you address this issue?**

저는 사실 우리의 고유 자원에 미칠 수 있는 잠재적인 영향에 대해 여쭌 것입니다. 이 문제에 대해 말씀해주시겠어요?

Could you be more specific about why you think the project is a losing proposition?

왜 이 프로젝트가 실패할 것이라고 생각하시는지 좀 더 구체적으로 말씀해주시겠어요?

You indicated that the booth design seems too colorful to showcase our products. **Do you feel that way about** option 2 **as well?**

우리 제품을 전시하기에는 부스 디자인의 색채가 너무 화려하다고 지적하셨습니다. 2번 시안에 대해서도 그렇게 생각하시는지요?

Could you tell me more about what the preliminary marketing plan **is missing?**

사전 마케팅 계획에서 빠진 점이 무엇인지 더 자세히 말씀해주시겠어요?

When you stated you thought the meeting was productive, **did you mean that** you felt we were making progress?

회의가 생산적이었다고 말씀하셨는데, 진전이 이루어지고 있다는 뜻이었나요?

make progress 진전하다, 진행을 잘하다

If I understood you correctly, you are suggesting that we transfer two personnel from Accounting to the task force team. **Am I correct?**

제가 제대로 이해했다면, 회계 부서 인원 두 명을 태스크포스 팀으로 전임시키자고 제안하시는 거군요. 맞지요?

personnel 인원

If you don't mind my asking, how do you propose we get the supplier to send us the shipment two weeks early?

여쭤봐도 된다면, 납품 업체가 2주 일찍 발송하게 하기 위해 우리가 어떻게 해야 한다고 제안하시겠어요?

163 추가 설명 제공

I think I should clarify that.

제가 그 점에 대해 명확하게 말씀드리는 것이 좋겠습니다.

Let me try and rephrase what I wrote.

제가 쓴 내용을 다른 말로 바꿔서 말씀드리도록 하겠습니다.

What I was trying to say was that Angelo Equipment is our largest client, and we can't afford to lose the account.

제가 드리고 싶었던 말씀은 Angelo Equipment가 우리의 가장 큰 고객이므로, 거래가 끊겨서는 안 된다는 것이었습니다.

★ **I didn't mean that** the MOU is unnecessary. **I meant that** there are factors to consider first.

양해 각서가 필요 없다는 뜻은 아니었습니다. 먼저 고려해야 할 요인들이 있다는 뜻이었습니다.

When I mentioned that the long-term effect will be minor, **I meant that** we will be able to find a suitable replacement within a month or so.

장기적인 효과가 미미할 것이라는 말은 한 달 정도 내에 적절한 대체 방안을 찾을 수 있을 것이라는 뜻이었습니다.

★ **What I meant was that** we need to increase profits.

제 말은 수익을 늘려야 한다는 뜻이었습니다.

감정과
의사 표현

Dictionary of Business Email Expressions

1 선호하거나 원하는 것
Preferences and Wants

KEY POINT 선호하는 것을 명확하게 짚는다

- 선택할 수 있는 것 중에서 선호하는 것이 있을 때는 상대방이 헷갈리지 않게 의사를 명확하게 표현하기
- 의견 차이가 있으면 상대방의 기분을 고려하여 되도록 완곡한 어조를 사용

SAMPLE

> ✉   — ⤢ ✕
>
> **Subject** **Mock-up Choice** 실물 모형 선택
>
> **From** janelee@darakwon.co.kr
>
> **To** alex@darakwon.co.kr
>
> Hi Alex,
>
> Of the two mock-ups you showed me, I prefer the one labeled "A", because it captures the essence of the design better. Having said that, however, I still would like you to create a third mock-up, which I think should be a bit smaller in size.
>
> Regards,
>
> Jane
>
> 안녕하세요 Alex,
> 보여주신 두 가지 실물 모형 중, 'A'로 표시된 것이 디자인의 본질을 더 잘 포착하고 있어서 **더 좋습니다.** 그렇긴 하지만, 여전히 약간 더 작은 크기로 세 번째 실물 모형을 만들어주셨으면 좋겠다고 생각해요.
> Jane 드림

mock-up 실물 크기의 모형   **label** ~에 명칭을 붙이다   **capture** 포착하다   **essence** 본질

---

164 선호하는 것

IMHO, we should stick to the original plan. `비격식`

저의 짧은 생각으로는, 원래 계획을 고수하는 것이 좋겠습니다.

IMHO (= in my humble opinion) 저의 단견으로는, 짧은 생각으로는   stick to ~을 고수하다

Charles **gets my vote.**

저는 Charles를 지지합니다.

If it's all the same to you, I'd rather not do that.

괜찮으시면, 저는 그렇게 하지 않았으면 합니다.

Don't you think we should accelerate the project **as opposed to** asking for a time extension?

시간 연장을 요청하는 대신 프로젝트에 속도를 내야 된다고 생각하지 않으세요?

as opposed to ~ 대신, ~에 대립하는 것으로

Why don't we refer this matter to the legal department **instead?**

그러지 말고 이 문제를 법무팀에 맡기는 것이 어떨까요?

refer 맡기다

There's no doubt about it. The best way to end the misunderstanding **is to** go and talk directly with them.

의문의 여지가 없습니다. 오해를 푸는 가장 좋은 방법은 가서 그들과 직접 대화하는 겁니다.

Taking the train to Helsinki from the airport **would be my choice, hands down.**

공항에서 헬싱키까지 기차로 이동하는 것이 저의 확고한 선택입니다.

hands down 확실히, 의심의 여지 없이

I would say that having the meeting on the fourth floor **is preferable since** it has the large windows.

큰 유리창이 있기 때문에 4층에서 회의를 하는 것이 더 좋다고 말씀드리고 싶습니다.

I prefer going alone to the meeting, **if that's okay with you.**

괜찮으시면, 저는 회의에 혼자 가는 것이 더 좋습니다.

If I had to pick the fabric, **I would go with** the first one we looked at this morning.

천을 선택해야 한다면, 저는 우리가 오늘 아침에 봤던 처음 것이 좋습니다.

go with ~을 지지하다

★ **I think** the color **should be** bright red.

저는 색깔이 밝은 빨강이어야 한다고 생각합니다.

I find that Emma is a better trainer for those types of students.

그런 종류의 학생들에겐 Emma가 더 나은 트레이너라고 봅니다.

I would rather ask Jiwon to bring the proposal to the client.

제안서를 고객에게 가져가달라고 지원 씨에게 부탁하는 게 더 좋겠습니다.

For me, using the traditional method **would be a more desirable choice.**

저는 전통적인 방법을 이용하는 것이 더 바람직할 것 같습니다.

Busan **is a more logical choice.**

부산이 더 타당한 선택입니다.

★ **In my opinion,** the second design **is not as good as** the first one.

제 생각에는, 두 번째 디자인이 첫 번째 것만큼은 좋지 않습니다.

Rather than trying to predict what might happen, **I think we should** focus back to the issue at hand.

어떤 일이 벌어질지 예측하려 하기보다 현재 주어진 과제에 다시 집중해야 한다고 봅니다.

at hand 현재 주어진, 가까이에 있는

★ La Terrace **is a better choice because** it has better food.

La Terrace가 더 낫습니다. 음식이 더 맛있거든요.

Biographies of successful CEOs **are probably my favorite type of** books.

성공한 CEO들의 전기는 아마 제가 가장 좋아하는 종류의 책일 겁니다.

165 원하는 것

There's no way I can go on the business trip next week, **with** the schedule conflict.
일정이 겹쳐 다음 주에 출장을 갈 수 있는 방법이 없습니다.

I really cannot work **with** her **anymore.**
저는 정말 그분과 더 이상 함께 일할 수 없습니다.

I really need the preliminary design **by** 10 a.m. tomorrow.
정말로 내일 오전 10시까지 디자인 초안이 필요합니다.

I'm sorry, but I would like to skip the get-together this time.
죄송하지만, 저는 이번에는 모임에서 빠지고 싶습니다.

skip ~에서 빠지다, 건너뛰다

★ **Would it be okay if** we asked people to smoke in the designated areas?
지정된 곳에서 흡연할 것을 사람들에게 요청해도 될까요?

I ask that you provide the reports **directly to me, not to** John.
John이 아니라, 저에게 직접 보고서를 제출해주세요.

I would like to opt out of the business trip, **if you don't mind.**
괜찮으시면, 저는 출장을 안 가고 싶습니다.

opt out ~을 피하다, 손을 떼다

If there is any way I could take a later flight, **I would really appreciate it.**
어떻게든 더 늦은 비행기를 탈 수 있으면 정말 고맙겠습니다.

I would like to be excused from attending the seminar.
세미나에 참석하지 않도록 허락받았으면 합니다.

be excused from ~을 면하다

Could we ask people not to answer their phones during the meeting this time?

사람들에게 이번에는 회의 도중에 전화를 받지 말라고 요청해도 되나요?

Please do me a favor and talk to your co-worker about his unprofessional emails.

부탁인데, 당신 동료에게 그의 전문가답지 않은 메일에 대해 말해보세요.

unprofessional 전문가답지 않은

Could you possibly send me the address you promised **as soon as you see this?**

가능하면 이걸 보자마자 약속하신 주소를 보내주실 수 있을까요?

2 취향과 관심사
Personal Tastes and Interests

SAMPLE

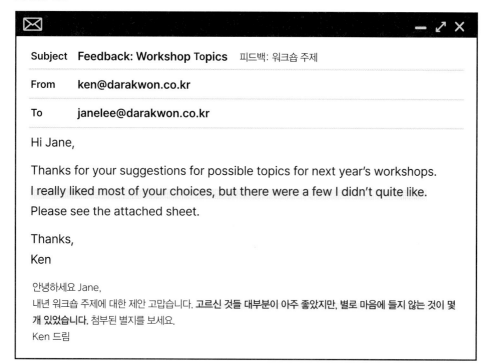

Subject **Feedback: Workshop Topics** 피드백: 워크숍 주제

From **ken@darakwon.co.kr**

To **janelee@darakwon.co.kr**

Hi Jane,

Thanks for your suggestions for possible topics for next year's workshops.
I really liked most of your choices, but there were a few I didn't quite like.
Please see the attached sheet.

Thanks,
Ken

안녕하세요 Jane,
내년 워크숍 주제에 대한 제안 고맙습니다. **고르신 것들 대부분이 아주 좋았지만, 별로 마음에 들지 않는 것이 몇 개 있었습니다.** 첨부된 별지를 보세요.
Ken 드림

166 좋아하는 것

If you like it, then I say let's go with it.
그게 좋으시면, 그걸로 하죠.

I'm a big fan of the client, **because** he **is** always fair.
그 고객님은 항상 강직하셔서 저는 그분을 아주 좋아합니다.

I'm really crazy about skiing **these days.**
요새 저는 스키 타는 것에 미쳐 있습니다.

I got into hiking after I injured my back last year.
저는 작년에 허리를 다친 후 하이킹에 푹 빠졌습니다.

I could go to Tommy's Dinner **every day.**
매일이라도 Tommy's Dinner에 갈 수 있습니다.

I think Frank Cho in engineering **is a great guy.**
저는 엔지니어링 부서에 있는 Frank Cho가 아주 멋진 사람이라고 생각해요.

I liked the proposal from your team **quite a lot.**
그쪽 팀의 제안서가 무척 좋았습니다.

I enjoy watching old movies, **actually.**
사실 저는 고전 영화 보는 것을 좋아합니다.

Reading self-improvement books **is my thing** now.
요즘은 자기 계발서를 읽는 것이 제 취미입니다.

self-improvement 자기 계발

I enjoyed your presentation **very much.**
프레젠테이션이 아주 좋았습니다.

★ **I think** you've captured the color very nicely.
색을 아주 잘 잡으신 것 같습니다.

★ Going to Gangwon province for our summer retreat **is a good idea.**

강원도로 하계 단합 대회를 가는 것은 훌륭한 생각이에요.

summer retreat 하계 단합 대회

167 싫어하는 것

I have to say I'm not a big fan of Chinese food.

저는 중국 음식을 별로 좋아하지 않는다는 말씀을 드려야겠네요.

I am not much of a baseball **fan.**

저는 야구 팬이라고 할 수는 없습니다.

Frankly, I don't like the sound of that.

사실, 좋게 들리진 않네요.

I am not sure that I like the new consultant's attitude.

새 컨설턴트의 태도가 마음에 든다고 할 수 없네요.

attitude 태도

I can't stand long meetings, **either, so let's** make sure it stays short.

저도 긴 회의는 질색이니, 짧게 끝내기로 합시다.

I'm not really into the idea of forming a task force team for such an uncertain venture.

그런 불확실한 모험을 위해 태스크포스 팀을 구성하자는 아이디어에는 별로 관심이 없습니다.

I'm not very keen on having to drive to Busan **on such a short notice.**

이렇게 갑작스러운 통보로 부산까지 운전해야 한다는 것이 별로 내키지 않네요.

be keen on ~을 좋아하다

I don't think I liked the tone of his last email.

그분의 지난번 메일의 어조가 마음에 들지 않습니다.

I can't say I liked Mr. Park's idea **very much.**

박 씨의 아이디어가 아주 마음에 들었다고 할 수는 없네요.

The new client **is not really easy to work with.**

새 고객님은 같이 일하기 그렇게 쉬운 분은 아니에요.

I'm not all that pleased with the new policy, **since** it's all one-sided.

모두 한쪽으로만 치우쳐 있어서 새 방침이 만족스럽지 않습니다.

The idea that his proposal is the only logical one **is hard to swallow.**

그분의 제안만이 논리적이라는 생각은 받아들이기 어렵습니다.

swallow 받아들이다

★ **I don't like** having drinks with co-workers after work.

퇴근 후 동료들과 술 마시는 것을 좋아하지 않습니다.

3 기대와 믿음
Expectations and Beliefs

- 기대나 믿음을 표현할 때는 대상에 대해 구체적으로 언급하는 것이 좋음
- 이에 덧붙여 내 생각에는 어떤 식으로 일이 풀릴 것인지에 대해서도 언급하기

SAMPLE

Subject   **I'm Anticipating Good News**   좋은 소식 기대하고 있습니다

From   ken@darakwon.co.kr

To   janelee@darakwon.co.kr

Hi Jane,

I'm anticipating Jack to call us soon to give us the good news that we got the account. Let's put our faith in Jack.

Thanks,

Ken

안녕하세요 Jane,
저는 Jack이 곧 전화해서 우리 회사가 거래를 따냈다는 좋은 소식을 전할 거라고 기대하고 있어요. Jack을 믿어 봅시다.
Ken 드림

---

account 거래   **put faith in** ~을 믿다

I'm crossing my fingers on this one.

이번 일에 행운을 빌어요.

cross one's fingers 행운을 빌다

I think sending a new sample **will do the trick.**

새로운 샘플을 보내는 것이 효과가 있을 겁니다.

do the trick 효과가 있다

I am hoping that the CEO **will allow us** to hire another engineer.

CEO께서 엔지니어를 한 명 더 고용하도록 허락하시기를 바라고 있습니다.

I would really like Brandon to ace the presentation this time.

이번에는 Brandon이 프레젠테이션을 완벽하게 해냈으면 정말 좋겠습니다.

ace 완벽하게 해내다

I hope that the following revisions **are to your liking.**

다음의 변경 사항들이 마음에 드셨으면 합니다.

liking 기호, 좋아함

★ **I am really looking forward to** having lunch with you and Mark next Tuesday.

다음 주 화요일에 있을 당신과 Mark와의 점심 식사가 정말 기대됩니다.

We are expecting to surpass last quarter's earnings results.

지난 4분기 수익 성과를 능가할 것으로 기대하고 있습니다.

surpass 능가하다

Our team **is anticipating a positive reaction from** the project manager.

저희 팀은 프로젝트 매니저로부터 긍정적인 반응을 예상하고 있습니다.

I trust that nothing has been omitted.

아무것도 빠뜨린 것이 없다고 믿습니다.

omit 빠뜨리다

I remain hopeful that the economy will turn around next year.

내년에는 경제가 회복될 것이라는 희망을 여전히 갖고 있습니다.

turn around 회복되다

With the three-day holiday weekend, **we are predicting** a big turnout for our show on Sunday.

3일 연휴 덕분에, 일요일에 우리 쇼에 많은 사람들이 올 것이라고 예상합니다.

turnout 관객, 인파, 관중

169 믿음

Let's back him **up 100%.**

그를 100% 지지해 줍시다.

back ~ up ~을 지지하다

I would put my money on Team A to finish the tasks first.

A팀이 작업을 먼저 끝낼 것이라고 장담합니다.

put one's money on ~을 장담하다

I'll bet that Mr. Heo will call us tomorrow to renegotiate the terms.

허 씨가 내일 전화해서 조건을 재협상하자고 할 것이 틀림없습니다.

I'll bet ~이 틀림없다, 확실하다

I have a feeling that the accounting team **will say no to** our budget.

회계팀이 우리 예산에 동의하지 않을 것이라는 예감이 듭니다.

With the right benefits package, **I'm sure that** he will join the company.

적당한 복리 후생 패키지를 제안한다면, 그가 입사할 거라고 확신해요.

There is no doubt in my mind that he will come through for us.

그가 우리를 위해서 해낼 것이라고 저는 마음속으로 굳게 믿고 있습니다.

come through 성공하다

The limited product rollout **will be successful, no doubt about it.**

이번 한정 제품 출시가 성공할 것이라는 데 의심의 여지가 없습니다.

rollout 발매, 출시

I trust Suyeon **to do the right thing.**

수연 씨가 옳은 일을 할 거라고 믿습니다.

Yes, I am certain beyond the shadow of a doubt.

네, 저는 추호도 의심 없이 확신합니다.

beyond the shadow of a doubt 추호도 의심하지 않고

I'm confident that he will agree that this measure will allow him to save face gracefully.

이번 대책이 그분의 체면을 적절하게 유지시켜줄 것이라는 데 그분도 동의할 것이라고 믿습니다.

measure 대책   save face 체면을 지키다, 유지하다

They will certainly accept our terms if we accept their price quote.

우리가 그들의 가격 견적을 수용하면 틀림없이 그들은 우리의 요구 조건을 수용할 겁니다.

We believe that the revised schedule **will allow** the subcontractors enough time to complete their work.

수정된 스케줄 덕에 하청 업체들이 작업을 끝낼 충분한 시간을 확보할 것이라고 믿습니다.

4 목표와 계획
Goals and Plans

KEY POINT 육하원칙을 고려하여 명확하게 전달한다

- 상대방에게 어떤 목표나 목적, 계획을 전할 때는 who, what, when, where, why, how의 육하원칙을 고려해서 배경과 이유를 구체적으로 설명하여 오해의 여지가 없게 함
- 거창하거나 불명확한 표현은 피하고, 되도록 목표나 계획의 본질을 정확하게 나타내는 단도직입적인 표현을 사용하기

SAMPLE

Subject **New Customer Service Policy** 새로운 고객 서비스 방침

From **peter@darakwon.co.kr**

To **all@darakwon.co.kr**

Hi all,

To reiterate, the purpose of introducing the new customer service policy is to decrease the amount of complaints. We would like to decrease the complaints by 25% by the end of the year. Phase 1 of the policy will go into effect on July 1.

Best,
Peter

안녕하세요 여러분,
다시 말씀드리면, 새로운 고객 서비스 방침을 도입하는 목적은 고객 불만 사항의 수를 감소시키고자 함입니다. **연말까지 불만 사항이 25% 감소되었으면 합니다.** 이번 방침의 1단계는 7월 1일에 실행됩니다.
Peter 드림

---

reiterate 다시 말하다　**go into effect** 실행되다, 발효되다

What we have to do is sit down and finalize the schedule.
우리가 해야 할 일은 함께 앉아서 일정을 확정하는 것입니다.

What we would like to see is a minimum of a 10% increase in our bottom line.
우리가 기대하는 것은 최소 10%의 순이익 증가입니다.

bottom line 순이익

As you know, our long-term goal is to become the leading mobile content provider in Asia.
아시다시피, 우리의 장기적 목표는 아시아에서 선도적인 모바일 콘텐츠 제공 업체가 되는 것입니다.

I want to reiterate that our goal is to filter out all the bugs in the program.
프로그램의 모든 버그를 걸러내는 것이 우리의 목표라는 것을 거듭 말씀드립니다.

reiterate 다시 말하다   filter out ~을 걸러내다

Ultimately, we would like all communication to flow more effectively among our different divisions.
궁극적으로는, 우리의 여러 부서들 사이에서 모든 의사소통이 더 효율적으로 이루어졌으면 합니다.

We hope to complete the project within two weeks.
2주 안에 프로젝트가 완료되기를 바라고 있습니다.

In the short term, we want to develop at least five new original cable programming.
단기적으로는, 적어도 5개의 새롭고 독자적인 케이블 프로그램을 개발하고 싶습니다.

We intend to solidify our marketing strategy **before** showing the final version to the CEO.
최종안을 CEO께 보여드리기 전에 저희 마케팅 전략을 견고하게 하려고 합니다.

solidify 굳히다, 견고하게 하다

Our sales target for next year is $15 million.

우리의 내년 매출액 목표는 1천 5백만 달러입니다.

★ **The following is** our division goals for the coming year:

다음은 내년 우리 부서의 목표입니다.

Creating higher consumer brand recognition **is the goal of** the new advertising campaign.

소비자의 브랜드 인지도를 높이는 것이 새로운 광고 캠페인의 목표입니다.

recognition 인지

★ **The purpose of** next week's training program **is to** prepare participants for foreign assignments.

다음 주에 있을 트레이닝 프로그램의 목표는 참가자들의 해외 파견 준비입니다.

The aims of the workshop **are to** exchange ideas and to share one another's best practices.

이번 워크숍의 목적은 의견 교환과 서로의 모범 사례 공유입니다.

best practice 모범 사례, 모범 경영

The main objective of the emergency meeting **will be to** decide on a temporary restaurant manager to run our Mapo store.

마포점을 운영할 임시 레스토랑 지배인을 결정하는 것이 긴급 회의의 주요 목적입니다.

objective 목적   decide on ~을 결정하다   run 운영하다, 관리하다

Let's get some feedback from others before we establish an agenda.

의제를 수립하기 전에 다른 사람들로부터 피드백을 받아보죠.

establish 수립하다   agenda 의제

We need to draft up a schedule first.

먼저 일정 초안을 만들어야 합니다.

draft ~의 밑그림을 그리다, 초안을 잡다

It's clear what steps we have to take to placate the client.

그 고객을 달래기 위해 우리가 어떤 조치를 취해야 하는지는 명백합니다.

placate 달래다

★ **Attached is our proposed plan.**

저희가 제안한 계획을 첨부합니다.

Our tentative plan is as follows:

우리의 잠정적인 계획은 다음과 같습니다.

tentative 잠정적인, 임시의

The plan is to inject more capital into the subsidiary.

자회사로 자본금을 더 주입하는 것이 이번 계획입니다.

inject 주입하다

There are several stages to our plan.

우리의 계획에는 몇 개의 단계가 있습니다.

We will start with the first phase, which involves reducing the number of stores in the Gangnam area.

우리는 1단계를 시작할 것이며, 여기에는 강남 지역 매장 수를 줄이는 것이 포함됩니다.

Once we reach the first milestone, **we can move on to** the next one.

첫 번째 중요한 단계에 도달하면, 그 다음으로 나아갈 수 있습니다.

milestone 획기적 사건[단계]

The ideas we generate will serve as a blueprint for establishing a new set of policies.

우리가 만드는 아이디어는 새로운 정책들을 구축하기 위한 청사진 역할을 할 것입니다.

blueprint 청사진

This three-step **process is designed to** accelerate our entry into the beverage import business.

이 3단계 과정은 음료 수입 사업 진출을 앞당기기 위해 고안된 것입니다.

The new policy **is being implemented to** ensure that everyone adheres to our corporate values.

이번 새로운 방침은 모든 직원이 기업 가치를 확실히 준수하도록 하기 위해 시행됩니다.

adhere to ~을 고수하다, 준수하다

Tips & More

■ **일정 관련 표현**

앞당기다	accelerate	일정보다 이른	ahead of schedule
지연시키다	delay	일정대로	on schedule
마감 시한	deadline	일정보다 늦은	behind schedule
기한 연장	time extension		

5 우려와 불확실함
Concerns and Uncertainties

KEY POINT **불확실함을 느끼는 이유에 대해 설명한다**

- 아직 일어나지 않은 일에 대해 구체적인 근거가 없어도 우려를 표현할 수 있는 경우가 있음
- 어떤 사건·사람에 대해, 또는 중요한 결정을 하기 전후에 가질 수 있는 불확실한 느낌을 전달할 때는 그렇게 느끼는 이유를 설명하는 것이 좋음

SAMPLE

✉   — ↗ ✕

Subject **Negotiation with Tipper Automotive Supplies**

Tipper Automotive Supplies와의 협상

From   kenwise@autocool.com

To   janeknowles@autocool.com

Jane,

Regarding the results of our negotiation with Tipper Automotive Supplies, I have to admit that I am feeling a bit uneasy about agreeing to send our engineers to San Diego. Besides, I'm not sure that J. G. Shin will be too pleased with the deal once he gets our report.

Let me know your thoughts.

Ken

Jane,
Tipper Automotive Supplies와의 협상 결과에 대해, 우리 엔지니어들을 샌디에이고로 보내기로 동의한 데 대해 조금 걱정이 됩니다. 더군다나, J. G. Shin이 우리의 보고서를 받으면 협상에 대해 만족할지 미지수입니다.
의견 주세요.
Ken 드림

---

automotive 자동차의   **uneasy** 불안한   **besides** 더군다나   **once** ~하면, ~하자마자

I hate to admit it, but I am having second thoughts about recruiting Bob Simmons.

인정하긴 싫지만, Bob Simmons를 채용하는 것에 대해 재고하고 있습니다.

> have second thoughts 재고하다, 다시 생각하다

I have a bad feeling about the way the negotiations are going right now.

현재의 협상 진행 양상에 대해 불길한 기분이 듭니다.

Both my boss and I **have some misgivings about** the planned workshop in Tokyo.

저와 제 상사 모두 예정된 도쿄 워크숍에 대해 불안감이 약간 있습니다.

> misgiving 불안

I'm a bit apprehensive about the possible protests from the animal rights groups **if** we ran the commercials.

그 광고를 내보내게 되면 동물 보호 단체들로부터 항의를 받을 가능성에 대해 좀 우려가 됩니다.

> apprehensive 염려하는

Everyone here at the Seattle office **is feeling a little uneasy about** the director's comments.

이사님의 언급에 대해 이곳 시애틀 지사에 있는 저희 모두는 좀 불안해하고 있습니다.

I am concerned about the recent series of emails from Jacobson & Company.

Jacobson & Company에서 최근에 보낸 일련의 메일들이 우려됩니다.

The number of complaints received **has been alarming.**

접수된 불만 사항의 수가 놀랄 만큼 많았습니다.

Despite your reassurances **to the contrary, I think** our fears are well-grounded **in that** our competitors have also failed to penetrate the Chinese market.

그렇지 않다고 재확인해주셨음에도, 저희의 경쟁 업체들 역시 중국 시장 개척에 실패했다는 점에서 우리의 우려는 근거가 있다고 생각합니다.

well-grounded 근거가 확실한　in that ~라는 점에서

Mr. Hassan's comments **are a little disturbing in light of our recent efforts to remedy the problem.**

이번 문제를 개선하려는 우리의 최근 노력에 비추어봤을 때, Hassan 씨의 언급은 다소 우려가 됩니다.

in light of ~에 비추어, ~을 고려하여　remedy 고치다, 개선하다

173　불확실함

I'm caught between a rock and a hard place here.

저는 여기서 진퇴양난에 빠졌습니다.

caught between a rock and a hard place 진퇴양난에 빠진

Frank, **I'm not really sure about this.**

Frank, 이번 건에 대해선 확신이 가지 않아요.

I am at a loss as to how to handle this problem.

이번 문제를 어떻게 처리할지 저는 속수무책입니다.

at a loss 속수무책의

Their proposal **seems a bit hazy on** the scheduling.

그쪽 제안서는 일정에 있어서 다소 모호해 보입니다.

hazy 모호한, 흐릿한

We are pretty much unsure about the whole thing.

우리는 이 모든 것에 대해 거의 확신이 없습니다.

To be honest, I am not certain that my staff will accept the new proposal.

솔직히, 저희 직원들이 새로운 제안을 수용할 것이라고 확신하지 않습니다.

The reply from Carl **was somewhat dubious regarding** the payment terms.

Carl로부터 온 답변은 지불 조건에 대해 다소 모호했습니다.

dubious 모호한, 의심스러운

We are still waiting for EZ Computers **to resolve** the shipping **problem.**

저희는 아직도 EZ Computers 측에서 운송 문제를 해결하기를 기다리고 있습니다.

Since I only have a vague idea about the concept, **I would appreciate your giving me more details**.

그 개념에 대해 저는 막연한 아이디어밖에 없으니, 더 상세한 내용을 주시면 고맙겠습니다.

vague 막연한, 희미한

Like most of us here, the board **remains undecided on** the timing of the spin-off.

이곳에 있는 저희 대부분과 같이, 이사회도 스핀오프 시기에 대해 여전히 미정입니다.

spin-off 인적 분할, 스핀오프 (모회사가 소유한 자회사의 주식을 모회사의 주주에게 배분하는 것)

It is unclear what his motivation is in ceasing operations in Thailand.

그가 태국 사업을 중단하는 동기가 무엇인지 명확하지 않습니다.

cease 중단하다

6 확신과 약속
Assurances and Promises

SAMPLE

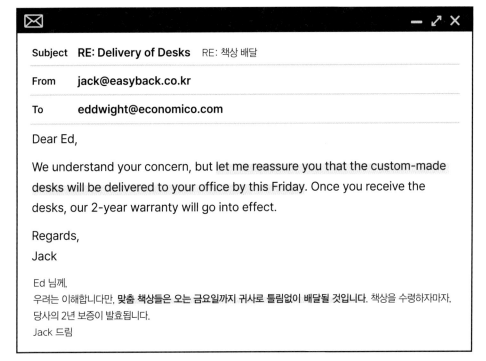

Subject **RE: Delivery of Desks**   RE: 책상 배달

From **jack@easyback.co.kr**

To **eddwight@economico.com**

Dear Ed,

We understand your concern, but let me reassure you that the custom-made desks will be delivered to your office by this Friday. Once you receive the desks, our 2-year warranty will go into effect.

Regards,

Jack

Ed 님께,
우려는 이해합니다만, **맞춤 책상들은 오는 금요일까지 귀사로 틀림없이 배달될 것입니다.** 책상을 수령하자마자, 당사의 2년 보증이 발효됩니다.
Jack 드림

reassure 안심시키다, 재보증하다   **custom-made** 맞춤의, 주문품의   **warranty** 보증, 보증서   **go into effect** 발효되다

Tips & More

■ **A/S vs. Warranty**

A/S나 after service(애프터서비스)는 콩글리시이며 올바른 영어 표현은 warranty이다. warranty는 정식으로 서류화되어 있는 증서로, 고장이 있을 경우 증서에 명시된 기간 내에는 제품을 무료로 고쳐준다.

Believe me when I say that I had nothing to do with Fred being fired.

저는 Fred가 해고당하는 것과 전혀 관계가 없다는 말을 믿어주세요.

have nothing to do with ~와 전혀 관계가 없다

The project is moving right on schedule, **so you have nothing to worry about.**

프로젝트는 예정대로 잘 진행되고 있으니, 아무 걱정 마세요.

I can guarantee the safe delivery of your vase.

주문하신 꽃병의 안전한 배달을 보장할 수 있습니다.

I can assure you that your order will reach you within two weeks.

주문하신 제품이 2주 안에 도착할 것을 장담할 수 있습니다.

★ **Let me assure you that** we will complete the repair work before the end of the business day tomorrow.

내일 근무 시간 종료 전에 복구 공사를 완료할 것이라고 장담합니다.

We are certain that the management will accept your proposal.

경영진이 그쪽의 제안을 수락할 것이라고 확신합니다.

Rest assured that we are doing everything we can to resolve the problem.

그 문제를 해결하기 위해 저희는 최선을 다하고 있으니 안심하세요.

We ask that you trust our engineers as they perform the necessary diagnostic tests to determine the cause of the malfunction.

오작동의 원인을 찾기 위해 필요한 진단 검사를 실행하고 있는 저희 엔지니어들을 믿어주시기를 당부합니다.

diagnostic test 진단 검사　malfunction 오작동, 고장

I'll call him **for you. You have my promise.**

당신을 대신해서 제가 그에게 전화할게요. 약속해요.

I will be there for sure.

반드시 가겠습니다.

I will send you the preliminary findings before midnight tonight. **That's a promise.**

오늘 자정 전에 예비 조사 결과를 보내드리겠습니다. 약속합니다.

You have my word that the final version will be on your desk **by** 3 p.m. Friday.

금요일 오후 3시까지 최종본을 책상 위에 놓아두겠다고 약속드립니다.

We will definitely have the reports **to you by** next week.

다음 주까지 꼭 보고서를 드리겠습니다.

The pledge I made to the staff **still holds true:** No one will be disciplined for giving me bad news.

제가 직원들에게 한 다짐은 아직 유효합니다. 저에게 좋지 않은 소식을 전달했다고 징계받지 않을 것입니다.

pledge 언질, 서약   hold true 유효하다

As our warranty covers all parts and labor, we will have your equipment working again within 24 hours.

저희 보증에는 모든 부품과 인건비가 포함되어 있으므로, 24시간 내에 장비가 재작동될 수 있도록 하겠습니다.

7 필요와 지원
Needs and Support

- 회사나 단체에 어떤 행동을 제안할 때는 그 행동이 무엇인지, 행동을 취해야 할 필요성과 기대하는 결과가 무엇인지를 구체적으로 명시하기
- 도움이나 지원을 자청하는 경우라면, 상대방이 필요로 할 수 있는 것을 지원해줄 수 있다는 내용으로 간결하면서도 성의가 보이는 표현을 사용

SAMPLE

Subject	**How About a Staff Retreat?** 직원 단합 대회 어때요?
From	**robyim@darakwon.co.kr**
To	**janelee@darakwon.co.kr**

Hi Jane,

To raise the morale of your staff, an unscheduled staff retreat might be just what you need. I can certainly help you get approval from Mr. Smith, so let me know if you want me to talk to him.

Rob

안녕하세요 Jane,
직원들의 사기를 북돋기 위해, 깜짝 단합 대회가 그쪽 팀에 필요할 것 같아요. Smith 씨에게 **승인받는 것을 도와드릴 테니**, 제가 그분께 말씀드리기를 원하시면 알려주세요.
Rob 드림

---

retreat 수련회, 단합 대회   **morale** 사기   **unscheduled** 예정에 없던

> **Tips & More**

■ MT vs. Retreat

한국에서 MT(membership training)는 대학생·회사원들이 휴식을 취하며 단합을 도모하는 여행을 뜻하지만 옳은 표현은 아니다. 영어권에서는 이를 보통 retreat로 표현한다.

Right now, our team **can't do without** Professor Kim.
지금 우리 팀은 김 교수님 없이는 해나갈 수가 없습니다.

Don't you think that we are obliged to return the favor?
우리가 보답을 해야 하지 않을까요?

be obliged to ~해야 하다

What exactly are the prerequisites for being invited to bid?
입찰 초청을 받으려면 정확히 어떤 필수 조건들이 있나요?

prerequisite 필수 조건

★ **We really need** a few more desks and chairs at the temporary office in Ilsan.
일산에 있는 임시 사무실에 책상과 의자가 몇 개 더 꼭 필요해요.

I think you might need to add more color to your presentation slides.
프레젠테이션 슬라이드에 색을 좀 더 추가하셔야 할 것 같아요.

I feel that attending the meeting **should be mandatory for everyone involved in** the Omega development project.
Omega 개발 프로젝트와 관련된 모든 사람들은 이번 회의에 의무적으로 참석해야 한다고 생각합니다.

mandatory 의무적인

We have to build a proper R&D center **if we want to** compete with Reinhold Chemicals.
우리가 Reinhold Chemicals와 경쟁하고 싶으면 제대로 된 연구 개발 센터를 세워야 합니다.

R&D (= Research and Development) 연구 개발

It's essential that we move quickly to pacify the owner.
소유주를 진정시키려면 서둘러 움직여야만 합니다.

pacify 진정시키다

It's crucial that we work out a new arrangement with Jim at Valley Distributors **because** he's reluctant to ship our order.

Valley Distributors의 Jim이 우리의 주문 배송을 주저하고 있으므로, 그와 새로운 합의를 하는 것이 매우 중요합니다.

> reluctant 주저하는, 꺼리는

Thank you for your offer, but professional advice **is what we are in desperate need of.**

제안은 감사하지만, 저희에게 절실히 필요한 건 전문가의 조언입니다.

> in desperate need of ~이 절실히 필요한

The contract **calls for** an advance payment of 15%.

그 계약서는 15% 선불을 요구합니다.

> call for ~을 요구하다   advance payment 선불

High insurance costs **are a necessary evil as** we grow in size.

회사가 커짐에 따라 높은 보험료는 필요악입니다.

> necessary evil 필요악

It seems to me that the key to resolving this crisis **is to** sit down with Andrew Shim and find out his reasons for wanting to leave the company.

제 생각에는 Andrew Shim과 앉아 그가 회사를 떠나고 싶어 하는 이유를 알아내는 것이 이번 위기를 해결할 실마리 같습니다.

Before we can convince Jonathan Seville to accept our counterproposal, **we will need** the approval of the director.

Jonathan Seville에게 우리의 대안을 수락할 것을 설득하기 전에, 이사님의 승인이 필요합니다.

> counterproposal 대안

Even the visitors **are required to** wear safety gear in the plant.

공장 내에서는 방문객들도 안전 장비 착용이 필수입니다.

> safety gear 안전 장비

Their unethical behavior **demands** some form of legal action on our part.

그들의 비윤리적인 행동에 저희 쪽에서 어떤 형태로든 법적인 조치를 취해야 합니다.

In order to get the quality certification, **there are several** requirements we **first have to meet.**

품질 인증을 받기 위해, 먼저 우리가 충족해야 할 몇 가지 조건이 있습니다.

Your experience in working with companies in the U.S. **was one of the critical factors in your being selected.**

미국에 있는 회사들과 일한 경험이 당신이 선발된 결정적인 요인 중 하나입니다.

With her language skills and her knowledge of the local petrochemical industry, Janice Cho **is an indispensable part of** our operations in China.

Janice Cho는 언어 능력과 현지 석유화학 산업 관련 지식을 갖추고 있어, 우리의 중국 사업에 없어서는 안 될 인재입니다.

petrochemical 석유화학의   **indispensable** 없어서는 안 되는

177   지원

I'm just a phone call away.

전화 한 통이면 언제든지 가겠습니다.

Mike, **everyone needs a helping hand. Let me know how I can help.**

Mike, 누구나 도움이 필요해요. 제가 어떻게 도와드릴 수 있는지 알려주세요.

Whatever I can do, just let me know.

제가 할 수 있는 거라면 뭐든지 알려만 주세요.

We stand ready to assist you with all your needs.

저희는 모든 요구 사항에 대해 도움을 드릴 준비가 되어 있습니다.

If you need help moving this weekend, **just give me a shout.**

이번 주말 이사 때 도움이 필요하면 연락 주세요.

give a shout 연락하다

Let me know how I could be of service.

제가 어떻게 도움이 될 수 있는지 알려주세요.

I would be glad to assist you in any way I can.

어떤 식으로든 기꺼이 도움이 되고 싶습니다.

I would like to offer my input and assistance for the research you are conducting on the Japanese ramen market.

일본 라면 시장에 대해 진행하고 계시는 조사를 위해 조언과 도움을 드리고 싶습니다.

I would be more than happy to visit you at your convenience to discuss any future projects.

앞으로의 어떠한 프로젝트 논의를 위해서든 편하실 때 기쁜 마음으로 방문하겠습니다.

All of us here are ready to cooperate with you in any way we can.

이곳에 있는 저희 모두는 어떤 식으로든 협력할 준비가 되어 있습니다.

8 칭찬과 질책
Praise and Reprimands

KEY POINT 칭찬하거나 질책하는 행위를 구체적으로 언급한다

- 칭찬이나 질책을 할 때는 배경과 맥락 언급이 중요
- 전체 내용은 간결하게 작성하며, 질책의 경우 심한 어조는 피하기
- 이유를 명확하고 구체적으로 명시하기

SAMPLE

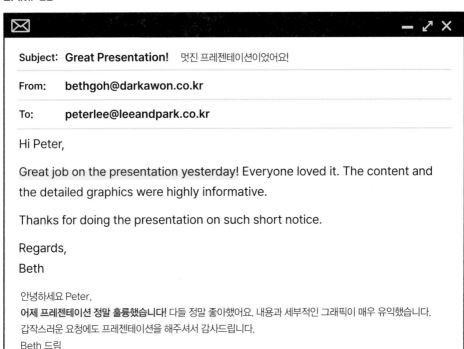

Subject: **Great Presentation!** 멋진 프레젠테이션이었어요!

From: bethgoh@darkawon.co.kr

To: peterlee@leeandpark.co.kr

Hi Peter,

Great job on the presentation yesterday! Everyone loved it. The content and the detailed graphics were highly informative.

Thanks for doing the presentation on such short notice.

Regards,

Beth

안녕하세요 Peter,
어제 프레젠테이션 정말 훌륭했습니다! 다들 정말 좋아했어요. 내용과 세부적인 그래픽이 매우 유익했습니다.
갑작스러운 요청에도 프레젠테이션을 해주셔서 감사드립니다.
Beth 드림

★ **Great job!**
잘하셨어요!

★ **Well done.**
잘하셨어요.

★ **Nice work.**
잘하셨어요.

Great job on the speech.
연설 잘했어요.

That was an impressive argument.
인상적인 주장이었습니다.

We appreciate your valuable insight.
가치 있는 통찰에 감사드립니다.

The report **exceeded all expectations.**
보고서는 모든 기대를 뛰어넘었습니다.

★ **Thank you for your** persuasive comments during the meeting.
회의 중에 주신 설득력 있는 의견 감사합니다.

Your opinion **was much appreciated.**
의견 주셔서 정말 고마웠습니다.

I don't appreciate the tone of your last email.

마지막 메일의 말투가 달갑지 않네요.

★ **That was an unacceptable** behavior.

그건 용납할 수 없는 행동이었습니다.

I was surprised by your reaction.

그쪽 반응에 놀랐습니다.

You've let the whole team **down.**

팀 전체를 실망시키셨어요.

I think you need to apologize to Susan.

Susan에게 사과하셔야 할 것 같습니다.

Have you thought about the consequences of your actions?

본인의 행동에 따른 결과에 대해 생각해봤어요?

★ **I have to say I'm really disappointed.**

정말 실망했다고 말하지 않을 수 없네요.

동의 · 반대 및 제안 · 타협

Dictionary of Business Email Expressions

1 동의
Agreeing

KEY POINT　**서두에 동의 의사를 분명히 밝힌다**

- 어떤 의견이나 제안, 또는 대안에 동의할 때는 단도직입적으로 표현하는 것이 좋음
- 중요한 합의 중이라면 상대방의 의견에 동의하는 이유를 간단히 언급하는 것이 유리할 수도 있음
- 부분적으로 동의하는 경우에는, 우선 동의하는 부분에 대해 언급한 후 이의를 제기하도록 함

SAMPLE

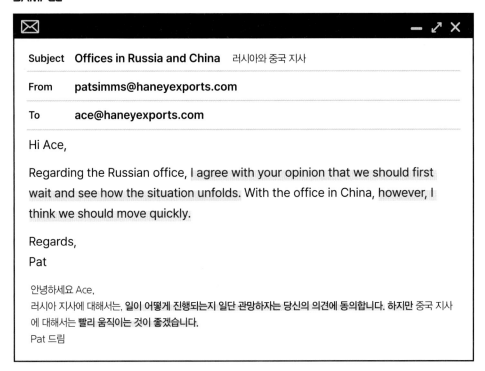

Subject **Offices in Russia and China** 　러시아와 중국 지사

From **patsimms@haneyexports.com**

To **ace@haneyexports.com**

Hi Ace,

Regarding the Russian office, I agree with your opinion that we should first wait and see how the situation unfolds. With the office in China, however, I think we should move quickly.

Regards,
Pat

안녕하세요 Ace,
러시아 지사에 대해서는, 일이 어떻게 진행되는지 일단 관망하자는 당신의 의견에 동의합니다. 하지만 중국 지사에 대해서는 빨리 움직이는 것이 좋겠습니다.
Pat 드림

---

wait and see 관망하다　　**how the situation unfolds** 일이 어떻게 진행되는지

180   동의와 지지

Let's go with it. 비격식
그렇게 하죠.

Okay. I will investigate **it.**
좋아요. 제가 조사하겠습니다.

You've convinced me.
저를 설득하셨네요.

★ **I think so, too.**
저도 그렇게 생각합니다.

You're right. We should definitely approach Stephen about the time extension.
맞습니다. 기한 연장에 대해서 Stephen과 꼭 교섭해야 합니다.

approach ~와 교섭하다   time extension 기한 연장

We are both on the same wavelength about this delay problem.
이번 지연 문제에 대해 우리 둘 다 같은 생각이군요.

on the same wavelength 같은 생각인

As for ceasing operations in Thailand, **you have my vote.**
태국 사업 중단에 한 표 던집니다.

★ **I agree with you.**
의견에 동의합니다.

★ Holding off on sending the proposal **is a good idea.**
제안서 발송을 미루는 것은 좋은 생각입니다.

hold off ~을 미루다

Based on your arguments, I would have to agree.
당신의 주장에 비추어보면, 저도 동의할 수밖에 없습니다.

You have a point about the possible consumer backlash to the promotional campaign.

판촉 캠페인에 대해 있을 수 있는 소비자의 반발에 대해 좋은 지적을 하셨습니다.

backlash 비난, 비판, 반발

After much thought, I've decided to support your suggestion for the project time frame.

많은 생각 끝에 프로젝트 시기에 대한 그쪽 제안을 지지하기로 했습니다.

I support your decision to ask for help from the government.

정부에 도움을 요청하기로 한 당신의 결정을 지지합니다.

★ **I am in favor of** your proposed changes.

제안하신 변경 사항들에 찬성합니다.

Our team **has the same opinion.**

저희 팀도 같은 의견입니다.

Since it could prove mutually beneficial, we can agree to your proposal to delete the provision.

상호 이익이 될 수 있으므로, 그 조항을 삭제하자는 제안에 동의할 수 있습니다.

provision 조항

Your team **has** the management**'s support.**

경영진은 당신의 팀을 지지합니다.

181　부분적 동의

That's not a bad idea, but I'm not sure I like the date you're proposing.

나쁜 생각은 아니지만, 제안하시는 날짜가 좋은지는 잘 모르겠네요.

That sounds okay, but I would like to get my team**'s feedback first.**

괜찮은 것 같습니다만, 우선 저희 팀의 피드백을 받아보고 싶습니다.

I'm in agreement about creating a special task force, **but that's only if** we can find the right person to head up the team.

특별 태스크포스를 구성하는 데는 동의하지만, 팀을 이끌 만한 적임자를 찾을 수 있는 경우에만입니다.

head up ~을 책임지다

That's true to an extent, but the well-being of the employees **has not been taken into account.**

그것이 어느 정도까지는 사실이지만, 직원들의 복지는 고려되지 않았군요.

take ~ into account ~을 고려하다, 참작하다

I agree to a point, but we need to consider the effects on our bottom line.

어느 정도는 동의합니다만, 우리의 수지 타산에 끼치는 영향을 고려해야 합니다.

bottom line 수지 타산, 수익

Your opinion has merits, even though we disagree on a few minor points.

우리가 몇 가지 작은 부분에서 의견이 다르기는 하지만, 당신의 의견에는 장점이 있습니다.

I agree partially with your proposed schedule, **but I am still concerned about a few aspects.**

제안하신 일정에 부분적으로는 동의합니다만, 여전히 몇 가지 부분이 염려됩니다.

partially 부분적으로   aspect 부분, 국면

As far as project scope **is concerned, we can agree, but** in terms of your proposed start date, **we find it difficult to agree on** such a late date.

프로젝트 범위에 한해서는 저희도 동의할 수 있지만, 제안하신 착수 날짜에 대해서는 그렇게 늦은 날짜에 동의하기가 어렵습니다.

in terms of ~에 대해서

However, I am inclined to disagree with you on the specific launch date.

하지만, 구체적인 출시 날짜에 대해서는 당신의 의견에 반대하는 편입니다.

182 전적인 동의

Two thumbs up on that. `비격식`

완전히 찬성이에요.

> thumbs up on ~을 찬성하다

You're right on the money about the candidates.

후보자들에 대한 당신의 의견이 딱 맞아떨어지네요.

> (right) on the money 딱 맞아떨어지는

Bravo! I couldn't have said it better myself.

좋습니다! 제 생각과 완전히 똑같네요.

I'm behind your position all the way.

당신의 입장을 전폭적으로 지지합니다.

> all the way 전폭적으로

You took the words right out of my mouth.

바로 제가 하려던 말씀을 하셨어요.

I couldn't agree with you more.

전적으로 동의합니다.

Concerning utilizing our own labor force for the structural work, **I'm with you 100%.**

우리 회사 내부 인력을 동원해 구조 공사를 하는 것에 대해, 저는 당신을 100% 지지합니다.

> be with ~을 지지하다

Yes, you're absolutely right.

네, 말씀이 전적으로 옳습니다.

I really like what you said about the prospects in the North American market.

북미 시장 전망에 대해 말씀하신 내용이 아주 마음에 듭니다.

I want you to know that you definitely have my support.

제가 당신을 확실히 지지한다는 것을 아셨으면 합니다.

I totally agree with your comment.

언급하신 것에 전적으로 동의합니다.

★ **You are absolutely right.**

말씀이 전적으로 옳습니다.

I see absolutely nothing to criticize about what you've outlined.

설명하신 것에 대해 비판할 것이 하나도 없습니다.

absolutely 정말로, 절대적으로   criticize 비판하다

You have our full support on this one.

이 문제에 대해 저희의 전적인 지지를 보냅니다.

Regarding your opinion on this financial crisis, **I'm in complete agreement.**

이번 금융 위기에 대한 당신의 의견에 저는 완전히 동의합니다.

We are most definitely on the same page on the MOU.

양해 각서에 대해 우리는 확실히 같은 입장입니다.

on the same page 동의하는

I am quite pleased with your decision.

당신의 결정이 아주 만족스럽습니다.

All of us here are in full agreement with your proposed changes.

제안하신 변경 사항에 대해 여기 있는 저희 모두 전적으로 동의합니다.

2 반대
Disagreeing

KEY POINT **반대하는 부분을 명확히 언급하고 이유를 밝힌다**

- 다른 사람의 의견에 반대하는 것은 어떤 언어로든 쉽지 않은 일이기 때문에, 상대방의 체면과 감정을 고려하여 가능한 한 완곡한 표현을 사용하기
- 먼저 상대방의 의견 또는 입장에 대한 이해를 표현
- 반대하는 부분에 대해 명확히 언급하고, 반대 이유를 설명하는 것이 좋음

SAMPLE

✉	— ⤢ ✕

Subject **Suggestion to Change Training Binder Color** 트레이닝 바인더의 색 변경 제안

From claire@myoffice.net

To janelee@darakwon.co.kr

Dear Jane,

Thank you for suggesting that we change the color of the training binder.
I can understand your reason for wanting to have all the materials match the T-shirts you've ordered, but we think that doing so now would be unrealistic and too costly.

Again, thank you, and I'll talk to you soon.

Regards,
Claire

Jane 님께,
트레이닝 바인더의 색을 변경하자는 제안을 해주셔서 감사합니다. 모든 소재가 주문하신 티셔츠와 어울리기를 바라는 이유는 이해할 수 있지만, 저희는 현시점에서 그렇게 하는 것이 비현실적이고 비용이 너무 많이 들 것이라고 생각합니다.
다시 한번 감사드리며 곧 연락드리겠습니다.
Claire 드림

---

match ~에 어울리다   unrealistic 비현실적인   costly 비싼

183 의견에 대한 반대

Connie, **I'm sorry, but I'm not buying the argument.**
Connie, 미안하지만, 그 주장을 받아들일 수 없어요.

buy (의견 등을) 받아들이다

I don't think so. It would cost too much.
저는 반대입니다. 그건 비용이 너무 많이 들 겁니다.

To be honest, I don't necessarily see it that way.
사실, 저는 꼭 그렇게 생각하지는 않습니다.

★ **I can't agree with that.**
그것에 동의 못 하겠습니다.

I don't see how that is feasible, considering our lack of resources.
우리의 부족한 자원을 고려하면 그것이 어떻게 가능한지 모르겠습니다.

I'm at a loss as to why you would think that way about Sarah's work performance.
Sarah의 업무 성과에 대해 왜 그렇게 생각하시는지 이유를 몰라 당황스럽습니다.

at a loss as to ~을 몰라 당황한, 난처한

Your insistence that pricing is a more important factor **makes no sense to me.**
가격이 더 중요한 요소라는 당신의 주장이 저에게는 이해가 되지 않습니다.

make no sense 이해가 되지 않다

To be fair, I think your opinion has its merits, but it just doesn't work for us.
공정하게 말하자면, 당신의 의견에 장점은 있지만, 저희에게는 맞지 않습니다.

I don't really want to disagree with you, but I think certain members in your team are forgetting the major reason for the office renovation.

의견에 반대하고 싶지는 않지만, 제 생각에는 그쪽 팀의 어떤 분들은 사무실 개조 공사를 하는 주된 이유를 잊은 것 같습니다.

I would be happy if that were true, but the reality is that the Stephenson Associates people **will balk at the idea.**

그것이 사실이라면 저도 좋겠지만, Stephenson Associates 측에서는 그 아이디어에 대해 주저할 것이 현실입니다.

balk at ~에 대해 주저하다

Emailing a daily progress report **is just not practical.**

일일 진척 보고서를 메일로 보내는 것은 전혀 실용적이지 않습니다.

While I can appreciate your position, I would have to disagree with you.

당신의 입장은 이해하지만, 의견에는 반대하지 않을 수가 없습니다.

I'm having difficulties understanding your point about needing to finish the production by this week.

이번 주까지 생산을 완료해야 한다는 당신의 의견을 이해하기가 어렵습니다.

I'm afraid I can't agree with your opinion about working with Angelo Equipment.

아쉽게도 Angelo Equipment와 함께 일하는 것에 대한 당신의 의견에 동의할 수 없습니다.

I feel strongly that calling a meeting of all department heads **is not the best way** out of this crisis.

모든 부서장을 회의에 소집하는 것이 이번 위기를 벗어나는 가장 좋은 방법은 아니라고 확고하게 생각합니다.

I realize that we are under pressure to complete the project on time, **but I strongly oppose** flying in the specialists at our cost.

이번 프로젝트를 제시간에 끝내야 하는 압력을 받고 있는 것은 알지만, 우리가 전문가들의 항공 요금을 부담하는 것에는 강력히 반대합니다.

184 의견이 다름을 인정하기

It's obvious that we don't see eye to eye on the timing.
타이밍에 대해 우리의 생각이 일치하지 않는 것이 분명합니다.

> see eye to eye 생각이 일치하다

You said Cupertino is the ideal city for relocation, but **I don't think you understood the reason behind** moving the office **in the first place.**
쿠퍼티노가 이전하기에 이상적인 도시라고 말씀하셨지만, 제 생각에는 애초에 사무실을 이전하려고 한 이유를 이해하지 못하신 것 같습니다.

> in the first place 애초에

I think we're looking at this from two totally different perspectives.
제 생각에는 우리가 완전히 다른 두 관점에서 이번 일을 보고 있는 것 같습니다.

★ **To me**, removing the non-smoking signs from the lounge **is a bad idea.**
저에게는, 라운지에서 금연 표지판을 없애는 것은 좋지 않은 생각 같습니다.

With our differences in the approach, **we are back to square one.**
접근 방식에 대한 이견으로, 우리는 원점으로 돌아왔습니다.

> be back to square one 원점으로 되돌아가다

The amount of budget **is the main sticking point.**
예산 총액이 주요 걸림돌입니다.

> sticking point 걸림돌, 장애물

I find myself questioning a couple of points you've made.
제시하신 몇 가지 요점에 대해 이의를 제기합니다.

I find the opposite to be true.
저에게는 그 정반대가 사실이라고 생각합니다.

We're poles apart on the assessment of the CEO's speech.
CEO의 연설에 대한 우리의 평가는 극과 극이네요.

> poles apart 극과 극, 정반대   assessment 평가

Unfortunately, I don't share your enthusiasm about the new advertising campaign.

유감스럽게도, 저는 새 광고 캠페인에 대한 당신의 열렬한 반응에 공감하지 않습니다.

Because we fail to see the necessity to devise a new schedule, our team **can't agree with** what Mr. Meyer suggested.

새로운 일정을 강구해야 할 필요성이 보이지 않기에, 저희 팀은 Meyer 씨가 제안하신 것에 동의할 수 없습니다.

What I disagree with is your insistence that the product is safe.

제품이 안전하다고 하는 당신의 주장에 저는 반대하는 것입니다.

We have differing opinions about the new government policy.

우리는 새 정부 정책에 대해 의견이 다릅니다.

Due to the coming rainy season, **we cannot agree to** the new date.

장마철이 다가오기 때문에, 새로운 날짜에 동의할 수 없습니다.

185 전적인 반대

There is no way. I can't do that.

절대 안 돼요. 그렇게 할 수 없어요.

I can't agree with that at all.

그것에 전혀 동의할 수 없습니다.

Absolutely not.

절대 안 돼요.

I couldn't disagree with you more.

의견에 전적으로 반대합니다.

I disagree completely.

전적으로 반대합니다.

I am in total disagreement with your second point.

당신의 두 번째 요점에 대해 완전히 반대합니다.

186 완곡한 반대

There might be some protests **if we implement your idea, don't you think?**

당신의 아이디어를 실행하면 항의가 있을 수 있다고 생각하지 않으세요?

Do you really think that's a safe method?

정말 그것이 안전한 방법이라고 생각하세요?

I can't help wondering if you might be wrong about that.

그 문제에 대한 당신의 의견이 틀릴 수도 있지 않을까 생각하지 않을 수 없습니다.

can't help -ing ~하지 않을 수 없다

Even though I see what you're saying about the welfare of the plant workers, **I urge you to think about** the worst-case scenario if we don't cut back on staff.

공장 근로자들의 복지에 대한 말씀은 이해가 되지만, 저희가 만약 직원 규모를 축소하지 않았을 때의 최악의 시나리오에 대해 생각해보시기를 바랍니다.

urge 촉구하다, 권하다

Would you not agree that taking the third option **may be an easier way to** solve this problem?

세 번째 방법을 택하는 것이 이 문제를 해결하는 더 쉬운 방법이라고 생각하지 않으세요?

I can respect your opinion, but shouldn't we consider other factors as well?

당신의 의견은 존중할 수 있지만, 다른 요인들도 고려해봐야 하지 않을까요?

★ **I am not sure I agree.**

동의하기 어렵군요.

While I can understand your opinion, I ask that you consider ours.

당신의 의견은 이해합니다만, 저희의 의견도 고려해주시기를 당부드립니다.

I see your point, but I would have to say I'm inclined to disagree.

무슨 말씀인지는 알겠습니다만, 저는 동의하지 않는 쪽으로 마음이 기울어진다고 말씀드려야겠습니다.

Yes, it is normally a feasible alternative, but have you considered the potential side effects?

네, 일반적으로 실행 가능한 대안이지만, 잠재적 부작용에 대해 고려해보셨나요?

feasible 실행 가능한   side effect 부작용

We can appreciate where you are coming from, but we feel that there are at least two factors that would pose a problem.

당신의 입장은 충분히 이해하지만, 적어도 두 가지 요인이 문제를 일으킬 수 있다고 생각합니다.

where ~ is coming from ~의 입장, 의도   pose (문제를) 제기하다

> **Tips & More**
>
> ■ **Scenario**
>
> 한국에서 말하는 영화 각본, 즉 '시나리오'라는 의미도 사전적 의미에 포함되어 있기는 하지만, 주로 영어권 생활 속에서 scenario는 '향후 벌어질 수 있는 상황 전개'를 뜻한다. 참고로 영화 각본은 일반적으로 script 또는 screenplay라고 한다.

3 제안과 타협
Suggestions and Compromises

KEY POINT 협력을 요구하는 태도가 느껴지도록 확신 있는 표현을 사용한다

- 제안할 때는 모호한 어조를 피하고, 협력을 바라는 태도가 느껴지도록 확신 있는 표현을 사용하기
- 상대방이 협조적이거나 중립적일 것이라고 판단되면 처음부터 구체적으로 제안하기
- 상대방이 회의적이면 구체적 현황과 문제를 제시하고 분석하여 결론을 내놓는 것이 좋음

SAMPLE

Subject	**Speeding up the Project** 프로젝트 속도 내기
From	tomkim@neoelec.com
To	barrybeck@neoelec.com

Hi Barry,

I would like to propose a possible solution to our team's slow progress on the project. To speed up the project, I think we should temporarily bring in at least three additional engineers from Giheung until phase 2 is complete. This would not only allow us to catch up on our schedule but also give us a much-needed variety of perspectives.

Obviously, we'll need approval from the director, but I really believe this is a viable option. Let me know what you think.

Regards,

Tom

안녕하세요 Barry,

우리 팀의 부진한 프로젝트 진행에 대해 가능한 해결책을 제안하고 싶습니다. 프로젝트 진행 속도를 높이기 위해서는 2단계가 완료될 때까지 적어도 3명의 엔지니어들을 기흥에서 임시로 추가 투입하는 것이 좋겠습니다. 이것으로 저희는 일정을 따라잡을 수 있을 뿐만 아니라 저희가 바란 다양한 견해도 확보할 수 있을 것입니다. 이사님의 승인이 당연히 필요하겠지만, 실행 가능한 옵션이라고 정말 믿습니다. 어떻게 생각하시는지 알려주세요.
Tom 드림

---

speed up 촉진하다, 속도를 높이다 **catch up** 따라잡다 **a variety of** 다양한 **perspective** 견해

★ **I'd like to suggest a solution.**

해결책을 제안하고 싶습니다.

To help boost employee morale, **I'd like to propose the following:**

직원 사기를 진작시키는 데 일조하기 위해, 다음과 같이 제안합니다.

We ought to hire a reputable consultant, **so that we can** monitor consumer reaction to the new product.

신제품에 대한 소비자 반응을 모니터링하기 위해 평판이 좋은 컨설턴트를 고용하는 것이 좋겠습니다.

reputable 평판이 좋은, 믿을 만한

It might be a good idea for each of us **to** brainstorm ideas and then narrow them down to a handful.

우리가 각자 아이디어를 브레인스토밍해서 몇 가지로 좁혀보는 것이 좋은 생각일 수 있습니다.

handful 소수, 몇 안 되는 수

I recommend that we all meet to discuss the issue next Tuesday.

다음 주 화요일에 다 함께 만나서 그 문제를 논의하는 것을 제안합니다.

We need to allocate a proper amount of our annual budget for new skills training for employees.

직원들의 새 기술 교육에 연간 예산의 적절한 금액 할당이 필요합니다.

allocate 할당하다

The best way for us to manage this situation **may be to** seek outside help.

외부의 도움을 구하는 것이 우리가 이 상황을 관리하는 데 가장 좋은 방법일 수 있습니다.

I am convinced that what I have outlined below is the most effective method to reduce employee attrition.

제가 아래 설명한 것들이 직원 이탈을 줄이는 데 가장 효율적인 방법이라고 확신합니다.

attrition 이탈, 감소, 축소

★ **My suggestion would be to** stop the project immediately and assess our alternatives.

즉시 프로젝트를 중단하고 다른 대안들을 숙고할 것을 제안합니다.

assess 평가하다, 숙고하다

With your permission, I would like to propose a plan of action.

괜찮으시면, 실행 계획을 제안하고 싶습니다.

plan of action 실행 계획, 행동 계획

Allow me to make a suggestion.

제안을 하나 드리고 싶습니다.

---

188   대안 제시

That's a good idea, but wouldn't it be better using the approach J. T. Kim suggested?

그것도 좋은 생각이지만, J. T. Kim이 제안한 접근법을 사용하는 것이 더 좋지 않을까요?

Don't you think we should allow the engineers to complete phase 1 **instead of** prematurely going into phase 2?

조급하게 2단계로 들어갈 것이 아니라 엔지니어들에게 1단계를 끝내도록 해줘야 하지 않을까요?

Performing the evaluation ourselves **would probably be just as effective, wouldn't you say?**

저희가 직접 평가를 실행하는 것도 그만큼 효과적일 거라고 생각 안 하시나요?

Could we offer an alternative proposal?

대안을 제시해도 될까요?

Rather than what you have proposed, **I think it would be more reasonable to** create a new overseas sales team.

제안하신 것보다는, 새로 해외 영업 팀을 만드는 것이 더 타당하다고 생각합니다.

Sorry, I can't agree to delay the project.

최송합니다. 프로젝트 지연에 동의 못 하겠습니다.

Thanks for your suggestion, but I'm not sure if it's realistic.

제안은 고맙지만, 그것이 현실적인지는 잘 모르겠습니다.

That probably won't work, given the resources we have to work with.

우리가 가지고 일해야 하는 자원을 감안하면, 그건 효과가 없을 것 같습니다.

I have to turn down your proposal.

그쪽 제안을 거절해야겠습니다.

We think that your suggestion to redo the design **is too hasty.**

저희는 디자인을 다시 하자는 그쪽 제안이 성급하다고 생각합니다.

redo 다시 하다　hasty 성급한

I am not convinced that is the right solution at this point.

이 시점에 그것이 옳은 해결책이라고 확신하지 않습니다.

Regarding your suggestion, I think there are several major factors you haven't considered.

그쪽의 제안에 대해 살펴보니, 몇 가지 중요한 요소를 고려하지 않으신 것 같습니다.

I cannot support your proposal because there are just too many variables in it.

당신의 제안에는 변수가 너무 많아서 지지할 수 없습니다.

variable 변수

We do not feel that another consultant is necessary.

컨설턴트가 한 명 더 필요하다고 생각하지 않습니다.

We will have to say no at this time.

현시점에서는 반대해야겠습니다.

Unfortunately, we cannot accept your proposal.

유감스럽지만, 당신의 제안을 수용할 수 없습니다.

Getting the engineers to rework the schedule **may be possible, but** convincing the owner **would be another matter all together**.

엔지니어들이 일정을 재작성하게 하는 것은 가능할 수 있지만, 소유주를 납득시키는 것은 완전히 다른 이야기입니다.

Because your plan **would entail** adding unnecessary personnel, **we will not be able to entertain your proposal.**

당신의 계획은 불필요한 인력 충원을 의미하므로, 제안을 받아들일 수 없습니다.

entail 의미하다   entertain 받아들이다

Since it is not in our best interest to expedite the shipment, **we cannot accept your suggestion.**

출하를 촉진하는 것이 저희에게 최선의 이익이 되지 않으므로, 제안을 수용할 수 없습니다.

expedite 촉진하다, 신속히 처리하다

190   제안에 대한 완강한 반대

No can do, Steve. `비격식`

Steve, 그렇게는 안 돼요.

That's out of the question.

그것은 논의할 여지가 없습니다.

Absolutely not.

절대 안 돼요.

There is no way that we can accept that.

그것을 절대 수용할 수 없습니다.

I am sorry. We can't agree to that.

죄송합니다. 그것에 동의할 수 없습니다.

I cannot think of one reason why we should accept his **proposal.**

그분의 제안을 저희가 받아들여야 하는 이유가 하나도 떠오르지 않습니다.

I would have to state my strong objection to your proposal.

당신의 제안에 대해 강력한 반대 입장을 표명해야겠네요.

state 표명하다

For the record, I am firmly opposed to Mr. Carlson**'s plan.**

공식적으로, Carlson 씨의 계획을 저는 강하게 반대합니다.

I am completely against entertaining the proposal.

저는 그 제안을 받아들이는 것을 전적으로 반대합니다.

I have listed below my reasons for rejecting your proposal.

당신의 제안을 거절하는 이유를 아래에 열거했습니다.

Unfortunately, we cannot allow that.

유감스럽지만, 저희는 그것을 허용할 수 없습니다.

We are totally opposed to the idea of replacing the accountant.

저희는 회계사를 교체하자는 아이디어에 전적으로 반대합니다.

Accepting the suggestion would be detrimental to the team.

제안을 수락하면 팀에 손해가 될 것입니다.

detrimental 손해 되는, 유해한

Way to go, Justin! `비격식`

말 잘했어요, Justin!

★ **I'm all for it.** `비격식`

난 완전히 찬성이에요.

I love the idea. Let's go for it.

아이디어가 정말 좋습니다. 실행합시다.

I say we implement it immediately.

즉시 실행하자고 말하고 싶네요.

I appreciate the suggestion, John. **I really like it.**

John, 당신의 제안 고맙습니다. 정말 좋군요.

Your proposal is fine with me.

저는 당신의 제안이 마음에 듭니다.

We like the idea a whole lot.

저희는 그 아이디어가 정말 마음에 듭니다.

> **a whole lot** 대단히, 매우

Your idea is definitely worth a try.

당신의 아이디어는 정말 시도해볼 만합니다.

> **worth a try** 시도해볼 만한

I'm in favor of the suggestions you've outlined in your last email.

마지막 이메일에 설명하신 제안들에 찬성합니다.

As you suggested, I will start the meetings two hours early tomorrow afternoon.

제안하신 대로, 내일 오후 회의를 2시간 앞당겨서 시작하겠습니다.

I would need to double-check with Mr. Lee, **but I think we can go along with your proposal.**

Lee 씨와 재확인을 해야 하지만, 제안하신 대로 진행할 수 있을 것 같습니다.

go along with ~에 따르다

192 재고 요청

Mr. Roe, **won't you reconsider your decision?**

Roe 씨, 결정을 재고해보시지 않겠어요?

Could you reconsider your decision to transfer me to the Busan office?

저를 부산 지사로 전근시키신다는 결정을 재고하실 수 있을지요?

I believe that it's in both our interest to come to a decision that would benefit all the parties involved.

관련된 모든 당사자에게 이익이 될 결정을 내리는 것이 우리 둘 다에게 유익하다고 봅니다.

We would like to ask that you reconsider your decision to add the said provision.

상술한 조항을 추가한다는 결정을 재고해달라고 요청하고 싶습니다.

It would behoove us to come to a mutually-beneficial agreement.

우리는 마땅히 상호 이익이 되는 합의를 도출해야 합니다.

behoove ~이 마땅하다, 의무이다

193 타협안 제시

Why don't we meet half way?
타협하는 것이 어때요?

> meet half way 타협하다, 중간에서 만나다

What if we offered you a discounted shipping rate?
발송비 할인을 제공해드리면 어떨까요?

★ **How about if** we offered you a contract for another year?
1년 계약 연장을 제안드리면 어떠시겠어요?

I suggest we sign an MOU, which would serve as a blueprint for the actual contract.
실제 계약의 청사진이 될 양해 각서 체결을 제안합니다.

> blueprint 청사진

Could we compromise and send two reps from each division?
타협해서 각 부서에서 2명의 대표를 보낼 수 있을까요?

> rep 대표

As we both want to continue working together, I propose the following:
우리 둘 다 계속 함께 일하는 것을 원하기에, 다음을 제안합니다.

That sounds fine. Let's do that. 비격식

좋습니다. 그렇게 하죠.

We can agree to the new proposal.

새로운 제안에 동의할 수 있습니다.

Sending two reps **would be okay with us.**

2명의 대표를 보내는 것이 저희는 괜찮습니다.

I think your offer for a 1-year extension **is reasonable.**

1년 연장 제안은 타당하다고 생각합니다.

We will agree to your counterproposal.

대안에 동의합니다.

counterproposal 반대 제안, 대안

We have no objections with what you are offering.

제안하시는 것에 대해 이견이 없습니다.

Your solution is a quite reasonable compromise.

당신의 해결책은 아주 타당한 타협안입니다.

We will accept your new offer to send technicians for two weeks.

기술자들을 2주 동안 보내주신다는 새 제안을 수용하겠습니다.

Since you have changed the payment terms, **we are happy to accept your new proposal.**

당신이 지불 조건을 변경하심에 따라, 새 제안을 수용하게 되어 기쁩니다.

타협안의 조건적 수용

I can't accept that unless Timothy apologizes to Shawn.

Timothy가 Shawn에게 사과하지 않으면 저는 그것을 수용할 수 없습니다.

I am willing to accept your offer on the condition that you guarantee delivery within 20 days.

20일 이내에 배송을 보장한다는 조건하에 제안을 수용할 용의가 있습니다.

If you agree to withdraw your claim, **we would be glad to** restart the project.

클레임을 취하하는 데 동의하시면, 기꺼이 프로젝트에 재착수하겠습니다.

We can agree to your solution as long as we receive your report by the end of the month.

보고서를 월말까지 받아볼 수 있으면, 저희는 해결책에 동의할 수 있습니다.

Overall, we agree to your proposal, but a few items need to be fleshed out.

전반적으로 제안에 동의하오나, 몇 가지 항목을 구체화해야 합니다.

flesh out 구체화하다, 살을 붙이다

We could agree, provided that the following conditions are met.

아래 조건들을 맞춰주시면 저희는 동의할 수 있습니다.

We might be able to accommodate your counterproposal with minor changes.

작은 변경을 해주시면 대안을 수용할 수 있을 것 같습니다.

Sorry, we cannot accept the offer.

죄송합니다만, 제안을 수용하지 못하겠어요.

Because the major areas of disagreement remain unsettled, I cannot see myself agreeing to your proposed solution.

의견 차이가 있는 주요 부분들이 여전히 미결 상태이므로, 제안하신 해결책에 동의할 수 없습니다.

Your offer is unsatisfactory.

제안이 만족스럽지 않습니다.

Unfortunately, despite your new offer, we cannot agree.

유감스럽게도, 새로운 제안에도 불구하고 저희는 동의할 수 없습니다.

We are not in a position to accept your proposal as it stands.

저희는 현재 상태로는 제안을 수용할 입장이 아닙니다.

as it stands 현재 상태로는

It would be difficult for me to accept your proposed solution since our customers would be continuing to pay the extra fees.

저희 고객들이 계속 추가 비용을 부담해야 하므로, 제안하신 해결책을 수용하기가 어렵습니다.

지적 및 문제 제기

Dictionary of Business Email Expressions

1 지적
Pointing Out Issues

KEY POINT **중립적이고 긍정적인 어조로 작성한다**

- 사내에서 직원에게 문제점을 지적하거나 질책을 할 때는 보통 긍정적인 접근이 필요
- 상대방을 비난하기보다는 잘못된 태도나 행동 자체에 초점을 두고 문제 해결 방법을 강구하기
- 필요하면 구체적으로 원하는 행동이나 성과를 제시함
- 우선 중립적인 문장으로 시작해 내용을 간결하게 전달하고, 문제 해결을 위해 도울 수 있다는 등의 긍정적인 맺음말로 끝내기

SAMPLE

Subject	**Complaints about Your Messy Desk** 지저분한 책상에 대한 불만 의견
From	**kenyim@darakwon.co.kr**
To	**daniel@darakwon.co.kr**

Dear Daniel,

Because I've always seen you as a tidy person, I was surprised to receive multiple complaints from some of your co-workers about your messy desk. As we all value cleanliness, please keep your work area neat and orderly. If you need to talk to me about this, my door is always open.

Thanks,
Ken

안녕하세요 Daniel,
Daniel을 항상 깔끔한 사람이라고 생각했기에, **몇몇 동료들이 Daniel의 지저분한 책상에 대한 불만 사항을 제기한 것에 놀랐어요.** 우리 모두가 청결함을 중요하게 생각하는 만큼, 업무 공간을 깨끗하고 정돈된 상태로 유지해주세요. **이 문제에 대해 저와 이야기하고 싶으면, 문은 항상 열려 있어요.**
Ken 드림

---

messy 지저분한 **tidy** 깔끔한 **multiple** 다수의, 다양한, 복합적인 **cleanliness** 청결함 **neat** 깨끗한 **orderly** 정돈된

Stephanie, **if you would, could you not interrupt me when** I'm on the phone?

Stephanie, 괜찮으면, 제가 통화 중일 때 방해하지 말아주겠어요?

You really need to stop playing those practical jokes **because they are making me and others feel uncomfortable.**

저와 다른 사람들을 거북하게 만들고 있으니, 그런 짓궂은 장난은 정말 그만해주셔야겠어요.

practical joke (실제 행동이 따르는) 못된 장난

If you continue to do this, I will have no choice but to report your behavior to the management.

계속 이러시면, 당신의 행동을 경영진에게 보고하지 않을 수가 없어요.

From now on, I would like to ask that you smoke only in designated smoking areas.

이제부터는, 지정된 흡연 구역에서만 흡연하시기 바랍니다.

designated 지정된

I was disturbed to learn of your behavior at the buyer's convention.

바이어 회의에서 있었던 당신의 행실에 대해 듣고 언짢았어요.

Please explain why you insist on coming late to the staff meetings.

왜 직원 회의에 고집스레 계속 지각하는지 설명해주세요.

If you could explain why you have been habitually coming in late, **I would appreciate it.**

왜 상습적으로 지각하는지 설명해줄 수 있으면 고맙겠습니다.

I would really appreciate your helping me create an atmosphere of teamwork and cooperation.

팀워크와 협업의 분위기를 조성할 수 있도록 도와주시면 정말 고맙겠습니다.

atmosphere 분위기, 기운

I expect a better attitude from someone who has been with the company for over five years.

이 회사에 5년 넘게 몸담은 사람에게게라면 이보다는 더 나은 태도를 기대합니다.

Because I know you are capable of the type of leadership many here have come to expect, **I was a little surprised to hear that** you had yelled at one of your team members.

당신이 여기 있는 많은 사람의 기대에 걸맞은 종류의 지도력을 지녔다는 것을 알기에, 한 팀원에게 소리를 질렀다는 소식을 듣고 좀 놀랐습니다.

You've always been prompt with turning in your reports, **so your recent tendency in** turning them in late **is a little unusual.**

항상 보고서를 신속하게 제출하셨기 때문에, 최근 들어 제출이 늦는 경향이 있는 것이 조금 이상하군요.

Please consider that this is an office shared by over a hundred staff and employees.

이곳은 백여 명의 직원들이 함께 쓰는 사무실이라는 점을 고려해주세요.

As you are quite aware, we take customer service **very seriously.**

잘 아시다시피, 우리 회사는 고객 서비스를 매우 중요시합니다.

At YuriCom, mutual respect **is one of the most important aspects of** our corporate values. **As such, I ask that** you show consideration to your colleagues.

YuriCom에서, 상호 존중이란 우리의 기업 가치에 있어서 가장 중요한 부분 중 하나입니다. 따라서 동료들에게 배려를 보여주시기 바랍니다.

consideration 배려

Such rudeness to our customers **will not be tolerated.**

고객에 대한 그런 무례한 태도는 용납될 수 없을 것입니다.

tolerate 용납하다, 묵인하다

This is unacceptable. Please redo it.

이건 받아들일 수가 없군요. 다시 하세요.

I want to make myself crystal clear. There should be no spelling **errors at all.**

분명히 말할게요. 절대 철자 오류가 있어서는 안 됩니다.

crystal clear 매우 명료한, 명명백백한

I received a call from Oman Skin Care Products **that** you never called them. **Please explain how this happened.**

당신이 전화한 적이 없다고 Oman Skin Care Products로부터 전화를 받았습니다. 어떻게 이런 일이 벌어졌는지 설명 바랍니다.

I would like this to be a warning.

이것을 경고로 받아들이기 바랍니다.

I expect more effort with the all-important annual budget.

매우 중요한 연간 예산이니 더 많은 노력을 기대하겠습니다.

all-important 매우 중요한

I would like to see you take the following steps to correct the report:

보고서를 수정하기 위해 다음 조치를 취하기 바랍니다.

If you continue with this behavior, I would be forced to take disciplinary action.

만약 이런 행동을 계속하면, 징계 조치를 할 수밖에 없습니다.

disciplinary action 징계 조치

Warning me if there is a problem next time would be ideal so that I can report it to the management.

경영진에게 보고할 수 있도록, 다음 번에는 문제가 있으면 저에게 미리 알려주는 것이 바람직할 것입니다.

Not turning in the reports on time **affects everyone** on the team.

제시간에 보고서를 제출하지 않으면 팀원 모두에게 영향을 미칩니다.

I firmly ask that you stop this type of behavior immediately.

이런 식의 행동을 즉시 중단하기를 강력히 요청합니다.

I commend your efforts on the presentation slides for the executive workshop, **but** as I reviewed them, **I saw many areas where you will need to be more specific in terms of** data, analysis, and conclusion.

임원 워크숍 프레젠테이션 슬라이드에 대한 당신의 노력은 칭찬할 만하지만, 검토하면서 데이터, 분석, 결론 면에서 더 구체화해야 할 부분을 많이 보았습니다.

There were unacceptable mistakes in the data. **These need immediate correction.**

데이터에서 용납할 수 없는 실수가 있었습니다. 즉시 수정이 필요합니다.

199 외부 관련 지적

I realize that you mean well, but I would like to ask you to cease writing emails on our behalf.

선의로 그러시는 것은 알지만, 당사를 대신하여 메일을 작성하시는 것을 중단해주셨으면 합니다.

Under our contract, I think that copying us on all your emails to the architect **is appropriate.**

계약에 따라, 설계사에게 보내는 귀사의 모든 메일을 저희에게도 참조해주시는 것이 적절하다고 생각됩니다.

If you continue to do so, I will need to talk to your boss **about it.**

계속 그렇게 하시면, 이 일에 대해 당신의 상사에게 말씀드려야 할 것 같습니다.

We ask that you show some consideration to our engineers when they are at your office.

저희 엔지니어들이 그쪽 회사에 가 있을 때 어느 정도의 배려를 보여주시기를 부탁드립니다.

As a partner in the development of Milestone Pro software, **we would like a little more respect from you and your team.**

Milestone Pro 소프트웨어 개발의 협력자로서, 당신과 그쪽 팀에게 조금 더 존중을 받았으면 합니다.

200   맺음말

I am here to help, so come see me if you have any concerns.

도와드리고 싶으니, 걱정거리가 있으면 절 찾아오세요.

Let me know what I can do to help.

제가 어떤 식으로 도울 수 있는지 알려주세요.

I ask you to give this your personal attention.

이 문제에 대해 개인적인 관심을 보여주기를 당부합니다.

Please give this your serious consideration.

이 문제를 신중히 고려해주세요.

This problem must be resolved.

이 문제는 해결되어야 합니다.

Your cooperation would be really appreciated.

협조해주시면 정말 고맙겠습니다.

2 불만·항의 표현
Complaining and Expressing Dissatisfaction

KEY POINT 불만이 생긴 배경을 구체적으로 언급한다

- 부적절한 행동에 대한 불만이 아니라면 정중한 어조로 메일을 작성하는 것이 원칙
- 언제, 어디서, 누가, 어떻게, 무엇 때문에 불만이 생기게 되었는지 구체적인 원인을 제시
- 불만 사항을 해소해야 하는 이유를 언급하는 것도 좋음
- 하나의 메일에서 많은 불만 사항을 복합적으로 다루기보다는 한 가지에 집중하도록 함

SAMPLE

Subject	**Second Beta Test** 두 번째 베타 테스트
From	maryester@designerscore.com
To	ben21@lacondargame.com

Dear Ben,

I was a little surprised to see you declare in your last email that you would be skipping the second beta test. Since we share the responsibility of the software's performance, we are uncomfortable with the decision. We strongly ask that you reconsider. Thank you.

Regards,
Mary

Ben 님께,
지난번 메일에서 두 번째 베타 테스트를 생략하겠다고 하신 것을 읽고 조금 놀랐습니다. 해당 소프트웨어의 성능에 대한 책임을 저희도 공유하고 있으므로, **저희로서는 그런 결정이 곤란합니다**. 재고해주시기를 강력하게 요구합니다. 감사합니다.
Mary 드림

---

declare 선언하다   **skip** 생략하다   **reconsider** 재고하다

That was a big letdown for the team.
그건 팀에게 큰 실망을 안겨주었습니다.

letdown 실망

I was actually scared that I would be punched.
폭행당할 것 같아 실제로 두려웠습니다.

I wouldn't feel comfortable doing something like that.
저는 그런 일을 하는 것이 편하지 않아요.

I can only say I was shocked by his rude behavior.
그의 무례한 행동에 충격을 받았다는 말밖에 못 하겠습니다.

I was completely speechless when Bob Santiago cussed at my assistant.
Bob Santiago가 제 조수에게 악담할 때 저는 할 말을 잃었습니다.

speechless 할 말을 잃은, 말문이 막힌　cuss at ~에게 악담하다

I can't tell you how surprised I was when your secretary abruptly hung up on me.
당신의 비서가 느닷없이 전화를 끊었을 때 얼마나 놀랐는지 말씀도 못 드리겠습니다.

Imagine my horror when Mr. Chin took one look at my proposal and burst out laughing.
Chin 씨가 제 제안서를 한번 쓱 보고 웃음을 터뜨리셨을 때 제가 받은 충격을 상상해보세요.

Asking for another time extension **would be really awkward at this point.**
현시점에서 추가 기한 연장 요청은 아주 거북할 겁니다.

I'm dissatisfied with your choice for the new ad agency.
선택하신 새 광고 업체가 불만족스럽습니다.

We are baffled by your decision to close the gates at 6 p.m. on weekdays.

평일 오후 6시에 문을 닫기로 한 그쪽의 결정에 저희는 당혹스럽습니다.

baffled 당황하는

I was appalled by the complete nonchalance of your staff during our collaborative meeting.

협업 회의 중에 그쪽 직원들이 보여준 냉담한 태도에 어안이 벙벙했습니다.

appalled 어안이 벙벙한 nonchalance 냉담함 collaborative 공동의

We are very disappointed to learn that you will not be signing the contract with us.

저희와 계약을 맺지 않으시겠다는 것을 알고 매우 실망하고 있습니다.

Your refusal to talk to me **is not only unprofessional but childish.**

저와 이야기하는 것을 거부하시는 것은 전문가답지 않을 뿐 아니라 유치합니다.

childish 유치한, 어린이 같은

Your presentation, Mr. Osteen, **was inappropriate for** the audience at the charity fundraiser.

Osteen 씨, 당신의 프레젠테이션은 자선 기금 모금 행사에 오신 청중에게 부적절했습니다.

Much to my disappointment, the project drawings were full of errors.

아주 실망스럽게도, 공사 도면에 오류가 많았습니다.

Although I regret having to send you this email, I wish to express my disappointment at the performance of your firm during this project.

이런 메일을 보내게 되어 유감스럽지만, 이번 프로젝트 중 귀사가 보여준 성과에 대해 실망감을 표하고 싶습니다.

UB's being awarded the project **was disheartening news.**

UB가 프로젝트를 낙찰받았다는 것은 실망스러운 소식이었습니다.

disheartening 실망스러운

Participants attending the last workshop **were expecting** a professional trainer, **but I am afraid** the assigned trainer **did not meet our expectations.**

지난번 워크숍 참가자들은 전문적인 트레이너를 기대했습니다만, 배정된 트레이너는 아쉽게도 저희 기대에 못 미쳤습니다.

It is a bit inconvenient to resend two boxes worth of metal tools, **not to mention** expensive.

두 상자 분량의 금속 기구를 다시 보내는 것은 비용이 많이 드는 것은 말할 것도 없고, 다소 불편합니다.

worth of ~ 상당의   not to mention ~은 말할 것도 없고

After all the preparation we had made for the trip to New York **in good faith, it was upsetting to be told that** you were in fact postponing the negotiation meeting indefinitely.

뉴욕 출장을 성실히 준비했는데, 귀사가 사실상 협상 회의를 무기한 연기한다는 소식을 들었을 때 당황스러웠습니다.

in good faith 선의로, 성실한 행동으로   postpone ~ indefinitely ~을 무기한 연기하다

202 완곡한 불만 · 항의 표현

Honestly, Ryan, my team members here **are complaining that** they have to work overtime.

정말이지, Ryan, 이쪽 저희 팀원들은 초과 근무를 해야 한다고 투덜거려요.

Would you mind easing up on the incessant noise next door?

옆방에서 나는 끊임없는 소음을 줄여주실 수 있으신지요?

ease up on ~을 완화하다   incessant 끊임없는

Don't you think asking us to drive out there again **is a little unfair?**

저희에게 또 그쪽으로 차를 몰고 오라는 건 좀 불공평하다고 생각하지 않으십니까?

What can we do about getting replies from you a bit quicker?

어떻게 하면 보다 신속하게 답변을 받을 수 있을까요?

Do you think your guys **can maybe stop** calling my staff on their cell phones on weekday evenings?

그쪽 직원들이 평일 저녁에 저희 직원들의 휴대폰으로 전화하는 것을 좀 중단해주실 수 있을까요?

Our meetings are beginning to get really long.

회의 시간이 정말 길어지기 시작했습니다.

I hope you understand why it may be uncomfortable for us to give you that information.

그 정보를 드리는 것이 왜 저희에게 불편할 수 있는 일인지 이해해주시기를 바랍니다.

Most of us here **are feeling a little pressure from** the new deadline you've set.

그쪽에서 설정한 새로운 마감 기한에 이곳에 있는 저희 대부분은 약간 압박을 받고 있습니다.

203   직장 내 성희롱 · 괴롭힘

I wish to inform you of an inappropriate incident that occurred last Wednesday.

지난 수요일에 발생한 부적절한 사건에 대해 알려드리고 싶습니다.

It is quite improper for Mr. Hansen **to** touch Lisa Lee **in that manner.**

Hansen 씨가 Lisa Lee를 그런 식으로 만지는 것은 아주 부적절합니다.

He has been sexually harassing me since January.

그는 1월부터 저를 성희롱하기 시작했습니다.

This is completely unacceptable, and I ask that you act immediately.

이건 절대 용납할 수 없으며, 즉각적으로 조치를 취해주시길 바랍니다.

This will serve as my official complaint regarding sexual harassment from Mr. Felix Oz.

이것은 Felix Oz 씨로부터 당한 성희롱에 대한 저의 공식적인 항의 메일입니다.

The incident occurred on July 2.

7월 2일에 사건이 발생했습니다.

The following harassment from Ms. Jones **occurred:**

Jones 씨의 괴롭힘은 다음과 같이 발생했습니다.

I have been notified by Jane Austin **that** she **has been harassed at work.**

Jane Austin으로부터 직장에서 괴롭힘을 당했다는 통보를 받았습니다.

I strongly request that this matter be investigated without delay.

이 문제에 대한 조사가 지체 없이 이루어지기를 강력하게 요청하는 바입니다.

Please take appropriate action to remedy this situation.

이 상황을 바로잡기 위한 적절한 조치를 취해주시길 바랍니다.

remedy 바로잡다, 개선하다

3 오류 통보
Reporting Errors

KEY POINT **완곡한 어조와 표현을 사용한다**

- 오류나 실수를 지적할 때는 가능한 한 상대방의 체면을 고려하는 완곡한 어조와 표현을 사용하기
- 성격이나 인격에 대한 언급은 하지 않도록 함
- 이쪽이 잘못한 경우에는 변명을 피하고, 오류 발생 원인을 간단히 설명하며 사과하기

SAMPLE

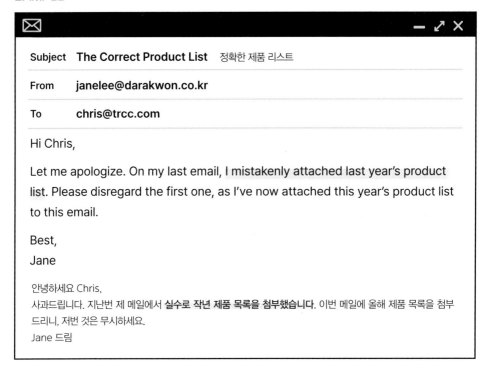

Subject **The Correct Product List** 정확한 제품 리스트

From **janelee@darakwon.co.kr**

To **chris@trcc.com**

Hi Chris,

Let me apologize. On my last email, I mistakenly attached last year's product list. Please disregard the first one, as I've now attached this year's product list to this email.

Best,
Jane

안녕하세요 Chris,
사과드립니다. 지난번 제 메일에서 **실수로 작년 제품 목록을 첨부했습니다.** 이번 메일에 올해 제품 목록을 첨부 드리니, 저번 것은 무시하세요.
Jane 드림

---

mistakenly 실수로   **disregard** 무시하다

It's nothing major, but there seems to have been a slip somewhere.
큰 문제는 아니지만, 어딘가에서 실수가 있었던 것 같습니다.

slip 작은 실수

It's nothing serious, but I found a few inconsistencies in the analysis you emailed me.
별문제는 아니지만, 메일로 보내주신 분석 보고서에서 몇 가지 모순을 발견했습니다.

inconsistency 모순

I just wanted to call your attention to an error in the drawings you sent me yesterday.
어제 보내주신 도면에 있는 오류에 대해 주의를 환기시키고자 합니다.

I think there might have been an oversight.
착오가 있었던 것 같습니다.

Your report was enlightening, but you might want to fix a few minor typos.
당신의 보고서는 깨달음을 주었지만, 사소한 오자 몇 개를 수정하시면 좋겠습니다.

typo 오자, 오타

There is a mistake in the billing.
계산서에 오류가 있습니다.

When we opened the attachment, we were surprised to find a different set of photos **from those we requested.**
첨부 파일을 열었더니, 저희가 요청했던 것과는 다른 사진 세트가 있어 놀랐습니다.

★ **Sorry. I sent you the wrong attachment earlier. Here's the right one.**
죄송합니다. 지난번에 잘못 첨부를 했네요. 이게 맞습니다.

You're right. I forgot to include the dates in the spreadsheet. I've now added them, and **a new** Excel **file is attached.**
말씀하신 것이 맞네요. 스프레드시트에 날짜를 포함하는 걸 잊었습니다. 이제 추가했고요, 새로운 엑셀 파일을 첨부했습니다.

I think there was a bit of a blunder when I was repositioning the text.
제가 본문의 위치를 바꿀 때 실수가 좀 있었던 것 같습니다.

blunder 실수   reposition 위치를 바꾸다

We sent you the wrong order by mistake.
실수로 다른 물건을 보내드렸습니다.

I am embarrassed to say that there was a mix-up with the photos.
사진에 혼동이 있었다고 말씀드리게 되어서 부끄럽습니다.

mix-up 뒤섞임, 혼동

It seems there were a few clerical errors in our billing **to you.**
보내드렸던 계산서에 표기 실수가 몇 개 있었던 것 같습니다.

clerical error 표기 실수

There was an error in the calculation **I emailed you last time.**
제가 지난번에 메일로 보내드린 계산에 오류가 있었습니다.

Leaving out the two files **was definitely an oversight on my part.**
그 파일 두 개를 빠뜨린 것은 확실히 저의 착오였습니다.

4 문제 의논하기
Discussing Problems

SAMPLE

Subject **Punctured Gypsum Wall in the Lobby Area** 로비 구역의 구멍 뚫린 석고벽

From **carlpark@gpcon.co.kr**

To **larryender@gpcon.co.kr**

Hi Larry,

A problem has occurred at the project site. Around 3 p.m., one of Landos Korea's forklifts punctured a gypsum wall in the lobby area, but the operator insists it wasn't his fault. The gypsum wall contractor is, of course, refusing to redo the wall. I think you should talk to John at Landos.

Thanks,
Carl

안녕하세요 Larry,

공사 현장에서 문제가 생겼습니다. 오후 3시경에, Landos Korea의 지게차 하나가 로비 구역에 있는 석고벽에 구멍을 뚫었습니다만, 그 기사는 자기 잘못이 아니라고 주장합니다. 석고벽 도급업자는 물론 벽을 재작업하기를 거부하고 있습니다. **Landos의 John과 이야기를 해보셔야 할 것 같습니다.**

Carl 드림

project site 공사 현장　**puncture** 구멍을 뚫다　**gypsum wall** 석고벽

206 문제 언급

Jack, **we have a problem.** The scheduling software **is suddenly not working.**

Jack, 문제가 생겼어요. 일정 프로그램이 갑자기 작동이 안 돼요.

There's a bit of a problem with Mr. Cho's team.

조 팀장의 팀에 문제가 좀 있어요.

I am beginning to wonder whether the project can actually start on time.

저는 이번 프로젝트가 사실 제시간에 착수될 수 있을지 궁금해지기 시작했습니다.

I think the main problem is our nagging inability to make a decision on whether to approach him **or not.**

그분에게 접근할지 여부에 대해 우리가 계속 결정을 내리지 못하는 것이 가장 큰 문제인 것 같습니다.

nagging 붙어 떨어지지 않는, 계속되는

This delivery **problem will not only** delay the equipment installation **but affect** the restaurant opening itself.

이번 배송 문제는 설비 설치를 지연시킬 뿐만 아니라 레스토랑 오픈 자체에 영향을 미칠 것입니다.

207 문제의 원인

I'm sure that the problem started with the unfortunate incident at the factory.

공장에서 있었던 불운한 사건으로 이번 문제가 시작된 것이 틀림없습니다.

I can appreciate what you're saying, but the budget **is not the real problem.**

말씀하신 것은 이해하지만, 예산이 실질적인 문제가 아닙니다.

The cost **is the biggest obstacle at this point.**

이 시점에서는 비용이 가장 큰 장애물입니다.

obstacle 장애물

The problem in the condenser unit **was caused by** carelessness during installation.

냉각기 문제는 설치 중의 부주의로 인해 일어났습니다.

condenser 냉각기

208　향후 문제 발생 가능성

Left alone, the problem could get worse.

방치해두면 문제가 더 악화될 수 있어요.

I just wanted to call attention to a potential problem we might face.

저희가 직면할 수도 있는 잠재적인 문제에 주의를 환기시키고 싶었습니다.

I can see this turning into a massive headache if we don't act now.

지금 조치를 취하지 않으면 이 문제가 엄청난 골칫덩어리로 변해버릴 것이 눈에 보입니다.

It may not be a concern now, but it could come back and haunt us later on.

현재는 근심거리가 아닐 수도 있지만, 나중에 돌아와서 우릴 괴롭힐 수 있습니다.

haunt 괴롭히다

Without an immediate fix, this minor delay can snowball into a much bigger problem.

당장 해결하지 않으면 이 사소한 지연이 더 큰 문제로 불어날 수 있습니다.

snowball into ~으로 (눈덩이처럼) 점점 더 커지다

There might be a problem with obtaining approval from the management.

경영진으로부터 승인을 받는 데 문제가 있을 수도 있습니다.

209 해결 방안 제안

Let's sleep on it for a day or two.

하루 이틀 숙고해봅시다.

sleep on ~을 숙고하다

We need to focus as a team if we hope to overcome this problem.

이번 문제를 극복하고 싶으면 한 팀을 이루어 집중해야 합니다.

My solution would be to call the project manager and get his feedback on this one.

제 해결책은 프로젝트 매니저에게 전화해서 이번 문제에 대해 피드백을 받는 것입니다.

In my opinion, the way to solve this problem is to completely redo the calculation.

제 생각에는, 계산을 완전히 다시 하는 것이 이 문제의 해결 방안입니다.

5 오해에 대한 확인
Checking for Misunderstanding

KEY POINT   원래 의도나 의사를 다시 한번 짚어준다

- 무언가 확실치 않아 오해의 소지가 있으면 재확인을 부탁하는 것이 원칙
- 오해에 대해 원래 의도나 의사를 명확히 표현하기
- 의도를 파악하지 못한 상대방에게 이해한다는 말을 전하고, 처음부터 설명이 명확하지 못했음을 사과하는 것도 하나의 방법

SAMPLE

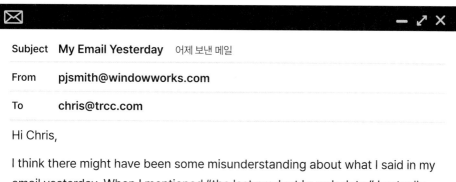

Subject   **My Email Yesterday**   어제 보낸 메일

From   **pjsmith@windowworks.com**

To   **chris@trcc.com**

Hi Chris,

I think there might have been some misunderstanding about what I said in my email yesterday. When I mentioned "the last product launch date," I actually meant "the last possible," not "past." I hope this clears up what I said, and I apologize for causing the confusion.

Best,
PJ

안녕하세요 Chris,
제가 어제 보낸 메일 내용에서 오해가 조금 있었던 것 같습니다. 제가 '마지막 제품 출시 일정'이라고 언급했을 때, 저는 사실 '지난'이 아니라 '가능한 마지막'을 뜻한 것이었습니다. 이것으로 내용이 명확해졌기를 바라며, 혼동을 초래하게 되어 죄송합니다.
PJ 드림

---

launch 출시   **clear up** 정리하다, 뚜렷하게 하다   **confusion** 혼동

Let me make sure I understood you correctly.

제가 말씀을 제대로 알아들었는지 확인 좀 할게요.

Did you want to reschedule the meeting? **I wasn't sure from your last email.**

회의 일정 변경을 원하신 건가요? 이전 메일로는 확실하지 않아서요.

When you said "incredible," **did you mean this in a good way?**

'대단하다'고 말씀하셨을 때, 좋은 뜻으로 말씀하신 건지요?

I just received word from Tom **that** you won't be able to join us for dinner tomorrow night. **Could you confirm?**

내일 저녁에 저희와 함께 식사를 못 하신다는 소식을 방금 Tom에게 들었습니다. 확인해주실 수 있을까요?

Regarding the MOU, **did you mean that** you would like to hold off on it?

양해 각서 말인데요, 그에 대한 결정을 미루고 싶다는 뜻이셨나요?

hold off on (결정 등을) 미루다, 보류하다

I thought you wanted me to send you the Miller file. **Which** file **do you need?**

제가 Miller 파일을 보내드리기를 원하신 줄 알았는데요. 어떤 파일이 필요하신 건가요?

Am I correct in understanding that you no longer wish to maintain the contract with us?

저희와의 계약을 더 이상 유지하고 싶어 하지 않으신다고 제가 맞게 이해한 건가요?

I'm writing to you because I might have misunderstood what you told me earlier during the day.

오늘 아까 전에 저에게 말씀하신 것을 제가 오해했을 수도 있기에 메일을 드립니다.

Please advise if we misunderstood you.

저희가 오해를 했으면 말씀해주세요.

Robert, **that's not what I said** to him. I told him I was okay with the idea.
Robert, 저는 그에게 그렇게 말하지 않았습니다. 그 의견이 괜찮다고 말했습니다.

I'm sorry, but you're overreacting to what was said.
죄송합니다만, 들으신 내용에 대해 과민 반응을 하고 계십니다.

overreact 과민 반응을 하다

★ **Actually, I wanted** the Fuller file.
사실, 저는 Fuller 파일을 원했습니다.

Actually, that is not what I said. What I said was, "Some people are always late."
사실, 저는 그렇게 말하지 않았습니다. 저는 "몇몇 사람들은 항상 지각합니다."라고 말했습니다.

What I meant was that I would like to hold the MOU signing ceremony outside the office.
양해 각서 체결식을 회사 밖에서 했으면 하는 것이 제 뜻이었습니다.

I can see why you are upset, but believe me when I say I did not mean it that way.
화가 나신 이유는 알지만, 저의 뜻은 그게 아니었다는 말을 믿어주세요.

I appreciate your quick reply, but what I was asking for was the status of the project.
빠른 답변 감사합니다만, 제가 요청했던 것은 프로젝트의 진행 상태였습니다.

I have to say that was the wrong conclusion.
잘못 단정 지으셨다고 말씀드려야 되겠습니다.

conclusion 단정, 결론

I didn't mean at all to imply that Mr. Sommers was incompetent.
저는 절대 Sommers 씨가 무능하다고 암시한 것이 아니었습니다.

I apologize if what I said was perceived that way.

만약 제가 말씀드린 것을 그런 식으로 이해하셨으면 죄송합니다.

perceive 이해하다, 지각하다

That was never our intention.

그것은 결코 저희의 의도가 아니었습니다.

There might have been a minor misunderstanding about what I wrote on my last email to you.

마지막으로 보낸 제 메일에 대해 작은 오해가 있었던 것 같습니다.

That is definitely a misconception.

그것은 명백한 오해입니다.

misconception (정보 부족에 근거한) 오해

사과

Dictionary of Business Email Expressions

1 늦은 회신에 대한 사과
Apologizing for a Late Reply

KEY POINT **필요하면 사과하고 이유를 설명한다**

- 비즈니스 관계에서는 다른 일로 바빴다는 변명은 되도록 피하고, 다른 변명이 없을 때만 한정적으로 사용하기
- 특별한 사유 없이 늦었으면 솔직히 사과하고, 어쩔 수 없는 이유가 있었으면 간략히 배경을 기술하도록 함

SAMPLE

✉   — ↗ ✕

Subject	**RE: Miller Project Schedule** RE: Miller 프로젝트 일정
From	**paulkim@gpcon.co.kr**
To	**steve@trcc.com**

Hi Steve,

I'm so sorry about getting back to you so late. I was only able to read your email just now. I was on sick leave for several days.

To answer your question, we're still ahead of schedule.

Best,

Paul

안녕하세요 Steve,
너무 늦게 답장을 드리게 되어 정말 죄송합니다. 보내신 메일을 지금에서야 읽을 수 있었습니다. 며칠 동안 병가 중이었습니다.
답변을 드리자면, 저희는 여전히 예정보다 빨리 진행하고 있습니다.
Paul 드림

---

get back to ~에게 회신하다 (reply보다 더 친근감 있고 자연스러운 표현)   **sick leave** 병가

★ **Sorry about getting back to you so late.**
이렇게 늦게 답변드려 죄송합니다.

★ **My apologies for the late reply.**
늦은 답변에 사과드립니다.

I'm sorry I couldn't respond sooner.
답장을 좀 더 빨리 드리지 못해 죄송합니다.

My sincere apologies for the late reply to your email.
보내주신 이메일에 늦게 회신드리는 점 진심으로 사과드립니다.

I should've answered your email sooner. Sorry about that.
메일에 더 일찍 답변드렸어야 하는데, 죄송합니다.

I'm sorry about replying to your last email so late.
지난번 이메일에 이렇게 늦게 답장을 드려서 죄송합니다.

I apologize for not getting back to you sooner about the latest project specifications.
최신 프로젝트 명세서에 대해 더 일찍 답변을 드리지 못해 죄송합니다.

specification 명세서

We apologize for the delay in responding to your email regarding a request for quotation.
견적 요청 관련 이메일에 답신이 늦어진 점 사과드립니다.

regarding ~에 관한   quotation 견적

I hope you will forgive the long delay in answering your email of May 12.
5월 12일에 보내주신 이메일에 대한 회신이 많이 늦어진 점을 용서해주시기 바랍니다.

First of all, I would like to apologize for the belated reply to your email of December 9.

우선 12월 9일에 보내주신 이메일에 대한 늦은 회신에 대해 사과드립니다.

belated (뒤)늦은

We sincerely apologize for the delay in addressing your concerns.

우려에 대한 답변이 늦어진 점 진심으로 사과를 드립니다.

Please accept my sincere apologies for failing to respond earlier to your email about the book order.

도서 주문에 대한 이메일에 진작 회신을 드리지 못한 점 진심으로 사과드립니다.

---

213   변명: 부재·휴무

I was out of town all week.

일주일 내내 외부에 나가 있었습니다.

★ **I was on a personal leave** yesterday.

어제 휴가 중이었습니다.

personal leave (개인) 휴가

I was on vacation for the last two **weeks.**

지난 2주간 휴가였습니다.

I was on a business trip last week.

지난주에 출장 중이었습니다.

I was on vacation for the month of July.

7월 한 달 동안 휴가였습니다.

★ **Our company was closed for the** Chuseok **holidays.**

당사는 추석 연휴 동안 휴무였습니다.

Our office was closed last week **for** renovations.

당사는 보수 공사로 인하여 지난 일주일간 휴무였습니다.

renovation 수리, 보수

214 변명: 기술적 문제

My laptop crashed, and I lost all the data in the hard drive.

제 노트북이 고장 나는 바람에 하드에 있던 모든 데이터가 날아가버렸습니다.

crash 기능을 멈추다

★ **My email program wasn't working properly.**

제 이메일 프로그램이 제대로 작동되지 않았습니다.

Our email server was down all day yesterday, **and I couldn't access my email.**

어제 하루 종일 당사의 메일 서버가 다운되어 이메일에 접속하지 못했습니다.

I was in a remote part of the country, **and I couldn't access my email.**

제가 그 나라 외딴 지역에 있어서 이메일에 접속하지 못했습니다.

변명: 바쁜 업무

You won't believe how busy I've been.
제가 얼마나 바빴는지 못 믿으실 거예요.

Things have been really crazy around here! 비격식
여기는 정말 정신없이 바빴습니다!

I've been swamped with work and not had time to reply to you sooner.
일 때문에 너무 바빴던 탓에 더 일찍 답신할 시간을 내지 못했습니다.

be swamped with ~ 때문에 눈코 뜰 새 없이 바쁜

I've been really busy for the last few weeks with the last part of a project.
프로젝트를 마무리하느라 지난 몇 주 동안 아주 바빴습니다.

I couldn't respond earlier, with the Garrison Project having started up last week.
지난주에 Garrison 프로젝트에 착수하는 바람에 더 일찍 답변드리지 못했습니다.

★ **I didn't have time to read any emails until** this morning.
오늘 아침까지 한 통의 메일도 읽을 시간이 없었습니다.

I have been in meetings since Monday morning **and didn't have the chance to answer your emails.**
월요일 아침부터 여러 회의에 참석하느라 답신을 드릴 기회가 없었습니다.

216 변명: 개인적인 사유

I was down with the flu **all** last week.
독감으로 지난주 내내 앓았습니다.

> be down with (병에) 걸리다

I broke my leg in a skiing **accident and was confined to bed all** week.
스키 사고로 다리가 부러져 일주일 내내 침대에 누워 있었습니다.

> be confined to bed 꼼짝없이 침대에 누워 있다

I had a minor surgery last week **and took a rest at home until** yesterday.
지난주에 간단한 수술을 받고 어제까지 집에서 쉬었습니다.

I had to attend a funeral **and was out of the office** yesterday.
어제 장례식에 참석해야 해서 자리를 비웠습니다.

> funeral 장례식

My son's wedding **was on** Monday.
제 아들의 결혼식이 월요일에 있었습니다.

I had to attend to some personal business last week.
지난주에 개인적인 일을 처리해야 했습니다.

> attend to ~을 처리하다

2 불편을 끼친 것에 대한 사과
Apologizing for an Inconvenience

- 상대방에게 불편을 끼친 것에 대해 정중히 사과하는 것은 중요함
- 주의할 점: 개인적인 의견을 덧붙이거나 회사로부터 승인받지 않은 해결책을 언급하지 말 것. 회사의 책임을 잘못 부각했다가는 향후 법적 책임을 물게 될 수도 있음

SAMPLE

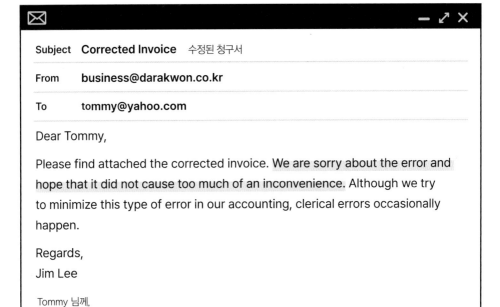

Subject **Corrected Invoice** 수정된 청구서

From **business@darakwon.co.kr**

To **tommy@yahoo.com**

Dear Tommy,

Please find attached the corrected invoice. We are sorry about the error and hope that it did not cause too much of an inconvenience. Although we try to minimize this type of error in our accounting, clerical errors occasionally happen.

Regards,

Jim Lee

Tommy 님께,
수정된 청구서를 첨부했습니다. 실수에 대해 죄송스럽게 생각하며 너무 많은 불편을 끼쳐드린 것이 아니길 바랍니다. 회계 작업에서 이런 오류를 최소화하려 노력함에도 가끔 표기 오류가 발생합니다.
Jim Lee 드림

---

minimize 최소한으로 줄이다   **clerical error** 표기 오류, 사무 착오 (보통 영어권에서 구체적인 오류의 언급을 피할 때 이용하는 표현)
occasionally 때때로

217 불편에 대한 사과

We are very sorry to hear about the inconvenience caused by our mistake.

저희의 실수로 불편을 드렸다는 것을 듣게 되어 정말 죄송합니다.

We are sorry about the inconvenience this has caused you.

이 일로 불편을 드려 죄송합니다.

★ **We apologize for your inconvenience.**

불편을 드리게 된 점 사과드립니다.

We apologize for any inconvenience caused by our losing your samples.

저희가 샘플을 분실하여 불편을 드렸다면 사과드립니다.

We sincerely apologize for the inconvenience caused by delays in the paperwork.

서류 작업의 지연으로 불편을 드린 것에 대해 진심으로 사과드립니다.

Please accept our apologies for the inconvenience caused by the error in delivery charges.

배송비 착오로 불편을 드린 것에 대해 사과드립니다.

delivery charge 배송비

We extend our sincere apology for the inconvenience we have caused you.

불편을 드린 점에 대해 진심으로 사과드립니다.

On behalf of IBT, I would like to apologize for the inconvenience you experienced due to a mistake made by our staff.

IBT를 대표하여 저희 직원의 실수로 불편을 느끼신 점에 대해 사과드리고 싶습니다.

As the vice president of XYZ Books, **I would like to personally extend my sincere apologies for the unnecessary inconvenience.**

XYZ Books의 부사장으로서 괜한 불편을 드린 것에 대해 개인적으로 사과드립니다.

3 실수에 대한 사과
Apologizing for an Error

KEY POINT **실수를 반복하지 않겠다는 말로 마무리한다**

- 상대방이 이쪽의 실수에 대해 먼저 알려 왔으면 지적해줘서 고맙다는 말로 메일을 시작하기
- 일시적인 실수였음을 강조하며 다시는 재발하지 않을 것이라고 확신을 심어주는 긍정적인 표현으로 마무리

SAMPLE

Subject **Shipping Error** 발송 오류

From **david@myoffice.co.kr**

To **steve@intercomn.co.kr**

Dear Steve,

First of all, we apologize for the mix-up. We certainly made an error with your shipment of July 27. The desks you ordered are being shipped this afternoon. We will send a carrier to collect the wrong shipment next week. We value your business and hope to continue serving you in the future.

Regards,

David

Steve 님께,
우선 착오에 대해 사과드립니다. 저희가 7월 27일에 발송한 것에 명백한 실수가 있었습니다. 주문하신 책상들은 오늘 오후에 발송될 예정입니다. **저희가 다음 주에 운송업자를 보내 잘못 발송된 물건을 회수하겠습니다.** 저희는 귀사와의 거래를 중요하게 생각하며, 지속적으로 거래하기를 바랍니다.
David 드림

---

mix-up 착오 (일반적으로 '혼란스러운 일'을 가리킴)   **carrier** 운송업자, 택배 회사   **collect** 회수하다

218 실수 지적에 대한 감사

★ **Thank you for bringing the error to our attention.**
실수를 지적해주셔서 감사합니다.

We are grateful for your pointing it out.
지적해주신 점 감사합니다.

Thank you for calling this to our attention.
이 문제를 지적해주셔서 감사합니다.

219 실수에 대한 사과

There's no excuse for such an error.
이런 실수에는 변명의 여지가 없습니다.

I am sorry that you have received the wrong order.
잘못된 주문품을 받으신 점 죄송합니다.

I am very sorry about the unfortunate error in shipment.
불미스런 배송 실수에 대해 대단히 죄송합니다.

I understand your disappointment.
실망하신 점 이해합니다.

We apologize for this unusual occurrence.
이런 이례적인 일이 발생한 점에 대해 사과드립니다.

We apologize for the inconvenience.
불편에 대해 사과드립니다.

First of all, we would like to apologize for the mix-up in shipping your order.

우선 주문 건 배송 착오에 대해 사과드리고 싶습니다.

We are quite embarrassed by this error.

이번 실수에 몹시 부끄럽습니다.

This error should not have happened.

이 실수는 일어나서는 안 될 일이었습니다.

The mistake was due to a clerical error on our part.

저희 측의 표기 오류로 실수가 발생했습니다.

Due to an oversight, the wrong product was shipped to you.

착오로 잘못된 제품이 발송되었습니다.

oversight 착오

We inadvertently sent you the wrong shipment.

저희의 부주의로 잘못된 제품을 보내드렸습니다.

inadvertently 부주의하게

You are certainly justified in being frustrated about the error.

착오에 실망하시는 것이 당연합니다.

We sincerely apologize for the shipping error.

발송 오류에 대해 진심으로 사과드립니다.

★ **Please accept our sincerest apologies for the error.**

실수에 대한 저희의 진심 어린 사과를 받아주세요.

Please be reassured that an error like this will not happen again.

이와 같은 실수는 두 번 다시 일어나지 않을 것이니 안심하시기 바랍니다.

be reassured 안심하다

220 후속 조치 언급

We have shipped 100 boxes of the correct sizes **by** air express at our cost.
당사의 부담으로 정확한 사이즈가 들어 있는 100상자를 항공 특급으로 발송하였습니다.

The correct order has been sent and should arrive by early next week.
정확한 주문 물품이 출하되었으며 다음 주 초에는 도착할 예정입니다.

We would like to offer a discount of 5% on your invoice **as a small compensation for the inconvenience.**
불편을 드린 것에 대한 작은 보상으로 명세서에서 5%를 할인해드리고자 합니다.

invoice 명세서, 송장   compensation 보상

221 맺음말

Thank you for your patience.
기다려주셔서 감사합니다.

Thank you again for your patience in this matter.
이번 일에 대한 양해에 다시 한번 감사드립니다.

We value our relationship.
귀사와의 관계는 소중합니다.

We value your business.
귀사와의 거래는 소중합니다.

We appreciate your business and hope that we can continue serving you.
거래에 감사드리며 앞으로도 지속적으로 거래할 수 있기를 바랍니다.

4 발송 지연에 대한 사과
Apologizing for Shipping Delays

KEY POINT **구체적인 대책을 제시한다**

- 책임이 이쪽에 있을 경우, 우선 사과를 한 후 처리 방안을 말하고 향후 재발하지 않을 것을 다짐하기
- 이쪽의 책임이 아닌 경우, 지연될 수밖에 없었던 사정을 설명하고, 대책이 있으면 구체적으로 제시

SAMPLE

Subject	**Delayed Shipment** 발송 지연
From	david@myoffice.co.kr
To	steve@intercomn.co.kr

Dear Steve,

Regretfully, the items you ordered on March 30 were not shipped on the date indicated in our last email. Due to the excessive flooding in our warehouse, some of our inventory was damaged by water. We now have the items, and your order will be shipped tomorrow.

We apologize for the delay, and thank you for your understanding.

Sincerely,

David

Steve 님께,
유감스럽게도 3월 30일에 주문하신 물품을 저희가 보낸 마지막 이메일에서 말씀드린 날짜에 발송하지 못했습니다. 당사 창고에 물이 범람하여 재고 일부가 침수 피해를 당했습니다. 이제 해당 품목을 확보하였으며 주문하신 물품은 내일 발송될 것입니다.
지연에 사과드리며, 이해에 감사를 드립니다.
David 드림

---

regretfully 유감스럽게도   **excessive** 과도한   **flooding** 범람   **warehouse** 창고

We are sorry that you have not received your order.
아직 주문품을 받지 못하신 점 죄송합니다.

I'm sorry to inform you that your order of March 20 **will be delayed by** one week.
3월 20일 주문품이 일주일 지연될 예정임을 알려드리게 되어 안타깝게 생각합니다.

First of all, allow me to apologize for the unnecessary inconvenience caused by the late delivery.
우선 발송 지연으로 괜한 불편을 드린 것에 대해 사과드립니다.

Please accept our most sincere apology for the late delivery.
발송 지연에 대해 저희의 진심 어린 사과를 받아주시기 바랍니다.

We are sorry to inform you that we are unable to fulfill your order of January 2 **by the requested delivery date.**
1월 2일 주문 건을 희망 배송일까지 납품할 수 없게 된 것을 알려드리게 되어 안타깝습니다.

fulfill 이행하다

Unusually heavy rains **are causing shipping delays** in our area.
이상 호우로 우리 지역의 배송이 지연되고 있습니다.

unusually 보통과는 달리

The typhoon **has caused the delay in your shipment.**
제품 발송이 태풍으로 인해 지연되고 있습니다.

The shipping delay is due to the recent strike of port workers in Oakland.

선적이 지연된 이유는 오클랜드 항 직원들의 최근 파업 때문입니다.

strike 파업

Due to the strike of the cargo union truck drivers, **the shipment is currently being delayed.**

화물 연대 소속 트럭 운전사들의 파업으로 인해 현재 발송이 지연되고 있습니다.

cargo union 화물 연대

Due to a recent surge in demand, the product is on back order until mid-October.

최근 수요 급증으로 인해 해당 물품은 10월 중순까지 주문이 밀려 있습니다.

surge 급증   on back order 재고가 없어 주문을 처리하지 못한   mid- ~ 중반

With the holidays approaching, **we are experiencing a large backlog in orders.**

다가오는 연휴로 주문이 많이 밀리고 있습니다.

backlog 축적

I have personally investigated the matter and discovered that the delay is due to a clerical error.

문제를 제가 직접 조사해보니 표기 오류로 인해 지연되고 있음을 알게 되었습니다.

224   대책 언급

Your order should arrive within 5 days.

주문하신 물품은 5일 안에 도착할 것입니다.

Your order has been placed on rush delivery **and should reach you by** next week.

주문하신 물건은 속달로 발송되었으니 다음 주에는 도착할 것입니다.

If you wish, we will be glad to make a different arrangement.

원하시면 흔쾌히 다른 조치를 취하겠습니다.

We will notify you as soon as your order is ready for shipment.

주문하신 물품이 선적 준비가 되는 대로 즉시 알려드리겠습니다.

We have promptly shipped your order today **by** air express.

주문하신 물품을 오늘 신속히 항공 속달편으로 발송하였습니다.

As soon as the books **arrive in our warehouse, we will ship the items by** air express **at our cost.**

도서가 창고에 도착하는 즉시 저희 측 부담으로 항공 속달로 배송하겠습니다.

We have secured a new freight forwarder, and **you should receive** your container **by** February 22.

새로운 운송업자를 찾았으므로 2월 22일까지 컨테이너를 수령하실 수 있습니다.

freight forwarder 화물 운송업자

Your order has been given the highest priority, and as soon as the items are manufactured, your order will be shipped immediately.

귀사의 주문은 최우선으로 처리되었으며, 주문품이 생산되는 즉시 출하될 것입니다.

Please be reassured that the merchandise will arrive at your warehouse no later than May 15.

상품이 늦어도 5월 15일까지는 귀사의 창고에 도착할 테니 안심하시기 바랍니다.

no later than 늦어도 ~까지

We are currently looking into alternative ports **and will soon notify you with a new delivery date.**

현재 대체 항구를 모색 중이며 곧 새 발송 일정을 알려드리도록 하겠습니다.

alternative 대신하는, 대안이 되는

I fully understand your frustration over the delay and will work personally to remedy the problem.

지연으로 인한 불만을 충분히 이해하며 제가 직접 이 문제를 해결하도록 하겠습니다.

remedy 바로잡다

We hope that this arrangement is satisfactory.

이번 조처가 만족스러우시길 바랍니다.

★ **We hope to continue serving you in the future.**

앞으로도 계속 거래할 수 있기를 바랍니다.

★ **Thank you in advance for your patience and understanding.**

관대함과 이해심에 미리 감사드립니다.

in advance 미리, 앞서

We apologize for any inconvenience this has caused you.

이 일로 불편을 드렸다면 사과드립니다.

We would like to thank you for giving us an opportunity to correct the situation.

상황을 바로잡을 기회를 주셔서 감사합니다.

We sincerely hope that the delay will not cause serious inconvenience.

지연으로 심각한 불편이 초래되지 않기를 진심으로 바랍니다.

일상적인
통지

Dictionary of Business Email Expressions

1 메일 대신 보내기
Sending an Email on Behalf of Someone

SAMPLE

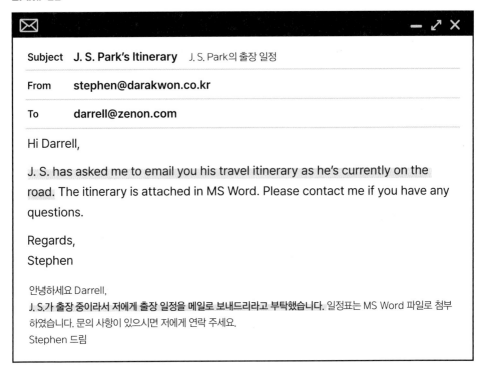

Subject	**J. S. Park's Itinerary** J. S. Park의 출장 일정
From	stephen@darakwon.co.kr
To	darrell@zenon.com

Hi Darrell,

J. S. has asked me to email you his travel itinerary as he's currently on the road. The itinerary is attached in MS Word. Please contact me if you have any questions.

Regards,
Stephen

안녕하세요 Darrell,
J. S.가 출장 중이라서 저에게 출장 일정을 메일로 보내드리라고 부탁했습니다. 일정표는 MS Word 파일로 첨부하였습니다. 문의 사항이 있으시면 저에게 연락 주세요.
Stephen 드림

---

itinerary 여행 일정   **on the road** 이동[여행·출장] 중인

I'm writing for S. H. Lee, **who is on a** month-long **leave.**
한 달간 휴가 중인 S. H. Lee 대신 메일을 드립니다.

leave 긴 휴가

I'm handling her **correspondences while** she **is away.**
부재 기간 동안 제가 그분의 업무 서신을 처리하고 있습니다.

★ **I'll be temporarily taking over** John**'s duties.**
제가 임시로 John의 업무를 인계받게 되었습니다.

I'll be more than happy to answer any questions about our products while Tim **is away on vacation.**
Tim의 휴가 기간 중에는 제가 제품에 대한 질문은 무엇이든 기꺼이 답변드리겠습니다.

Jonathan Yim, who is currently on a business trip to the U. S., **has asked me to let you know that** he will call you tomorrow morning.
현재 미국 출장 중인 Jonathan Yim이 내일 아침에 전화드린다고 전해달라고 하셨습니다.

Because Steve Peres **is currently on** sabbatical **leave, I will be working with you** for the next six months **on** the shopping mall project.
Steve Peres가 현재 안식년 휴가 중이기 때문에 향후 6개월간 제가 쇼핑몰 프로젝트를 진행하게 되었습니다.

sabbatical leave 안식년 휴가 (6년 근무 후에 주어지는 1년간의 휴가)

J. K. Yeo **had to leave work early to** attend to a family emergency, **so** he **has asked me to email you** the delivery schedule for the order #451A.
J. K. Yeo가 급한 집안일로 일찍 퇴근하면서 저에게 주문 번호 451A의 배송 일정을 메일로 보내드리라고 부탁했습니다.

227 타 부서를 대신해서 보낼 때

Accounting **thought I might be able to answer your questions.**
회계팀에서는 제가 질문에 답변드릴 수 있을 것이라고 생각했습니다.

I've been asked by E. C. Kim at the Busan office **to** provide you with information on our Seoul operations.
부산 지사에 있는 E. C. Kim이 당사의 서울 사업 건에 관한 정보를 제공해드리라고 저에게 요청했습니다.

John **forwarded me your email regarding** a possible claim **because I generally deal with** the legal issues.
법적 문제는 보통 제가 처리해서 John이 발생 가능한 클레임에 대한 당신의 메일을 저에게 전달했습니다.

Pete Cho at the architectural design team **requested that I reply directly to your questions regarding** the San Francisco office project.
건축 설계팀의 Pete Cho의 요청으로, 샌프란시스코 사무실과 관련해서 문의하신 내용에 제가 직접 답변드리겠습니다.

228 비서가 보내는 메일

John **said that I should email you and** get your address in San Francisco.
John의 지시로, 샌프란시스코 숙소 주소를 여쭙고자 메일 드립니다.

If there's anything you need from Mr. Robertson, **please feel free to contact me.**
Robertson 씨께 요청하실 일이 있으시면 언제든 저에게 연락 주세요.

Our chairman **has asked that I contact you to** set up a meeting date for next week to discuss the legal issues.
회장님께서 당신께 연락드려 법적 문제를 논의할 수 있도록 다음 주 회의 일정을 잡으라고 요청하셨습니다.

2 담당자 변경 안내
Introducing a New Point of Contact

KEY POINT   신뢰할 만한 업무 이력을 간략히 기술한다

- 자신의 이름과 직급, 새로 담당하게 될 직무를 정확히 명시하고 전임자에 대해서도 간략히 언급하기
- 필요한 경우 관련 이력을 기술하는 것도 담당자 변경에 따른 상대방의 우려를 덜어주는 데 도움이 될수 있음
- 맺음말에서는 향후 함께 일하게 되어 기대가 된다는 긍정적인 말과 함께 문의 사항이 있을 때는 부담없이 연락하라는 말로 마무리

SAMPLE

Subject	**Hi, this is the new assistant Ulsan Plant PM**
	안녕하세요, 신임 울산 공장 부 프로젝트 매니저입니다
From	**susiekim@gpcon.co.kr**
To	**chris@trcc.com**

Hi Chris,

This is Susie Kim, the new assistant project manager for the Ulsan Plant project. As Steve Yeo has probably mentioned already, I will be taking over his duties. I look forward to meeting you in person at our next project meeting. In the meantime, please feel free to call me any time if you have questions.

Regards,

Susie Kim

안녕하세요 Chris,

울산 공장 프로젝트를 새로 맡게 된 부 프로젝트 매니저 Susie Kim입니다. Steve Yeo가 이미 언급하셨겠지만, 제가 그분의 업무를 인계받게 되었습니다. 다음 프로젝트 회의 때 직접 뵙게 되기를 기대하고 있습니다. **그사이에라도 문의 사항이 생기면 언제든지 전화 주세요.**
Susie Kim 드림

PM (= project manager) 프로젝트 매니저   **in person** 직접   **meantime** 그사이, 한편

I just wanted to drop you a note to introduce myself.

제 소개를 위해 간단한 메일을 드리고 싶었습니다.

drop ~ a note ~에게 간단한 메일을 보내다

I am a new **member of** the sales team **and would like to introduce myself.**

저는 영업팀의 신입 팀원이며 제 소개를 드리고자 합니다.

★ **My name is** Jimin Kang, **and I'm a** new account manager **in** the European sales **team.**

제 이름은 강지민이며 유럽 영업팀의 신임 고객 관리자입니다.

account manager 고객 관리자

I'm the new manager **responsible for** corporate accounts **at** Computers Korea.

저는 Computers Korea에서 기업 고객을 담당하는 신임 매니저입니다.

corporate account 기업 고객

I'll be handling the southern part of Seoul.

서울의 강남 지역을 담당하게 됐습니다.

I'll be in charge of hotel clients.

호텔 고객을 담당하게 됐습니다.

in charge of ~을 담당하여

I am now responsible for the West European region.

제가 이제 서유럽 지역을 담당하게 되었습니다.

★ **I'm replacing** Mr. Stephen Kim, who has transferred to our Tokyo office last week.

지난주에 도쿄 지사로 전근하신 Stephen Kim 씨의 후임입니다.

transfer 전근하다, 갈아타다

I'm familiar with your account.
귀사와의 거래에 정통합니다.

I recently joined the team.
최근에 팀에 합류했습니다.

I have worked with Charlie **on the same team for over** five **years.**
Charlie와 한 팀에서 일한 지 5년이 넘었습니다.

I've been with Baesong Group **for** 10 **years.**
Baesong Group에서 일한 지 10년이 됩니다.

I recently joined the company after 12 **years at another** construction **firm.**
다른 건설 회사에서 12년간 일한 후 최근에 입사했습니다.

I used to be with the domestic sales **team.**
국내 영업팀에서 일했습니다.

I have an extensive experience in computer programming.
저는 컴퓨터 프로그래밍에 폭넓은 경험이 있습니다.

230　　전임자에 대한 언급

As you know, Mr. Yang **has recently retired.**
아시다시피 Yang 씨는 최근에 은퇴하셨습니다.

Sechan Park **will be missed.**
박세찬 씨가 보고 싶을 겁니다.

He **did a wonderful job with all** his **accounts.**
그는 모든 거래처와의 일을 훌륭하게 해냈습니다.

I am excited about the opportunity to work with you.

함께 일할 기회를 갖게 되어 기쁩니다.

It'll be a pleasure working with you.

함께 일하게 되어 기쁩니다.

I am looking forward to continuing to serve you.

계속 거래하게 되기를 기대하고 있습니다.

I look forward to meeting you soon to introduce myself in person.

빠른 시일 내에 만나 제 소개를 직접 드릴 것을 기대하고 있습니다.

If there's anything I can do for you, please call or email me any time.

제가 도울 수 있는 일이 있으면 언제든지 전화나 메일 주세요.

Please feel free to call or email me at any time for any questions or service needs.

문의 사항이나 필요한 서비스가 있으시면 언제든지 편히 전화나 메일 주세요.

Please rest assured that we will continue to provide you with the highest quality service.

계속해서 최고의 서비스를 제공해드릴 것을 약속드립니다.

3 사무실·지사 개설 및 이전
Opening or Relocating an Office

KEY POINT　개설이나 이전에 앞서 미리 통지한다

- 사무실 또는 지사를 개설하거나 이전할 계획이라면 되도록 미리 통지하는 것이 좋음
- 새로운 주소와 연락처를 정확히 알려주고 영업 시작 날짜도 명시하기
- 개설이나 이전으로 인해 상대방에게 미칠 긍정적인 영향도 자연스럽게 언급하도록 함

SAMPLE

Subject　**Our New Office in San Diego**　샌디에이고에 새 사무실을 엽니다

From　nat@greatproducts.com

To　steve@e2west.com

Hi Steve,

I am writing to inform you that we are opening our first office in San Diego on Monday, March 3. With the opening, our customers in the western United States will now be able to purchase our products directly at a substantially lower cost. The address and contact number for the San Diego office are as follows:

> Great Products LLC
> 7 Palm Way
> Suite 202
> San Diego, CA 92101
> (619) 555-0178

Best,

Nat

안녕하세요 Steve,

3월 3일 월요일에 샌디에이고에 당사의 첫 번째 사무실을 개설하게 됨을 알려드리고자 메일을 드립니다. 이번 개설로 미국 서부에 있는 고객들은 이제 훨씬 더 저렴한 가격으로 저희 제품을 직접 구입할 수 있게 될 것입니다. 샌디에이고 사무실의 주소와 연락처는 다음과 같습니다.

> Great Products LLC
> 7 Palm Way

Suite 202
San Diego, CA 92101
(619) 555-0178
Nat 드림

---

substantially 상당히, 크게

232 개설

We are pleased to inform you that we are opening our branch in Busan **on**
March 25.
3월 25일에 부산 지점을 개설한다는 소식을 알려드리게 되어 기쁩니다.

Seoul Basil Grill is proud to announce the opening of our Mapo store.
Seoul Basil Grill에서 마포점 개점 소식을 알려드리게 되어 기쁘게 생각합니다.

The address and contact numbers for the new Busan **branch are:**
새 부산 지점의 주소와 연락처입니다.

Please refer to the attached map of the new store.
첨부된 새 매장 약도를 참고하세요.

Additional information is available from our website.
더 자세한 정보는 저희 홈페이지에 있습니다.

Tips & More

■ Officetel vs. Office Building

한국에서는 오피스텔이나 주상 복합 빌딩 내에 있는 공간을 사무실로 이용하는 것이 흔하지만 영어권에서는 거주형 사무실 빌딩의 개념이 거의 없기 때문에 office building으로 표시하는 것이 적절하다.

We've moved!

저희 이전했어요!

We are moving to a new location on June 10, 2025.

2025년 6월 10일 자로 새로운 장소로 이전합니다.

To accommodate an increasing staff size, we have moved our offices to a larger facility in Daegu.

늘어나는 직원 규모를 수용하기 위해 대구에 있는 더 큰 건물로 사무실을 이전했습니다.

accommodate 감당하다, 수용하다

We have moved our corporate headquarters to a new building in Gangnam-gu **on** September 4.

9월 4일 자로 본사를 강남구에 있는 새로운 건물로 이전했습니다.

On November 2, SG Chemicals Corporation **is relocating to an office building in** Seocho-dong in Seoul.

SG Chemicals Corporation은 11월 2일에 서울시 서초동에 있는 사무실 빌딩으로 이전합니다.

On May 2, **the management and staff at** Blue Oceanic Travel **at** Sinsa-dong **will be moving to a new office in** Bangbae-dong.

5월 2일 자로 신사동 Blue Oceanic Travel의 경영진과 직원은 방배동에 있는 새로운 사무실로 이사합니다.

We are pleased to announce that Sorim Imports **is relocating to our new facilities in** Yongin **effective** January 20.

1월 20일부로 Sorim Imports가 용인에 있는 신사옥으로 이전하게 됨을 알려드리게 되어서 기쁩니다.

effective (날짜 앞에서) ~부로

★ **Here is our new address:**

당사의 새 주소입니다.

You can continue to reach us through the existing phone and fax numbers.
기존 전화번호와 팩스 번호로 계속 연락하실 수 있습니다.

Our new telephone number is 82-2-4555-1221.
저희의 새 전화번호는 82-2-4555-1221입니다.

Our new address and telephone and fax numbers are as follows:
저희의 새로운 주소, 전화번호 및 팩스 번호는 다음과 같습니다.

234 긍정적인 영향 언급

With the move, our delivery time will be cut in half.
이전으로 인해 배송 시간이 반으로 줄어들 것입니다.

We don't expect any interruptions in our service.
저희가 제공하는 서비스가 중단되는 일은 없을 것입니다.

We will be able to offer you an even better price for our services.
서비스를 더욱 좋은 가격에 제공해드릴 수 있게 되었습니다.

We are confident that the move will benefit our customers.
이번 이전이 당사의 고객들에게 도움이 될 것이라고 확신합니다.

We look forward to continuing to serve you from our new offices.
저희의 새로운 사무실에서 계속해서 거래하게 되기를 기대합니다.

As a result of the opening, we can provide faster service to our clients.
개설로 인해 당사의 고객들께 더욱 빠른 서비스를 할 수 있게 되었습니다.

4 일시적인 부재
Out of the Office

- 출장이나 휴가 일정이 정해지는 대로 미리 이메일을 보내는 것이 좋음
- 부재 기간을 구체적으로 명확히 언급하며 부재 중에 상대방이 연락할 수 있는 방법도 명시하기
- 부재 기간이 길어서 업무를 다른 사람에게 인계할 경우, 인계를 받는 동료의 이름과 연락처, 이메일 주소를 기재

SAMPLE

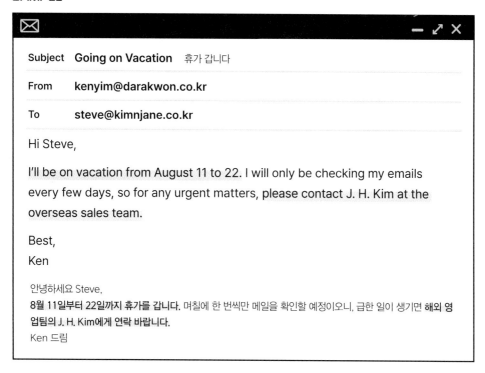

Subject	**Going on Vacation** 휴가 갑니다
From	**kenyim@darakwon.co.kr**
To	**steve@kimnjane.co.kr**

Hi Steve,

I'll be on vacation from August 11 to 22. I will only be checking my emails every few days, so for any urgent matters, please contact J. H. Kim at the overseas sales team.

Best,
Ken

안녕하세요 Steve,
8월 11일부터 22일까지 휴가를 갑니다. 며칠에 한 번씩만 메일을 확인할 예정이오니, 급한 일이 생기면 **해외 영업팀의 J. H. Kim에게 연락 바랍니다.**
Ken 드림

every few days 며칠에 한 번씩   **urgent** 급한

★ **I'll be out of the office from** January 22 **through** 30.
1월 22일부터 30일까지 자리를 비웁니다.

I'll be on the road for two weeks **starting** next Monday.
다음 주 월요일부터 2주 동안 출장을 갑니다.

> on the road (장기간 · 장거리) 이동 중인

I'm going on an overseas business trip until May 2.
5월 2일까지 해외 출장을 갈 예정입니다.

I will be out of the country until September 8.
9월 8일까지 외국에 나가 있을 예정입니다.

I will be away from the office next week **to attend** the annual trade show in Dallas.
댈러스에서 열리는 연례 무역 박람회에 참가하기 위해 다음 주에 자리를 비울 예정입니다.

I will be in sales **training at** the company training center **from** February 2 **to** 12.
2월 2일부터 12일까지 당사 연수원에서 영업 교육을 받습니다.

> training center 연수원

I have to attend a two-day **workshop on** Monday and Tuesday of next week.
다음 주 월요일과 화요일 이틀간 워크숍에 참가해야 합니다.

For the entire month of July, **I'll be taking part in** an intensive English **program.**
7월 한 달 내내 집중 영어 프로그램에 참여할 예정입니다.

236

휴가

Next Monday **is my personal day off.**
다음 주 월요일은 개인 휴가입니다.

★ **I'm taking my annual vacation from** August 2 **to** 9.
8월 2일부터 9일까지 연차 휴가를 낼 예정입니다.

I just wanted to let you know that I'll be on vacation next week.
제가 다음 주에 휴가를 간다는 것을 알려드리려고요.

★ **I will be on vacation from** August 22 **to** September 1.
8월 22일부터 9월 1일까지 휴가입니다.

Most of us at the overseas sales team **will be taking our annual** summer **vacation** next week.
저희 해외 영업팀 직원 대부분은 다음 주에 여름 휴가를 가게 됩니다.

I will be on maternity **leave for** three months **from** November 10 **to** February 9.
11월 10일부터 2월 9일까지 3개월 동안 출산 휴가 예정입니다.

maternity leave 출산 휴가

I plan to be on personal leave from March **through** May **to** attend to family matters.
3월부터 5월까지 집안일을 처리하기 위해 개인 휴가를 낼 예정입니다.

attend to ~을 처리하다

I will not be able to check my emails.

이메일을 확인할 수 없을 겁니다.

My access to email will be limited.

제 이메일 접속이 제한될 겁니다.

★ **I'll be back at the office on** April 22.

4월 22일에 사무실로 복귀할 예정입니다.

While I'm traveling, my cell phone is the best way to reach me.

여행 중에는 제 휴대폰으로 연락 주시는 것이 가장 좋은 방법입니다.

I will not be able to answer my cell phone, but I can still be reached through email.

휴대폰은 받지 못하지만, 메일로는 저와 계속 연락하실 수 있습니다.

I will be able to check my emails only sporadically at best.

기껏해야 가끔 메일을 확인하는 정도일 겁니다.

sporadically 가끔, 이따금　at best 기껏해야

If you need to reach me, please send me either a voicemail or an email, and I will try and answer as soon as I can.

저에게 연락하시려면, 음성 메일이나 이메일을 보내주세요. 그럼 최대한 빨리 답변을 드리도록 하겠습니다.

★ Michael Chae **will be able to assist you while I'm away.**

제가 자리를 비우는 동안 Michael Chae가 도와드릴 겁니다.

Please call or email S. T. Park **for any questions or comments you may have about** our ongoing project.

현재 진행 중인 프로젝트와 관련하여 질문이나 하실 말씀이 있으면 S. T. Park에게 전화나 이메일 주세요.

ongoing 진행 중인

Should you have anything that requires immediate attention while I am away, Janet Lee **from my team is available to assist you.**

제가 자리를 비우는 동안 즉각 처리해야 하는 사항이 생기면 저희 팀에 있는 Janet Lee가 도와드릴 겁니다.

★ **I'll be checking my email regularly.**

제 이메일을 자주 확인할 겁니다.

It's probably best to text me.

아마 문자를 주시는 것이 가장 좋을 겁니다.

Please leave a message with anyone in my team.

제 팀원 중 아무에게나 메모를 남겨주세요.

5 휴무
Temporary Closures

KEY POINT 날짜, 기간, 사유, 비상 연락처를 기재한다

- 휴일, 공사, 재고 조사 등을 위해 사무실이나 공장이 휴무할 예정이라면 미리 상대방에게 알려야 함
- 구체적인 휴무 날짜와 기간, 휴무 이유를 정확하게 알리는 것이 중요
- 부분적으로 서비스를 유지하는 경우에는 구체적인 내용을 안내하고 긴급한 상황에 대비하는 비상 연락처를 알려주는 것도 좋음

SAMPLE

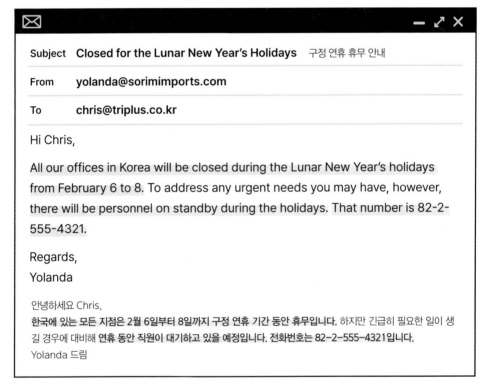

Subject **Closed for the Lunar New Year's Holidays** 구정 연휴 휴무 안내

From **yolanda@sorimimports.com**

To **chris@triplus.co.kr**

Hi Chris,

All our offices in Korea will be closed during the Lunar New Year's holidays from February 6 to 8. To address any urgent needs you may have, however, there will be personnel on standby during the holidays. That number is 82-2-555-4321.

Regards,
Yolanda

안녕하세요 Chris,
한국에 있는 모든 지점은 2월 6일부터 8일까지 구정 연휴 기간 동안 휴무입니다. 하지만 긴급히 필요한 일이 생길 경우에 대비해 연휴 동안 직원이 대기하고 있을 예정입니다. 전화번호는 82-2-555-4321입니다.
Yolanda 드림

address 문제를 다루다 **personnel** 직원 **on standby** 대기 중인

★ **We will be closed during** the Children's Day holiday.
어린이날에 휴무입니다.

Our factories **will be closed for** Labor Day **on** May 1.
당사 공장은 5월 1일 근로자의 날에 휴무입니다.

The Busan **office will be closed for** remodeling **from** January 22 **to** February 1.
부산 사무소는 리모델링으로 인해 1월 22일부터 2월 1일까지 휴무입니다.

Our offices will be closed for the Christmas holidays **from** December 24 **to** January 3.
당사 사무실은 크리스마스 휴가로 12월 24일부터 1월 3일까지 휴무입니다.

All our restaurants **will be closed on** January 1 **to** observe New Year's Day.
저희 모든 식당 지점은 신정을 맞이해 1월 1일에 휴무입니다.

observe (명절 따위를) 쇠다, 지키다

We will be closed early this Friday, September 19, at 2 p.m. **due to** inventory.
재고품 조사를 위해 오는 9월 19일 금요일 오후 2시에 일찍 문을 닫습니다.

inventory 재고품 조사, 물품 명세서

This is to inform you that our headquarters will be closed for four days **during** Chuseok.
저희 본사는 추석 연휴 4일 동안 휴무임을 알려드립니다.

In celebration of the 20th anniversary of its founding, Colors Korea **offices will be closed on** November 11.
창립 20주년 기념으로 Colors Korea의 지점은 11월 11일에 휴무입니다.

founding 설립, 창립

If you need to get hold of me, you can reach me on my cell phone.

저에게 연락하실 일이 있으시면 제 휴대폰으로 하시면 됩니다.

get hold of ～에게 연락을 취하다, ～을 손에 넣다

Our maintenance office **will remain open during the holiday.**

휴일 동안에도 정비 사무소는 열려 있을 것입니다.

maintenance office 정비 사무소

We will have staff on standby to address your needs.

요구 사항을 처리해드리기 위해 직원이 대기하고 있을 것입니다.

address 다루다, 고심하다

If you need to contact us for any reason **during** the holidays, **please call** 010-223-2421 **and speak to the staff on duty.**

연휴 중 어떤 사유로든 연락하시려면 010-223-2421로 전화하셔서 당직 직원과 통화하세요.

on duty 당직하는

Here's a number you can call:

연락하실 수 있는 번호입니다.

Tips & More

■ 한국의 주요 휴일

설날	Lunar New Year	석가 탄신일	Buddha's Birthday
추석	Chuseok	크리스마스	Christmas
어린이날	Children's Day	현충일	Memorial Day
개천절	National Foundation Day	한글날	Hangeul Day
근로자의 날	Labor Day		
광복절	Liberation Day / Independence Day		
삼일절	The Anniversary of the Independence Movement of March 1, 1919		

특정
목적의
공지

Dictionary of Business Email Expressions

1 보고 및 전달
Delivering News and Updates

KEY POINT **정확한 현황 전달에 초점을 맞춘다**

- 보고·전달할 때는 가능한 한 현황을 정확하게 설명하는 것이 중요
- 문제가 있으면 해결책 및 개선책을 제시하고, 지연되었을 때는 어떠한 조치를 취하고 있는지 설명하기
- 진행 보고서는 파일로 첨부해도 되지만, 메일의 본문에 대략적인 내용을 기술하면 상대방의 이해를 도울 수 있음

SAMPLE

Subject	**Progress update: Myeong-dong Store** 진행 상황 업데이트: 명동점
From	evan@aconmani.com
To	peter@aconmani.com

Peter,

Let me give you a brief rundown on the status of the Myeong-dong store project:

- Final construction drawings in from Duran & Associates on Mar. 2
- Contract finalized with K & J Builders on Mar. 10
- Construction started on Mar. 25

If you have any questions, contact me anytime.

Best,
Evan

Peter,
명동점 프로젝트 현황에 대한 간략한 개요를 보내드립니다.
- 3월 2일에 Duran & Associates로부터 최종 건축 도면 입수
- 3월 10일에 K & J Builders와 계약 완료
- 3월 25일에 공사 시작
질문이 있으면 언제든 연락 주세요.
Evan 드림

---

rundown 개요　**construction drawings** 건축 도면　**finalize** 완성하다

진행 상황 보고 및 전달

Here is the outline of Colors Korea**'s proposal:**

Colors Korea 제안서의 개요입니다.

We are moving right on schedule.

정확히 예정대로 진행되고 있습니다.

on schedule 예정대로, 시간표대로

I just wanted to let you know the project is progressing without a hitch.

프로젝트가 문제없이 진행되고 있다는 것을 알려드리려고 합니다.

without a hitch 문제없이, 거침없이

I'm writing to let you know the status of our open source software development.

저희 오픈 소스 소프트웨어 개발 현황을 알려드리려고 메일 드립니다.

open source software 무상으로 공개된 소스 코드를 사용한 소프트웨어

TLDR: The project is still running on schedule without a hitch.

요약: 프로젝트는 문제 없이 여전히 일정대로 진행되고 있습니다.

Tips & More

■ TLDR/TL;DR

'너무 길어서 읽지 않음'이라는 뜻의 Too long; didn't read.의 줄임말로, 원래는 무언가가 너무 길어서 아예 내용을 파악하려고도 하지 않았다는 의미이다. 하지만 이메일에서는 주로 '요약'을 의미하는 표현으로 쓰인다. 캐주얼한 느낌이 강하므로 외부로 보내는 메일에서는 쓰지 않는 게 좋다. 외부 메일에서는 '요약'을 말할 때 TLDR 대신 summary라는 전통적인 표현을 대신 쓸 수 있다.

I just **received** the consumer survey **results from** Gamil Associates. The PDF **file is attached.**

방금 Gamil Associates로부터 소비자 조사 결과를 받았습니다. PDF 파일을 첨부합니다.

> survey 조사

We are still work**ing** out the kinks in the contract **but** should get the final draft by next week.

아직 계약서상의 사소한 문제를 해결하는 중이지만 다음 주까지는 최종안을 받을 수 있을 겁니다.

> work out the kinks 사소한 문제들을 해결하다, 얽힘을 해결하다

Our successful **joint promotion with** Jelly Stationary **is ending** tomorrow.

Jelly Stationary와의 성공적인 제휴 프로모션이 내일 종료됩니다.

We met with the project manager yesterday **to discuss** the next steps.

다음 단계들을 논의하기 위해 어제 프로젝트 매니저를 만났습니다.

Please let me know if you have any questions or comments about the report.

보고서에 대해 질문이나 의견이 있으시면 알려주시기 바랍니다.

As of the end of July, **the project is** 57% **complete.**

프로젝트는 7월 말 기준으로 57% 완료됐습니다.

> as of ~ 날짜로, ~부로

The consultants from McCain & Company **have plans to tour** our Busan plant on February 2.

2월 2일에 McCain & Company의 컨설턴트들이 저희 부산 공장을 돌아볼 예정입니다.

> tour 돌아보다, 순회하다

We are expecting to complete next year's budget planning by Friday.

내년 예산 편성을 금요일까지 완료하려고 합니다.

Kim Design & Promotion Group **will be sending** their second draft of the brochure copy this afternoon **for your approval.**

Kim Design & Promotion Group이 당신의 승인을 받기 위해 오늘 오후에 브로슈어의 수정안을 보낼 예정입니다.

For your reference, I am forwarding you the email I've just **received from** Citro International.

참고하시도록, 제가 Citro International로부터 방금 받은 메일을 전달해드립니다.

As you will see in the attached meeting minutes, we are slated to enter the third stage at the end of the month.

첨부한 회의록에서 보시는 바와 같이, 저희는 이달 말에 세 번째 단계로 들어갈 예정입니다.

To keep you posted on the latest developments, **I am attaching all pertinent files, including** photos of the prototype.

최근 진행 상황을 계속 알려드리기 위해 견본 사진을 포함하여 관련된 모든 파일을 첨부합니다.

> **keep ~ posted** ~에게 계속 (소식을) 알려주다　**pertinent** 적절한, 관련 있는　**prototype** 견본, 원형

The attached Word **file is a summary of** the proposed changes to the contract.

첨부된 Word 파일은 계약서 변경안의 요약본입니다.

The game's beta testing was completed on Monday, and **attached is** our team's initial assessment.

게임의 베타 테스트가 월요일에 종료되었으며, 저희 팀의 초기 평가를 첨부합니다.

> **assessment** 평가, 부과

Please find attached the latest progress report on the Lily Fields development project.

Lily Fields 개발 프로젝트의 최신 경과 보고서를 첨부했습니다.

After participating in the weekly meeting yesterday afternoon, **I am pleased to report that** the project is progressing well ahead of schedule.

어제 오후 주례 회의에 참석한 후, 프로젝트가 예정보다 빨리 잘 진행되고 있다고 보고드리게 되어서 기쁩니다.

> **ahead of schedule** 예정보다 빨리

Good news! I just got off the phone with Jamie Liu at the Shanghai office, and he told me the plants in China are in full operation again.

좋은 소식이 있습니다! 방금 상하이 지사에 있는 Jamie Liu와 통화했는데, 중국 공장들이 다시 완전히 가동 중이라고 합니다.

in full operation 완전히 가동되는

I wanted to drop you a line to let you know that Johnson & Mills has accepted our second proposal.

Johnson & Mills가 우리의 두 번째 제안서를 수락했다는 소식을 전하고 싶었습니다.

drop a line 소식을 전하다, 몇 줄 써 보내다

I am happy to inform you that our director has decided to meet with your reps next week.

저희 이사님께서 귀사 대표님들과 다음 주에 만나기로 했다는 것을 알려드리게 되어 기쁩니다.

rep (= representative) 대표

We received the encouraging news that the client expressed interest in discussing the details of our proposal.

고객께서 저희 제안서의 세부 항목을 논의하는 것에 관심을 보였다는 고무적인 소식을 들었습니다.

encouraging 고무적인

Our sales in January **are up** 12% **from** January of last year.

1월 매출이 작년 1월에 비해 12% 증가했습니다.

The feedback from the suppliers **has been extremely positive.**

공급 업체들의 반응이 매우 긍정적이었습니다.

The September promotions at the Seoul stores **have been a great success, resulting in a 70% increase in total revenues.**

서울 매장에서의 9월 판촉 행사가 대성공을 거두어 총 매출이 70% 증가하였습니다.

revenue 수입, 매출

Just a heads up! McKinley is pretty ticked off about what happened yesterday. `비격식`

조심하세요! McKinley가 어제 있었던 일에 대해서 화가 많이 나 있어요.

Heads up! 조심해!   ticked off 화가 나 있는

I have some bad news.

안 좋은 소식이 좀 있습니다.

The news is not encouraging.

고무적인 소식은 아닙니다.

More bad news, I'm afraid. They have filed a lawsuit.

유감스럽게도 나쁜 소식이 또 있습니다. 그쪽에서 소송을 제기했습니다.

file a lawsuit 소송을 걸다

I hate to be the bearer of bad news, but the project is being delayed due to bad weather.

나쁜 소식을 전하는 사람이 되고 싶지는 않지만, 악천후로 인해 프로젝트가 지연되고 있습니다.

bearer of good[bad] news 좋은[나쁜] 소식을 전하는 사람

Unfortunately, the owner **refuses to** grant a time extension.

유감스럽게도 소유주가 기한 연장 승인을 거절하고 있습니다.

grant 승인하다, 주다

Due to the weakening won, our sales in May **have taken a beating.**

원화 약세로 인해, 저희 5월 매출이 크게 타격을 받았습니다.

take a beating 크게 타격을 받다, 대패하다

The forecast for the coming year **is negative to say the least.**

내년에 대한 예측은 좋게 말해 부정적입니다.

to say the least 좋게 말하면

Regarding the complaint from Maxine Superstores, **we have decided to give them** a 10% discount **for** the late delivery.

Maxine Superstores의 불만 사항과 관련해, 납품 지연에 대해 10% 할인을 제공하기로 했습니다.

As we have predicted last year, the consumer demand for our household products **remains low** amid the weakening economy.

저희가 작년에 전망했던 것처럼, 경기 침체 속에서 우리 가정 용품에 대한 소비자 수요는 여전히 낮습니다.

household 가정의, 가사의   amid ~ 가운데

243   지연 소식 전달

We are now 20 days **behind schedule, so we would have to push back** the grand opening to early December.

현재 예정보다 20일이 지연되고 있으므로 개장일을 12월 초로 미뤄야 할 것 같습니다.

push back 미루다

The subcontractors **are asking for a** two-week **time extension.**

하청 업체들이 2주 기한 연장을 요구하고 있습니다.

time extension 기한 연장

Realistically, with the change orders, **we anticipate at least** a month's **delay in** completing the project.

변경 지시로 인해 프로젝트 완료는 현실적으로 최소 한 달 정도 지연될 것 같습니다.

realistically 현실적으로   change order (공사 등에서의) 변경 지시   anticipate 예상하다

There is a slight delay caused by a bug, **but** we expect the problem to be resolved within a few days.

버그로 인해 약간의 지연은 있지만, 며칠 내로 문제가 해결될 것으로 예상하고 있습니다.

Because of the changes being made to reflect our CEO's comments, the corporate brochure **will** go into print five days **later than originally scheduled.**

저희 CEO의 의견을 반영하면서 생긴 변경 사항으로 인해, 기업 브로슈어는 원래 예정보다 5일 늦게 인쇄에 들어갈 것입니다.

Although we are currently on schedule, there may be a delay in electrical wiring installation due to a possible strike.

현재 예정대로 진행은 되고 있지만, 파업 가능성이 있기 때문에 전기선 설치가 지연될 수도 있습니다.

strike 파업

With the delay, the release **date** for *The War of Lacondar* **will have to be rescheduled.**

지연으로 인해, 〈The War of Lacondar〉의 출시 일정을 변경해야 하겠습니다.

The start of Phase 2 **has been postponed, pending** official soil test results.

공식 토질 테스트 결과가 나올 때까지 2단계 착수가 연기되고 있습니다.

pending ～ 때까지, ～ 동안

2 연락·답변 요청
Asking for a Reply

SAMPLE

Subject **Additional Staff Option for New Store Opening**

신규 지점 개업에 필요한 추가 인원 지원

From **susieseo@esteemstore.com**

To **mark@esteemstore.com**

Hi Mark,

Regarding the new store opening, please let me know by May 16 (California time) if you require additional staff to assist you. We can fly in other experienced trainers from Japan or Taiwan within two or three days. Of course, another option is for you to bring in temporary staff from one of the Busan stores.

Thanks,
Susie

안녕하세요 Mark,
신규 지점 개업과 관련해, 도움을 드릴 추가 인원이 필요하시면 5월 16일까지(캘리포니아 시간 기준) 알려주시기 바랍니다. 2~3일 안에 일본이나 대만에서 숙련된 다른 트레이너들을 항공편으로 보내드릴 수 있습니다. 물론 당신이 부산 지점 중 한 곳에서 임시 직원들을 데려오는 다른 방법도 있습니다.
Susie 드림

---

option 선택 사항, 선택(권), 대안 **experienced** 경험 있는, 숙련된 **temporary** 임시의

244　　연락·답변 요청

John, **I need your answers ASAP.**
John, 최대한 빨리 답변 주세요.

ASAP (= as soon as possible) 즉시, 가능한 한 빨리

I don't mean to rush you, but I really need to get your comments on the proposal.
재촉하려는 건 아니지만, 그 제안서에 대한 의견을 꼭 받아야 합니다.

Stephen, **I would really appreciate your response to my email regarding** the Colors Korea shipment.
Stephen, Colors Korea의 납품 건에 대한 제 메일에 답변을 보내주시면 대단히 감사하겠습니다.

Can you let me know what's a good time for me to drop in and discuss the quarterly report **with you?**
잠깐 들러 분기 보고서에 대해 의논드리려고 하는데 언제가 좋을지 알려주시겠어요?

drop in 잠깐 들르다　　**quarterly** 분기의

Could you come see me when you read this?
이 메일을 보시면 저한테 와주시겠어요?

I've been trying to get hold of you. Could you call me as soon as you see this?
아무리 해도 연락이 안 되네요. 이 메일을 보는 즉시 전화 주시겠어요?

get hold of ~와 연락하다

★ **I really need your answer by** 3 p.m. today.
오늘 오후 3시까지 답변이 꼭 필요합니다.

★ **Please call me when you get a chance.**
시간 되시면 전화 주세요.

Please let me know by tomorrow.
내일까지 알려주세요.

Regarding tomorrow's meeting, **do you want me** to bring the samples from Colors Korea?

내일 회의 관련해서, Colors Korea가 보낸 샘플들을 제가 가져갔으면 하세요?

Could you let me know if you plan to hold a follow-up meeting tomorrow?

내일 후속 회의를 열 계획인지 알려주시겠어요?

follow-up 뒤따르는, 후속의

Please advise me on the best time for me to call you.

제가 전화드리기 제일 좋은 시간을 알려주세요.

★ **Please send me your comments on** the attached proposed agenda.

첨부한 안건 제안서에 대해 의견을 보내주시기 바랍니다.

---

245 정보 요청

Just curious: Are we still moving forward with the Ace project in Saipan? 비격식

그냥 궁금해서요. 사이판 Ace 프로젝트를 계속 추진하는 건지요?

What's the status of our negotiations with the client?

거래처와 협상은 어떻게 진행되고 있나요?

Mind shooting me an email and letting me know what's going on with the software development?

소프트웨어 개발이 어떻게 되고 있는지 제가 알 수 있도록 간단한 메일 한 통 보내주시겠어요?

Could you send me a quick rundown of your presentation content?

발표하시는 내용에 대한 간단한 개요를 보내주시겠어요?

rundown 개요

Would you mind dropping me a line to let me know the progress status of the project**?**

그 프로젝트의 진행 상황을 알 수 있게 메일을 간단히 보내주실 수 있나요?

Would you keep me posted of any new developments on the recent shareholder lawsuit?

최근의 주주 소송과 관련해 새로운 진전이 있으면 저에게 수시로 알려주시겠어요?

keep ~ posted ~에게 수시로 소식[근황]을 알리다   **shareholder** 주주

I need to confirm if the samples were shipped yesterday. **Please let me know.**

어제 샘플이 발송되었는지 확인해야 합니다. 알려주시기 바랍니다.

Please inform us if you have any problems with the newly installed software.

새로 설치된 소프트웨어에 문제가 있으면 알려주세요.

3 가격 변동 공지
Price Change Notifications

- 가격 인상이나 인하를 알릴 때는 메일의 서두에 변동되는 가격, 시행 날짜 같은 구체적인 사항을 정확히 설명하기
- 사소하고 불필요한 말은 가급적 생략하기
- 가격 인상의 경우, 사과의 표현은 되도록 피하되 인상할 수밖에 없는 불가피한 상황을 납득하기 쉽게 간략히 제시하는 것이 좋음
- 맺음말에서는 상대방의 양해에 감사를 표현

SAMPLE

Subject	**Change in Service Fees** 서비스 요금 변경
From	fred@kcmbank.com
To	chris@triplus.co.kr

Dear Chris,

As of March 1, our basic monthly service fee will be increased to 250,000 won, in light of the rapid rise in labor and operating costs. Despite our reluctance to raise prices, this pricing change became necessary to maintain the highest level of service quality for our valued customers. Thank you for your understanding.

Best regards,
Fred Sears

Chris 님께,
인건비와 운영비의 급격한 상승을 감안하여 3월 1일 자로 저희 서비스의 월 기본 요금이 25만 원으로 인상됩니다. 가격을 인상하고 싶지 않았지만, 소중한 고객들께 드리는 최상의 서비스 품질을 유지하기 위해 가격 변동이 불가피했습니다. 양해에 감사드립니다.
Fred Sears 드림

in light of ~을 고려해볼 때, ~을 감안하면　**rapid rise in** ~의 급격한 상승　**reluctance** 내키지 않음, 마지못해 함

As you know, we have not raised our prices in three years.
아시겠지만, 저희는 3년간 가격을 인상하지 않았습니다.

Unfortunately, we found it necessary to increase our fees.
유감스럽게도, 저희는 수수료 인상이 불가피하다고 판단했습니다.

★ **We will be raising** the monthly rental fee **to** 2 million won, **beginning** next month.
다음 달부터 월 임대료를 2백만 원으로 인상할 예정입니다.

rental fee 임대료, 집세

With the unprecedented depreciation of the won, **we can no longer maintain our current pricing.**
전례 없는 원화 가치 하락으로 인해 더 이상 현 가격대를 유지할 수 없게 됐습니다.

unprecedented 전례 없는　　depreciation 가치 절하

Effective June 1, **the price of all products will be raised** 5%.
6월 1일 자로 모든 제품의 가격이 5% 인상됩니다.

★ **The new prices will go into effect on** January 2.
1월 2일부터 새로운 가격이 적용됩니다.

go into effect 실시되다, 적용되다

The increase is necessary to reflect the rising cost of lumber.
상승하고 있는 목재 가격을 반영하기 위해 가격 인상은 필수적입니다.

lumber 목재

As a consequence, certain types of fees will be increased by 5%.
따라서 특정 요금은 5% 인상됩니다.

consequence 결과

Even with the increase, our prices are still considerably lower than those of our competitors.

인상에도 불구하고 저희의 가격은 아직도 경쟁 업체들에 비해 상당히 낮은 수준입니다.

Due to the recent escalation in raw material prices, **we have little choice but to raise the price of our products** by 7%.

최근 원자재 가격의 상승으로 인해, 제품 가격을 7% 인상할 수밖에 없습니다.

have little choice but to ~을 할 수밖에 없다

Despite our best attempts to keep the price increase at bay, recent economic conditions **have forced us to increase prices by** 10%.

가격 인상을 막기 위해 최선을 다했으나, 최근의 경제 상황 때문에 어쩔 수 없이 가격을 10% 인상하게 되었습니다.

keep ~ at bay ~을 막다

To maintain the quality of our products, we came to the conclusion that a 3% **increase in pricing is necessary.**

제품의 품질을 유지하기 위해서는 3%의 가격 인상이 불가피하다는 결론을 내렸습니다.

conclusion 결론

247 가격 인하

With the release of the new version of the software, **we are offering a** 20% **reduction on the existing version.**

소프트웨어의 새 버전이 출시됨에 따라 기존 버전을 20% 할인하여 제공하고 있습니다.

Because we are now able to make direct bulk purchases from the manufacturers, **we have decided to significantly lower the price of our merchandise.**

이제 제조업체로부터 직접 대량 구입을 할 수 있게 됨에 따라 제품 가격을 큰 폭으로 인하하기로 했습니다.

bulk purchase 대량 구입

We are happy to announce that we are able to pass on the savings to our customers.

절감된 경비를 고객들에게 돌려드릴 수 있음을 알리게 되어 기쁩니다.

savings 절약된 금액

To reflect the decrease in various raw material prices, **we are lowering the price of most of our products.**

각종 원자재 가격 인하를 반영하여 제품 대부분의 가격을 인하합니다.

In commemoration of Moon Stationary's 10 years in business, **we are proud to offer a** 25% **discount on our entire line of** spiral notebooks.

Moon Stationary의 창립 10주년을 기념하여 스프링 노트 전 제품을 25% 할인해드리게 되어 기쁩니다.

in commemoration of ～을 기념하여   spiral notebook 스프링 노트

248 가격표 첨부

I have attached a new product list **reflecting the changes.**

변동 사항을 반영한 새 제품 목록을 첨부했습니다.

★ **The new price list is attached.**

새로운 가격표를 첨부합니다.

Attached is an updated catalog **for your reference.**

참고하시도록 업데이트된 카탈로그를 첨부했습니다.

Please note the new prices printed in blue.

파란색으로 인쇄된 새 가격에 유의하시기 바랍니다.

The revised prices are marked in orange.

변동 가격은 주황색으로 표시되어 있습니다.

revise 수정하다

249 　　　　　　　　　　　맺음말: 가격 인상의 경우

As always, we value your business.
저희는 변함없이 귀사와의 거래를 소중히 여기고 있습니다.

We thank you for your understanding and look forward to continuing to serve you.
양해에 감사드리며 앞으로도 서비스를 제공할 수 있기를 기대합니다.

We appreciate your business and look forward to a continuing mutually beneficial relationship in the years to come.
거래해주셔서 감사드리며 앞으로도 지속적으로 서로에게 유익한 관계가 되길 기대합니다.

mutually-beneficial 상호 수혜적인, 서로 이익이 되는

250 　　　　　　　　　　　맺음말: 가격 인하의 경우

It's always a pleasure serving you.
귀사에 서비스를 제공하는 것을 항상 기쁘게 생각하고 있습니다.

Thank you again for your business.
거래에 다시 한번 감사드립니다.

If you require further information, please call or email us.
보다 자세한 정보가 필요하시면 전화나 메일 주시기 바랍니다.

4 내부 정보·물품 요청
Making Requests In-House

SAMPLE

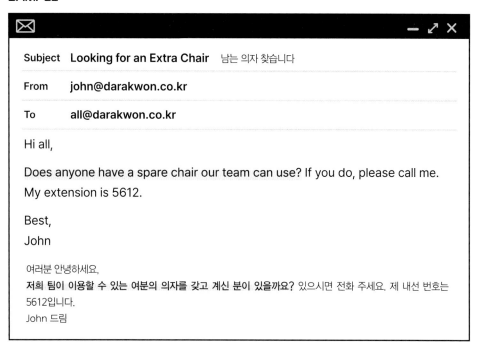

Subject	**Looking for an Extra Chair** 남는 의자 찾습니다
From	**john@darakwon.co.kr**
To	**all@darakwon.co.kr**

Hi all,

Does anyone have a spare chair our team can use? If you do, please call me. My extension is 5612.

Best,
John

여러분 안녕하세요,
저희 팀이 이용할 수 있는 여분의 의자를 갖고 계신 분이 있을까요? 있으시면 전화 주세요. 제 내선 번호는 5612입니다.
John 드림

spare 여분의   **extension** 내선 번호

I'm looking for any information or materials anyone might have on China Odyssey's past suppliers.
China Odyssey의 예전 납품 업체에 대한 정보나 자료를 가지고 있는 분을 찾고 있습니다.

If your team **has any information on** Kevin Ashford at Ashford Associates, **please let me know.**
그 팀에 Ashford Associates의 Kevin Ashford와 관련된 정보가 있으면 무엇이든 알려주세요.

If you could recommend a good patent attorney, **could you send me a quick email?**
괜찮은 특허 변호사를 추천해줄 수 있으시면 간단히 메일 주시겠어요?

Could someone spare an extra calculator?
여분의 계산기 주실 분 있나요?

spare 나누어주다

Someone took two books from the reading room a few days ago without checking them out. **Please come see me.**
며칠 전에 누군가가 도서실에서 책 두 권을 대출하지 않고 가져갔습니다. 저를 찾아와주세요.

Would it be possible for us to use your meeting room **for** an hour tomorrow afternoon?
내일 오후에 1시간 동안 그쪽 회의실을 사용해도 될까요?

253

Did you happen to see an unmarked manila envelope **somewhere in your office?**

혹시 당신 사무실 어딘가에서 아무런 표시가 없는 서류 봉투를 본 적이 있나요?

did you happen to 혹시 ~한 적 있나요?　　manila envelope 서류 봉투

Has anyone seen a blue binder labeled "1Q Plan" on the spine?

책등에 '1Q 계획'이라는 라벨이 붙은 파란색 바인더를 본 사람이 있나요?

spine (바인더나 책의) 등

I lost my fountain pen yesterday in the meeting room on the 16th floor.

어제 16층 회의실에서 제 만년필을 분실했습니다.

fountain pen 만년필

There's a FedEx **package addressed to me that's missing. It might have been delivered to you by mistake, so if you find it, please contact me.**

제 앞으로 온 FedEx 소포가 분실됐습니다. 다른 분에게 잘못 배달되었을 수도 있으니 혹시 발견하시면 연락 주시기 바랍니다.

I think someone took my training materials **by mistake from** the presentation workshop this afternoon. **My name is written on** the training binder cover.

오늘 오후 프레젠테이션 워크숍에서 제 교육 자료를 누군가 실수로 가져간 것 같습니다. 교육 바인더 표지에 제 이름이 쓰여 있습니다.

If anyone has found it, please contact me ASAP.

누구든 그걸 발견하신 분이 계시면 저에게 즉시 연락 바랍니다.

I seem to have misplaced my cellular phone. It's a black Meta-2.

제 휴대폰을 어디다 잘못 둔 것 같습니다. 검은색 메타-2입니다.

This is for anyone who might have found a briefcase in the west building.

서쪽 빌딩에서 서류 가방을 발견하신 분이 있을까 해서 보내는 메일입니다.

Whoever left a black Mont Blanc pen in the gym, **please contact me.**

검은색 몽블랑 펜을 체육관에 놓고 가신 분은 저에게 연락 주세요.

I found a set of keys **at** the smoking room. **I left it with** the reception desk.

흡연실에서 열쇠 꾸러미를 찾았습니다. 안내 데스크에 맡겼습니다.

> **a set of keys** 열쇠 꾸러미, 열쇠 뭉치 **reception desk** 안내 데스크, 접수처

Someone forgot to take his or her file folder **from** today's meeting. **I put it on** the refreshments table in the corner.

누군가 오늘 회의에서 파일을 깜빡하고 안 가져가셨습니다. 구석에 있는 다과 테이블 위에 놔뒀습니다.

> **refreshments** 다과

---

254 물품 제공

I have an extra desk calendar **if anyone needs it.**

혹시 필요하신 분이 있으면, 저에게 남는 탁상 달력이 하나 있습니다.

If anyone needs extra paper clips, **please call me.**

종이 클립 여분이 필요하신 분은 전화 주세요.

We have a surplus of promotional logo pens **from** last month's expo **and will be glad to provide them to** a team **that may have a use for them.**

지난달 엑스포에서 쓴 판촉용 로고 펜이 남아 있으니 사용하실 팀에 기꺼이 제공해드리겠습니다.

> **surplus** 잉여, 남는 것

5 사내 공지 사항
In-House Announcements

KEY POINT 시행일이나 효력 발생일 등을 명시한다

- 공고의 목적을 첫 문장에 명시하고 전체적으로 간결하게 작성하기
- 긴 공고나 메모에서는 전체 내용의 개요를 첫 문단에서 간단히 언급한 후, 나머지 문단에서 더 구체적인 내용을 설명하는 것이 원칙
- 회사 방침이나 내규 변경을 안내하는 메일에서는 변경 내용, 변경 사유 및 변경 효력 발생 일자를 명확히 제시하고 이에 따른 이익을 언급하기

SAMPLE

✉   — ⤢ ✕

Subject **Employee Vehicles at Visitor Parking** 방문객 주차장에 있는 직원 차량

From **tiffany@colorskorea.com**

To **all@colorskorea.com**

Hi everyone,

Effective immediately, any unauthorized employee-owned vehicle parked in the visitor parking area in front of the main entrance will be towed. This drastic measure became necessary after numerous previous requests to adhere to the parking policy proved ineffective. Please remember that the policy aims to keep the front area of the building obstruction-free and to offer our visitors convenient parking. Thank you for your cooperation.

Best,
Tiffany

여러분 안녕하세요,
지금부터, 정문 앞 방문객 주차장에 무단 주차한 개인 차량은 견인될 것입니다. 주차 방침을 지켜달라는 이전의 수차례 요청이 효과가 없었기 때문에 이번 강경 조치가 불가피하게 되었습니다. 이 방침은 건물 앞에 장애물이 없도록 하고 방문객에게 주차 편의 제공을 위한 것임을 기억하시기 바랍니다. 협조에 감사드립니다.
Tiffany 드림

---

tow 견인하다   **drastic measure** 강경 조치   **numerous** 수많은, 다수의   **adhere to** ~을 지키다
aim to ~을 위하다, ~을 지향하다   **obstruction-free** 장애물 없는

Please send me your thoughts on this.

이 문제에 대한 의견을 보내주세요.

You are welcome to suggest ideas.

의견 제안 환영합니다.

I wanted to share the emails from two of our largest clients **regarding** the performance of our delivery system.

우리 배송 시스템의 성과에 대해 가장 큰 고객사 중 두 곳에서 보내 온 메일을 공유하고 싶습니다.

Before I send out the proposal, **I would like to get** your team**'s feedback.**

제안서를 제출하기 전에 그쪽 팀의 의견을 들었으면 합니다.

This is in response to your request.

요청에 대해 답변드립니다.

Keep in mind that the attached proposal **is only** a draft.

첨부된 제안서는 초안일 뿐이라는 점에 유의해주세요.

keep in mind 명심하다   draft 초안

In the attached file, I've outlined my ideas on the proposed changes.

첨부된 파일에 변경 제안 사항에 대한 제 의견을 요약했습니다.

Please read the forwarded email below.

전달해드린 아래 메일을 읽어주시기 바랍니다.

I would appreciate your sending me any comments or concerns you may have regarding the attached report.

첨부된 보고서와 관련해 의견이나 염려되는 점을 보내주시면 감사하겠습니다.

★ **Please review the attached** preliminary list.

첨부된 예비 리스트를 검토 부탁드립니다.

Attached is the CEO**'s message to** all management and staff.

모든 임원진과 직원에게 보내는 CEO의 메시지를 첨부합니다.

management 임원진, 경영진

256 회사 방침 · 내규 변경

Effective July 1, all employees **will be required to** wear protective gear inside the labs. **There will be no exceptions.**

7월 1일부터 모든 직원은 연구실 내에서 보호 장비를 필수적으로 착용하셔야 합니다. 예외는 없습니다.

protective gear 보호 장비

The new policy will take effect on September 20.

새 방침은 9월 20일부터 시행됩니다.

take effect on ~부터 시행되다

After receiving feedback from many of you, we have determined that the existing policy is outdated.

많은 분의 의견을 받아본 결과, 현 방침이 시대에 뒤처져 있다고 판단하게 됐습니다.

outdated 시대에 뒤지는, 진부한

Several necessary changes were identified during the committee's month-long evaluation.

한 달간의 위원회 평가 중 몇 가지 변경 사항이 필요하다는 것을 확인했습니다.

The major changes are as follows:

주요 변경 사항은 다음과 같습니다.

The new guidelines for conducting employment interviews **are attached.**

새로운 입사 면접 운영 지침이 첨부됐습니다.

Please read the attached memo on the new policy carefully.

새 방침에 대한 첨부 메모를 자세히 읽어보시기 바랍니다.

Under this new policy, receiving gifts – monetary or otherwise – from suppliers or subcontractors **will be strictly prohibited.**

이 새 방침에 따라 납품 업체나 하청 업체로부터 금전 또는 여타 선물을 받는 것을 엄금합니다.

monetary 금전의   subcontractor 하청 업체

The policy is designed to boost productivity.

이 방침은 생산성 증대를 위해 마련되었습니다.

The continuing misuse by a few employees **created the need to change the existing policy on** leave of absence.

몇몇 직원들이 기존 휴가 방침을 지속적으로 악용하여 불가피하게 변경했습니다.

misuse 악용   leave (of absence) 휴가

The recent economic woes **have forced us to reevaluate our policy on** overseas business trips.

최근의 경기 침체로 인해 해외 출장에 관한 방침을 재검토하게 되었습니다.

woes 재난, 불행

As you all know, we have designed a new company logo symbolizing our three values of customer satisfaction, employee well-being, and sustained growth.

모두 아시다시피, 우리는 고객 만족, 직원 복지, 지속적 성장이라는 세 가지 가치를 상징하는 새로운 로고를 디자인했습니다.

symbolize 상징하다   sustained 지속되는

This is to notify you that the new logo will go into effect on September 1.

9월 1일부터 새 로고가 적용된다는 것을 알리기 위한 메일입니다.

In line with the CEO**'s request, we encourage you to** leave work by 6 p.m. and avoid working late hours.

CEO의 요청에 따라, 오후 6시에는 퇴근하고 야간 근무는 피할 것을 권장합니다.

in line with ~에 따라

To help boost efficiency, **we ask that** you keep all meetings to an hour.

업무 효율을 높이는 데 도움이 되도록 모든 회의는 1시간 내로 진행할 것을 부탁드립니다.

New uniforms for factory personnel have arrived and **will be distributed** to individuals beginning tomorrow morning.

공장 직원들을 위한 새 유니폼이 도착하여 내일 아침부터 개인에게 배부됩니다.

For those who have not exchanged their ID cards, **please do so before** 5 p.m. Friday.

ID 카드 교체를 하지 않으신 분들은 금요일 오후 5시 전까지 하시기 바랍니다.

The management has decided to extend the company bus services to other towns in Gyeonggi province. The new bus schedule **is attached.**

경영진은 회사 버스 운행을 경기도에 있는 다른 도시까지 확대하기로 했습니다. 새로운 버스 시간표를 첨부합니다.

To accommodate the request by a number of employees, we are planning to expand the company day-care facilities.

다수 직원들의 요청을 수용하기 위해 사내 어린이집 시설을 확장할 예정입니다.

day-care (주간) 어린이집

All expenses over 500,000 won **must be pre-approved by** your team leader.

50만원 이상의 지출은 모두 팀장의 사전 승인을 받아야 합니다.

pre-approve 사전에 승인하다

I would like to clarify a few points about yesterday's **announcement.**
어제 공지된 내용에 대해 몇 가지 사항을 명확히 하고자 합니다.

Listed below are examples of unacceptable behavior in the cafeteria:
구내 식당 내에서 용인될 수 없는 행동의 예를 아래에 열거했습니다.

To assist you in understanding the new policy, I have listed below the major differences between the old and the new policies.
새 방침에 대한 이해를 돕기 위해 예전과 새 정책의 주요 차이점을 아래에 정리했습니다.

Although it may initially appear inconvenient, I am confident that you will see the long-term benefits of the new policy.
처음에는 불편한 것처럼 보이겠지만 새 방침으로 장기적인 혜택을 보실 거라고 확신합니다.

We are confident that the policy change will be instrumental in bringing the division back to profitability.
정책 변경이 사업부의 수익성을 회복시키는 데 도움이 될 것으로 확신합니다.

instrumental 도움이 되는, 유효한   profitability 수익성

We believe the benefits we'll receive outweigh the challenges posed by the revision.
이번 개정으로 인해 발생할 문제보다 우리가 얻게 될 이점이 많다고 생각합니다.

outweigh ~보다 크다   pose 일으키다, 야기하다

The change was necessary to ensure fairness in assessing employee performance.
이번 변경 조치는 직원 업무 평가의 공정성 확보를 위해 필요했습니다.

The attached memo from HR should shed some light on the reason for the new policy.
인사부의 첨부 메모를 보시면 새 방침을 시행하는 이유를 알게 되실 겁니다.

HR (= human resources) 인사부   shed light on ~을 밝히다, ~을 분명히 하다

It will allow us to monitor the effectiveness of our training programs.

그것으로 교육 프로그램의 효과를 관찰할 수 있을 것입니다.

Please direct any questions about this policy change to this office.

이번 정책 변경에 대한 모든 문의는 저희 사무실로 해주세요.

If you have any questions, please call me.

문의 사항이 있으시면 전화 주세요.

We are asking everyone to keep the employee coffee lounge **clean.**

직원 커피 라운지를 깨끗하게 유지해주시기 바랍니다.

Please note that this is against company policy.

이는 회사 방침에 어긋난다는 것을 알아두시기 바랍니다.

While this type of behavior may appear fairly harmless, it is nevertheless unacceptable.

이런 유형의 행위는 해가 없는 것처럼 보일 수도 있으나 용인될 수는 없습니다.

The behavior is unbecoming, unprofessional, and unethical.

이런 행동은 부적절하고, 프로답지 않으며, 비윤리적입니다.

unbecoming 격에 맞지 않은, 부적절한

Again, all media contacts and communications **are the sole responsibility of the** PR team.

다시 말씀드립니다만, 미디어와의 모든 접촉이나 대화는 홍보팀의 독자적인 업무입니다.

To reiterate the dress code policy, shorts of any kind **are not acceptable during** normal business hours.

복장 규정 방침을 다시 말씀드리자면, 정규 업무 시간 중에는 어떤 종류의 반바지도 허용되지 않습니다.

reiterate 강조하다, 되풀이하다   dress code 복장 규정

Repetitive violation of this policy **may result in disciplinary or administrative action.**

이 방침에 대한 반복적인 위반 행위는 징계 또는 행정 조치를 받을 수도 있습니다.

repetitive 반복적인   disciplinary action 징계 조치   administrative action 행정 조치

Join me in congratulating the research team in Daejeon for receiving this year's Innovation Award.
금년도 혁신상을 받은 대전 연구팀을 함께 축하합시다.

We are extremely pleased to announce that our July **sales have far exceeded expectations.**
7월 매출이 예상치를 크게 초과했다는 소식을 알리게 되어 매우 기쁩니다.

exceed 초과하다

Despite the current economic slump, **we have managed to record higher-than-expected profits** in the last quarter.
현재의 경기 침체에도 불구하고, 우리는 지난 분기에 예상을 웃도는 이익을 기록해냈습니다.

economic slump 경기 침체　　higher-than-expected 예상을 웃도는

As predicted, profits for March **are down by more than** 10%.
예상했던 대로 3월 이익이 10% 이상 감소했습니다.

With consumer spending **down** in the last several quarters, **our sales this year are** 8% **lower compared to last year.**
지난 몇 분기 동안 소비자 지출이 낮아서 올해 매출이 전년 대비 8%까지 내려갔습니다.

Due to the current economic slump, **our profits** for the last quarter **were lower than expected.**
최근의 경기 침체로 인해, 지난 분기 이익이 예상보다 저조했습니다.

There will be a fire drill at 2 p.m. **on** Friday, January 24.

1월 24일 금요일 오후 2시에 소방 훈련이 실시됩니다.

fire drill 화재 대피 연습, 소방 훈련

There will be a company-wide audit by our holding company **from** March 1 **to** 23.

3월 1일부터 23일까지 지주 회사가 진행하는 전사적인 감사가 실시됩니다.

company-wide 전사적인   audit 감사   holding company 지주 회사

The annual company-wide picnic **will take place at** a beach in Anmyeondo **from** 11 a.m. to 6 p.m. on Saturday, July 26. **A map is attached.**

7월 26일 토요일 오전 11시부터 오후 6시까지 안면도 해변에서 전사적인 연례 야유회가 있을 예정입니다. 약도를 첨부합니다.

All through next week, three consultants from Janus & Company **will be at our offices to** conduct interviews with department heads. **We ask that you give your full cooperation.**

다음 주 내내 Janus & Company의 컨설턴트 세 분이 부서장들과 면담을 실시하기 위해 당사에 있을 예정입니다. 적극 협조해주시기 바랍니다.

To commemorate our 20 years in business, **we are planning the following activities for** the month of July:

창립 20주년 기념을 위해 7월에는 다음과 같은 활동을 준비하고 있습니다.

commemorate 기념하다

Please make sure to clean up after using the sink in the employee lounge.
직원 휴게실에서 싱크대를 사용한 후에는 반드시 청소를 해주세요.

Just a reminder: The employee coffee lounge **hours are from** 7 a.m. **to** 6 p.m., Monday **through** Friday.
다시 한번 알려드립니다. 직원 커피 라운지 운영 시간은 월요일에서 금요일, 오전 7시부터 오후 6시까지입니다.

reminder 상기시키는 조언[주의]

We ask all employees to keep off the grass during the rainy season.
장마철에는 잔디에 들어가지 마시기를 모든 직원에게 요청하는 바입니다.

The restrooms on the ground floor are being retiled, **so please use** the ones on the basement floor.
1층 화장실에 타일을 새로 깔고 있으니 지하층에 있는 화장실을 사용하시기 바랍니다.

retile 타일을 새로 깔다

The new employee parking lot **will be open on** Monday next week.
다음 주 월요일에 새 직원 주차장이 개방됩니다.

Technicians from OTS **will be installing** a new telephone network system **from** May 2 **to** 6.
5월 2일부터 6일까지 OTS의 기술자들이 새 전화 네트워크 시스템을 설치할 예정입니다.

New overhead projectors **have been installed in** the three conference rooms on the fifth floor.
5층에 있는 회의실 세 곳에 새 오버헤드 프로젝터가 설치되었습니다.

The third floor meeting room **will be temporarily closed for** renovation **from** December 27 **to** January 5.
12월 27일부터 1월 5일까지 보수 공사 관계로 3층 회의실을 임시 폐쇄합니다.

261

As you know, we are in the last stages of the merger with Sensazion Software.

아시는 것처럼, 우리는 Sensazion Software와의 합병 마지막 단계에 있습니다.

merger 합병

Colors Korea will retain its name.

Colors Korea는 회사명을 유지할 것입니다.

The combined entity will now operate under the name Johnson, Wong & Lee.

합병 법인은 이제 Johnson, Wong & Lee라는 상호 아래 영업할 것입니다.

combined entity 결합체, 합병 법인

We will be a wholly-owned **subsidiary of** Brooks Construction.

우리 회사는 Brooks Construction의 완전한 자회사가 됩니다.

wholly-owned subsidiary 완전 보유(100% 지분 보유) 자회사

We are confident that the merger will present us with new opportunities in North America.

이번 합병으로 우리는 북미에서 새로운 기회를 얻게 될 것을 확신합니다.

While the merger will mean significant changes in the way we do business, we believe that the synergy will contribute to a stronger presence in Korea.

이번 합병이 경영 방식의 상당한 변화를 뜻하겠지만, 시너지 효과로 한국 내에서 더욱 강력한 기반을 구축하는 데 기여할 것이라 믿습니다.

synergy 상승 작용, 시너지

We do not expect any personnel changes at this time.

현시점에서는 그 어떤 직원 이동도 예상하지 않고 있습니다.

We expect some staffing changes in the coming months.

앞으로 몇 달 동안 얼마간의 인원 변동이 예상됩니다.

Unfortunately, some positions will be affected.

안타깝게도 특정 직책들이 영향을 받게 됩니다.

With the merger, however, there will be staffing reductions in some of the departments.

그러나 합병에 따라 일부 부서에서 인원 감축이 진행될 예정입니다.

출장

Dictionary of Business Email Expressions

1 출장 계획 논의
Discussing Travel Plans

KEY POINT **방문 목적과 정확한 일정을 알린다**

- 출장 계획이 잡혔다면 명확한 일정과 방문 목적을 알려야 상대방이 철저히 준비할 수 있음
- 가능하면 일정이 확정되는 대로 즉시 메일을 보내는 것이 좋음
- 일정을 변경할 경우에는 간단히 사유를 언급하고 변경된 일정을 알리기

SAMPLE

Subject	**Visit to the San Diego Office** 샌디에이고 지사 방문
From	timpark@joeun.com
To	lynnmack@joeun.com

Hi Lynn,

J. G. Yoo and I are planning to visit the San Diego office from February 22 to 24 during our month-long business trip to the U.S. Would you be able to arrange accommodations for us at the Beachwood Hotel near your office? We will need two single rooms for two nights (February 22 and 23). Thank you as always!

Regards,

Tim

안녕하세요 Lynn,
저와 J. G. Yoo는 한 달 동안의 미국 출장 기간 중 2월 22일부터 24일에 샌디에이고 지사를 방문할 예정입니다. 사무실 근처에 있는 Beachwood Hotel에 숙박 예약을 해주시겠어요? 이틀 밤(2월 22일과 23일) 묵을 싱글 룸 2개가 필요합니다. 늘 감사해요!
Tim 드림

month-long 한 달 동안의 **arrange accommodations** 숙박 예약을 하다

262

Let's meet in Seoul.

서울에서 만나죠.

Why don't you come visit us?

저희를 방문하시는 것이 어떨까요?

Your coming here is probably a good idea.

이쪽으로 오시는 것이 좋을 듯합니다.

We would be delighted if you would visit us in Busan.

부산에 있는 저희를 방문해주시면 기쁘겠습니다.

I would like to invite you to our offices.

저희 사무실로 초대하고 싶습니다.

Perhaps meeting here is the best alternative.

어쩌면 여기서 만나는 것이 최선의 대안인 것 같습니다.

★ **My itinerary is as below:**

제 출장 일정은 다음과 같습니다.

I'm scheduled to get into DTW International **at** 7 in the morning.

오전 7시에 디트로이트 국제공항에 도착할 예정입니다.

DTW (= Detroit Metropolitan Wayne County Airport) 디트로이트 공항

I am attaching Mr. Sunwoo's **preliminary itinerary**.

선우 씨의 임시 일정표를 첨부해 드립니다.

preliminary 임시의, 예비의

We **will be arriving in** San Francisco **at** 3:30 p.m. on Tuesday, December 9.

저희는 12월 9일 화요일 오후 3시 30분에 샌프란시스코에 도착합니다.

I plan to visit the Guandong office **from** October 1 **to** 4 **to discuss** next year's marketing strategy **with** your staff.

저는 10월 1일부터 4일까지 관동 지사를 방문해서 그쪽 직원들과 내년도 마케팅 전략을 논의할 예정입니다.

264 일정 확인

Why don't I call you from the airport **on** Thursday morning **before I head over to** your office?

제가 목요일 아침에 그쪽 사무실로 이동하기 전에 공항에서 전화를 드리는 것이 어떨지요?

head over to ~로 이동하다

Since Tim and I are arriving in Dallas on Saturday night, **we're thinking we will come by** your office first thing Monday morning.

Tim과 저는 토요일 밤에 댈러스에 도착하기 때문에 월요일 아침에 제일 먼저 귀사를 방문할 생각입니다.

first thing 맨 먼저, 우선

I will email you our complete schedule once it's finalized, but **it's looking like** our group **will be arriving in** Los Angeles **on** Wednesday morning.

최종 일정이 확정되면 메일로 보내드리겠지만, 저희는 수요일 아침에 로스앤젤레스에 도착할 것 같습니다.

Thanks for offering to pick us up at the airport. **We'll see you in** the morning **on** Tuesday, July 14.

공항으로 마중 나와주신다니 감사합니다. 7월 14일 화요일 아침에 뵙겠습니다.

We will call you after checking into our hotel **on** Saturday, September 10.

9월 10일 토요일에 호텔 체크인 후 전화드리겠습니다.

We look forward to seeing you at the airport **on** the evening of February 14.

2월 14일 저녁에 공항에서 뵙기를 기대합니다.

265 일정 변경 및 취소

I need to change my travel plans.

제 출장 계획을 바꿔야 합니다.

Would you mind if I visited you in July **instead?**

대신 7월에 방문해도 괜찮을까요?

I have a family emergency **I need to attend to, so I'll have to cancel my trip.**

제가 급히 처리해야 하는 집안일이 생겨서, 출장을 취소해야 합니다.

An unscheduled meeting has been called for next week. **Could I move my visit to** the following week?

다음 주에 예정에 없었던 회의가 소집되었습니다. 방문을 그 다음 주로 옮겨도 될까요?

Our director **has asked me to postpone the trip.**

저희 이사님께서 출장을 연기해달라고 요청하셨습니다.

I am writing to ask if we could reschedule the plant tour.

공장 방문 일정 변경을 할 수 있는지 여쭤보기 위해 메일 드립니다.

Please accept my apologies for the abrupt change.

갑작스럽게 변경하게 되어 죄송합니다.

Please let me know who will be meeting her **at the airport.**

공항으로 그분을 마중 나올 사람이 누군지 알려주세요.

As this is her **first visit to** Dallas, **you might want to arrange a short tour of the city**.

이번이 그분의 첫 댈러스 방문이기 때문에 짧은 시내 관광을 준비하시는 것도 좋을 겁니다.

This is to inform you that the CFO is planning to visit your site tomorrow morning at 9 a.m.

CFO께서 내일 아침 9시에 그쪽 현장을 방문하실 계획이라는 것을 알려드립니다.

The purpose of the visit is to tour the new facilities.

방문 목적은 새 시설을 돌아보는 것입니다.

Based on my experience, he **prefers to conduct meetings in** the living room at the suite.

제 경험으로 미루어보아 그분께서는 스위트룸 거실에서 회의를 진행하시는 것을 선호하십니다.

During his annual U.S. business trip next month, the CEO **will be making a** two-day **stop at** the Detroit offices.

CEO께서 다음 달 연례 미국 출장 중, 디트로이트 지사에 이틀 동안 들르기로 하셨습니다.

Please make sure that all necessary arrangements are made to ensure a smooth visit.

순조로운 방문이 될 수 있도록 만반의 준비를 확실히 해두시기 바랍니다.

arrangements 준비, 채비

2 예약
Making Reservations

KEY POINT   **필요한 정보를 빠짐없이 전달한다**

- 숙소나 교통편을 문의할 때 보내는 정보가 불완전하면 이메일이 여러 번 오가게 됨
- 처음부터 구체적인 정보를 전달하는 것이 번거로움을 줄일 수 있는 방법
- 호텔의 경우 체크인, 체크아웃 날짜와 예상 시간을 기재하는 것이 좋음
- 이쪽 연락처를 넣는 것도 잊지 않도록 할 것

SAMPLE

✉   — ↗ ✕

Subject	**Room Reservation Request** 숙박 예약 요청
From	**samlee@stcorp.co.kr**
To	**reservation@deluxhotel.com**

Dear Reservations:

I'm Sam Lee with ST Corporation in Korea, and I would like to reserve a deluxe room for myself for two (2) nights. I am scheduled to arrive on Monday, March 11, around 3 p.m., and I will be checking out on Wednesday, March 13 before noon. Please let me know the rates, including any available corporate discounts. Thank you.

Sincerely,
Sam Lee

예약팀께:
저는 한국 ST Corporation의 Sam Lee입니다. 제가 묵을 디럭스 룸을 2박 예약하고 싶습니다. 3월 11일 월요일 오후 3시경 도착할 예정이며, 3월 13일 수요일 정오 전에 체크아웃 할 겁니다. 요금을 알려주시고, 기업 할인도 있으면 포함해주세요. 감사합니다.
Sam Lee 드림

267 숙박 관련 정보 문의

Could you recommend a hotel near your office?
그쪽 사무실 근처에 있는 호텔을 추천해주시겠어요?

We have a budget of $200 **a night.**
1박 예산은 200달러입니다.

Our total hotel budget for three **nights is around** $600 **to** $700.
저희가 사흘 밤 호텔에서 묵는 데 드는 전체 예산은 600달러에서 700달러 정도입니다.

I'd be grateful if you could provide me with the available room rates.
이용 가능한 객실 요금을 알려주시면 감사하겠습니다.

268 대리 예약 요청

Would you mind making the hotel reservations for us?
저희를 위해 호텔 예약을 해줄 수 있으십니까?

Could you reserve three single **rooms at** the Hilton?
Hilton 호텔에 싱글 룸 3개를 예약해주시겠어요?

I would appreciate your assistance in arranging accommodations at the Hyatt.
Hyatt 호텔에 숙박 예약을 해주시면 감사하겠습니다.

Please arrange hotel accommodations for Mr. Kim.
김 씨의 호텔 예약을 부탁드립니다.

There are four **of us, so we'll need** four **individual** single **rooms**.

저희는 4명이니 4개의 싱글 룸이 필요합니다.

I would like to reserve a room for two nights.

이틀 밤 묵을 방을 예약하고 싶습니다.

Please reserve three **rooms for** three nights, from January 24 to 27.

1월 24일부터 27일까지 방 3개를 3박으로 예약해주세요.

The list of guests is as follows:

투숙객 명단은 다음과 같습니다.

★ **The names are as below:**

이름들은 아래와 같습니다.

Could you tell me if you have three deluxe **rooms available for** January 12?

1월 12일에 디럭스 룸 3개가 가능한지 알려주시겠어요?

Here's my credit card information:

제 신용 카드 정보입니다.

Please charge my credit card.

제 신용 카드로 결제하겠습니다.

Please let me know if there's an Internet connection **available in the room.**

방에서 인터넷 연결이 가능한지 알려주세요.

If possible, I would like a room with a view of the lake.

가능하면 호수 전망이 있는 방을 원합니다.

Please let me know if there's a corporate discount **available.**

기업 할인이 되는지 알려주세요.

We are slated to arrive on Friday, May 2, **at approximately** 3:00 p.m.

저희는 5월 2일 금요일 오후 3시 정도에 도착할 예정입니다.

be slated to ~할 예정이다

We will be checking out on Monday, May 5, **before** 2:00 p.m.

저희는 5월 5일 월요일 오후 2시 전에 체크아웃 할 겁니다.

I expect to arrive at the hotel on December 12, **between** 3:00 **to** 5:00 p.m.

저는 12월 12일 오후 3시에서 5시 사이에 호텔에 도착할 예정입니다.

Please confirm our reservation via reply email.

저희 예약 건을 답변 메일로 확인해주세요.

I would appreciate your providing me with a quotation.

견적서를 보내주시면 감사하겠습니다.

Please provide me with a reservation number.

예약 번호를 보내주세요.

If you require additional information, please let me know.

추가적인 정보가 필요하시면 연락 바랍니다.

270 　　　　　　　　　　　교통편 문의

Can you recommend the best way to get to your office from the airport?

공항에서 그쪽 사무실까지 갈 수 있는 가장 좋은 방법을 추천해주시겠어요?

How much will the taxi fare be from the airport to your office?

공항에서 그쪽 사무실까지 택시 요금이 얼마나 될까요?

Would you be able to arrange transportation from the airport to your office?

공항에서 그쪽 사무실까지 가는 교통수단을 준비해주실 수 있을까요?

Could you possibly arrange a car to pick us up at the airport?

혹시 공항으로 저희를 마중 나올 차를 준비해줄 수 있으십니까?

Will someone be meeting us at the airport?

공항에 저희를 마중 나오는 사람이 있을까요?

271   문의 · 요청에 대한 답변

I've reserved three single **rooms at** the Royal Seoul **Hotel.**

Royal Seoul 호텔에 싱글 룸 3개를 예약했습니다.

The reservation number is 92291.

예약 번호는 92291입니다.

The hotel is within walking distance from our office.

호텔은 저희 사무실에서 걸어갈 수 있는 거리에 있습니다.

Please let me know if you have any special requirements for accommodations, and I will make the hotel reservations for you.

숙박에 대해 특별한 요구 사항이 있는지 알려주세요. 그러면 제가 호텔 예약을 해드리겠습니다.

C. S. Yeom **will meet you at** the hotel lobby **at** 3 p.m. on Thursday.

C. S. Yeom이 목요일 오후 3시에 호텔 로비에서 당신을 만날 겁니다.

There is also a subway line into downtown Seoul.

서울 도심으로 가는 지하철 노선도 있습니다.

I would be glad to pick you up at the airport.

제가 기꺼이 공항으로 모시러 가겠습니다.

Cindy Chang **will meet you in front of the** international **arrivals gate**.

Cindy Chang이 국제선 도착 출구 앞으로 마중 나갈 겁니다.

I've arranged for a car to pick you up at the airport. A driver will be waiting in front of the international arrivals gate.

공항에서 당신을 모실 차를 준비했습니다. 운전기사가 국제선 도착 출구 앞에서 기다리고 있을 것입니다.

The Millennium Hilton **operates its own limousine bus, which takes you directly to the hotel**.

Millennium Hilton에서는 호텔로 직행하는 리무진 버스를 직접 운영하고 있습니다.

Right outside at the arrivals area, **you can take the airport bus, which stops at** the Hyatt Hotel.

입국장 바로 밖에서 Hyatt 호텔에 정차하는 공항 버스를 타실 수 있습니다.

3 방문 이후 감사 표시
Expressing Appreciation after a Visit

KEY POINT	향후 관계에 대한 기대와 감사 인사를 전한다

- 방문 중에 느낀 좋은 기억을 언급하고 진심 어린 감사의 뜻을 전하면 상대방에게 좋은 인상을 남길 수 있음
- 업무에 대한 후속 메일이 아니므로 실무에 관한 내용은 쓰지 않는 것이 좋음
- 향후 거래나 관계에 대한 긍정적인 기대를 표시하며 마무리

SAMPLE

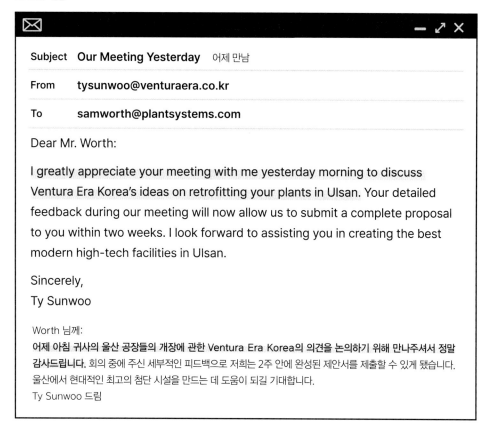

Subject **Our Meeting Yesterday**   어제 만남

From   tysunwoo@venturaera.co.kr

To   samworth@plantsystems.com

Dear Mr. Worth:

I greatly appreciate your meeting with me yesterday morning to discuss Ventura Era Korea's ideas on retrofitting your plants in Ulsan. Your detailed feedback during our meeting will now allow us to submit a complete proposal to you within two weeks. I look forward to assisting you in creating the best modern high-tech facilities in Ulsan.

Sincerely,
Ty Sunwoo

Worth 님께:
어제 아침 귀사의 울산 공장들의 개장에 관한 Ventura Era Korea의 의견을 논의하기 위해 만나주셔서 정말 감사드립니다. 회의 중에 주신 세부적인 피드백으로 저희는 2주 안에 완성된 제안서를 제출할 수 있게 됐습니다. 울산에서 현대적인 최고의 첨단 시설을 만드는 데 도움이 되길 기대합니다.
Ty Sunwoo 드림

retrofit 개장하다   **submit** 제출하다   **high-tech** 첨단의   **facility** 시설

As always, it was a pleasure visiting your team in Taiwan.

언제나 그렇듯, 타이완에 있는 그쪽 팀을 방문하게 되어 즐거웠습니다.

We're looking forward to your next visit.

다음 방문을 기대합니다.

I just wanted to drop you a line to thank you for meeting with me last week.

지난주에 만나주셔서 감사드린다는 말씀을 드리고 싶었습니다.

Thank you for taking time out of your busy schedule to meet with my staff **about** the new documentary program at OVC.

바쁜 일정 중 시간을 내어 OVC의 새로운 다큐멘터리 프로그램에 대해 저희 직원들과 만나주셔서 감사드립니다.

Thanks for meeting with me yesterday. **I enjoyed talking with you about** your planned expansion into online shopping.

어제 만나주셔서 고마웠습니다. 계획하신 온라인 쇼핑으로의 확장에 대해 논의하는 것이 즐거웠습니다.

It was a pleasure meeting with you on Monday.

월요일에 만나뵙게 되어 기뻤습니다.

I appreciate you meeting with me on such short notice.

갑작스러운 요청에도 만나주셔서 감사드립니다.

on such short notice 갑작스러운 통지에도

Thanks for coming by the office yesterday afternoon **to** discuss the third phase of the contract.

계약 3단계 논의를 위해 어제 오후 들러주셔서 감사드립니다.

come by 들르다

I appreciate you stopping by my office to drop off the new specifications.

새 설계 명세서를 전해주기 위해 제 사무실에 들러주셔서 감사드립니다.

stop by 들르다   drop off 배달하다, 와서 주다   specification 설계 명세서

It was a great pleasure having you visit us this past week.

지난 일주일간 저희 회사를 방문해주셔서 영광이었습니다.

All of us here at Wang Tools **want to thank you and your team for coming to visit us in** Seoul.

Wang Tool의 전 직원은 당신과 팀원들이 서울에 오셔서 저희를 방문해주신 것을 감사드립니다.

We enjoyed having Jack, Thomas, and you **at** our plant last week. **Thank you so much for** all your feedback.

지난주 당신과 Jack 그리고 Thomas 씨를 저희 공장에 모시게 되어서 즐거웠습니다. 여러분의 모든 피드백에 정말 감사드립니다.

이직 · 전근 및 입사 · 퇴사

Dictionary of Business Email Expressions

1 이직 · 전근
Changing Jobs or Teams

KEY POINT 후임자와 이후 조치에 대해 명시한다

- 이직이나 전근을 알릴 때는 정확한 날짜를 표기하고, 그간의 교류에 대한 고마움을 전하며, 후임자의 이름과 연락처를 명시하기
- 상대방과 업무적으로 계속 연락하게 될 경우에는 새 주소와 연락처를 알려주기
- 회사를 옮길 경우, 현 고용주를 배려해 새 회사의 주소와 연락처는 별도의 메일로 알리는 것이 좋음

SAMPLE

Subject **Leaving Hansoo Imports** Hansoo Imports를 떠납니다

From ksseo@hansoo.co.kr

To jonathan@meridion.com

Dear Jonathan,

Effective December 11, I will be leaving Hansoo Imports to accept the sales director's position with Intra-Con Products.

I would like to sincerely thank you for many years of support and hope that we will be able to work together again in some capacity.

Taylor Song, a highly-experienced and capable sales specialist, will be assuming my duties. She will be sending you a separate email with her contact information. Again, thank you, and let's stay in touch.

Sincerely,

K. S. Seo

안녕하세요 Jonathan,
12월 11일 자로, Hansoo Imports를 떠나 Intra-Con Products에서 영업이사 직을 맡게 되었습니다. 다년간의 지원에 진심으로 감사를 드리며 어떤 일로든 다시 함께 일할 수 있기를 희망합니다.
경험이 풍부하고 능력 있는 영업 전문가인 Taylor Song이 저의 업무를 인계하게 됩니다. 그녀가 별도 메일로 연락처를 보낼 겁니다. 다시 한번 감사드리며, 계속 연락합시다.
K. S. Seo 드림

---

effective 실행되는, 효력이 있는   **capacity** 지위, 역할   **highly-experienced** 경험 많은   **capable** 능력 있는
assume 맡다   **separate** 별도의

273 외부에 이직 · 퇴사 알리기

I left Baeseong Group two weeks ago **to start my own** import-export **business.**

저는 2주 전 Baeseong 그룹을 떠나 제 개인 무역 사업을 시작했습니다.

import-export 무역

Since last November, **I have struck out on my own to** run my own business.

지난 11월부터 개인 회사를 운영하기 위해 독립했습니다.

strike out on one's own 독립하다   run one's own business 개인 회사를 운영하다

I recently changed jobs and am now working for Amos Design.

저는 최근 이직을 해서 현재 Amos Design에서 일하고 있습니다.

I will be quitting Sando Publishing **on** January 22 **to take** an editing **position at** Nero Books **from** March.

3월부터 Nero Books에서 편집자 직을 맡기 위해 1월 22일 자로 Sando Publishing을 그만두게 됐습니다.

For personal reasons, I have resigned from Colors Korea.

개인적 이유로 Colors Korea에서 퇴사했습니다.

As of June 1, **I will be retiring from** Bonga Products.

6월 1일부로 저는 Bonga Products에서 퇴직할 예정입니다.

Effective March 2, **I will be leaving** Song Software Korea **to take** a director's **position at** Harris Interactive.

3월 2일부터 Harris Interactive에서 이사직을 맡기 위해 Song Software Korea를 떠나게 됐습니다.

I was recently transferred to the Busan **office.**

최근에 부산 지사로 전근 왔습니다.

★ **Effective** December 1, **I am transferring to** the marketing **department.**

12월 1일부로 마케팅 부서로 옮깁니다.

On August 2, **I will be moving to** Hawaii **to oversee** the operations **there.**

8월 2일 자로 하와이 사업을 담당하기 위해 그곳으로 옮기게 되었습니다.

oversee 담당하다, 감독하다

As of June 7, **I will be taking a new position at** Century Chemicals, a Century subsidiary.

6월 7일 자로 Century의 자회사인 Century Chemicals에서 새로운 직책을 맡게 되었습니다.

Beginning March 30, **I will be working from the** Seattle **office.**

3월 30일부터 시애틀 지사에서 일할 예정입니다.

I will be relocating to the Tokyo **office** next month **and want to give you my new contact information.**

제가 다음 달에 도쿄 지사로 전근하게 되어서 새 연락처를 드리려고 합니다.

relocate 새 장소로 옮기다

As a result of the recent organizational changes, I will be moving to our new office in Beijing, China.

최근 조직 개편으로 저는 중국 베이징에 있는 새 지사로 옮기게 되었습니다.

If you're ever in the neighborhood, call me.

언제든 근처에 오시게 되면 전화 주세요.

Thanks for all your help over the years.

수년 동안 도움을 주신 모든 것에 감사드립니다.

I'm looking forward to the new challenges ahead.

저는 제 앞에 놓인 새로운 도전이 기다려집니다.

I will miss working with everyone there.

그곳에 있는 모두와 일하던 것이 그리울 겁니다.

It has been wonderful working with you for the last three years.

지난 3년 동안 함께 일하며 참 좋았습니다.

Please extend my gratitude to everyone at East Franklin **for the business over the years.**

지난 몇 년 동안 함께한 East Franklin 모든 분들께 감사드립니다.

This is just a transfer, so I'm still available to assist you.

전근한 것일 뿐이니, 계속 도와드릴 수 있습니다.

★ **Here's my new contact information:**

저의 새 연락처입니다.

Once I'm settled into my new job, I will email you my new contact information.

새로운 곳에 적응한 후 새 연락처를 메일로 보내드리겠습니다.

Please find below my new contact number and address.

아래에 저의 새 번호와 주소가 있습니다.

★ Shin Yuna **will be taking my place.**

신유나가 제 후임이 될 것입니다.

★ Thomas Kim **will assume my duties.**

Thomas Kim이 제 업무를 인계받을 예정입니다.

2 적임자 추천
Recommending People

KEY POINT 추천하는 사람과 관련된 자신의 경험을 언급한다

- 추천하는 사람의 채용 가능성을 높이기 위해서는 능력과 성격에 대해 세부적인 장점을 제시하기
- 직접 경험했던 상황에 대해서 언급하는 것도 좋음
- 추천하는 사람의 이름과 어떤 직책에 추천하는지 명확히 표시하는 것은 기본

SAMPLE

Subject **Recommendation for Ms. Sharon Doe** Sharon Doe 씨를 추천합니다

From **peter@darakwon.co.kr**

To **hire@eastflanklin.com**

Dear Hiring Manager:

I would like to recommend Ms. Sharon Doe for a sales position with your organization. I have known Sharon for the last three years while she worked as a salesperson for our company. During that time, I have been consistently impressed with her can-do attitude, people skills, and personal initiative. I recommend her highly.

Sincerely,
Peter Yoon

채용 담당자님께:
Sharon Doe 씨를 귀사의 영업직에 추천하고 싶습니다. Sharon이 저희 회사 영업 직원으로 일한 **지난 3년 동안 그분을 알고 지냈습니다.** 그동안 저는 그분의 의욕적인 태도와 대인 관계, 그리고 추진력에 대해 **끊임없이 깊은 인상을 받았습니다.** 그분을 강력히 추천합니다.
Peter Yoon 드림

---

consistently 끊임없이   **can-do** 의욕적인, 유능한   **people skills** 대인 관계   **initiative** 추진력

I may have the perfect person for the position.

그 자리에 딱 맞는 적임자가 있는 것 같습니다.

I would like to introduce Sarah Compton, who has been with our company for six years.

저희 회사에서 6년을 근무한 Sarah Compton을 소개하고 싶습니다.

I am writing to recommend Mr. Jaewoo Lee **for the position of** Marketing Manager **for your company.**

이재우 씨를 귀사의 마케팅 매니저 직에 추천하기 위해 메일을 드립니다.

This email is to recommend Mr. Seho Lee **for the position of** senior engineer **at your company.**

이 이메일은 귀사의 상임 엔지니어 직에 이세호 씨를 추천하기 위한 것입니다.

This email is to introduce Ms. Christine Choi, who has been working with us for two years as our assistant marketing manager.

이 이메일은 저희 회사에서 2년 동안 보조 마케팅 매니저로 근무한 Christine Choi를 소개하기 위한 것입니다.

Based on the qualification criteria you described to me in our last meeting, Ms. Underwood **would be a perfect fit for** Exeter Kline Industries.

지난 회의 때 말씀하신 자격 조건으로 볼 때 Underwood 씨가 Exeter Kline Industries에 딱 맞을 겁니다.

<blockquote>qualification 자격   criteria 기준, 조건(criterion의 복수형)   perfect fit 딱 맞는 사람[물건]</blockquote>

I recommend Mr. Lee **with utmost confidence.** 격식

Lee 씨를 아주 자신 있게 추천합니다.

I recommend him **for employment without reservation.**

그를 고용하실 것을 무조건 추천합니다.

<blockquote>without reservation 무조건</blockquote>

I would not hesitate giving my highest recommendation for Mr. Lawson.

저는 주저하지 않고 Lawson 씨를 강력히 추천합니다.

I highly recommend Jihu Lee **to your company.**

이지후 씨를 귀사에 적극적으로 추천합니다.

I endorse Mr. Sunwook Park **wholeheartedly.**

저는 박선욱 씨를 진심으로 추천하는 바입니다.

endorse 추천하다, 지지하다

Please give him **your consideration as** he **is a worthy candidate for the position.**

그는 그 자리에 걸맞은 훌륭한 지원자이니 고려해주세요.

He **would be an asset to any organization.**

그는 어느 조직에서든 자산이 될 것입니다.

It is my pleasure to recommend John Step **for employment at** Cesar Corp.

Cesar 주식회사의 채용에 John Step을 추천하게 되어서 기쁩니다.

Tips & More

■ Personal Titles

한국에서는 개인에 대해 직함을 붙이는 것이 흔한 반면, 영어권에서는 '대리'나 '부장' 같은 직함을 이름과 함께 사용하지 않는다. 격식을 차릴 때는 남자인 경우 Mr., 여자인 경우 Ms. 정도로 예의를 갖출 뿐이다. 다만 예외적으로 박사나 의사(Doctor), 특정 지위를 가진 사람(Mayor: 시장, Senator: 상원의원, Prime Minister: 국무총리)은 그 지위의 명칭이 이름 앞에 붙는다. 그리고 친한 사람끼리 동료나 친구에 대해 언급할 때는 특정 지위에 상관없이 직함을 뺀다. 예를 들어 '네가 내 직장 동료 Joe Smith 박사를 내일 만났으면 해.'라고 할 때는 I would like you to meet my co-worker Joe Smith tomorrow.라고 할 수 있다.

I have known the candidate for over 10 years.

지원자를 10년 이상 알고 지냈습니다.

I speak from the experience of having worked closely with him for the past three years.

그와 지난 3년간 가까이 일해온 경험을 바탕으로 말씀드립니다.

I've had the pleasure of working with her **over the years in various projects.**

그녀와 다년간 다양한 프로젝트에서 즐겁게 일했습니다.

Juwon Park **has been a successful** consultant **with our company for over** five years.

박주원 씨는 5년 넘게 저희 회사에서 성공적인 컨설턴트로 일했습니다.

Susan **played a key role in the success of** many of our projects.

Susan은 저희의 수많은 프로젝트의 성공에 핵심적인 역할을 했습니다.

During his six years **in our company,** he **demonstrated outstanding ability and diligence in performing his tasks.**

저희 회사에 있던 6년 동안 그는 일 처리 면에서 뛰어난 능력과 성실함을 보여주었습니다.

diligence 근면, 성실

In my opinion, Karl possesses the necessary work ethic, personality, and initiative to fill the position.

제 소견으로는, Karl은 그 직위에 적합한 직업 윤리, 성격 및 추진력을 지니고 있습니다.

He **is personable, responsible, and reliable.**

그는 품위가 있고 책임감이 있으며 믿을 만합니다.

personable 품위 있는

He **is highly respected by** his **colleagues.**

그는 동료들에게 큰 존경을 받고 있습니다.

His **interpersonal skills are outstanding.**

그는 대인 관계 기술이 매우 뛰어납니다.

She has **made substantial contributions to the success of** her team.

그녀는 팀의 성공에 상당 부분 기여했습니다.

substantial 상당한

> **Tips & More**
>
> **■ 성격이나 능력을 나타내는 표현**
>
> | | | | |
> |---|---|---|---|
> | 칭찬할 만한 | admirable | 근면한 | hardworking |
> | 유능한 | capable | 정직한 | honest |
> | 능력 있는 | competent | 총명한 | intelligent |
> | 양심적인/성실한 | conscientious | 충실한 | loyal |
> | 사려 깊은 | considerate | 꼼꼼한 | meticulous |
> | 창조적인 | creative | 전문가다운 | professional |
> | 믿을 수 있는 | dependable | 신뢰할 만한 | reliable |
> | 부지런한 | diligent | 수완이 좋은 | resourceful |
> | 추진력이 있는 | driven | 책임감 있는 | responsible |
> | 경험이 있는 | experienced | 재치 있는 | tactful |
> | 활기찬 | energetic | 배려심 깊은 | thoughtful |
> | 열정적인 | enthusiastic | 믿을 수 있는 | trustworthy |
> | 성실성 | integrity | 다양한 능력 | a wide range of skills |
> | 진취성 | initiative | 넓은 경험 | broad experience |
> | 추진력 | drive | 대인 관계 기술 | interpersonal skills |
> | 눈에 띄는 능력 | outstanding skills | 문제 해결 능력 | a problem-solving ability |

3 입사 지원
Applying for a Job

KEY POINT   지원 동기와 경력에 대해 간결하게 언급한다

- 영어권에서 입사 지원 메일의 가장 중요한 목표는 인터뷰 기회를 얻기 위한 것이므로, 메일에서 신뢰를 잃지 않도록 철자나 문법 오류가 없는지 주의하기
- 먼저 지원하는 자리와 채용에 대해 알게 된 경위를 쓰고, 관련된 경력에 대해 간결하게 언급
- 이력서를 파일로 첨부할 경우 첨부 사실을 언급하기

SAMPLE

✉   — ↗ ✕

Subject	**IR Manager Position** IR 매니저 직
From	clairesong@email.com
To	recruit@yeonitnl.com

Dear Hiring Manager:

I am applying for the position of an IR manager advertised in the *International Herald Tribune* on September 18. With more than five years of experience as an IR team leader for a major IT firm in Korea, I am confident that I can bring valuable insights, experience, and skills to the position. My resume is attached in MS Word for your review. Thank you for your consideration.

Sincerely,
Claire Song

채용 담당자님께:
9월 18일 자《International Herald Tribune》지에 광고된 IR 매니저 직에 지원합니다. 한국에 있는 대형 IT 회사에서 IR 팀장으로 5년 이상 근무한 경험을 바탕으로, 소중한 통찰력과 경험 그리고 기술을 적용해 그 직책을 수행할 수 있다고 자신합니다. 검토하실 수 있도록 이력서를 MS Word로 첨부하였습니다. 고려해주셔서 감사합니다.
Chaire Song 드림

IR (= investor relations) 투자자 관계   **insight** 통찰력, 견식

In response to your ad for a brand manager, **I am excited to submit my application.**

브랜드 매니저를 구하는 광고를 보고 지원서를 내게 되어 기쁩니다.

Having served for the past five years **as** the domestic sales team leader for consumer products **at** DL Chemicals, **I would like to apply for the position of** domestic sales manager for chemical products.

지난 5년 동안 DL Chemicals에서 소비자 제품 국내 영업 팀장을 지낸 경력으로, 화학 제품 국내 영업 매니저 직에 지원하고자 합니다.

consumer product 소비자 제품

This is in response to your advertisement in the *Korea Herald* **for** an account manager.

《Korea Herald》 지에 실린 귀사의 고객 담당 매니저 채용 광고를 보고 메일 드립니다.

I have more than 10 years of **experience in the field of** electronics.

저는 전자 분야에서 10년 이상의 경력을 가지고 있습니다.

I am available for an interview **at your convenience** to discuss my accomplishments and experience further with you.

편하실 때 저의 성과와 경험에 대해 더 깊이 논의하기 위한 인터뷰에 응할 수 있습니다.

I would appreciate your giving me the opportunity to discuss my qualifications and experience in person.

직접 만나뵙고 저의 자격과 경력에 대해 말씀드릴 기회를 주시면 감사하겠습니다.

4 채용 통지
Offering Employment

채용 담당자의 이름과 연락처를 명시한다

- 합격 통보의 경우 축하의 말로 시작하며, 직무가 정해진 경우에는 직무 내용을 명시하기
- 채용된 사람이 추가 질문이 있을 때 답변해줄 수 있는 채용 담당자의 이름과 전화번호를 알려주기
- 상황에 따라 보수나 근무 조건과 같은 구체적인 사항도 쓸 수 있음
- 불합격 통보를 할 때는 지원해준 것에 대한 감사를 표시한 후, 간결하게 불합격되었음을 언급함

SAMPLE

Subject	**Offer of Employment** 고용 제안
From	suejeon@cig.co.kr
To	annayim@hotmail.com

Dear Mr. Im:

I am happy to inform you that CIG Insurance Korea can offer you the position of senior account manager, starting on July 1, 2025 at the salary discussed. To confirm your acceptance of this offer, please reply to this email. We at CIG look forward to working with you.

Best regards,
Sue Jeon

Im 님께:
CIG Insurance Korea는 당신을 선임 고객 관리자로 모시고자 함을 알려드리게 되어 기쁩니다. 근무는 2025년 7월 1일부터 시작되며, 연봉은 협의했던 대로입니다. 이 제안의 수락 확인을 위해, 메일로 회신 부탁드립니다. 저희 CIG는 당신과 함께 일할 것을 기대합니다.
Sue Jeon 드림

account manager 고객 관리자

Welcome aboard! `비격식`
입사를 축하합니다!

We are excited to welcome you to our team.
우리 팀원이 되셔서 매우 기쁩니다.

Congratulations on being accepted by Jay Imports **as our new** accountant.
Jay Imports의 새 회계사로 채용되신 것을 축하드립니다.

I am pleased to confirm the offer we made to you yesterday **for the position of** full-time lecturer.
어제 저희가 선생님께 제안드렸던 전임 강사직을 확정하게 되어 기쁩니다.

McAfee-Cromwell **is pleased to approve your application for the position of** consultant.
McAfee-Cromwell은 당신의 컨설턴트 직 지원을 승인하게 되어 기쁩니다.

We would like to offer a starting salary of $5,000 per month.
초봉으로 월 5천 달러를 제안하고 싶습니다.

starting salary 초봉

Your starting date will be on Monday, September 1.
근무 시작일은 9월 1일 월요일입니다.

With so many qualified applicants being considered, the decision was difficult, but your extensive work experience and enthusiasm during the interview led us to decide that you are the right candidate.
자격 있는 많은 지원자를 고려하느라 결정이 어려웠으나, 방대한 업무 경험과 면접에서 보여주신 열의 덕분에 당신을 적합한 지원자로 결정하게 되었습니다.

We are sorry to inform you that we are unable to offer you the position.
해당 직책을 제안할 수 없음을 알려드리게 되어 유감입니다.

Although you possess excellent qualifications, we are not hiring for that position at this time.
뛰어난 자격을 갖추고 계시지만, 현재 저희는 그 자리에 채용 계획이 없습니다.

We are not able to offer you a position with CKS **at this time.**
현재로서는 CKS의 자리를 제안드릴 수 없겠습니다.

Unfortunately, the position for which you have applied has already been filled.
유감스럽게도, 지원하신 자리는 이미 채용되었습니다.

Although you are highly qualified, we have decided to offer the position to someone with more experience in the European markets.
뛰어난 자격을 갖추고 계시지만, 저희는 유럽 시장 경험이 더 많은 분을 채용하기로 했습니다.

Although you made a good impression during the interview, we were looking for someone with a background in technology.
인터뷰에서 좋은 인상을 남기셨으나, 저희는 기술 분야에 경력이 있는 분을 찾고 있었습니다.

impression 인상　　background 경력

We appreciate your interest in Lexor and encourage you to apply again in the future.
Lexor에 대한 관심에 감사드리며, 추후 다시 지원하시기를 권해드립니다.

We will keep your application on file for future consideration.
추후 다시 고려할 수 있도록 지원서를 보관하고 있겠습니다.

for future consideration 추후 (다시) 고려할 수 있게

We wish you success in finding the right place.
맞는 곳을 찾는 데 성공하시기를 기원합니다.

Thank you for offering me the position of editor **at** Nero Books.
Nero Books의 편집자 자리를 제안해주셔서 감사합니다.

Thank you for your email of January 16 **offering me the position of** R&D manager **at** San Jose Software.
San Jose Software의 R&D 매니저 직을 제안하신 1월 16일 자 메일에 감사드립니다.

I am happy to accept your offer to join Century Chemicals **as** a researcher.
Century Chemicals의 연구직 입사 제안을 수락하게 되어 기쁩니다.

I am pleased to accept the position on the terms outlined in your email and confirm that I will start work on March 2.
메일에 설명하신 조건대로 이 직책을 수락하게 되어 기쁘며, 3월 2일에 근무를 시작할 수 있다는 확답을 드립니다.

I will report to work at 9 a.m., Monday, September 1.
9월 1일 월요일 오전 9시에 출근하겠습니다.

report to work 출근하다, 업무를 시작하다

I look forward to beginning work on April 28.
4월 28일에 업무를 시작하는 것이 기대됩니다.

Tips & More

■ Thank-You Email

미국이나 캐나다 같은 영어권 국가에서는 한국의 '공채' 개념이 없다. 대신 수시로 채용하는 경우가 많으며, 주로 신문이나 인터넷, SNS를 통한 구직 광고나 소개로 신입 사원이나 경력 직원을 채용한다. 또한, 전반적으로 그룹 면접보다는 일대일로 면접을 보게 된다. 이때 인터뷰는 일방적이지 않으므로 지원자도 희망 업체에 대해 궁금한 점이 있다면 질문을 하는 것이 좋다. 인터뷰를 마치고 며칠 내에 면접관에게 인터뷰해준 것에 대한 고마움을 간결하게 메일로 표현하는 것이 원칙이다.

Yesterday, I was offered another position, which I accepted.

어제 다른 자리를 제안받아 수락했습니다.

Although I appreciate your offer, I am sorry that I will be unable to accept the position.

제안은 감사하지만, 그 자리를 수락할 수 없게 되어 유감입니다.

Thank you for offering me the position of editor, **but I have already accepted an offer from another company.**

편집자 자리를 제안해주셔서 감사하지만, 이미 다른 회사의 제안을 받아들였습니다.

My present employer has offered me a new management **position, which I have decided to accept.**

저의 현 고용주가 저에게 새 관리직을 제안하였고, 저는 받아들이기로 했습니다.

5 사직
Resignation

KEY POINT 회사에 대한 좋은 감정을 언급한다

- 영어 속담 중 Don't burn your bridges.(기존 관계를 망치지 마라.)라는 말처럼 사직할 때는 향후의 관계를 고려하여 신중하게 사직서를 작성하기
- 먼저 퇴사 날짜를 정확히 표기한 후, 현 고용주가 기분이 상하지 않을 만할 이유를 제시하기
- 간결하게 현 직장의 장점과 평소 갖고 있던 좋은 감정도 언급하는 것이 좋음
- 경우에 따라 이미 구두로 사직 의사를 밝힌 상태라면 이유를 언급할 필요 없이 사직서를 짧게 작성하면 됨

SAMPLE

Subject	**Resignation** 사직
From	**peter@ollan.com**
To	**sandra@ollan.com**

Dear Sandra,

It is with much reluctance and regret that I submit my resignation, effective August 3, 2025. Meanwhile, I will gladly help in training my replacement. I will sorely miss the friendships formed here. I also wish to thank you for the guidance you have given me over the years.

Sincerely,

Peter

안녕하세요 Sandra,
정말 내키지 않고 아쉬운 마음으로 2025년 8월 3일 자로 사직서를 제출합니다. 그러나 저는 후임자 교육을 기꺼이 돕고자 합니다. 여기서 맺은 우정이 매우 그리울 겁니다. 그동안 주신 지도에도 감사드립니다.
Peter 드림

---

with much reluctance 정말 내키지 않는 마음으로   **submit** 제출하다   **guidance** 지도, 안내

With great reluctance, I am submitting my resignation.

내키지 않는 마음으로 사직서를 제출합니다.

I regret to inform you that I wish to give my two weeks' notice.

말씀드리기 죄송하지만, 2주 전 통지를 드리고자 합니다.

Please accept this email as formal notification of my resignation from the company, effective January 30.

이 이메일을 1월 30일 자 정식 사직서로 받아주세요.

My resignation will be effective February 12.

2월 12일 자로 사임합니다.

It is with great regret that I offer my resignation.

사직서를 드리게 되어 매우 유감입니다.

I hereby submit my resignation as market analyst, **to be effective** May 11.

격식

이로써 저는 5월 11일 자로 시장 분석가 직의 사직서를 제출합니다.

Tips & More

■ **Two Weeks' Notice**

관습상 미국과 캐나다에서는 사임할 때 '2주 전 통지'를 한다. 적어도 회사를 그만두기 최소 2주 전에는 통보하여 회사에서 후임자를 채용하는 등의 대책을 마련할 기회를 주는 것이다. 거의 모든 주나 지방에서는 법적으로 at-will employment를 적용하는 경우가 흔한데, 이것은 특별한 이유 없이도 고용주가 직원을 해고할 수 있고 직원도 회사를 그만둘 수 있다는 뜻이다.

As I mentioned during our discussion yesterday, **I could not pass up the opportunities and financial benefits presented by the offer.**

어제 논의 중 말씀드린 바와 같이, 그 제안으로 얻게 될 기회와 금전적 이득을 거절할 수 없었습니다.

pass up ~을 거절하다

I would like to explore new career options.

새로운 직업 선택 기회에 대해 알아보고 싶습니다.

After much careful reflection, I have decided to take time off to obtain additional education and pursue a different career path.

매우 신중히 숙고한 끝에, 저는 추가 교육을 받고 다른 직업의 길을 가기 위해 시간을 갖기로 했습니다.

reflection 숙고   pursue 추구하다

Although I have faced many exciting challenges in my present post, **I realized that it was time for me to expand my skills and have decided to** pursue an MBA.

현 직업에서 흥미로운 도전을 많이 했지만, 제 능력을 발전시켜야 하는 시기가 온 것을 깨닫고 MBA 과정을 밟기로 했습니다.

present post 현직

Recent personal difficulties have put more demands on my time than I can put into full-time work, and sadly, I have been forced to make this reluctant decision.

최근 저의 개인적인 문제들에 많은 시간이 요구되어 업무에 전적으로 집중하기 어려운 이유로, 아쉽지만 마지못해 이 결정을 내리게 되었습니다.

I will miss the friendships I formed here.

제가 여기서 맺은 인연을 잊을 수 없을 겁니다.

I have enjoyed working at Colors Korea.

Colors Korea에서 일하는 것이 즐거웠습니다.

For seven years, **I have enjoyed the camaraderie and the challenges my position offered.**

7년 동안 이 자리가 준 우정과 도전이 즐거웠습니다.

camaraderie 우정, 동지애

My association with KPD **has been a pleasant one.**

KPD와의 관계는 즐거웠습니다.

Thank you for your guidance during my time of employment at Dawn Holdings.

제가 Dawn Holdings에 몸담은 동안 저를 이끌어주신 것에 감사드립니다.

Thank you for the opportunities you have provided me during my valuable time with the company.

회사에서의 소중한 시간 동안 저에게 주신 기회에 대해 감사드립니다.

We accept your resignation with regret.

유감스럽지만 사직을 수리합니다.

It is with much mixed feelings that I accept your resignation. I am sorry to see you leave but also wish you the best in your future endeavors.

매우 착잡한 마음으로 사직을 수리하는 바입니다. 떠나시는 것이 안타깝지만 앞으로 시도할 일들에 행운을 빕니다.

endeavor 시도, 노력

The management at Namoo Inc. **regretfully accepts your resignation as** project manager.

Namoo Inc. 경영진은 유감스럽지만 당신의 프로젝트 매니저 사직을 수리합니다.

We thank you for your contribution to our organization.

회사에 대한 공헌에 감사드립니다.

Your expertise and leadership will be sorely missed.

우리는 당신의 전문성과 리더십을 매우 그리워할 것입니다.

Our best wishes go with you.

행운을 빕니다.

축하

Dictionary of Business Email Expressions

1 승진
Promotion

KEY POINT 격식을 갖춘 문장으로 축하한다

- 일반적으로 비즈니스 관계에서는 격식을 차린 문장으로 승진 소식에 대한 축하를 표현
- 내부 메일이나 친한 관계에서는 캐주얼한 어조 사용 가능
- 진심으로 축하하는 마음이 잘 전달되도록 하되, 너무 장황하지 않게 쓰기
- 지나치게 치켜세우기만 하는 것은 상대방의 기분을 들뜨게 만들 수도 있으니 비즈니스 관계에서는 피하는 것이 좋음

SAMPLE

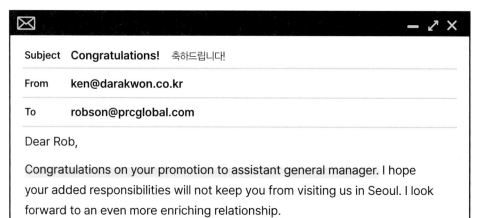

Subject **Congratulations!** 축하드립니다!

From ken@darakwon.co.kr

To robson@prcglobal.com

Dear Rob,

Congratulations on your promotion to assistant general manager. I hope your added responsibilities will not keep you from visiting us in Seoul. I look forward to an even more enriching relationship.

Warmest regards,

Ken

안녕하세요 Rob,

차장으로 승진하신 것을 축하드립니다. 늘어나는 업무로 서울 출장이 무산되지 않기를 바랍니다. 관계가 더욱더 증진되기를 기대하겠습니다.

Ken 드림

---

assistant general manager 차장 **enriching** 풍성한, 넉넉한, (질적으로) 향상된

Good news travels fast! 비격식
좋은 소식은 빨리 퍼지는군요!

★ **Congrats**, Terry! 비격식
축하해요, Terry!

You definitely deserved this promotion.
당연히 받으셨어야 할 승진입니다.

I can't think of a better person for the job.
그 자리에 더 어울리는 사람은 생각할 수 없네요.

I understand that congratulations are in order.
마땅히 축하를 받으셔야죠.

in order 합당한, 순서에 따라

★ **I just heard the news. Congratulations!**
방금 소식 들었습니다. 축하드려요!

★ **Congratulations on your promotion to** assistant manager.
대리로 승진하신 것을 축하드립니다.

assistant manager 대리

I was so happy to hear about your promotion to division general manager of North America.
북미 지역 본부장으로 승진하셨다는 소식을 듣고 무척 기뻤습니다.

Congratulations on your new position as a senior researcher.
선임 연구원으로 새로 임명되신 것을 축하드립니다.

I read about your promotion in an article. **Congratulations!**
기사에서 승진 소식을 보았습니다. 축하드립니다!

I was delighted to learn that you were promoted to vice president.

부사장님으로 진급하셨다는 것을 알고 매우 기뻤습니다.

Best wishes on your new assignment.

새로 맡으신 일이 성공하기를 기원합니다.

Congratulations on your promotion and your continuing success at Norvell.

승진과 Norvell에서 승승장구하심을 축하드립니다.

We were so pleased to learn that you were promoted to CEO.

CEO로 승진하셨다는 것을 알고 저희는 매우 기뻤습니다.

I extend my hearty congratulations on your promotion. 격식

승진에 진심 어린 축하를 보냅니다.

hearty 마음으로부터의

I would like to convey my warmest congratulations on your appointment as the new director of marketing.

신임 마케팅 이사로 임명되신 것에 진심에서 우러나오는 축하를 드리고 싶습니다.

convey 전달하다, 알리다

The announcement of your appointment as Senior Director of KCM **brings me great pleasure and delight, and I extend my sincerest congratulations.** 격식

KCM 전무이사로 선임되셨다는 발표를 듣고 매우 기뻤으며, 정말 진심으로 축하드립니다.

2 수상 및 사업상의 성공
Awards and Other Business Successes

KEY POINT 수상을 축하할 때는 상의 정확한 명칭을 사용한다

- 수상에 대한 축하 메일에서는 상의 정확한 명칭을 지키는 것이 예의
- 승진 축하와 마찬가지로 격식을 갖춘 표현을 사용하도록 함
- 어디서 들었는지 언급하면 자연스럽게 메일을 시작할 수 있음

SAMPLE

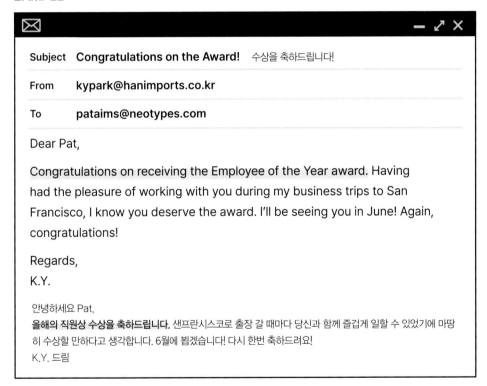

Subject	**Congratulations on the Award!** 수상을 축하드립니다!
From	kypark@hanimports.co.kr
To	pataims@neotypes.com

Dear Pat,

Congratulations on receiving the Employee of the Year award. Having had the pleasure of working with you during my business trips to San Francisco, I know you deserve the award. I'll be seeing you in June! Again, congratulations!

Regards,
K.Y.

안녕하세요 Pat,
올해의 직원상 수상을 축하드립니다. 샌프란시스코로 출장 갈 때마다 당신과 함께 즐겁게 일할 수 있었기에 마땅히 수상할 만하다고 생각합니다. 6월에 뵙겠습니다! 다시 한번 축하드려요!
K.Y. 드림

---

deserve ~할 만하다, ~을 할[받을] 만한 가치가 있다

It's great to hear that you received the award!

수상 소식에 정말 기뻐요!

I would like to add my own congratulations to the many that are already going your way.

이미 받고 계실 많은 축하 인사에 저의 축하도 더해드리고 싶습니다.

I was delighted to learn that your team's advertising campaign **has just won** the Advertisement of the Year **Award.**

그쪽 팀의 광고 캠페인이 최근 올해의 광고상을 수상했다는 것을 알고 기뻤습니다.

We are thrilled about SafiCo **making the list of** 100 Best Companies in California!

SafiCo가 캘리포니아의 100대 우수 기업 리스트 안에 들어간 것을 보고 감격했습니다!

thrilled 감격한

Let me offer my sincere congratulations upon your receiving this honor.

이번 상을 받으신 것을 진심으로 축하드립니다.

receive an honor 상을 받다

Please accept my heartiest congratulations on the much-deserved award.

당연히 받아야 할 상을 받으신 것에 진심 어린 축하를 드립니다.

hearty 진심 어린   much-deserved 매우 응당한

We take great pleasure in sending congratulations on your recent entry into the *Fortune* 500.

최근 《Fortune》 500 순위에 진입하신 것을 축하하게 되어 매우 기쁩니다.

the *Fortune* 500 미 《Fortune》 지 선정 500대 기업

I just heard the great news that you are the new president of the South Lake City's Rotary.

South Lake City's Rotary의 신임 회장이 되셨다는 기쁜 소식을 방금 들었습니다.

It was a pleasure to read in the *Korea Herald* **of your election as** president of the Korea Trade Society.

한국무역협회의 회장으로 선출되셨다는 것을 《코리아 헤럴드》에서 읽고 기뻤습니다.

My heartiest congratulations to you on your election to the C&C board of directors.

C&C의 이사회에 선출되신 것을 진심으로 축하드립니다.

It's so great to hear that the new product is now in the market.

신제품이 이제 출시되었다는 소식에 정말 기쁩니다.

Congratulations on the successful launch of the new model.

신모델의 성공적인 출시를 축하드립니다.

launch 출시, 진출, 착수

I was so pleased to hear that the new software **is doing well in the market.**

새 소프트웨어가 시장에서 반응이 좋다는 소식을 듣고 매우 기뻤습니다.

All of us at SeeComm **would like to congratulate** Texas South Development **on** the completion of the River Road Complex.

SeeComm 전 직원은 Texas South Development의 River Road Complex 완공을 축하드리고 싶습니다.

Allow me to congratulate you and your team **on** the opening of the new shopping mall.

당신과 팀원분들에게 새 쇼핑몰 오픈을 축하드리고 싶습니다.

293 　　　　　　　　　　연설·발표·기타

Congratulations on what was one of the finest presentations **I've seen.**

제가 본 최고의 발표 중 하나로 꼽을 만한 당신의 프레젠테이션에 대해 축하드립니다.

The slide designs **were impressive.**

슬라이드 디자인이 인상적이었습니다.

slide (파워포인트) 슬라이드

It was a brilliant speech.

훌륭한 연설이었습니다.

I especially liked the way you discussed the new product's marketing segmentation **in detail.**

신제품의 시장 세분화에 대해 상세히 다루신 방법이 특히 좋았습니다.

marketing segmentation 시장 세분화

I just read the article you wrote on project management in the May issue of *ENR*. **I'd like to congratulate you on** a superb article.

《ENR》 5월호에서 프로젝트 관리에 대해 쓰신 기사를 막 읽었습니다. 훌륭한 기사 축하드립니다.

superb 대단한

I am so pleased that you were admitted to the MBA **program** at Harvard. **Congratulations!**

하버드대학교 MBA 과정에 입학하게 되셔서 정말 기쁩니다. 축하드립니다!

MBA (= Master of Business Administration) 경영학 석사

Allow me to extend my heartiest congratulations on the publication of your book.

작가님의 책 출간에 대해 진심 어린 축하의 뜻을 전하고 싶습니다.

My warmest congratulations to you on getting accepted into the Ph.D. **program** at Seoul National University.

서울대학교 박사 과정에 들어가게 되신 것을 진심으로 축하드립니다.

Ph.D. (= Philosophiae Doctor / Doctor of Philosophy) 박사 학위

3 창립 기념
Founding Anniversary

KEY POINT　발전을 기원하는 상용 문구를 사용한다

- 간단하게 축하의 말을 전하고 보내는 사람과의 관계를 연결시켜 언급하기
- 상투적인 것처럼 보이더라도 격식을 차려 앞으로의 무궁한 발전을 기원하는 내용으로 이메일을 끝맺도록 함

SAMPLE

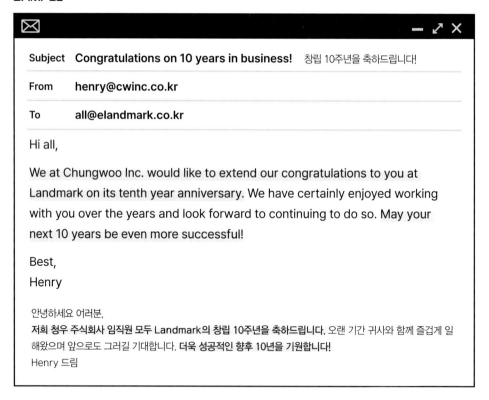

Subject	**Congratulations on 10 years in business!** 창립 10주년을 축하드립니다!
From	henry@cwinc.co.kr
To	all@elandmark.co.kr

Hi all,

We at Chungwoo Inc. would like to extend our congratulations to you at Landmark on its tenth year anniversary. We have certainly enjoyed working with you over the years and look forward to continuing to do so. May your next 10 years be even more successful!

Best,
Henry

안녕하세요 어러분,
저희 청우 주식회사 임직원 모두 Landmark의 창립 10주년을 축하드립니다. 오랜 기간 귀사와 함께 즐겁게 일해왔으며 앞으로도 그러길 기대합니다. 더욱 성공적인 향후 10년을 기원합니다!
Henry 드림

over the years 오랜 기간 (보통 이럴 때는 거래 기간을 구체적으로 언급하지 않고 '여러 해 동안'이라고 쓴다.)
even more 훨씬 더 (more successful이라고만 쓰면 '아직까지는 비교적으로 성공적이지 못했다'는 뉘앙스를 전달할 수 있다.)

20 years **is a significant milestone**! Congratulations!
20년은 의미 있는 이정표입니다! 축하드려요!

Congratulations on 10 **years in business.**
창립 10주년을 축하드립니다.

Congratulations on the tenth **anniversary of** Zebrand.
Zebrand의 창립 10주년을 축하드립니다.

All of us here at BusanTech **congratulate you at** Smith & Associates **on your** ten **years of outstanding contributions in the field of** construction.
저희 BusanTech의 임직원 모두는 Smith & Associates 여러분께서 10년 동안 건설 분야에 두드러진 기여를 하신 것에 대해 축하드립니다.

outstanding contribution 두드러진 기여   in the field of ~ 분야에서

Everyone here at Park & Kim **joins me in sending you our warmest congratulations on the** 5th **anniversary of** Staid Wellington.
저와 이곳 Park & Kim의 전 임직원은 Staid Wellington의 창립 5주년을 진심으로 축하드립니다.

On the occasion of the 20th **anniversary of** MedComm, **we would like to extend our sincere congratulations to you and everyone at** MedComm.
MedComm의 창립 20주년을 맞이하여 당신과 MedComm의 모든 분께 진심 어린 축하를 전하고 싶습니다.

on the occasion of ~을 맞이하여, ~에 즈음하여

295

Here's to many more years working with Colors Korea!
앞으로도 Colors Korea와 더 많은 시간 동안 함께 일하기를 기대합니다!

Best wishes from all of us at Xephone **on your continuing success.**
Xephone 임직원 모두는 귀사의 계속적인 성공을 기원합니다.

I am confident ABC **will continue its growth and prosperity in the coming years.**
앞으로도 ABC가 지속적으로 성장하고 번영할 것을 확신합니다.

We look forward to working with you for more years to come.
앞으로도 오랫동안 함께 일하기를 바랍니다.

We have greatly appreciated being your subcontractor **all these years and look forward to continuing to work with** CBC.
오랫동안 하청 업체로 선정해주심에 감사드리며 앞으로도 계속 CBC와 함께 일하길 기대합니다.

4 이전·신사옥 건축
Moving to or Opening New Headquarters

KEY POINT   **지속적인 관계 유지로 연결한다**

■ 다른 축하 메일과 마찬가지로 간단하게 축하 인사를 하고 보내는 사람과의 관계를 연결시키도록 함
■ 꾸준한 발전을 기원하며 끝맺기

SAMPLE

Subject   **Congratulations on your office relocation!**   사무실 이전을 축하드립니다!

From   erik@24export.co.kr

To   tselliot@usbiz.com

Hi TS,

Congratulations on moving your office to a new location. I understand the new office is in downtown Los Angeles. I look forward to visiting you soon and having a look around the city.

Regards,

Erik

안녕하세요 TS,
새로운 곳으로 사무실을 이전하게 된 것을 축하드립니다. 새 사무실이 로스앤젤레스 시내에 있는 것으로 알고 있습니다. **곧 방문하여 주변을 둘러볼 수 있기를 기대합니다.**
Erik 드림

---

relocation 장소 이전   **downtown** 시내, 중심가

Congrats! It's great to hear you've moved into a bigger **office near** Haeundae. `비격식`

축하해요! 해운대 근처에 있는 더 큰 사무실로 이전했다는 소식을 들으니 기쁘네요.

Congrats! 축하해요!

I heard your office is now in Apgujeong-dong. **Congratulations on the move.**

이제 당신의 사무실이 압구정동에 있다고 들었습니다. 이전을 축하합니다.

We heard you moved your office. Congratulations!

사무실을 이전했다고 들었습니다. 축하드립니다!

Congratulations on moving to a new building.

새 건물로 이전하게 된 것을 축하드립니다.

Congratulations on your office relocation.

사무실 이전을 축하드립니다.

I heard the great news that your business has bought its own building in Guro-dong.

구로동에 사옥을 구입하셨다는 기쁜 소식을 들었습니다.

297   신사옥 건축

Your new headquarters looks great!
신사옥이 아주 멋지더군요!

I wanted to tell you that Sanggo**'s new building in** Jong-ro **is simply outstanding.**
종로에 있는 Sanggo의 새 건물이 아주 멋있다고 말씀드리고 싶었습니다.

simply 아주, 정말로, 단순히

Congratulations on opening the new headquarters!
본사 신축 오픈을 축하드립니다!

I was pleased to learn that TBK **has moved into a new headquarters building.**
TBK가 새 본사 건물로 이전하게 된 것을 알고 기뻤습니다.

298   맺음말

Here's to your continued growth and prosperity!
지속적인 성장과 번영을 기원합니다!

We wish you continued success with your move.
이전과 함께 지속적인 성공이 있기를 기원합니다.

I look forward to continuing to work with you as you expand your business.
사업을 확장하심에 따라 계속 함께 일할 수 있기를 기대합니다.

5 개인적인 기념일
Personal Anniversaries

SAMPLE

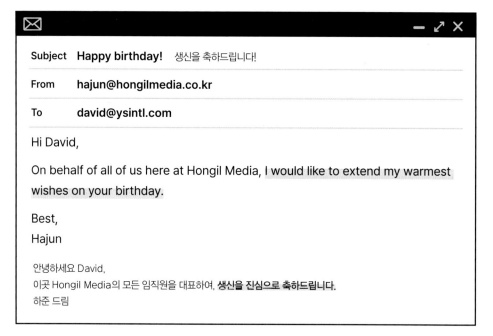

Subject **Happy birthday!** 생신을 축하드립니다!

From   hajun@hongilmedia.co.kr

To   david@ysintl.com

Hi David,

On behalf of all of us here at Hongil Media, I would like to extend my warmest wishes on your birthday.

Best,
Hajun

안녕하세요 David,
이곳 Hongil Media의 모든 임직원을 대표하여, 생신을 진심으로 축하드립니다.
하준 드림

on behalf of ~을 대표하여

299 생일

★ **Happy birthday!**
생일을 축하합니다!

Best wishes for a joyous birthday!
즐거운 생일 보내세요!

joyous 즐거운, 기쁜

Congratulations on your 30th **birthday.**
30번째 생일을 축하드립니다.

All of us here at Sunjo **send you our best wishes on your birthday.**
Sunjo의 모든 임직원이 생신을 진심으로 축하드립니다.

300 약혼·결혼

Congratulations on your engagement.
약혼을 축하드립니다.

I am delighted to hear that you and Laura **are getting engaged.**
Laura와 약혼하신다는 소식을 듣게 되어 기쁩니다.

Bob, **congratulations for finally tying the knot!** 비격식
Bob, 드디어 결혼하게 되었다니 축하해요!

tie the knot 결혼하다

I just heard the terrific news about your wedding. Congratulations!
결혼하신다는 기쁜 소식을 방금 들었습니다. 축하드립니다!

We couldn't be happier for the two of you.

두 분이 맺어지신 것에 더없이 행복합니다.

Best wishes on your wedding day!

결혼식 날 두 분의 행복을 빕니다!

Congratulations on your marriage.

결혼을 축하합니다.

I would like to wish you and your bride **all the joy and happiness in the world.**

당신과 신부가 이 세상의 모든 기쁨과 행복을 누리기를 기원합니다.

I wish you both all the happiness in the world.

두 분의 무한한 행복을 기원합니다.

We wish you all the happiness on your wedding day.

두 분의 결혼식 날에 무한한 행복이 있기를 바랍니다.

We would like to extend our best wishes on your marriage.

결혼에 축복을 기원합니다.

Our best wishes on starting a joyous and happy life together.

기쁘고 행복한 인생을 함께 시작하시게 된 것을 축하드립니다.

May your life together be full of joy and happiness.

함께하는 두 분의 삶이 기쁨과 행복으로 가득하기를 기원합니다.

6 한국 방문 및 귀국
Visiting or Returning to Korea

KEY POINT **환영의 뜻을 밝히고 만날 약속을 언급한다**

■ 방한한 사람에게는 날씨를 언급하거나 여행 중 힘든 점은 없었는지 물으며 환영의 인사를 전하기

■ 약속이 정해진 경우에는 다시 한번 날짜와 시간, 장소를 언급

■ 장기간 체류를 목적으로 오거나 긴 외국 생활을 마치고 돌아온 경우에는 너무 길지 않게 환영의 뜻을 밝히고, 조만간 연락하자거나 만나자는 언급으로 끝맺음

SAMPLE

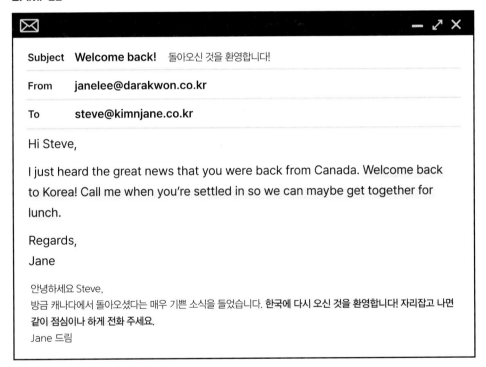

Subject **Welcome back!** 돌아오신 것을 환영합니다!

From janelee@darakwon.co.kr

To steve@kimnjane.co.kr

Hi Steve,

I just heard the great news that you were back from Canada. Welcome back to Korea! Call me when you're settled in so we can maybe get together for lunch.

Regards,

Jane

안녕하세요 Steve,
방금 캐나다에서 돌아오셨다는 매우 기쁜 소식을 들었습니다. 한국에 다시 오신 것을 환영합니다! 자리잡고 나면 같이 점심이나 하게 전화 주세요.
Jane 드림

settle in (편하게) 자리를 잡다 (보통 이사를 하거나 다른 지역으로 거처를 옮길 때 사용한다.)

Welcome to Korea!

한국에 오신 것을 환영합니다!

It's great to hear that you are back.

돌아오셨다니 반갑습니다.

I've just learned that you were back in Korea.

한국에 돌아오셨다는 것을 방금 알았습니다.

I just heard the news that you were back from the U.S.

미국에서 돌아오셨다는 소식을 방금 들었습니다.

Call me when you get a chance so that we can catch up.

만나서 밀린 이야기 나눌 수 있게 시간 되면 전화 주세요.

Let's have lunch **very soon!**

조만간 점심 같이 해요!

It'll be wonderful to catch up with you soon.

조만간 만나뵐 수 있으면 좋겠습니다.

It would be great to see you again.

다시 뵐 수 있으면 정말 좋겠습니다.

Please let me know when you are settled back in, and we can meet for lunch.

자리잡은 후에 알려주세요. 점심이나 함께하지요.

병가·사고 및 부고

Dictionary of Business Email Expressions

1 병가
Absence due to Illness

KEY POINT 업무 공백 기간의 대처 방법을 제시한다

- 병가를 알릴 때는 간결하게 배경과 이유를 적고 요청하는 기간을 제시하기
- 회사 방침에 의사 진단서 제출 규정이 있으면 이에 대해서도 언급
- 거래처나 협력 업체에 통지해야 하는 경우에는 간단히 병명 정도만 언급하고 언제 출근이 가능한지도 알리기
- 병가 기간 동안 업무를 대신 담당할 동료의 연락처를 기재

SAMPLE

Subject	**I'm Taking a Week off in a Hospital** 일주일간 입원으로 병가를 냅니다
From	**janlee@darakwon.co.kr**
To	**mindyk@dpcmedia.com**

Hi Mindy,

I don't want you to be alarmed, but I wanted to let you know that I'm currently hospitalized for a minor illness and will be back to work early next week. Until then, please contact Susan (415-123-4567) for anything you need for the project. I will call you when I'm back at work. Thanks!

Jan

안녕하세요 Mindy,
놀라게 해드리고 싶지 않지만, 제가 지금 가벼운 병으로 입원해 있어서 다음 주 초에 다시 출근할 것이라고 알려드립니다. 그때까지, 이번 프로젝트 건으로 필요하신 것은 Susan(415-123-4567)에게 연락하시기 바랍니다. 다시 출근하면 전화드리겠습니다. 고맙습니다!
Jan 드림

alarmed 놀라는, 염려하는   **hospitalize** 입원시키다

I've come down with a bad case of the flu.
심한 독감에 걸렸습니다.

come down with ~에 걸리다

I wanted to let you know that I will not be able to come in tomorrow.
내일 출근하지 못한다고 알려드리려고 합니다.

I have been in bed all weekend, **and I don't think I can report to work on** Monday.
제가 주말 내내 침대에 누워 있어요. 월요일에 출근 못 할 것 같습니다.

Over the weekend, **I was involved in** a skiing **accident and broke my leg.**
주말에 스키 사고를 당해 다리가 부러졌습니다.

Could I get your permission to take a day off to go see a doctor?
병원 진료를 위해 하루 휴가를 허락해주시겠어요?

I will need to stay home for several days to recover from the car accident.
교통사고에서 회복하려면 며칠간 집에서 쉬어야 합니다.

I am scheduled to see a doctor tomorrow **about my condition.**
내일 제 건강 상태에 대해 의사에게 진료를 받기로 예약을 잡았습니다.

I will bring the doctor's note to work on Wednesday.
수요일에 의사 진단서를 사무실로 가져가겠습니다.

doctor's note 의사 진단서

As I have been diagnosed with an acute pneumonia, **I am requesting a sick leave.**
급성 폐렴 진단을 받아 병가를 요청합니다.

diagnose 진단하다   acute pneumonia 급성 폐렴

I would like to formally request a week **off** next week to undergo an operation for kidney stones.

신장 결석 제거 수술을 받기 위해 다음 주에 정식으로 일주일간의 휴가를 요청하고 싶습니다.

undergo an operation 수술을 받다

In compliance with the company policy, I will forward the medical report to you after the operation.

회사 방침에 따라 수술 후에 의료 진단서를 보내드리겠습니다.

in compliance with ~에 따라, 응하여   medical report 의료 진단서

304 외부에 병가 알리기

I was on sick leave last week, but I'm back to work now.

지난주에 병가를 냈었는데 이제 다시 출근했습니다.

I am sorry that I wasn't able to tell you sooner, but I had to get an emergency surgery on my leg last month.

더 일찍 말씀드리지 못해서 죄송하지만, 지난달에 다리에 응급 수술을 받아야 했습니다.

Although I was bedridden for almost a week**, I am now fit as a fiddle.**

거의 일주일간 침대에 누워 있었지만, 지금은 아주 건강합니다.

bedridden 침내에 누워 있는   fit as a fiddle 매우 건강한

I was involved in a car collision last week **and had to spend** the entire week **in the hospital.**

지난주에 자동차 충돌 사고를 당해 일주일 내내 병원에서 보내야 했습니다.

car collision 자동차 충돌 사고

305 회사에 동료의 병가 전달

I got a call from Aaron this morning, **and** he **said** he's got a high fever and **can't come into work** today.

오늘 아침에 Aaron으로부터 전화를 받았는데, 열이 많다며 오늘 출근을 못 한다고 하더군요.

Jane **called me** on Sunday **to tell me** she**'s in the hospital.**

Jane이 일요일에 저에게 전화해서 입원 중이라고 말했습니다.

When I called him early this morning, **he sounded pretty sick.**

제가 오늘 아침 일찍 그에게 전화했을 때, 목소리가 많이 아픈 것처럼 들렸습니다.

He **said** he **would bring in a doctor's note** tomorrow.

그는 내일 의사 진단서를 가져오겠다고 했습니다.

She **was taken to the hospital in an ambulance** last night.

그녀는 어젯밤에 구급차로 병원에 실려갔습니다.

306 외부에 동료의 병가 전달

Mr. Lee **had to be hospitalized.**

이 씨는 입원해야만 했습니다.

While his **injuries are not severe,** he **will still need to take** a few weeks **off.**

그의 부상이 심하지는 않지만, 그래도 몇 주를 쉬어야 한답니다.

He **is expected to be on leave for** a month, **and I can assist you in the meantime.**

그는 한 달 동안 병가를 낼 것이며, 그사이에는 제가 도와드리겠습니다.

in the meantime 그사이에

He **wanted to tell you personally, but because of** his **current condition,** he **asked me to convey the message.**

그분이 직접 말씀을 드리고 싶어하셨지만, 현재 건강 상태 때문에 저에게 메시지를 전해달라고 요청하셨습니다.

> convey 전하다, 나르다

307　업무 공백 대처 방안

Until Cathy **returns to work, I'm taking over** her **duties.**

Cathy가 다시 출근할 때까지, 제가 업무를 대신합니다.

Mr. Kim **can still be reached on the phone or via email.**

전화로나 메일로 김 씨와 여전히 연락하실 수 있습니다.

> via ~을 통해

Sandra Jeong **will take on my duties until I recover.**

제가 회복될 때까지 Sandra Jeong이 제 업무를 맡아줄 겁니다.

> take on ~을 맡다

I can continue to take your orders on the phone or via email.

저는 전화나 메일로 주문을 계속 받을 수 있습니다.

Since the doctors have prescribed R&R for me, I will be working for a while from home.

의사들이 저에게 휴식을 취하라고 했으므로, 얼마간은 재택 근무를 하게 되었습니다.

> R&R (= rest and relaxation) 휴식, 휴양

2 위로와 격려: 건강 관련
Comfort and Encouragement: Illness

SAMPLE

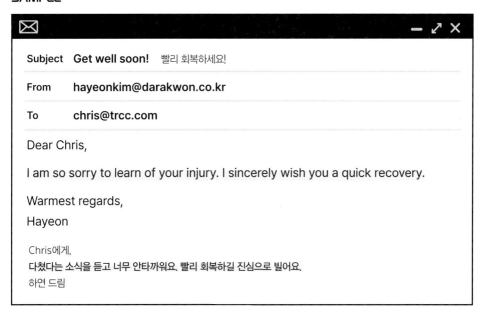

Subject   **Get well soon!**   빨리 회복하세요!

From   **hayeonkim@darakwon.co.kr**

To   **chris@trcc.com**

Dear Chris,

I am so sorry to learn of your injury. I sincerely wish you a quick recovery.

Warmest regards,
Hayeon

Chris에게,
다쳤다는 소식을 듣고 너무 안타까워요. 빨리 회복하길 진심으로 빌어요.
하연 드림

recovery 회복

Tom **emailed me about your accident** last week.
Tom이 이메일을 보내서 당신이 지난주에 사고를 당했다고 했어요.

I'm sorry to hear that you've been under the weather lately.
요새 건강이 안 좋으시다니 안타깝네요.

> under the weather 건강이 안 좋은

I was relieved that the accident wasn't very serious.
그다지 큰 사고가 아니라니 한시름 놓았습니다.

I was so surprised to find out today **that you were in the hospital. Get well soon.**
병원에 입원하셨다는 것을 오늘 알게 되어 많이 놀랐습니다. 얼른 회복하세요.

We were all worried after receiving the news of your accident, but Siyoung **told us you were okay.**
사고 소식을 듣고 우리 모두 걱정했는데, 시영 씨가 당신이 무사하다고 그러더군요.

I was just told of your illness, and I wish you a quick return to health.
병환 소식을 방금 들었습니다. 건강을 빨리 되찾으시길 바랍니다.

We were all sorry to learn that you will be in the hospital for a week.
일주일간 병원에 입원하시게 될 것이라는 소식에 우리 모두 안타까웠습니다.

The news of your emergency surgery was quite a shock for us.
응급 수술을 받으신다는 소식에 우리 모두 매우 놀랐습니다.

★ **Get well soon!**
빨리 회복하세요!

We're all rooting for you, Ken!
Ken, 우리 모두 당신을 응원하고 있어요!

root for ~을 응원하다

You'll be back on your feet in no time.
곧 회복되실 거예요.

back on (one's) feet 회복하다, 다시 일어서다   in no time 곧, 즉시

We are all thinking of you.
우리 모두 당신을 생각하고 있습니다.

I hope you'll be back at work soon.
곧 업무에 복귀하시기를 바랍니다.

Everything is being taken care of, so don't worry about anything on this end.
모든 일이 잘 처리되고 있으니, 여기 일은 아무 걱정하지 마세요.

Take it easy and get some rest while you can.
걱정하지 마시고 가능할 때 휴식을 취하세요.

take it easy 쉽게 생각하다, 걱정하지 않다, 진정하다

Best wishes for a speedy recovery.
빠른 회복을 빕니다.

I hope you feel a little better every day.
나날이 좋아지시기를 바랍니다.

Please email me when you feel up to it, but in the meantime, don't rush anything.

지금은 아무것도 서두르지 마시고 마음이 내킬 때 메일 주세요.

> feel up to ~을 해낼 수 있을 듯한 마음이 들다, 감당하다   in the meantime 그동안에는, 그럭저럭 하는 동안에는

I want to help in any way I can, so let me know if there's anything I can do.

어떻게든 도움이 되고 싶으니 제가 할 수 있는 일이 있으면 알려주세요.

310 　　　　다른 사람에 대해 들었을 때

I hope it's nothing serious.

큰 병이 아니기를 바랍니다.

I hope he gets better soon.

그가 빨리 회복되기를 바랍니다.

I'm sorry that Sarah hasn't been feeling well these days.

Sarah가 요즘 들어 몸이 안 좋다니 안타깝군요.

I'm sorry to hear about your wife's unfortunate accident yesterday.

부인께서 어제 안타까운 사고를 당하셨다니 유감입니다.

We at Yowon Trading are sorry to learn of your son's illness.

Yowon Trading의 전 임직원은 아드님이 병중이라는 소식을 듣고 안타까워하고 있습니다.

311

회복 소식에 대한 반응

I knew you wouldn't be laid up at the hospital very long.

병상에 오래 누워 계시지 않으리라는 걸 알았습니다.

be laid up (with) (~ 때문에) 몸져눕다

It's great that you'll be back to work soon.

곧 회사로 복귀하신다니 정말 잘됐습니다.

It was great to hear that you've had an early recovery!

빨리 회복하셨다는 소식을 듣고 정말 기뻤습니다!

I'm so happy to hear that the surgery went well and you're back home.

수술이 잘되어 퇴원하셨다니 정말 기뻐요.

I'm so pleased to hear that you're out of the hospital.

퇴원하셨다니 정말 기쁩니다.

3 위로와 격려: 재난 • 사고
Comfort and Encouragement: Misfortune

KEY POINT 도울 준비가 되어 있다는 말로 마무리한다

- 상대방이 겪고 있는 어려움이 무엇인지 언급하고 안타까운 심정을 전하기
- 용기를 주는 말을 건네되, 형식적인 말이나 현실성이 없는 막연한 말은 피하기
- 맺음말에는 도울 일이 있으면 기꺼이 돕겠다는 뜻을 표현

SAMPLE

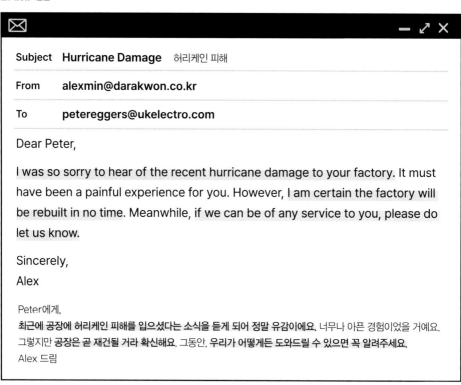

Subject **Hurricane Damage** 허리케인 피해

From alexmin@darakwon.co.kr

To petereggers@ukelectro.com

Dear Peter,

I was so sorry to hear of the recent hurricane damage to your factory. It must have been a painful experience for you. However, I am certain the factory will be rebuilt in no time. Meanwhile, if we can be of any service to you, please do let us know.

Sincerely,
Alex

Peter에게,
최근에 공장에 허리케인 피해를 입으셨다는 소식을 듣게 되어 정말 유감이에요. 너무나 아픈 경험이었을 거예요. 그렇지만 공장은 곧 재건될 거라 확신해요. 그동안, 우리가 어떻게든 도와드릴 수 있으면 꼭 알려주세요.
Alex 드림

---

meanwhile 한편, 동시에   **be of any service to** ~에게 도움이 되다

We were stunned to hear that such a strong earthquake had hit your area.
그렇게 큰 지진이 살고 계신 지역을 강타했다는 소식을 듣고 굉장히 놀랐습니다.

stunned 깜짝 놀란

We sincerely hope that no one was injured during the earthquake.
지진으로 인한 부상자가 없기를 진심으로 바랍니다.

I do hope things are not so bad there in Northern California.
그곳 캘리포니아 북부 지역의 상황이 심각하지 않기를 바랍니다.

We were quite concerned when we learned about the flooding in the
South Gate store.
저희는 South Gate 매장에 물난리가 났다는 소식을 듣고 크게 걱정했습니다.

We were distressed to hear of the hurricane that swept through your town,
but we are so relieved to hear that no one was hurt.
허리케인이 도시를 휩쓸었다는 소식에 마음이 아팠습니다만 아무도 다치지 않았다 하니 안심이 됩니다.

be distressed 마음이 아프다

We just learned of the fire at your office.
그쪽 사무실에 불이 났다는 소식을 방금 들었습니다.

I was so sorry to hear that there was a fire in your factory.
그쪽 공장에 불이 났다는 소식을 듣고 정말 안타까웠습니다.

We felt bad when we heard the news of the burglary.

강도가 들었다는 소식을 듣게 되어 유감입니다.

burglary 강도 (행위)

We were all sorry to hear about the unfortunate incident at the office.

그쪽 사무실에서 불미스러운 사고가 발생했다는 소식에 안타까웠습니다.

We were shocked to learn that there was an accident at the project site.

공사 현장에서 사고가 났다는 것을 알고 매우 놀랐습니다.

I was sorry to hear that one of your foremen was injured yesterday.

어제 현장 주임 한 분이 다치셨다니 유감입니다.

foreman (공사판의) 현장 주임, 십장

I just learned a big fight had broken out at your restaurant. **I hope everyone is okay.**

그쪽 식당에서 큰 싸움이 벌어졌다는 걸 방금 알았습니다. 모두 무사했으면 좋겠습니다.

314 개인적 불행

I'm surprised that the company would include you in its recent layoffs.

사측의 최근 정리 해고 대상에 포함되셨다니 뜻밖입니다.

layoff 정리 해고

I was told your son dropped out of college. **That's really too bad, since** he's a smart kid.

아드님이 대학을 그만뒀다고 들었습니다. 똑똑한 아이인데 정말 안타깝군요.

drop out 중퇴하다

I'm sorry to hear about your divorce.

이혼하셨다니 유감입니다.

John told me that your divorce is now final. **I offer my heartfelt sympathies as it must have been a difficult time for you.**

당신의 이혼 수속이 이제 끝났다고 John이 얘기해주더군요. 힘든 시기였을 텐데 진심 어린 위로를 보냅니다.

We were sorry to hear the unfortunate news of the bankruptcy.

안타까운 부도 소식에 유감을 표합니다.

---

315 격려

Hang in there. `비격식`
힘내세요.

> hang in there 버티다, 참고 있다

Keep your chin up. `비격식`
기운 내세요.

> keep one's chin up 기운 내다, 용기를 잃지 않다

It's just a temporary setback, so don't let it get you down.
잠깐의 후퇴일 뿐이니 낙심하지 마세요.

> setback 후퇴, 실패

I have no doubt that you will overcome this situation soon.
곧 이 상황을 이겨내실 거라고 믿습니다.

You must feel overwhelmed now, but you will overcome this.
지금은 감당하기 어려우시겠지만 이겨내실 겁니다.

I know that you must be disappointed about not getting the promotion you deserve, but I'm sure that it's only a matter of time that the company recognizes your talents.
승진하셔야 마땅한데 그렇지 못해서 실망하셨겠지만, 회사가 당신의 능력을 알아보게 되는 건 시간 문제라고 확신합니다.

I was surprised to hear that you lost your job, **but with** your skills and experience, **I'm sure you'll** find a better one.

실직하셨다는 소식을 듣고 놀라긴 했지만, 당신의 기술과 경험을 바탕으로 더 좋은 일자리를 구하실 것이라 확신합니다.

With your own vast experience and a great staff, **I am confident that all things will be back in order very soon.**

당신의 폭넓은 경험과 훌륭한 직원들이 있으니 모든 것이 곧 제자리를 찾을 거라고 확신하고 있습니다.

316 맺음말

We would like to help in any way we can.

저희가 어떻게든 도움이 되고 싶습니다.

Please let us know how we can assist you.

저희가 어떻게 도와드릴 수 있을지 알려주세요.

If there is anything we can do to help speed up the recovery, **please let us know.**

빠른 복구를 위해 저희가 도와드릴 일이 있으면 뭐든 알려주세요.

4

부고
Someone's Passing

KEY POINT **조의를 표하는 방법을 알린다**

- 부고 메일에서는 유감 표현과 함께 고민의 사망 날짜, 장례식에 대한 정보, 화환이나 조의금에 대해 유가족이 요청한 내용을 간결하게 작성하기
- 참고로, 영어권에서는 특정 형식으로 신문 부고란을 통해 부고를 내며, 유가족과 가까운 지인에게는 흔히 인쇄된 카드나 손으로 직접 쓴 편지를 보냄

SAMPLE

✉	— ↗ ✕

Subject **Memorial Service for Mr. Mike Howard**   Mike Howard 씨의 추도식

From   **stephen@siloen.com**

To   **all@siloen.com**

Dear all:

It is with deep regret and sadness that we announce the death of Mr. Mike Howard on January 4. After a long battle with cancer, he passed away peacefully in his sleep at the age of 58. His memorial service will be held tomorrow at 3:00 p.m. at the Icheon Chapel. Everyone is invited to attend.

Sincerely,

Stephen Lee

안녕하세요 여러분:
깊은 유감과 슬픈 마음으로 1월 4일 Mike Howard 씨께서 **별세하셨음을 알려드립니다.** 암과의 오랜 투병 끝에 58세의 나이로 수면 중에 평안하게 돌아가셨습니다. 고인의 **추도식은 내일 오후 3시에** 이천 예배당에서 **거행됩니다.** 모든 분을 초대합니다.
Stephen Lee 드림

---

memorial service 추도식 **battle** 투쟁 **pass away** 별세하다 **chapel** 예배당

I'm sorry to tell you that Stephen **died on** March 27 in a car accident.

Stephen이 3월 27일 자동차 사고로 사망했음을 알리게 되어 유감입니다.

We were surprised at his **sudden passing.**

저희는 그의 갑작스러운 죽음에 놀랐습니다.

He had fought his **illness bravely for many years.**

고인은 수년간 용감하게 투병하셨습니다.

fight one's illness 투병하다

With great sadness, we announce the passing of Mr. Tim Hoff.

매우 슬픈 마음으로 Tim Hoff 씨의 별세를 알려드립니다.

It is with deep regret that I have to inform you of the death of our beloved colleague, John Christensen.

저희의 소중한 동료인 John Christensen의 죽음을 깊은 애도로 전해드리게 되었습니다.

Tips & More

■ Passing vs. Death

이메일에서 death라는 단어를 쓰는 것이 꺼려질 수 있으므로, 비교적 완곡한 어구인 passing이라는 단어를 대신 사용하는 경우가 많다. 원래 명사로 '경과'나 '통과'를 의미하는 passing은 격식을 차려 '죽음'을 뜻하기도 한다.

The funeral will be held at 3 p.m. on Thursday, November 14, **at** Sangju Funeral Home.
장례식은 11월 14일 목요일 오후 3시에 상주 장례식장에서 거행됩니다.

John Christensen**'s funeral service will take place** on Friday, February 7 at 10 a.m.
John Christensen의 장례식은 2월 7일 금요일 오전 10시에 거행됩니다.

His funeral service will be held privately for family and relatives only.
고인의 장례식은 가족과 친지만을 모시고 비공개로 치러질 예정입니다.

privately 비공개로

Those who wish to attend are encouraged to do so.
원하시는 분들은 참석하시기를 권합니다.

We have been asked not to send flowers.
화환을 보내지 말아달라는 부탁이 있었습니다.

The family wishes no donations.
유가족은 조의금을 원하지 않습니다.

(funeral) donation 조의금

5 애도
Expressing Sympathy

KEY POINT **간결하되 진심이 느껴지도록 표현한다**

- 고인의 이름을 알면 이름을 언급하고, 애도하는 마음을 간결하면서도 진심이 느껴지도록 표현
- 본문에서 고인과의 인연이나 추억을 언급하면 상대방에게 위로가 될 수 있음
- 마지막으로 상대방을 위로하는 문장으로 마무리

SAMPLE

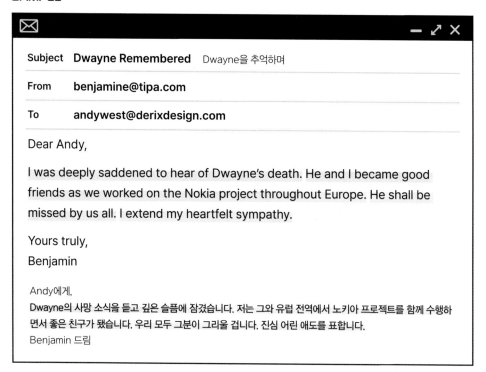

Subject **Dwayne Remembered** Dwayne을 추억하며

From **benjamine@tipa.com**

To **andywest@derixdesign.com**

Dear Andy,

I was deeply saddened to hear of Dwayne's death. He and I became good friends as we worked on the Nokia project throughout Europe. He shall be missed by us all. I extend my heartfelt sympathy.

Yours truly,
Benjamin

Andy에게,
Dwayne의 사망 소식을 듣고 깊은 슬픔에 잠겼습니다. 저는 그와 유럽 전역에서 노키아 프로젝트를 함께 수행하면서 좋은 친구가 됐습니다. 우리 모두 그분이 그리울 겁니다. 진심 어린 애도를 표합니다.
Benjamin 드림

---

saddened 슬픔에 잠긴   **heartfelt** 진심에서 우러나온

I was told today about the loss of your mother.

어머님께서 별세하셨다는 소식을 오늘 들었습니다.

I learned only yesterday **of** your mother**'s death.**

모친께서 별세하셨다는 소식을 어제에서야 알게 됐습니다.

We were shocked to hear that Cynthia **passed away** last night.

우리는 어제저녁에 Cynthia가 세상을 떠났다는 소식을 듣고 큰 충격을 받았습니다.

I was deeply distressed to hear about your son**'s sudden death.**

아드님의 갑작스러운 사망 소식에 마음이 매우 아팠습니다.

distressed 슬픈, 괴로운

I was saddened to hear of your father**'s passing.**

선친께서 돌아가셨다는 소식을 듣고 슬픔에 잠겼습니다.

It was with profound sorrow that I learned of your husband**'s untimely death.**

부군의 때아닌 사망 소식을 듣고 깊은 슬픔에 빠졌습니다.

profound 깊은, 심한   untimely 때아닌

It was with great sadness that I learned of your wife**'s passing.**

부인의 사망 소식에 큰 슬픔을 느꼈습니다.

All of us here at Shincheon Electronics **are saddened by the death of** your executive vice president, J. D. Colbert.

Shincheon Electronics 임직원 모두는 귀사의 부사장이신 J. D. Colbert 씨의 임종을 슬퍼하고 있습니다.

320 애도

Please accept our deepest sympathy.
심심한 조의를 표합니다.

We extend our sincere sympathy.
진심 어린 애도를 전합니다.

Please extend our condolences to your family.
유가족에게 애도의 뜻을 전합니다.

condolence 애도

Please accept our heartfelt sympathy in your time of deep sorrow.
슬픈 일을 당하신 중에 저희의 진심 어린 애도의 뜻을 전합니다.

Please accept my late but heartfelt sympathy.
늦었지만 진심 어린 애도의 뜻을 표합니다.

321 고인에 대한 언급

Stephanie was generous, warm, and wise.
Stephanie는 너그럽고 따뜻하며 현명한 사람이었지요.

Kirk was a real friend, always ready to help me.
Kirk는 항상 절 도와주려고 했던, 진정한 친구였습니다.

He was always patient with my lack of English.
그분은 저의 부족한 영어에도 항상 인내심을 갖고 대해주셨습니다.

When I was feeling a little out of place, he **helped me** adjust to the culture in the U.S.

제가 잘 적응하지 못하고 있을 때 그는 제가 미국 문화에 적응하도록 도와주었습니다.

out of place 어울리지 않는, 동떨어진

He was always optimistic and affected everyone he met in a positive way.

그는 항상 낙천적이었고 만나는 사람 모두에게 긍정적인 영향을 주었습니다.

I had the privilege of working with him for the last 5 years.

지난 5년간 저는 그와 함께 일하는 특권을 누렸습니다.

privilege 특권

I remember so well when Frank took the time to show me around Chicago. **I was truly grateful.**

Frank가 시간을 내서 저에게 시카고를 구경시켜준 기억이 생생합니다. 진심으로 고마웠죠.

Paul **meant more to me than just** a business associate. During my many business trips to Nevada, **we became good friends**.

저에게 Paul은 사업상 동료 그 이상이었습니다. 잦은 네바다주 출장 중에 우리는 가까운 친구가 되었습니다.

associate 동료

322 맺음말

We will miss him.

그분이 그리울 겁니다.

Our love is with you.

우리의 사랑을 보냅니다.

Our thoughts are with you.

애도의 뜻을 표합니다.

If there is anything we can do to help, by all means let us know.

저희가 도와드릴 수 있는 일이 있으면 부디 알려주시기 바랍니다.

by all means 부디, 확실히

Your grief is shared by many who loved him.

그를 사랑했던 많은 사람들이 당신의 슬픔을 함께하고 있습니다.

May your memories be a source of comfort.

(고인과의) 추억이 위로가 될 수 있기를 기원합니다.

323   애도를 강조하는 결구

Bless you,

축복이 있기를

With much sympathy,

심심한 위로를 전하며

In deepest sympathy,

깊은 애도를 표하며

Appendix

영어 이메일을 살리는 필수 표현

① 직업별 호칭(인사말)

전문직

직업	호칭(인사말)
의사, 치과 의사 및 수의사 Physician, Dentist & Veterinarian	Dear Dr. (Last Name):
교수 Professor	Dear Professor (Last Name):
판사 Judge	Dear Judge (Last Name):

정치가, 고위 관료

직업	호칭(인사말)
미국 대통령 U.S. President	Dear Mr./Madam President:
다른 나라 대통령 President	Dear Mr./Madam President/Excellency:
영부인/영부군 Spouse of President	Dear Mr./Mrs. (Last Name):
수상 Prime Minister	Dear Mr./Mrs./Ms. Prime Minister/Excellency:
부통령 Vice President	Dear Mr./Madam Vice President:
미국 연방 대법원 재판관 Associate Justice of the U.S. Supreme Court	Dear Mr./Madam Justice:
미국 연방 상원의원 U.S. Senator	Dear Senator (Last Name):
미국 연방 하원의원 U.S. Representative	Dear Mr./Mrs./Ms. (Last Name):
미국 연방 장관 U.S. Cabinet Member	Dear Mr./Madam Secretary:
미국 대사 The American Ambassador	Dear Mr./Madam Ambassador:
타국 대사 Ambassador	Dear Mr./Madam Ambassador/Excellency:
미국 주지사 Governor	Dear Governor (Last Name):
미국 주의원 State Senator, Representative or Assemblymember	Dear Mr./Mrs./Ms. (Last Name):
미국 시장 Mayor	Dear Mayor (Last Name): Dear Mr./ Mrs./Ms. (Last Name):

성직자

· 천주교 Catholic

직업	호칭(인사말)
교황 The Pope	Your Holiness: Most Holy Father:
추기경 Cardinal	Your Eminence: Dear Cardinal (Last Name):
주교 및 대주교 Bishop & Archbishop	Your Excellency: Dear Bishop/Archbishop (Last Name):
고위 성직자 Monsignor	Right Reverend Monsignor: Dear Monsignor (Last Name):
신부 Reverend	Reverend Sir: Dear Father (Last Name):
수녀원장 Reverend Mother	Dear Mother (Full Name):
수녀 Nun	Dear Sister (Full Name):

· 개신교 Protestant

직업	호칭(인사말)
성공회 성직자 Episcopal Clergy	Dear Bishop: Dear Dean:
신학 박사 학위가 있는 목사 Clergy with Doctor of Divinity Degree	Dear Dr. (Last Name): Dear Reverend (Last Name):

· 유대교 Jewish

직업	호칭(인사말)
랍비 Rabbi	Dear Dr. (Last Name): Dear Rabbi (Last Name):

· 이슬람교 Muslim

직업	호칭(인사말)
지도자 Imam	Dear Imam (Last Name):

교육자

직업	호칭(인사말)
대학 총장 President of a College or University	Dear Dr. (Last Name):
대학 학장 Dean	Dear Dean (Last Name):

군인

• 국군, 공군 및 해병대 Army, Air Force & Marine Corps

직업	호칭(인사말)
장군 General	Dear General (Last Name):
소장 Major General	Dear General (Last Name):
중령 Lieutenant Colonel	Dear Colonel (Last Name):
대위 Captain	Dear Captain (Last Name):
소위 Second Lieutenant	Dear Lieutenant (Last Name):
준위 (미국) Warrant Officer	Dear Mr./Ms. (Last Name):
특무상사 (미국) Sergeant Major	Dear Sergeant Major (Last Name):
상사 / 1등 중사 (미국) Master Sergeant	Dear Sergeant (Last Name):
하사관 Sergeant	Dear Sergeant (Last Name):
상등병 Corporal	Dear Corporal (Last Name):
이등병 Private First Class / Private	Dear Private (Last Name):
항공병 Airman First Class, Airman or Basic Airman	Dear Airman (Last Name):

• 해군 Navy

직업	호칭(인사말)
해군 대장 Admiral	Dear Admiral (Last Name):
해군 소장 (미국) Rear Admiral	Dear Admiral (Last Name):
대령 Captain	Dear Captain (Last Name):
소령 Lieutenant Commander	Dear Commander (Last Name):
대위 (미국/영국) Lieutenant	Dear Mr./Ms. (Last Name):
소위 (미국) Ensign	Dear Mr./Ms. (Last Name):
준사관 Warrant Officer	Dear Mr./Ms. (Last Name):
사병 Enlisted Personnel	Dear Mr./Ms. (Last Name):

② 편견을 나타내지 않는 중립적 용어

우리말	차별적 용어	중립적 용어
아시아인	Oriental	Asian
흑인	Negro	African-American, African-Canadian, Black
주부들	wives	spouses
주부	housewife	homemaker
여대생	college girl	college woman
숙녀	lady	woman
원시인	cavemen	cave dwellers
(남녀 공학의) 여학생	coed	student
18세 이상의 여자	girl (over 18)	woman
맨홀	manhole	access hole, utility hole
인류	mankind	humanity, people, human beings, humankind
인조의	man-made	manufactured, synthetic
1인당 1시간의 노동량	man-hour	staff-hour
유인의	manned	staffed
사업가	businessman	businessperson
회장	chairman	chair, chairperson
성직자	clergyman	member of the clergy, minister, pastor
동포	countryman	citizen, fellow citizen
기능공	craftsman	artisan, crafter
제도공	draftsman	drafting technician, drafter, designer
소방관	fireman	firefighter
어부	fisherman	fisher
현장 주임	foreman	work supervisor
문외한	layman	layperson, non-specialist
우유 배달원	milkman	milk deliverer
경찰관	policeman	police officer
집배원	postman	letter carrier, postal worker
영업 사원	salesman	salesperson, sales agent, sales rep
판매 기술	salesmanship	sales skills, sales technique

우리말	차별적 용어	중립적 용어
대변인	spokesman	spokesperson
운동선수	sportsman	athlete, player
스포츠맨 정신	sportsmanship	fair play
정치가	statesman	state leader
상인	tradesman	trader, shopkeeper
기상학자, 기상 캐스터	weatherman	meteorologist, weather forecaster
여자 승무원	stewardess	flight attendant
노동자	workman	worker
미 상원의원	Congressman	member of Congress, Congressional representative
국회의원	Assemblyman	Assemblymember
의회 의원	councilman, councilwoman	councilmember
카메라맨	cameraman	camera operator
잡역부	handyman	maintenance worker
보통 사람	the common man	the average person, ordinary people
모든 사람	every man	every person
수리공	repairman	repairer
승무원	crewman	crew member
양육	mothering	parenting
미혼 남성 / 미혼 여성	bachelor / bachelorette	single, unmarried
조합	brotherhood	community, unity
가정부	cleaning lady	housekeeper
직장 동료	fellow worker	co-worker
조상	forefathers	ancestors, forebears
신사 협정	gentlemen's agreement	informal contract, personal agreement
보험 판매원	insurance man	insurance agent
성적인 취향	sexual preference	sexual orientation
정신 장애인	mentally disabled	mentally challenged
신체 장애인	physically disabled	physically challenged

③ 비즈니스용 약자

약자	영어 풀이	우리말 의미
ABCs	ABCs	기초
AD	Anno Domini	서기
ADR	American Depositary Receipt	미국 예탁 증권
AIA	• American Institute of Architects, • American Insurance Association	• 미국 건축 협회, • 미국 보험자 협회
a.k.a.	also known as	별명은
AM	amplitude modulation	AM 라디오
a.m.	morning	아침, 오전
ASAP	as soon as possible	최대한 빨리
ASCII	American Standard Code for Information Interchange	미국 정보 교환 표준 코드
ATM	automated teller machine	현금 지급기
B-band	broadband	광대역
B2B	business to business	기업과 기업 간의 거래
B2C	business to consumer	기업과 소비자 간의 거래
B.A.	Bachelor of Arts	문학사
B.S.	Bachelor of Science	이학사
BC	Before Christ	기원전
bcc	blind carbon copy	숨은 참조
bot	computer robot	컴퓨터 로봇
CAD	computer-aided design	컴퓨터 이용 설계
cc	carbon copy, courtesy copy	참조
CD	• computer disk • certificate of deposit	• 컴퓨터 디스크 • 예금 증서
CD-ROM	compact disk-read-only-memory	시디롬
CEO	Chief Executive Officer	최고 경영자
CFO	Chief Financial Officer	최고 재무 책임자
CHO	Chief Human Officer	최고 인사 책임자
CIO	Chief Information Officer	최고 정보 책임자
CIS	Commonwealth of Independent States	독립국가연합

약자	영어 풀이	우리말 의미
CMA	• Certificate of Management Accounting • cash management account • Chemical Manufacturers Association	• 공인 관리 회계 • 종합 자산 관리 계정 • 미국 화학 제조업자 협회
CMO	Chief Marketing Officer	최고 마케팅 책임자
c.o.d.	cash on delivery	대금 상환 인도
CO	change order	설계/작업 변경 지시
COO	Chief Operating Officer	최고 운영 책임자
COGS	cost of goods sold	매출 원가
COL	cost of living	물가, 생계비
CPA	• certified public accountant • Cathay Pacific Airways • critical path analysis	• 공인회계사 • 캐세이퍼시픽 항공 • 크리티컬 패스 분석법
CPI	consumer price index	소비자 물가지수
CPO	Chief Privacy Officer	최고 정보 보호 책임자
CRM	customer relationship management	고객 관계 관리
CST	central standard time	중앙 표준시
CTO	Chief Technology Officer	최고 기술 책임자
DBA / d.b.a.	doing business as	영업 명칭
DBA	database administrator	데이터베이스 관리자
Dr.	doctor	의사, 박사
DJ	disc jockey	디제이
DSL	digital subscriber line	디지털 가입자 회선
DVD	digital versatile disk	디브이디
e-	electronic	전자상
e-business	electronic business	전자 상거래, 인터넷 사업
e-commerce	electronic commerce	전자 상거래
e-dress	electronic address	전자 주소
email	electronic mail	이메일
e-zine	electronic magazine (Webzine)	전자 잡지
EEOC	Equal Employment Opportunity Commission	미국 평등 고용 추진 위원회
e.g.	exempli gratia	예를 들어

약자	영어 풀이	우리말 의미
EPA	Environmental Protection Agency	미 환경 보호국
Esq.	esquire	미국 변호사의 경칭
EST	Eastern Standard Time	미 동부 표준시
et al.	et alii (and others)	그리고 다른 사람들
etc.	et cetera	기타 등등
EU	European Union	유럽연합
EVP	executive vice president	부사장
401(k)	401(k) plan	미국 근로자 퇴직 소득 보장법의 401조 K항
FAA	Federal Aviation Administration	미국 연방 항공청
FAQ	frequently asked questions	자주 묻는 질문
FCC	Federal Communications Commission	미국 연방 통신 위원회
FDA	Food and Drug Administration	미국 식품 의약국
the Fed	Federal Reserve Board	미국 연방 준비제도 이사회
FedEx	Federal Express	페덱스
FIFO	first in first out	선입 선출
FM	frequency modulation	FM 라디오
f.o.b. / FOB	free on board	본선 인도
FT	full time	정규직
FTC	Federal Trade Commission	미국 연방 통상 위원회
FY	fiscal year	회계연도
FYI	for your information	참고로
GAAFR	governmental accounting, auditing, and financial reporting	미국 정부용 회계, 감사 및 금융 보고
GAAP	generally accepted accounting principles	미국에서 일반적으로 수용되는 회계 원칙
GAAS	generally accepted auditing standards	미국에서 일반적으로 수용되는 감사 기준
GAGAS	generally accepted government auditing standards	미국에서 일반적으로 수용되는 정부 감사 기준
GDP	gross domestic product	국내 총생산
GNP	gross national product	국민 총생산
GIF	graphic interchange format	이미지 전송용 압축 방식

약자	영어 풀이	우리말 의미
HR	human resources	인사부
HTML	Hypertext Markup Language	하이퍼텍스트를 표현하기 위한 언어
ID	identification	신분증, 신분 증명
i.e.	id est (that is)	즉, 다시 말하면
Inc.	Incorporated	주식회사
IOU	I owe you	차용증
IQ	intelligence quotient	지능 지수
IRA	individual retirement account	개인 퇴직금 적립 계정
IP	intellectual property	지적 재산
IPO	initial public offering	기업공개
IS	information services	정보 서비스
ISO	International Organization for Standardization	국제 표준화 기구
ISP	Internet service provider	인터넷 서비스 제공 회사
IT	information technology	정보 기술
JOA	Joint Operating Agreement	공동 운영 계약
JPEG	Joint Photographic Experts Group	정지 화상 데이터 압축 방식
KB	kilobyte	킬로바이트
KFDA	Korea Food & Drug Administration	한국 식약청
KM	knowledge management	지식 경영
km/h	kilometers per hour	시속(킬로미터)
Kosdaq / KOSDAQ	Korea Securities Dealers Automated Quotation System	코스닥
KPI	key performance indicator	핵심 성과 지표
LAN	local area network	구내 정보 통신망
LBO	leveraged buyout	매수 예정 회사의 자본을 담보로 한 차입금에 의한 기업 인수
LDs	liquidated damages	손해 배상액
LIFO	last in first out	후입 선출
L.L.B.	bachelor of laws	법학사
LLC / L.L.C.	limited liability company	미국 유한책임 회사
L.L.D.	doctor of laws	법학 박사

약자	영어 풀이	우리말 의미
LLP / L.L.P.	limited liability partnership	미국 유한책임 파트너십
LOI	letter of intent	동의서, 의향서
m-commerce	mobile commerce	이동 전자 상거래
M&A	mergers and acquisitions	기업 인수 합병
M.A.	master of arts	문학 석사
Mac	Macintosh	매킨토시
MB	megabyte	메가바이트
MBA / M.B.A.	master of business administration	경영학 석사
MBO	• management buyout • management by objectives	• 경영자 매수 • 목표 달성 관리
MC	emcee (master of ceremonies)	엠시, 진행자
MIME	Multipurpose Internet Mail Extensions	마임 (전자우편의 표준 형식)
MOU	memorandum of understanding	양해 각서
M.S.	master of science	이학 석사
MSRP	Manufacturer's Suggested Retail Price	생산자 제시 가격
mph	miles per hour	시속(마일)
NAACP	National Association for the Advancement of Colored People	전미 유색인 지위 향상 협회
Nafta, NAFTA	North American Free Trade Agreement	북미 자유무역 협정
NASA	National Aeronautics and Space Administration	미국 항공 우주국
Nasdaq, NASDAQ	National Association of Securities Dealers Automated Quotation System	나스닥
NATO	North Atlantic Treaty Organization	북대서양 조약 기구
NDR	non-disclosure agreement	비밀 유지 계약
NLRB	National Labor Relations Board	전미 노동 관계 위원회
NOW	National Organization for Women	전미 여성 연맹
NYSE	New York Stock Exchange	뉴욕 증권 거래소
No.	number	번호
OK	okay	오케이
OSHA	Occupational Safety and Health Administration	미국 노동 안전 위생국
OPEC	Organization of Petroleum Exporting Countries	석유 수출국 기구

약자	영어 풀이	우리말 의미
OTC	over the counter	계산대에서, 소매점을 통해, 증권업자의 가게에서
op-ed	opposite the editorial page	신문 사설란의 맞은편 면
p.a.	per annum, annually	연간
PC	• personal computer • politically correct	• 개인용 컴퓨터 • 편견 없는
p.d.	per diem	일당
PDF	portable document format	호환성 문서 파일 형식
P/E	price-earnings ratio	주가 수익률
PST	Pacific Standard Time	태평양 표준시
PIN	personal identification number	비밀번호
p.m.	afternoon, evening	오후, 저녁
PR	• public relations • press release	• 홍보 • 보도 자료
PO	purchase order	구매 주문서, 발주서
POS	point of sale	판매 시점
PT	part-time	임시직, 파트타임
pd	paid	지불이 끝난
Ph. D.	doctorate	박사 학위
Q&A	question and answer	질문과 답
Q1	first quarter	1분기
Q2	second quarter	2분기
Q3	third quarter	3분기
Q4	fourth quarter	4분기
QA	quality assurance	품질 보증
QC	quality control	품질 관리
R&D	research and development	연구 개발
RAM	random access memory	램
RFI	request for information	정보 요청서
RFP	request for proposals	제안서 요청서
ROI	return on investment	투자 수익률
ROM	read-only memory	롬(판독 전용 기억 장치)
rpm	revolutions per minute	분당 회전수

약자	영어 풀이	우리말 의미
RSVP	répondez s'il vous plaît	회신 바람
S&P	Standard & Poor's	스탠다드 & 푸어스
SBA	Small Business Administration	미국 중소기업청
SEC	Securities and Exchanges Commission	미국 증권 거래 위원회
SVP	senior vice president	상임 부사장
s/he	he or she	그나 그녀
specs	specifications	내역서, 명세서
St.	Saint	성자
24/7	24 hours, 7 days a week	연중무휴, 24시간
3D	three-dimensional	3차원
TM	trademark	상표
tech	technology	과학 기술
U.K.	United Kingdom	영국
URL	uniform resource locator	인터넷에서 서버가 있는 파일의 장소를 지시하는 방식
U.S.	The United States	미국
VC	venture capitalist	벤처 투자자
VIP	very important person	귀빈
VP	vice president	부사장 (한국에서는 부장급)
vs.	versus	대
XML	Extensible Markup Language	확장성 생성 언어
yr.	year	연도
ZIP code	Zone Improvement Plan code	우편번호

2 이메일을 간결하게 해주는 표현

① 간결한 영어 표현

우리말	불필요하게 긴 표현	간결한 표현
항상	at all times	always
신속하게	at an early date	soon
곧	in the near future	soon
만약	in the event that	if
반복하다	repeat again	repeat
내 생각에는	as far as I'm concerned	I think
사실은	the fact of the matter is	actually
그는	he is a man who	he is
그녀는	she is a woman who	she is
모든 사람	each and every one	everyone
~인지	the question as to whether	whether
이 문제	this is a matter that	this matter
~에 사용되는	used for the purpose of	used for
~이지만	in spite of the fact that	though, although
당신에게 알리다	call your attention to the fact that	let you know
나는 몰랐다	I was unaware of the fact that	I didn't know
무시하다	don't pay attention to	ignore
잊다	don't remember	forgot
~에 대해 확실히 모르다	don't have much confidence in	be not sure about
수령을 확인하다	acknowledge the receipt of	have received / thank you for
~같이	along the lines of	like
나중에	at a later date	later
현재	at the present time	now
~으로	by means of	by
~을 위해	for the purpose of	for
결정하다	make a decision	decide

우리말	불필요하게 긴 표현	간결한 표현
행동하다	take action	act
끝을 내다	bring to an end	end
대응하다	give a response	respond
~하는 경향이 있다	have a tendency to	tend to
권장하다	make a recommendation	recommend
고려하다	take into consideration	consider
진급시키다	give a promotion	promote
관련된 아이디어들	some ideas relating to	relevant ideas
내가 제안하는 계획	the plan that I propose	my proposed plan
어떤	any particular type of	any
관심 있는 직원들	employees who are interested	interested employees
당신이 요청한 대로	in accordance with your request	as you requested
현재	at this point in time	now
큰	large in size	large
환한	of a bright color	bright
무거운	heavy in weight	heavy
기간	period in time	period
동그란	round in shape	round
정직한	honest in character	honest
불확실한	of an uncertain condition	uncertain
혼란스러운	in a confused state	confused
특정한	of a particular type	particular
극도의	extreme in degree	extreme
드문	unusual in nature	unusual
~ 때문에	the reason why is that, due to the fact that, in view of the fact that, owing to the fact that, the reason for, for the reason that, in light of the fact that, considering the fact, on the grounds that, this is why	because, since

우리말	불필요하게 긴 표현	간결한 표현
~할 때에	as soon as, on the occasion of, in a situation in which, under circumstances in which	when
~에 대해	as regards, in reference to, concerning the matter of, where [명사] is concerned, regarding	about
~을 해야 한다	it is crucial that, it is necessary that, there is a need for, it is important that, have no choice but to	must, should
~을 할 수 있다	is able to, has an ability, has the opportunity to, has the capacity for, has the ability to	can
~일지도 모르다	it is possible that, there is a chance that, it could happen that, it may be that, the possibility exists for	may, might, could

② 중복을 피하는 표현

우리말	중복된 표현	올바른 표현
계획 수립	advance planning	planning
결과	final outcome	outcome
결과	end results	results
과거	past history	past
예측	future projections	projections
기초	basic fundamentals	fundamentals
참조하다	refer back	refer
선물	free gifts	gifts
기억	past memories	memories
비극	terrible tragedy	tragedy
차이점	various differences	differences

우리말	중복된 표현	올바른 표현
개인	each individual	individuals
진실	true facts	facts
놀라움	unexpected surprise	surprise
위기	sudden crisis	crisis
본질적 요소들	important essentials	essentials
계획	future plans	plans
흔히	often times	often
의견 일치	consensus of opinion	consensus

③ 실수하기 쉬운 콩글리시

우리말 뜻	콩글리시	올바른 표현
저는 보통 하는 일에 만족합니다.	I'm usually happy in work.	I'm usually happy at work.
제 영어 실력을 향상시켜야 됩니다.	I have to level up my English.	I have to improve my English.
John과 얘기하시기를 권합니다.	I recommend that you talk to John.	I suggest that you talk to John.
오늘 약속이 있습니다.	I have a schedule. / I have a promise.	I have plans today.
거의 모든 한국인은 김치를 좋아합니다.	Almost Koreans love kimchi.	Most Koreans love kimchi.
어머니를 찾아뵈어야 합니다.	I must visit my mother.	I have to visit my mother.
저는 골프를 잘 못 칩니다.	I'm poor at golf.	I'm not very good at golf.
그에게 말하겠습니다.	I will say to him.	I will tell him.
사무실에서 사건이 발생했습니다.	There was an accident at the office.	There was an incident at the office.
애들은 빨리 자라죠.	Kids grow up fastly.	Kids grow up quickly.
결국 제가 이겼어요.	I finally won.	I won in the end.
해운대는 부산에 있습니다.	Haeundae is located in Busan.	Haeundae is in Busan.
그는 성격이 좋습니다.	He's got a good character.	He's got a good personality.
좋아하실 겁니다.	You will enjoy it.	You will like it.
그녀는 내 직장 동료입니다.	She is my colleague.	She's my co-worker.
아주 좋습니다.	I very like it.	I really like it.

우리말 뜻	콩글리시	올바른 표현
잘 모르겠습니다.	I don't know well.	I'm not sure.
저는 무역 회사에서 일합니다.	I work for a trade company.	I work for an import-export company.
건강을 위해 달리기를 합니다.	I run for my health.	I run to keep healthy. / I run to stay fit.
김치는 배추로 만듭니다.	Kimchi is made by Chinese cabbage.	Kimchi is made with cabbage.
그에게 전화했습니다.	I called to him.	I called him.
5년 후에 퇴사할 겁니다.	I will quit five years after.	I will quit five years from now.
그때 슬펐습니다.	I was sad at that time.	I was sad back then.
결정을 못 내리겠습니다.	I cannot decide my mind.	I cannot make up my mind.
다시 생각해보게 되네요.	I am thinking again.	I'm having second thoughts.
그때부터 열심히 일했습니다.	From that time, I worked hard.	Since then, I've worked hard.
저는 27살입니다.	My age is 27.	I'm 27.
오창은 청주와 가깝습니다.	Ochang is near to Cheogju.	Ochang is near Cheongju.
그곳에 가야 합니다.	I have to go to there.	I have to go there.
한 번 해보았습니다.	I did it one time.	I did it once.
두 번 해보았습니다.	I did it two times.	I did it twice.
제 의견도 같습니다.	My opinion is same to you.	I agree with you.
그것에 대해 어떻게 생각하세요?	How do you think about that?	What do you think about that?
제 아내는 주부입니다.	My wife is a housekeeper.	My wife is a homemaker.

④ 혼동하기 쉬운 영단어

a few (*adj. / pron.*) **vs. few** (*adj. / pron.*)

A few people signed up. 몇 사람이 가입했습니다.

Few people signed up. 가입한 사람이 거의 없습니다.

accept (*v.*) **vs. except** (*prep.*)

She accepted the position. 그녀는 그 직책을 수락했습니다.

Everyone except Steven will go. Steven을 제외하고 모두 갑니다.

affect (*v.*) **vs. effect** (*n.*)

The new policy affected the entire company.
새로운 방침은 회사 전체에 영향을 미쳤습니다.

The effect was immediate.
그 효과는 즉각적이었습니다.

already (*adv.*) **vs. all ready** (*adj.*)

I'm already done. 저는 이미 다 마쳤습니다.

We are all ready to go. 저희는 갈 준비가 다 되어 있습니다.

all together (*adv.*) **vs. altogether** (*adv.*)

They arrived at the workshop all together. 그들은 워크숍에 다 함께 도착했습니다.

Altogether, the project was successful. 전체적으로 보아, 프로젝트는 성공적이었습니다.

alternate (*n. / adj.*) **vs. alternative** (*n. / adj.*)

We have an alternate who can take his place. 그를 대신할 수 있는 대체자가 있습니다.

We have no other alternatives. 다른 선택권이 없습니다.

among (*prep.*) **vs. between** (*prep.*)

We will divide the profits among all the companies.
모든 회사들 간에 이익을 나누겠습니다.

We will divide the profits between the two of us.
우리 둘 사이에 이익을 나누겠습니다.

*among은 셋 이상의 사이에 대해 말할 때 사용되며, between은 보통 둘 사이에서의 일을 말할 때 사용된다.

amount (*n.*) vs. number (*n.*)

That is a big amount of time.
그건 많은 시간이네요.

We need a large number of people for this project.
이 프로젝트를 위해 많은 사람이 필요합니다.

*amount는 '양'을, number는 '수'를 나타낼 때 사용한다.

anticipate (*v.*) vs. expect (*v.*)

We are anticipating a large crowd. 저희는 많은 관중을 예상하고 있습니다.

He expects the report to be detailed. 그는 보고서가 세부적이기를 기대합니다.

*anticipate는 무엇을 기대한다는 의미에서 expect와 비슷하나, 기대와 동시에 그것에 대한 준비가 되어 있다는 뜻이 담겨 있다.

anyone (*pron.*) vs. any one (*adj.* + *pron.*)

Anyone can do this. 이건 누구든지 할 수 있습니다.

Any one of you can do this. 이건 당신들 중 한 명이 할 수 있습니다.

assure (*v.*) vs. ensure (*v.*)

I assure you that I will be there. 제가 그곳으로 가겠다고 분명히 말씀드립니다.

We ensure that it will be safe. 그것이 안전하다는 것을 보장합니다.

bad (*adj.*) vs. badly (*adv.*)

The grades were bad. 점수가 나빴습니다.

Beatrice treated Alfred badly. Beatrice는 Alfred를 나쁘게 대했습니다.

beside (*prep.*) vs. besides (*prep.*)

Candice sat beside Joe at the meeting. Candice는 회의 때 Joe 옆에 앉았습니다.

Besides me, who else will speak out? 저 말고는 또 누가 터놓고 말하겠어요?

bloc (*n.*) vs. block (*n.*)

The countries are forming an economic bloc. 그 나라들은 경제 블록을 형성하고 있습니다.

Our office is only a few blocks from the hotel. 당사는 호텔에서 몇 블록밖에 되지 않습니다.

careless (*adj.*) vs. care less (*v.* + *pron.*)

We were careless. 저희가 부주의했습니다.

I couldn't care less about that. 저는 그것에 대해 전혀 관심이 없습니다.

compliment (*n. / v.*) vs. complement (*n. / v.*)

The CEO complimented the staff on the project.

CEO께서 그 프로젝트에 대해 직원들을 칭찬하셨습니다.

The new employee complemented the existing team members quite well.

새로 온 직원이 기존의 팀원들을 아주 잘 대신해 주었습니다.

council (*n.*) vs. counsel (*n.*)

The city council approved the new development plans.

시 의회는 신규 개발 계획을 허가했습니다.

The CEO decided to accept to the executive team's counsel.

CEO께서 경영팀의 조언을 수락하기로 했습니다.

continual (*adj.*) vs. continuous (*adj.*)

We need continual advances in technology. 저희는 지속적인 기술 발전이 필요합니다.

The noise was continuous. 소음은 끊이지 않았습니다.

disinterested (*adj.*) vs. uninterested (*adj.*)

We would like a disinterested third party to evaluate the new design.

저희는 공평한 제3자가 신규 디자인을 평가했으면 합니다.

The other side seems uninterested in our proposal.

상대 측은 우리 제안에 흥미가 없는 것 같습니다.

envelop (*v.*) vs. envelope (*n.*)

The fog enveloped the city. 안개가 도시를 둘러쌌습니다.

Put the letter in an envelope. 편지를 봉투 안에 넣으세요.

every day (*adj. + n.*) vs. everyday (*adj.*)

He walks to work every day. 그는 매일 회사로 걸어갑니다.

Use everyday English in your writing. 작문에는 일상 영어를 사용하세요.

farther (*adv.*) vs. further (*adv.*)

The new player throws the ball farther than the old pitcher.

새로 온 선수가 전 투수보다 공을 더 멀리 던집니다.

I will study the report further.

보고서를 더 검토하겠습니다.

fewer (*adj.*) **vs. less** (*adj.*)

Fewer people signed up this year. 올해는 보다 적은 사람들이 가입했습니다.

There is less conflict between them now. 그들 사이의 다툼이 많이 줄었습니다.

former (*adj.*) **vs. formal** (*adj.*)

Kyle is a former teacher. Kyle은 전직 선생님이었습니다.

He sent me a formal letter. 그는 저에게 격식을 차린 편지를 보냈습니다.

its (소유 *pron.*) **vs. it's** (it is의 단축형)

Its wheels are big. 그것의 바퀴는 큽니다.

It's Cindy. Cindy입니다.

lie (*v.*) **vs. lay** (*v.*)

The yoga teacher told her to lie on the floor.
요가 강사는 그녀에게 바닥에 누우라고 했습니다.

Chuck asked me to lay the document on the desk.
Chuck이 저에게 서류를 책상에 놓으라고 했습니다.

lose (*v.*) **vs. loose** (*adj.*)

Yvette lost the tennis game. Yvette은 테니스 시합에서 졌습니다.

Abe hates loose sweaters. Abe는 헐거운 스웨터를 싫어합니다.

personal (*adj.*) **vs. personnel** (*n.*)

Harry left the company for personal reasons.
Harry는 개인적인 이유로 회사를 그만두었습니다.

The entire company personnel will attend.
회사의 전 직원이 참가합니다.

principle (*n.*) **vs. principal** (*n.*)

The principles of economics are simple. 경제학의 원리는 간단합니다.

Mr. Compton is the principal of the new school. Compton 씨는 새 학교의 교장입니다.

regrettably (*adv.*) **vs. regretfully** (*adv.*)

Regrettably, the Guam office had to close.

후회스럽게도, 괌 지사를 폐쇄해야 했습니다.

Regretfully, we cannot accept your proposal.

유감스럽게도, 당신의 제안을 수락할 수 없습니다.

quiet (*adj.*) **vs. quite** (*adv.*)

The office was quiet. 사무실이 조용했습니다.

That report was quite good. 그 보고서는 아주 좋았습니다.

rise (*v.*) **vs. raise** (*v.*)

Profits rose this year. 올해 이익이 증가했습니다.

We raised our profits this year. 저희는 올해 이익을 향상시켰습니다.

site (*n.*) **vs. sight** (*n.*)

The new site will be in Busan. 새 부지는 부산에 있을 겁니다.

Seoul has many beautiful sights. 서울은 멋진 명소가 많습니다.

sit (*v.*) **vs. set** (*v.*)

I sat next to him. 그의 옆에 앉았습니다.

I set the books in front of him. 책들을 그의 앞에 놓았습니다.

some time (*adj.* + *n.*) **vs. sometime** (*adv.*)

Do you have some time to talk today? 오늘 얘기할 시간 좀 있으세요?

Why don't you call me sometime next week? 다음 주 언제쯤 전화 주시는 것이 어떠세요?

stationary (*adj.*) **vs. stationery** (*n.*)

The trucks are stationary right now. 트럭들은 현재 멈춰 있습니다.

I need to buy some stationery. 문구류를 좀 사야겠습니다.

that (*conj.*) **vs. which** (*conj.*)

I finished the report that you asked for.

요청하신 보고서를 끝냈습니다.

I finished the report, which you asked for last week.

보고서를 끝냈습니다. 지난주에 요청 주셨던 거요.

3 정확한 정보 전달을 위한 글쓰기 규칙

① 능동태를 사용하라

능동태 사용을 원칙으로 한다

될 수 있는 한 거의 모든 문장은 능동태를 사용하는 것을 원칙으로 합니다. 통상적으로 능동태를 사용할 때 문장이 더 짧아집니다. 그리고 어떤 행동을 하는 사람이 주어일 때 내용을 파악하기가 더 쉬우며, '누가 누구에게 무엇을 어떻게 했다'가 '누구는 누구로 인해 무엇이 어떻게 됐다'보다 훨씬 동적입니다.

| 수동태 | **I was given the assignment by my boss.**
나는 상사로부터 임무를 받았다.

| 능동태 | **My boss gave me the assignment.**
상사가 나에게 임무를 줬다.

• 예외 1: 좋지 않은 소식을 전할 때

상대방에게 좋지 않은 소식을 전할 때는 작성자가 주인공, 즉 문장의 주어(subject)가 되면 그 소식의 원인으로 너무 뚜렷하게 주목받을 수 있습니다. 이때 능동태에서의 목적어(object)를 주어로 돌리면 작성자에 대한 언급이 문장에서 없어지게 되고 잘못을 작성자에서 수동태의 주인공인 불운의 대상으로 옮길 수 있습니다.

| 능동태 | **We did not approve your application.**
저희는 당신의 지원서를 승인하지 않았습니다.

| 수동태 | **Your application was not approved.**
당신의 지원서가 승인되지 않았습니다.

| 능동태 | **We did not complete the concrete work.**
저희는 콘크리트 공사를 완료하지 못했습니다.

| 수동태 | **The concrete work was not completed.**
콘크리트 공사가 완료되지 못했습니다.

수신자의 실수나 과실에 대한 비난의 언급을 피할 때도 수동태를 사용할 수 있습니다.

| 능동태 | **You made an error.** 당신이 착오를 범했습니다.

| 수동태 | **An error was made.** 착오가 있었습니다.

· 예외 2: 피해자로 여겨지고 싶을 때

민사 소송을 제기하는 변호사들은 흔히 자신들의 의뢰인이 취한 행동을 수동태로 표현할 때가 많습니다. "이 씨의 차가 제 의뢰인을 쳤습니다."보다 "제 의뢰인은 이 씨의 차에 치였습니다."가 의뢰인을 피해자로 비치게 하는 데 도움이 되기 때문이죠.

| 능동태 | **Mr. Lee's car struck my client.** 이 씨의 차가 제 의뢰인을 쳤습니다.

| 수동태 | **My client was struck by Mr. Lee's car.** 제 의뢰인은 이 씨의 차에 치였습니다.

② 문법적 병치 구조를 잘 사용하라

같은 품사를 쓴다

병치 구조를 벗어나는 것은 원어민들조차 무의식적으로 범하는 실수 중 하나입니다. 흔히 두 가지 이상의 유사한 요소를 열거할 때 이런 실수를 하기 쉽습니다.

✗   We need to discuss the schedule, budget approval, and supplier selection.

○   We will need to discuss the schedule, approve the budget, and select the suppliers.

틀린 문장에서 나열된 것 중 첫 번째로 동사인 discuss가 등장하는데 두 번째와 세 번째는 모두 명사이기 때문에 마치 schedule, budget approval와 supplier selection을 discuss(논의)하자는 것같이 보입니다. 맞는 문장을 보면 실제로는 schedule을 discuss하고, budget을 approve(승인)하고 suppliers를 select(선택)하자는 의도라는 걸 알 수 있죠. 이처럼 여러 요소가 열거될 때는 동사, 명사, 형용사 등으로 한 가지의 품사를 일관적으로 사용해야 합니다.

리스트를 열거할 때도 병치 구조를 쓴다

병치 구조는 프레젠테이션에서도 그렇지만 메일에서도 글머리 기호나 번호로 리스트를 열거할 때 매우 중요합니다. 리스트에서는 보통 완성된 문장을 사용하지 않기 때문에 리스트에 있는 모든 요소들은 한 가지 품사로 시작해야 됩니다.

| 틀린 병치 구조 |
1 Budget increase
2 Hiring better employees
3 English classes to be offered

| 맞는 병치 구조 |
1 Increase budget
2 Hire better employees
3 Offer free English classes

맞는 병치 구조에서는 리스트 안에 있는 모든 요소들이 동사로 시작하는 것이 뚜렷하지만 틀린 병치 구조는 첫 단어들의 품사가 모두 다른 것을 볼 수 있습니다.

③ 연결어를 적절히 활용하라

대명사와 연결어는 표지판과 같다

우리가 어떤 목적지로 향할 때 도로 표지판을 참고하는 것과 같이, 이메일에서는 표지판 역할을 하는 대명사나 연결어(transitional words)로 상대방을 안내합니다. 단어와 구를 연결하고, 문장과 문장도 연결하고, 문단과 문단도 역시 연결하면 전체 이메일의 흐름이 부드럽고 뚜렷해지면서 그만큼 상대방의 이해를 돕습니다. 자주 사용되는 연결어는 다음과 같습니다.

| 첨가 | and, also, in addition, moreover

| 대조 | but, however, still, yet, in contrast

| 비교 | similarly, in the same way, likewise

| 결과 | so, therefore, thus, that's why, as a result, consequently, because, due to

| 순서 | first, next, then, after that, finally

| 요약 | to summarize, in summary

예시	for example, for instance, such as
강조	especially, in particular, best of all, I'd like to emphasize, I want to stress
참조	as we discussed earlier, as I mentioned, above, below, following

문장과 문장 연결하기

첫 문장에서 언급한 것을 가리키는 단어나 구를 뒷문장에서 대명사나 연결어로 받아 다시 언급하면 수신자가 쉽게 내용의 흐름을 따라갈 수 있게 됩니다.

Last week, I met with Zach from Credo Industries to discuss the status of our shipment. But he said he was reluctant to discuss it because his boss had asked him not to. I pressed him about it, and he eventually opened up. According to him, there is some trouble meeting the deadline for the shipment due to a strike at the harbor. Also, his boss is not happy with our payment terms. You can imagine how shocked I was to hear all this.

지난주에 출하 진행 상황에 대한 논의를 위해 Credo Industries의 Zach을 만났습니다. 하지만 그는 상사의 당부에 따라 그것에 대한 논의를 꺼렸습니다. 제가 계속 재촉하니까, 결국 입을 열더군요. 그에 따르면, 항구에서의 파업 때문에 최종 기한을 맞추는 것이 좀 어렵답니다. 게다가 그의 상사는 우리의 지불 조건에 불만이 있습니다. 이 모든 것을 듣고 제가 얼마나 놀랐는지 상상하실 수 있을 겁니다.

문단과 문단 연결하기

마찬가지로 문단과 문단을 엮을 때도 연결어를 사용합니다. 문단의 첫 문장으로 그 전 문단의 내용을 다시 언급하면 좋습니다.

Despite those efforts, we were unable to convince the client. So, now, our best alternative may be to discuss this with our attorneys. I don't like this idea, of course, but I feel we have no other choice.

그러한 노력에도 불구하고, 저희는 고객을 설득하지 못했습니다. 그러니 이제는 변호사들과 이것에 대해 논의하는 것이 가장 좋은 선택일 수 있습니다. 당연히 저는 이 아이디어가 마음에 들지는 않지만, 다른 방안이 없다고 생각합니다.

④ 문법에 관한 3가지 오해를 버려라

And, But, Because로 문장을 시작하면 안 된다?

제가 미국에서 초등학교부터 고등학교를 다닐 때는 영문법 선생님들이 문장을 and, but, because로 시작하면 큰 죄를 범하는 식으로 학생들을 가르쳤습니다. 대학 시절 심리학이나 문예 비평 클래스에서도 엄연히 형식을 갖춘 전통적인 문법을 토대로 에세이를 작성했습니다. 그러다가 대학교 신문사에서 일하게 되고 전공을 문예 창작으로 돌려보니 일상에서는 상황이 다르다는 걸 알았죠.

문장에서 and, but, because를 첫 단어로 써도 괜찮습니다. 글을 읽는 사람에게 더 친근하고 부드럽게 다가갈 수 있기 때문입니다. 아직도 미국이나 한국에서 나오는 다수의 문법책은 이런 문장을 비문이라 하며, 실제로 전통적인 에세이에서는 삼가는 것이 좋긴 합니다. 그러나 미국 대학이나 대학원 지원 에세이에서는 전혀 문제되지 않습니다. 메일에서도 그렇습니다. 요즘 온라인 영어 기사만 봐도 확신이 갈 겁니다.

전치사로 문장을 끝내도 좋다

영문법 선생님들은 여전히 문장을 in, at, by, for, on 같은 전치사(preposition)로 끝내는 것을 아주 당황스럽게 생각하지만, 이 또한 과도하게 old style인 문법의 한 부분입니다. 전치사로 문장을 마무리하지 않기 위해 어색한 문장을 만들어내기 일쑤이죠.

| 엄격한 문법 |　　　**This is a good rule by which to live.**

| 자연스러운 문법 |　　**This is a good rule to live by.**
　　　　　　　　　　이는 생활에 도움이 되는 좋은 규칙입니다.

미완성 문장도 때로는 효과적이다

이메일에서 일반적으로는 미완성 문장은 피합니다. 그러나 친한 사이에서 구어체의 어조로 친근함을 전하고 싶을 때 짧은 미완성 문장은 부드럽고 편한 느낌을 주는 만큼 상황에 따라 써도 무방합니다.

Looks great. 아주 보기 좋네요.

Hats off to you. 축하해요.

Really? 정말요?

Hardly ever. 거의 안 그래요.

No way. 절대 아니에요.

Can't do it. 못 하겠어요.

Sorry. 미안해요.

⑤ 문장 부호를 정확히 사용하라

마침표(Period)와 물음표(Question Mark)

마침표와 물음표 사용은 우리말에서 사용하는 것과 거의 동일하다고 보면 됩니다. 단, 단어를 줄인 약자(abbreviation)는 끝에 마침표를 찍는 것이 원칙입니다.

He will arrive on Dec. 5. 그는 12월 5일에 도착합니다.

The project meeting is at 11 a.m. 프로젝트 회의가 오전 11시에 있습니다.

느낌표(Exclamation Point)

우리말로 쓰는 비즈니스 이메일에서도 마찬가지지만, 영어로 쓰는 비즈니스 이메일에서 느낌표 사용은 가능한 한 삼가는 것이 좋습니다. 물론 격식을 갖추지 않은 이메일에서는 느낌표로 감사, 축하나 놀라움을 표현할 때 사용하기 좋습니다.

Thanks! 고마워요!

Congratulations! 축하해요!

That was fast! 빠르네요!

콤마(Comma)

문장 안에서 두 개 이상의 항목을 열거할 때는 각 항목 뒤에 콤마를 사용하고 마지막 항목 앞에는 and를 씁니다.

We will need to talk to Tom, call Lynn, and send the design to Aaron.
Tom과 논의를 하고, Lynn에게 전화를 하고, Aaron에게 디자인을 보내야 합니다.

콤마는 두 개의 주절(independent clauses)을 연결할 때도 사용합니다. 첫 절 뒤에 콤마가 붙고, and, so, but, or, for, yet 같은 접속사(conjunction)로 두 번째 절이 시작됩니다.

I agree with you, but I need to think about it.
당신의 말에 동의하지만, 생각을 좀 해봐야겠습니다.

I couldn't reach him, so I left a message with his secretary.
그와 연락이 되지 않아서, 그의 비서에게 메시지를 남겼습니다.

We have a new employee, and she is fantastic.
신입 직원이 있는데, 그녀는 대단해요.

본문 안에서 회화체 식으로 상대방의 이름 뒤에도 사용합니다.

Carl, I'm sorry about this. Carl, 이번 건에 대해 미안해요.

삽입구적(parenthetic) 표현이나 비제한적(nonrestrictive) 표현의 앞과 뒤에도 콤마가 붙습니다.

I do think, however, we should discuss this with the CEO.
하지만 저는 CEO와 이 건에 대해 의논하는 것이 좋다고 생각합니다.

I ran into Bernard Temples, the rep from CHS, at the workshop last week.
지난주 워크숍에서 CHS의 대표인 Bernard Temples를 우연히 만났어요.

도입(introductory)이나 4개 이상의 단어가 포함된 도입구 뒤에도 콤마를 붙입니다.

No, that's not possible. 아뇨, 그건 가능하지 않습니다.

During the meeting, the architect asked me a difficult question.
회의 도중에 설계사가 저에게 어려운 질문을 했습니다.

When I get to Canada, I'll call Stephen.
캐나다에 도착하면, Stephen에게 전화하겠습니다.

날짜를 적을 때도 콤마가 중요한 역할을 합니다.

Our first store opened on June 1, 2000.
저희의 첫 매장은 2000년 6월 1일에 개장했습니다.

그리고 앞서 본문에서 언급했듯이, 이메일의 인사말(salutation)과 결구(complimentary close)에서도 콤마를 사용합니다.

> Dear Tom,
>
> Hi Yolanda,
>
> Sincerely,
>
> Regards,

세미콜론(Semicolon)

이메일에서 세미콜론(;)은 사용할 일이 거의 없는 문장 부호입니다만, 그래도 가끔씩 등장하기 때문에 간단히 언급합니다. 관계가 있는 주절(independent clauses) 두 개를 연결할 때 세미콜론을 사용합니다.

> **My team deals with domestic customers; Brad's team works with overseas customers.** 저희 팀은 국내 고객들과 거래를 합니다. Brad의 팀은 해외 고객들과 일을 합니다.
>
> **The policy is a good one; however, it may not be realistic.**
> 이번 방침은 좋습니다. 그러나 현실적이지 않을 수도 있습니다.

하지만 이메일의 중요한 요소 중 하나가 간결함인 만큼, 위의 예보다는 세미콜론을 생략하고 두 주절을 두 개의 문장으로 나눌 것을 권장합니다.

콜론(Colon)

콜론(:)은 리스트를 열거할 때 가장 흔히 사용되는 문장 부호입니다.

> **We have three volunteers: Eric, Zach, and Tina.**
> 3명의 지원자가 있습니다. Eric, Zach 및 Tina입니다.
>
> **My ideas are as follows:**
> 제 아이디어는 다음과 같습니다.

주절 뒤에 등장하는 질문이나 설명을 소개할 때도 콜론을 사용하지만, 이 방법은 그다지 실용성이 없기 때문에 사용하지 않는 것이 좋습니다. 앞에서 세미콜론과 관련해 제시한 것처럼, 여기서도 콜론을 생략하고 두 주절을 두 개의 문장으로 나누는 것이 더 좋습니다.

The question is simple. Who authorized the action?
질문은 간단합니다. 그 행위를 누가 허락했나요?

Ben has been doing a great job. He will easily become director someday.
Ben은 훌륭하게 일 처리를 합니다. 언젠가는 쉽게 이사 자리에 오를 것입니다.

마지막으로 시간 표현과 인사말에서 콜론이 사용됩니다.

I received the call at 6:20 p.m. 오후 6시 20분에 전화를 받았습니다.

Dear Mr. Claris: Claris 씨께:

괄호(Parentheses)

문장 안에서 간단하게 추가 설명이나 해석이 필요한 경우에 괄호를 사용하죠. 그런데 한국에서는 설명을 필요로 하는 단어나 구 뒤에 공백 없이 괄호를 삽입하는 반면, 영어에서는 공백을 둡니다. 그리고 마침표는 괄호 안에 찍지 않고 전체 문장 끝에 찍습니다.

| 한국식 | ASAP(as soon as possible)는 약자입니다.
| 영어식 | ASAP (as soon as possible) is an acronym.

| 한국식 | 영어에는 약자가 많습니다(부록 참고).
| 영어식 | English has a lot of acronyms (see Appendix).

전체 문장이 괄호 안에 들어갈 수도 있습니다. 이 때에는 마침표를 괄호 안에 찍습니다.

(Please refer to Appendix.) (부록을 참고하시기 바랍니다.)

각괄호(Brackets)

가장 쉽게 생각하면 각괄호는 괄호 안의 괄호라고 할 수 있기 때문에 일상 업무 이메일에서는 그리 흔히 사용되지 않습니다. 괄호 안의 설명이나 해설 속에서 추가적으로 설명이나 해설을 할 때 사용합니다.

As you'll see, sales have increased dramatically during the last two months (refer to Table 2-3 [page 5] in the attached file).
보시면 아시겠지만, 지난 두 달 동안 매출이 극적으로 증가했습니다(첨부된 파일의 표2-3[5페이지]을 참고하세요).

또는 인용 부호 안에 있는 내용 속에 설명을 삽입할 때 씁니다. 우리말에서는 일반 괄호를 쓰는 것과 차이가 있습니다.

> **The director stated, "I'm grateful to the staff [at Colors Korea] for going the extra mile."**
> "최선을 다한 것에 대해 (Colors Korea의) 직원들에게 감사드립니다."라고 이사님이 말씀하셨습니다.

하이픈(Hyphen)

하이픈(-)은 접두사 및 접미사를 명사와 연결할 때 사용합니다.

ex-boss 전 상사

self-esteem 자부심

all-inclusive 포괄적인

CEO-elect CEO 당선자

접두사를 고유 명사나 형용사와 연결할 때도 사용합니다.

pro-American 친미

pan-Pacific 범태평양

inter-Korean 남북간

그리고 두 단어 이상으로 된 복합 형용사를 연결할 때도 사용합니다. 다만, corporate income tax rate나 a joint venture project 같이 하이픈 없이도 뜻을 이해할 수 있다면 생략해도 좋습니다.

a problem-solving workshop 문제 해결 워크숍

company-owned buildings 회사 소유 건물

a million-dollar project 백만 달러짜리 프로젝트

40-year-old CEO 40세의 CEO

또한 두 단어가 하나의 뜻을 이룰 경우에도 사용이 가능합니다.

Korean-American 한국계 미국인

Greco-Roman 그리스와 로마의, 그레코로만의

import-export 수출입, 무역

design-build 설계 및 시공

다른 단어와의 혼동을 막기 위해서도 하이픈을 사용합니다.

re-lease 전대하다, 양도하다 (release: 해방하다, 발표하다, 개봉하다)

re-form 고쳐 만들다 (reform: 개혁하다)

re-create 개조하다 (recreate: 휴양하다)

숫자 21부터 99까지, 또는 분수를 철자로 표현할 때도 하이픈을 씁니다.

twenty-one 21

ninety-nine 99

one-third 1/3

two-fifths 2/5

헤드라인(headline) 등에서 하이픈이 들어가면 하이픈 뒤에 나오는 첫 글자는 대문자로 씁니다.

All-Inclusive Plan Approved 포괄적인 계획이 승인되다

Re-Lease Confirmed 전대 확인되다

Small Contractor Wins Major Design-Build Contract
작은 건축 회사가 주요 설계·시공 계약을 따내다

대시(Dash)

대시(–) 사용은 이메일에서 매우 드물죠. 하이픈보다 길며 대시 앞뒤로는 공백이 없습니다. 가장 많이 쓰이는 형식의 대시는 마치 괄호나 콤마 같은 역할을 하는데, 문장 안에서 잠깐 숨을 돌리면서 어느 단어나 구에 대한 추가 설명이나 해설을 하는 역할을 한다고 볼 수 있습니다.

Stephen Lawson—the CEO of Lawson Associates—came to visit J. C. today.
Stephen Lawson – Lawson Associates의 CEO – 께서 오늘 J. C.를 만나러 오셨습니다.

Give Mike a call tomorrow—morning would be best—and ask him to join us for lunch next week.
내일 Mike에게 전화해서 – 아침이 가장 좋을 듯 – 다음 주에 우리와 점심 함께하자고 해보세요.

또 다른 방식은 두 개가 아닌 하나의 대시를 사용하는 것입니다. 위의 예와는 달리 문장의 중간에서 나타나지 않고 '다시 말해서', '바꿔 말하면', '즉'을 대신하는 역할을 할 때 사용됩니다.

This contract is a good one—probably the best we've ever had.
이번 계약 건은 훌륭합니다. 아마 여태까지의 것 중 가장 훌륭할 것입니다.

I can't go—I'm just not up to it. 나는 못 가요. 그냥 그러기가 싫어요.

참고로 이메일에서 대시를 표현하려면 키보드에서 하이픈을 두 번 연결합니다. 하지만 다른 방법들이 있기에 이메일에서는 가급적 안 쓰는 것이 좋습니다.

줄임표(Ellipsis)

줄임표(…)는 생략된 내용을 표시할 때만 사용합니다. 그런 면에서 줄임표는 일상적인 이메일에서는 불필요하며, 가끔씩 인용 부호 안에 있는 인용된 구나 문장을 부분적으로 생략할 경우에만 사용합니다.
문장 안에서는 생략된 단어들 대신 점을 세 번 찍으며, 문장 끝에 있는 단어들이 생략되면 점을 세 번 찍은 후 마침표를 찍습니다.

"If we can't deliver the goods on time... we can't call ourselves a supplier....
We need to restructure our delivery system...."
"우리가 물품을 제시간에 납품하지 못한다면… 우리는 우리 자신을 납품업자라고 부를 수 없습니다…
납품 시스템을 혁신해야 합니다……"

아포스트로피(Apostrophe)

우선 아포스트로피(')는 소유격(possessive) 부호로 쓰입니다. -s로 끝나지 않는 모든 단수 명사(singular noun)나 복수 명사(plural noun)에 아포스트로피와 s를 붙입니다. 또한 부정 대명사(indefinite pronoun)에도 역시 아포스트로피와 s를 씁니다.

John's report John의 보고서

the CEO's speech CEO의 연설

people's ideas 사람들의 아이디어

children's time 아이들의 시간

someone's keys 누군가의 열쇠

-s로 끝나는 단수 명사(singular noun)에도 아포스트로피와 s를 붙입니다. 아포스트로피 다음에 s를 쓰는가 쓰지 않는가에 관해 영어권 학자들 사이에서는 꾸준히 논쟁이 벌어지고 있지만, 영작문 및 비즈니스 라이팅 스타일의 대표 교재들은 아포스트로피 다음에 s를 쓰는 쪽을 지지합니다.

Thomas's opinion Thomas의 의견

Tim Jones's desk Tim Jones의 책상

Chris's book Chris의 책

단, -s로 끝나는 실제나 전설적인 고대 인물들의 이름에는 아포스트로피만 붙입니다.

Achilles' heel 아킬레스건

Jesus' teachings 예수의 가르침

Isis' beauty 이시스의 아름다움

그리고 -s로 끝나는 복수 명사(plural noun)에도 아포스트로피만 붙입니다.

the managers' meeting 매니저들의 회의

subsidiaries' performance 자회사들의 실적

employees' lounge 직원들의 휴게실

한가지 주의해야 될 사항은 소유 대명사(possessive pronoun)에는 아포스트로피가 전혀 붙지 않는다는 점입니다.

The pen was his. 그 펜은 그의 것입니다.

It was her fault. 그것은 그녀의 과실이었습니다.

That book is mine. 그 책은 제 것입니다.

또한 두 개 이상의 이름이나 명사가 등장하면 아포스트로피와 s는 마지막에만 붙습니다.

I really enjoyed Sam and Jane's presentation.
Sam과 Jane의 프레젠테이션은 정말 좋았습니다.

Let's look at both Jonas Associates and XZ Consulting's proposal.
Jonas Associates과 XZ Consulting의 제안서를 둘 다 봅시다.

문자나 숫자를 복수형으로 만들 때도 아포스트로피와 s는 중요한 역할을 합니다.

Customers are buying more Model X's now.
현재 고객들은 더 많은 Model X를 구입하고 있습니다.

The license plate had four number 7's.
번호판에는 번호 7이 네 개 있었습니다.

It's okay to use as many I's as you want in personal emails.
개인적인 이메일에서는 I를 원하는 만큼 써도 됩니다.

그리고 물론 아포스트로피는 두 단어를 축약(contraction)할 때도 사용합니다. 아래와 같은 두 단어 축약은 구어체적이며 친근감 있는 느낌을 주기 때문에 일상적인 이메일을 쓸때 사용하면 좋습니다.

I can't go. 저는 못 가요.

You'll see that it's perfect. 그게 완벽하다는 것을 아시게 될 겁니다.

We're planning a meeting. 저희는 회의를 계획하고 있습니다.

Please don't send that. 그것을 보내지 마세요.

Let's wait. 기다립시다.

He hasn't seen it yet. 그는 아직 그것을 보지 못했습니다.

사선(Slash)

문장 안에서 두 가지 선택을 간단히 제시할 때 그 두 가지를 나누는 역할을 하는 것이 사선(/)입니다. 격식을 갖춘 이메일에서는 사용하지 않는 것이 원칙이며 간단한 사내 이메일에서는 가끔 볼 수 있습니다.

> **He/She should apply early.** 그/그녀는 일찍 신청을 해야 합니다.
>
> **In San Francisco, you can visit the Golden Gate Bridge and/or the Fisherman's Wharf.**
> 샌프란시스코에서는 금문교 그리고/또는 피셔맨스 워프를 방문할 수 있습니다.

또 사선은 per(~당, ~마다)를 대신하기도 합니다.

> **You shouldn't drive faster than 100 kilometer/hour.**
> 시속 100킬로미터 이상의 속도로 운전해서는 안 됩니다.
>
> **The price is 100 USD/meter.** 가격은 미터당 100달러입니다.

⑥ 인용 부호와 이탤릭체를 적절히 사용하라

인용 부호(Quotations)

직접 인용된 문장은 큰따옴표(double quotation mark) 안에 들어갑니다.

> **Yesterday's email stated, "We wish to cancel our contract."**
> "이번 계약을 취소했으면 합니다."라고 어제 이메일에서 말했습니다.
>
> **She asked me, "What do you mean by that?"**
> "그게 무슨 뜻이죠?" 하고 그녀가 저에게 물었습니다.

강조하고 싶거나 생소한 단어나 구도 큰따옴표 안에 넣습니다.

> **They called us "con artists."** 그들은 우리를 "사기꾼"이라고 불렀습니다.
>
> **The client is building an "offshore" plant.** 그 고객은 "해양" 플랜트를 짓고 있습니다.

큰따옴표 안에 또 인용 부호를 쓸 때는 작은따옴표(single quotation mark)를 씁니다.

He asked, "What do you mean by 'con artist?'"

"'사기꾼'이라니 그게 무슨 뜻입니까?"라고 그가 물었습니다.

인용 부호는 기사, 논문, 연설, 노래, 음악, 그림, 책의 chapter(장) 제목을 쓸 때도 사용합니다.

This chapter is "Business English Writing Quick Checklist."

이 장은 "간단한 비즈니스 영작문 체크 리스트"입니다.

One of my favorite songs is "Rolling in the Deep" by Adele.

제가 좋아하는 노래 중 하나는 아델의 "Rolling in the Deep"입니다.

"Mona Lisa" is a masterpiece. "모나리자"는 걸작입니다.

인용 부호 안의 문장 부호 사용법

인용 부호로 문장이 마무리되면, 인용 부호 바로 앞에는 콤마를 쓰고, 인용 부호 안에는 마침표를 씁니다.

The CEO said, "I don't think outsourcing is a good idea."

"아웃소싱은 좋은 생각이 아닌 것 같아요."라고 CEO께서 말씀하셨습니다.

그리고 문장 시작 부분에 인용 부호가 나오면 인용 부호 안에 콤마가 들어갑니다.

"It's your call," he told me. "이번 건은 당신이 결정하세요."라고 그가 나에게 말습니다.

인용된 문장이 질문이면 인용 부호 안에 물음표가 들어갑니다. 반면 문장 자체가 질문이면 물음표는 인용 부호 뒤, 즉 문장 끝으로 갑니다.

- **인용 부호 안에 질문이 들어갈 경우**

  He asked, "Is it my turn?"

  "Is it my turn?" he asked. "내 차례인가?"라고 그가 물었습니다.

- **문장 자체가 질문인 경우**

  Did he ask, "Is it my turn"? "내 차례인가?"라고 그가 물었나요?

느낌표의 경우도 마찬가지입니다.

· 인용 부호 안에 외침이나 감탄 표현이 들어갈 경우

He shouted, "No way!"

"No way!" he shouted. "안 돼!"라고 그는 외쳤습니다.

· 문장 자체가 외침이나 감탄일 경우

I can't believe he said, "You're crazy"!
그 사람이 "당신은 미쳤어."라고 말했다는 것을 믿지 못하겠어요!

이탤릭체(Italics)

책, 신문, 잡지, 영화 및 연극의 제목, 외국어로 된 단어 또는 구, 그리고 비행기, 배, 우주선 이름에는 이탤릭체를 사용합니다.

He is the author of *Valley Revolutionaries*, a book on Silicon Valley entrepreneurs.
그는 실리콘 밸리 기업인들에 대한 책인 『Valley Revolutionaries』의 저자입니다.

I wrote an article for the *Korea Times*. 《Korea Times》지에 기사를 기고했습니다.

Seoul National University's motto is *Vertias Lux Mea*, which means, "The truth is my light."
서울대학교의 모토는 'Vertias Lux Mea'인데, 이는 '진리는 나의 빛'이라는 뜻입니다.

The new ship is called *Sea Light*. 새 배는 'Sea Light'라고 불립니다.

상대방의 이메일 시스템이 이쪽에서 보낸 이메일의 이탤릭체를 인식하지 못할 수도 있으니, 이탤릭체 대신 밑줄을 표시하는 것도 한 가지 방법입니다.

I wrote an article for the <u>Korea Times</u>.

⑦ 숫자 표기는 중요하다

날짜와 시간 표기

· 날짜

미국식 영어에서 가장 흔한 날짜 표기 방식은 달(month)을 철자로 먼저 쓰고 날(day)을 숫자로 쓴 후 콤마(comma)를 찍고 연도(year)를 숫자로 쓰는 것입니다.

> 2024년 11월 11일　　→　　November 11, 2024 (Month / Day, / Year)
> The meeting will take place on November 11, 2024.
> 2024년 11월 11일에 미팅이 있습니다.

두 번째로 많이 사용하는 방식은 날(day) 다음에 달(month)을 쓴 후 콤마 없이 연도를 쓰는 것입니다.

> 2024년 11월 11일　　→　　11 November 2024 (Day / Month / Year)
> The meeting will take place on 11 November 2024.

물론 연도를 표기할 필요가 없다면 생략해도 됩니다.

> The meeting will take place on November 11.
> The meeting will take place on 11 November.

월이나 연도를 별도로 표기할 필요가 없는 경우에는 the 뒤에 날짜를 서수(ordinal number)로 쓰면 됩니다. 하지만 이메일에서는 최소한 월과 일을 쓰는 것이 좋으며 서수로 적을 것을 권장합니다.

> The meeting will take place on the 11th.
> The meeting will take place on the eleventh.

날짜	영어 표기	서수 표기	날짜	영어 표기	서수 표기
1일	first	1st	6일	sixth	6th
2일	second	2nd	7일	seventh	7th
3일	third	3rd	8일	eighth	8th
4일	fourth	4th	9일	ninth	9th
5일	fifth	5th	10일	tenth	10th

날짜	영어 표기	서수 표기		날짜	영어 표기	서수 표기
11일	eleventh	11th		22일	twenty-second	22nd
12일	twelfth	12th		23일	twenty-third	23rd
13일	thirteenth	13th		24일	twenty-fourth	24th
14일	fourteenth	14th		25일	twenty-fifth	25th
15일	fifteenth	15th		26일	twenty-sixth	26th
16일	sixteenth	16th		27일	twenty-seventh	27th
17일	seventeenth	17th		28일	twenty-eighth	28th
18일	eighteenth	18th		29일	twenty-ninth	29th
19일	nineteenth	19th		30일	thirtieth	30th
20일	twentieth	20th		31일	thirty-first	31st
21일	twenty-first	21st				

가끔씩 연월일을 다 함께 숫자로 표현하는 경우가 있는데, 이런 경우 월, 일, 연도 순으로 모두 두 자리 숫자와 사선으로 표시합니다.

2024년 11월 2일 → 11/02/24

여기서 주의해야 할 것은 미국에서는 이 형식을 사용하지만 다른 나라에서는 일이 달보다 먼저 올 경우가 있다는 겁니다. 이런 이유로 날짜 표현은 이 형식 대신 앞서 언급한 달의 철자가 들어가는 첫 방식이 가장 좋을 것입니다.

· 연도

연도는 네 자리 숫자나 끝 두 자리 숫자로 표시하는데, 두 자리로 쓸 경우 숫자 앞에 아포스트로피를 씁니다.

The project was completed in 2023.
The project was completed in '23. 그 프로젝트는 2023년에 완료되었습니다.

특정 기간을 연도로 쓸 때는 시작 연도를 네 자리 숫자로 표시하고 대시를 쓴 후 종료 연도는 두 자리 숫자로 씁니다. 하지만 두 세기를 걸친 기간은 두 개의 연도를 다 네 자리 숫자로 씁니다.

2000-03 / 1998-2002

상대방에게 혼동을 주지 않기 위해, 연도로 문장을 시작하지 않는 것이 좋습니다.

> | 좋지 않은 예 |
>
> Our customers liked the model 101. 2023 was when we launched the model.
>
> 저희 고객들은 모델 101을 좋아하셨습니다. 2023년에 저희는 해당 모델을 출시했습니다.

> | 좋은 예 |
>
> Our customers liked the model 101. The model was launched in 2023.
>
> 저희 고객들은 모델 101을 좋아하셨습니다. 해당 모델은 2023년에 출시됐습니다.

• 월

월이 일과 함께 쓰이는 경우에만 월을 약자로 표기할 수 있으며, 월만 표기하거나 연도와 함께 나타날 때는 약자로 표기하지 않습니다.

11월 25일	→	Nov. 25
11월	→	November
2024년 11월	→	November 2024

단, 5월(May), 6월(June)과 7월(July)은 약자가 없으므로 날과 함께 쓰더라도 원래 철자를 그대로 사용합니다.

월	영어 표기	약자
1월	January	Jan.
2월	February	Feb.
3월	March	Mar.
4월	April	Apr.
5월	May	May
6월	June	June

월	영어 표기	약자
7월	July	July
8월	August	Aug.
9월	September	Sept.
10월	October	Oct.
11월	November	Nov.
12월	December	Dec.

· 요일

본문 내에서 요일을 쓸 때는 약자를 사용하지 않고 원래 철자를 그대로 사용합니다. 표에서 요일을 표현하는 경우에만 약자 사용이 가능합니다.

요일	영어 표기	약자 1	약자 2
일요일	Sunday	Sun.	S
월요일	Monday	Mon.	M
화요일	Tuesday	Tues.	T
수요일	Wednesday	Wed.	W
목요일	Thursday	Thurs.	T
금요일	Friday	Fri.	F
토요일	Saturday	Sat.	S

· 세기와 10년 단위

세기를 적을 때는 the를 먼저 쓰고 1세기부터 9세기까지는 철자로, 10세기부터는 숫자 서수로 표현합니다.

Rome fell in <u>the fifth</u> century. 로마는 5세기에 멸망했다.

The typewriter was invented in <u>the 19th</u> century. 타자기는 19세기에 발명되었다.

10년 단위는 철자를 사용하지 않고 숫자로만 표현합니다. 여기서 20세기에 속하는 10년 단위는 전체 숫자를 적든지, 아니면 아포스트로피(')를 먼저 쓴 다음 마지막 두 자리를 숫자로 쓰고 s를 붙입니다.

1980s 1980년대

'80s 80년대

원어민들 사이에서도 전체 숫자 다음에 아포스트로피를 사용하는 경우를 흔히 목격할 수 있지만 대부분의 주요 미국 작문 매뉴얼에서는 사용을 금하고 있습니다.

✗ 1990's

○ 1990s 1990년대

・시간

전반적으로 시간 표현은 소문자(lowercase)와 마침표(period)로 표시되는 a.m.(오전) 및 p.m.(오후)으로 사용하거나, in the morning, in the afternoon, in the evening과 함께 콜론(:)과 숫자를 사용합니다. 단, 시간을 정시로 표시할 때는 콜론을 생략합니다.

| 분단위 |　The meeting will be held at <u>3:30 p.m.</u> 회의가 오후 3시 반에 개최됩니다
　　　　　The meeting will be held at <u>3:30 in the afternoon.</u>

| 정시 |　　The meeting will be held at <u>3 p.m.</u> 회의가 오후 3시에 개최됩니다.

o'clock이란 단어는 보통 격식을 갖춘 서신에서 많이 사용되며, 이때는 시간을 숫자 대신 철자로 표현합니다.

You are cordially invited to attend our annual cocktail party at <u>six o'clock.</u>
6시 정각에 있을 연례 칵테일 파티에 정중히 초대합니다.

・전체 나열 방식

흔히 요일과 시간을 모두 포함한 일정을 나열할 때는 요일, 월, 일과 (필요 시) 연도를 차례로 쓴 후 시간을 적습니다. 하지만 시간을 먼저 쓰는 사람들도 있습니다. 우리말에서는 연, 월, 일, 시간 순으로 쓰는 것과는 다른 표기 방법입니다.

The meeting will be held on Monday, March 25, 2024 from 9:30 a.m. to 5:00 p.m.
회의는 2024년 3월 25일 월요일 오전 9시 30분부터 오후 5시까지 개최됩니다.

백분율, 분수, 화폐 단위

・백분율

비즈니스용 영작문에서는 백분율을 표시할 때 철자인 percent 대신 기호 %를 사용하는 것이 원칙이며, 앞에 붙는 숫자 역시 철자가 아닌 숫자를 그대로 씁니다.

✗　twenty-five percent

○　25%

단, 문장이 백분율로 시작될 때는 숫자와 백분율 둘 다 영어 철자로 표현합니다.

| 백분율로 문장을 시작하는 경우 |

Twenty-five percent of employees receive this special bonus.
직원 중 25%가 이 특별 보너스를 받습니다.

| 보통의 경우 |

Only **25%** of employees receive this special bonus.
직원 중 25%만 이 특별 보너스를 받습니다.

백분율 다음에 나오는 동사는 경우에 따라 단수형(singular)이나 복수형(plural)이 될 수 있습니다. 백분율만 언급되면 동사는 단수형이 됩니다.

| 단독 언급 |　　**I think 5% is ideal.** 5%가 이상적일 것 같습니다.

하지만 "% of"와 같이 뒤에 명사가 등장하면 명사의 형태에 따라 동사가 단수형이나 복수형이 될 수 있습니다. 불가산(uncountable) 명사에는 단수형 동사가, 가산(countable) 명사에는 복수형 동사가 따릅니다.

| 불가산 명사 |　**Generally, 5% of the money is distributed among the staff.**
　　　　　　　일반적으로 그 돈의 5%는 직원들 사이에서 배분됩니다.

| 가산 명사 |　**Generally 15% of employees are considered core talents.**
　　　　　　일반적으로 직원의 15%가 핵심 인재로 여겨집니다.

1보다 더 작은 숫자는 소수점(decimal point) 앞에 꼭 0을 삽입합니다.

I would like 0.3% of the profits. 이익의 0.3%를 원합니다.

· 분수와 소수

1보다 더 작은 분수는 철자를 그대로 다 사용하며 하이픈(hyphen)을 함께 사용합니다.

One–fourth of attendees liked the presentation.
참가자의 4분의 1이 프레젠테이션을 좋아했습니다.

정수(whole number)가 분수나 소수와 함께 등장하면 숫자로 표현합니다.

There's about 1 2/3 left. 1과 2/3 정도 남아 있습니다.

I have 3.4 liters left. 3.4 리터 남았습니다.

나이는 숫자와 분수로 표현합니다.

John's daughter is <u>3 1/2</u> years old. John의 딸은 3살 반입니다.

· 화폐 단위

화폐 단위는 기호로 표현합니다.

| 달러 | **It costs <u>$200</u>. / It costs <u>200 USD</u>.** 200달러가 듭니다.

| 원 | **It costs <u>200,000 KRW</u>.** 20만 원이 듭니다.

미국 내에서의 달러 표현은 $이지만 국제적으로는 ISO(International Organization for Standardization, 국제 표준화 기구)의 코드인 USD로 숫자 뒤에 표시합니다. 센트(cent)가 붙지 않는 달러 액수에는 소수 없이 사용하지만, 본문에서 다른 액수에 센트가 붙으면 센트가 없는 액수에도 소수(.00)가 붙습니다.

| 센트가 없을 때 | **It costs <u>200</u> USD.** 200달러가 듭니다.

| 다른 액수와 함께 사용될 때 | **The book is <u>25.25</u> USD while the ebook is <u>15.00</u> USD.** 책은 25.25달러이며 전자책은 15달러입니다.

한 문장에서 센트만 표시할 때는 숫자와 cent의 철자를 함께 사용합니다. 하지만 달러 단위가 문장에 섞여 있으면 달러 단위로 표현합니다.

| 센트만 표시할 때 | **Each costs <u>37 cents</u>.** 각각 37센트가 듭니다.

| 달러와 표시할 때 | **Model P is <u>0.37 USD</u>, and model Q is <u>1.07 USD</u>.** 모델 P는 0.37달러이며 모델 Q는 1.07달러입니다.

$나 ₩ 같은 화폐 기호는 컴퓨터 시스템상 다른 국가 메일 시스템에 제대로 전달되지 않을 수 있으니 삼가는 것이 좋습니다.

숫자와 계산

・숫자

통상적으로 10 미만의 숫자는 영어 철자로 쓰며, 10 이상은 숫자로 씁니다.

Nine people came to the meeting. 9명이 회의에 참가했습니다.

There were 12 customers at the store. 매장에 12명의 고객이 있었습니다.

million(백만), billion(십억), trillion(조) 같이 큰 단위는 철자로 씁니다.

Seoul has over 10 million people. 서울에는 천만 명이 넘는 사람들이 있습니다.

・숫자로 시작하는 문장

문장이 숫자로 시작되면 숫자를 무조건 철자로 씁니다.

✗ 25 students attended the class.

○ Twenty-five students attended the class. 25명의 학생이 수업에 참가했습니다.

하지만 한 문장에 숫자가 2개 이상이면 모두 숫자로 씁니다.

5 out of 25 participants didn't like the presentation.
25명의 참가자 중 5명은 그 프레젠테이션을 좋아하지 않았습니다.

・나이, 주소, 금융 관련 숫자

사람이나 동물의 나이, 주소 및 도로에 나오는 번호나 금융 관련 숫자는 모두 영문이 아닌 아라비아 숫자로 씁니다. (단, 미국에서는 1부터 10까지 주소 번호는 영문으로도 씁니다.)

Mr. Kim is 42 years old. 김 씨는 42세입니다.

Our Dallas office is located on 21 Norwest Drive.
당사의 댈러스 지사는 Northwest Drive 21번지에 있습니다.

Use Highway 50 to get to Sokcho. 속초로 가시려면 50번 고속도로를 이용하세요.

The KOSPI is up by 17 points. 코스피가 17포인트 올랐습니다.

또한 대략적인 나이를 쓸 때는 철자나 숫자 사용이 모두 가능합니다.

Mr. Kim is <u>about 40</u>.

Mr. Kim is <u>about forty</u>. 김 씨는 40세 정도입니다.

• 책

책은 흔히 part(부), chapter(장), section(섹션) 등으로 나뉘는데, 여기서 part에 따르는 숫자는 통상적으로 로마 숫자로 표시되고 chapter나 section은 아라비아 숫자로 표시됩니다.

You're currently reading <u>Part I</u>, <u>Chapter 3</u>. 당신은 현재 1부, 3장을 읽고 있습니다.

계량과 온도

• 계량

계량, 무게(weight), 거리(distance)는 숫자로 표시합니다.

The sheet is <u>2</u> by <u>3</u> centimeters. 그 종이는 2×3 센티미터입니다.

He weighs <u>74</u> kilograms. 그는 체중이 74킬로그램입니다.

Busan is <u>428</u> kilometers from Seoul. 부산은 서울에서 428킬로미터입니다.

본문에서 계량, 무게, 거리의 단위 표현은 약자가 아닌 원래의 철자로 하는 것이 원칙이지만, 표에서는 약자를 사용할 수 있습니다.

• 온도

온도 표현은 숫자와 온도 기호(°)와 함께 섭씨(Celsius, centigrade)인지 화씨(Fahrenheit)인지 온도계의 종류를 써넣습니다. 물론 이메일에서는 °를 표시하기 어렵기 때문에 degree(도)를 사용하는 것이 무난합니다. 온도계 종류를 표현할 때는 첫 문자가 대문자로 된 철자 Celsius나 대문자 C 중 선택이 가능합니다.

It's <u>10° Celsius</u> in Seoul.

= It's <u>10 degrees Celsius</u> in Seoul.

= It's <u>10°C</u> in Seoul. 서울은 섭씨 10도입니다.

참고로 한국에서는 섭씨를 사용하지만 미국에서는 화씨를 주로 사용합니다. 섭씨를 화씨로 변환할 때는 1.8을 곱한 뒤 32를 더하면 되고, 화씨를 섭씨로 변환할 때는 32를 뺀 뒤 1.8로 나누면 됩니다.

$$°F = °C × 1.8 + 32 \qquad °C = (°F - 32) / 1.8$$

⑧ 약어 사용을 신중히 하라

온라인 약어

효과적인 이메일은 정확한 정보를 주거나, 작성자의 의견을 명확히 표현하거나, 상대방을 잘 설득하는 것입니다. 현재 유행하는 온라인상의 약어는 매우 친근한 느낌을 주거나 메일 작성 시간을 줄여주기 때문에 사용하는 경우가 많습니다. 하지만 약어를 모르는 영어권 사람들도 많으므로 어떤 면에서는 마치 부모님이 알아듣지 못하게 주고받는 학생들끼리의 암호 같다고 볼 수 있습니다. 그러니 가능한 한 삼가는 것이 좋으며, 특히 격식을 갖춘 이메일에서는 금물입니다.

회사 명칭의 약자

한국이나 영어권이나 각 회사마다 선호하는 명칭 방식이 있습니다. 어떤 회사는 명칭에 Co.(company)나 Inc.(incorporated)를 포함하기를 원하고, 또 어떤 회사는 Ltd.(limited), LLC(limited liability corporation), PLC(public limited company)를 선호합니다. 회사 자체에서 선호하는 명칭은 그 회사의 안내 책자나 웹사이트 등을 참고하는 것이 좋습니다.

두문자 단체 이름

많은 단체들은 원래 이름보다 UN, NATO, NASA, IAEA, YMCA, WHO와 같이 첫 문자들을 따서 만든 두문자로 된 약자(acronym)로 더 잘 알려져 있습니다. 각 단체마다 문자 사이에 마침표를 사용하기도 하고 사용하지 않기도 하기 때문에 해당 단체 이름을 사전 조사하는 것이 좋습니다. 여기서 주의할 것은 이름에서 문자 사이에 마침표를 사용한다면 모든 문자 뒤에 마침표를 찍어야 한다는 것입니다. 한국에서는 흔히 마지막 문자에 마침표를 생략하는 것을 볼 수 있는데, 이것은 틀린 방식입니다.

✘ D.C   →   ⭕ D.C.

⑨ 미국식 영어와 영국식 영어의 차이에 유의하라

미국식 영어와 영국식 영어는 발음 외에도 철자나 문법상 미묘한 차이점이 많이 있습니다. 이 책은 미국식 영어에 기준을 두고 있습니다만, 독자의 참고를 위해 차이점 몇 가지를 소개합니다.

・과거형

통상적으로 미국인들은 단순 과거형을 사용하는 반면 영국인들은 현재완료나 과거완료형을 즐겨 쓰는 것을 볼 수 있습니다.

그걸 보셨나요?

| 미국 |　　Did you see it?

| 영국 |　　Have you seen it?

회사 야유회에서 모두들 즐거운 시간을 가졌습니다.

| 미국 |　　Everyone had a great time at the company picnic.

| 영국 |　　Everyone has had a great time at the company picnic.

탑승구가 반대편에 있음을 알게 되었습니다.

| 미국 |　　I realized that the gate was on the other side.

| 영국 |　　I had realized that the gate was on the other side.

・정관사

영국식 영어에서는 정관사 the를 생략하는 경우가 많습니다.

처음 할 때 제대로 하세요.

| 미국 |　　Get it right the first time.

| 영국 |　　Get it right first time.

그는 장차 개인 사업을 하기를 희망합니다.

| 미국 |　　He hopes to run his own business in the future.

| 영국 |　　He hopes to run his own business in future.

• 전치사

전치사 사용에서도 미묘한 차이를 느낄 수 있습니다. 서로 다른 전치사를 쓰기도 하고 한 쪽에서는 아예 생략할 때가 있습니다.

당신 의견은 Karl과 다릅니다.

| 미국 | Your opinions are different <u>from</u> Karl's.

| 영국 | Your opinions are different <u>to</u> Karl's.

내일 이사하는 것을 도와줄 수 있나요?

| 미국 | Can you help me <u>move</u> tomorrow?

| 영국 | Can you help me <u>to move</u> tomorrow?

• 집합 명사와 동사

미국에서는 집합 명사 다음에 단수 동사를 사용하지만, 영국에서는 복수 동사 사용이 일 상적입니다.

그의 가족은 아시아에서 왔습니다.

| 미국 | His family <u>is</u> from Asia.

| 영국 | His family <u>are</u> from Asia.

• 부정 단축형

미국인들은 조동사와 not을 단축해 부정 단축형을 만드는 경향이 있지만, 영국인들은 대 명사와 조동사를 단축시킵니다.

저는 아직 신규 모델을 보지 못했습니다.

| 기본 | <u>I have not</u> seen the new model yet.

| 미국 | <u>I haven't</u> seen the new model yet.

| 영국 | <u>I've not</u> seen the new model yet.

저는 그전에 그녀를 본 적이 없었습니다.

| 기본 |　　I **had not** seen her before.

| 미국 |　　I **hadn't** seen her before.

| 영국 |　　I**'d not** seen her before.

• 철자

철자가 다른 대표적인 단어들은 다음과 같습니다.

미국식	영국식	의미
color	colour	색깔
favorite	favourite	매우 좋아하는
flavor	flavour	맛
theater	theatre	극장
meter	metre	미터
center	centre	중간
analyze	analyse	분석하다
specialize	specialise	전문으로 하다
memorize	memorise	외우다
catalog	catalogue	카탈로그
dialog	dialogue	대화
analog	analogue	아날로그
check	cheque	수표
checker	chequer	체크무늬
bank	banque	은행
traveled	travelled	'여행하다'의 과거/과거분사
signaled	signalled	'신호를 보내다'의 과거/과거분사
canceled	cancelled	'취소하다'의 과거/과거분사

미국식	영국식	의미
fulfill	fulfil	완수하다
enrollment	enrolment	등록
skillful	skilful	능숙한
toward	towards	~ 쪽으로
forward	forwards	앞으로
afterward	afterwards	그후에
learned	learnt	'배우다'의 과거/과거분사
dreamed	dreamt	'꿈꾸다'의 과거/과거분사
spilled	spilt	'엎지르다'의 과거/과거분사
anymore	any more	더 이상
forever	for ever	영원히
southwest	south west	남서쪽
argument	arguement	논의, 말다툼
judgment	judgement	판단
draft	draught	초안
program	programme	프로그램
tire	tyre	타이어

• 마침표, 콜론, 콤마

미국에서는 인사말(salutation)에서 Mr.나 Ms. 및 Mrs.에 마침표를 붙이고 성 다음에 콜론이나 콤마를 쓰지만, 영국에서는 이 모든 문장 부호를 생략합니다.

| 미국 | Dear Ms. Thompson:

Hi John,

| 영국 | Dear Ms Thompson

Hi John

• 다른 단어들

미국과 영국 영어에서 다르게 쓰이는 단어들을 간단히 소개합니다.

미국식	영국식	의미
apartment	flat	아파트
studio (apartment)	bedsit	원룸
duplex	semi-detached house	2가구용 연립 주택
bathroom	toilet	화장실
bathtub	bath	욕조
yard	garden	마당
outlet, socket	power point	콘센트
real estate	property	부동산
garbage, trash	rubbish	쓰레기
faucet	tap	수도꼭지
closet	wardrobe	벽장
rent	let	임대
elevator	lift	엘리베이터
sink	basin	싱크대
first floor	ground floor	1층

미국식	영국식	의미
trunk	boot	트렁크
windshield	windscreen	차 앞 유리
highway, freeway	motorway	고속도로
sidewalk	footpath, pavement	인도
license plate	number plate	자동차 번호판
transportation	transport	교통수단
gas	petrol	휘발유
gas station	petrol station	주유소
intersection	crossroads	교차로
baggage	luggage	수하물
vacation	holiday	휴가
public/legal holiday	bank holiday	공휴일
travel agency	travel agent's	여행사
Santa Claus	Father Christmas	산타클로스
Merry Christmas!	Happy Christmas!	메리 크리스마스!

미국식	영국식	의미
cafeteria	canteen	구내 식당, 카페테리아
cookie	biscuit	쿠키
chips	crisps	칩
French fries	chips	감자튀김, 프렌치프라이
appetizer	starter	전채 요리, 애피타이저
silverware	cutlery	식기류
can	tin	캔
takeout	take-away	테이크아웃
convenience store	corner shop	편의점
grocery store	grocer's	식품점
drug store, pharmacy	chemist's	약국
liquor store	off-licence	주류 판매점
salesperson	shop assistant	판매원
shopping mall	shopping centre	쇼핑몰
cart	trolley	카트
zipper	zip	지퍼
sweater	jumper	스웨터
pants	trousers	바지
swimsuit, bathing suit	bathing costume	수영복
pantyhose	tights	(팬티) 스타킹
glasses	spectacles	안경
panties	pants	팬티
ATM	cash till, cashpoint	현금 인출기

미국식	영국식	의미
movie theater	cinema	극장
movie	film	영화
intermission	interval	중간 휴식 시간
commercials	adverts	광고 방송, CF
soccer	football	축구
football	American football	미식축구
hockey	ice hockey	아이스하키
field hockey	hockey	필드 하키
game	match	시합
grade	year	학년
major	degree course	전공(과목)
campus	grounds	캠퍼스
grade	mark	점수
graduate	postgraduate	대학원의
kindergarten	reception class	유치원
elementary school	primary school	초등학교
junior high school	secondary school	중학교
high school	secondary school	고등학교
quarter, semester	term	학기
public school	state school	공립 학교
private school	public school	사립 학교
college	university	대학교
two weeks	fortnight	2주일

미국식	영국식	의미
checking account	current account	당좌 예금 계좌
savings account	deposit account	저축 통장 계좌
bill	note	지폐
deposit	pay in	예금
mail	post	우편
automobile	motor car	자동차
subway	tube, underground	지하철
airplane	aeroplane	비행기
one-way ticket	single ticket	편도 표
railroad	railway	철도
parking lot	car park	주차장
driver's license	driving licence	운전 면허증

미국식	영국식	의미
schedule	timetable	스케줄, 일정
quotation marks	inverted commas	인용 부호
flashlight	torch	플래시, 손전등
eraser	rubber	지우개
anchor	newsreader	앵커
area code	code number	지역 번호
zip code	postcode	우편번호
cigarette	fag, ciggy	담배
colleagues	work mates	직장 동료
first name	Christian name	이름
smokestacks	chimney	공장 굴뚝
strike	industrial action	파업

4 무역 업무 관련 용어 모음

우리말	영어
인수 은행	accepting bank
통지 은행	advising bank
항공 화물 운송장	airway bill
은행 인수 어음	banker's acceptance
수익자, 수혜자	beneficiary
선하증권	bill of lading (B/L)
청구서, 계산서	billing, bill
대량 화물	bulk cargo
적하 보험	cargo insurance
서류 상환불	cash against documents (CAD)
현금 선불	cash in advance (CIA)
대금 상환 인도	cash on delivery (C.O.D.)
검사 증명서	certificate of inspection
원산지 증명서	certificate of origin (C/O)
용선계약	charter party
무결함 선하증권	clean bill of lading (Clean B/L)
무담보 신용장	clean letter of credit (Clean L/C)
통관	clearance
상업 송장	commercial invoice
조건부 오퍼	conditional offer
확인 신용장	confirmed letter of credit (Confirmed L/C)

우리말	영어
어음 발행인	drawer
관세	duty
도착 예정 시각	estimated time of arrival (ETA)
출발 예정 시각	estimated time of departure (ETD)
유효 기간	expiry date
수출 승인	export license (E/L)
수출 포장	export packing
확정 오퍼	firm offer
불가항력	force majeure
운송 주선인의 화물 수취증	forwarder's cargo receipt (FCR)
본선 선측 인도 조건	free along side (FAS)
선적 비용 선주무 관계 조건	free in (FI)
적양 비용 선주무 관계 조건	free in and out (FIO)
본선 인도	free on board / freight on board (FOB)
양하 비용 선주무 관계 조건	free out (FO)
자유 무역항	free port
운임	freight
운송 주선인	freight forwarder
운임 톤	freight ton
만적 화물	full container load (FCL)

우리말	영어	우리말	영어
확인 은행	confirming bank	회사의 공식 오퍼	full corporate offer (FCO)
수하인	consignee	특혜관세 원산지 증명서	generalized system of preference certificate of origin (GSP C/O)
수하품	consignment		
운임 포함 가격	cost and freight (CFR)	총 중량	gross weight
운임 및 보험료 포함 가격	cost, insurance and freight (CIF)	관세 품목 분류표	harmonized tariff schedule (HTS)
보험 인수증	cover note	수입 신고서	import declaration
화물 인도 지시서	delivery order (D/O)	수입 승인	import license
배달 조건	delivery terms	수입 허가서	import permit (I/P)
송금환 수표	demand draft (D/D)	인취 운임	inland freight
인수 인도 조건	document against acceptance (D/A)	검사 증명서	inspection certificate
지급 인도 조건	document against payment (D/P)	보험부 선하증권	insured bill of lading (Insured B/L)
어음 수취인/ 지급인	drawee	송장	invoice
신용장 발행 은행	issuing bank	상환 은행	reimbursement bank
수입 통관된 비용을 포함한 금액	landed cost	반송품	returns
혼재 화물	less than container load (LCL)	회전 신용장	revolving letter of credit (Revolving L/C)
신용장	letter of credit (L/C)		
수입 화물 보증서	letter of guarantee (L/G)	조잡 화물	rough cargo
총액, 일시불	lump sum	연속 정박 기간	running laydays
적하 목록	manifest (M/F)	배선표	sailing schedule
해양 선화 증권	marine bill of lading (Marine B/L)	판매세	sales tax
최저 운임율	minimum freight rate	결제 은행	settling bank
월 명세서	monthly statement	선적 선하증권	shipped bill of lading (Shipped B/L)
신용장 매입 은행	negotiating bank	선적인	shipper
~일 이내에 전액 지불	net ~ days	선적 통지서	shipping advice/note
순 중량	net weight	선적 기일	shipping date
유보 통지	notice of damage	약식 선하증권	short form bill of lading (Short Form B/L)

우리말	영어
사고 통지	notice of loss or damage
해양 선화 증권	ocean bill of lading (Ocean B/L)
물품 매도 확약서	offer sheet
공용 송장	official invoice
1회 적재	one lot
청산 계정	open account
자유 화물	open cargo
신용장 개설 은행	opening bank, establishing bank
포장비	packing charge
포장 명세서	packing list
팔레트(받침대)	pallet
소포 우편	parcel post
부분 운송	part carriage
분손	partial loss
신용장 지급 은행	paying bank
지불 조건	payment terms
부패 화물	perishable cargo
운임 선지급 선하증권	prepaid bill of lading (Prepaid B/L)
사적 운송인	private carrier
견적 송장	pro forma invoice
구매 주문서, 발주서	purchase order (PO, P/O)
수량 할인	quantity discount
견적서	quotation, quote
수취 선하증권	received bill of lading (Received B/L)
보험증권 겸용 선하증권	red bill of lading (Red B/L)

우리말	영어
일람불 환어음	sight draft (S/D)
보증 신용장	stand-by credit
관세	tariff
임시 양륙	temporary landing
기한	tenor
수량 조건	term of quantity
터미널 비용	terminal charge
제3자 선하증권	third party bill of lading (Third Party B/L)
정기 기간 용선 계약	time charter
전손	total loss
양도 가능 신용장	transferable letter of credit (Transferable L/C)
수입 화물 대도	trust receipt (T/L)
무제한 보증장	unlimited guarantee
나화물	unpacked cargo
어음 기한	usance
부가가치세	value-added tax (VAT)
항해/항로 용선 계약	voyage charter
국적선 불취항 증명서	waiver
화물 운송장	waybill
유손 화물	wet cargo
부두 사용료	wharfage
송금, 전신환	wire transfer, telegraphic transfer (W/T, T/T)
분손 담보	with average (W/A)